MAGNUS CHASE

Das Schwert des Sommers

© Marty Umans

Rick Riordan war viele Jahre lang Lehrer für Englisch und Geschichte. Er lebt mit seiner Frau und seinen zwei Söhnen in Boston und widmet sich inzwischen ausschließlich dem Schreiben. Seine Percy-Jackson-Serie hat den Buchmarkt im Sturm erobert und ist in 40 Ländern erschienen. Auch seine nachfolgenden Serien, »Die Kane-Chroniken«, »Helden des Olymp«, »Percy Jackson erzählt«, »Magnus Chase« und »Die Abenteuer des Apollo«, schafften auf Anhieb den Sprung auf die internationalen Bestsellerlisten.

© Thorsten Berndt

Gabriele Haefs studierte Skandinavistik, promovierte im Fach Volkskunde und übersetzt unter anderem aus dem Englischen, dem Norwegischen, dem Dänischen und Schwedischen. Für ihre Übersetzungen hat sie zahlreiche Preise erhalten, darunter den Deutschen Jugendliteraturpreis, den Willy-Brandt-Preis und den Hamburger Literaturförderpreis. 2008 erhielt sie den Sonderpreis des Deutschen Jugendliteraturpreises für das Gesamtwerk. Gabriele Haefs lebt in Hamburg.

Rick Riordan

MAGNUS CHASE

Das Schwert des Sommers

Aus dem Englischen von
Gabriele Haefs

CARLSEN

Magnus Chase im Carlsen Verlag:

Magnus Chase – Das Schwert des Sommers (Band 1)
Magnus Chase – Der Hammer des Thor (Band 2)
Magnus Chase – Das Schiff der Toten (Band 3)
Magnus Chase – Geschichten aus den Neun Welten

Weitere Serien von Rick Riordan im Carlsen Verlag:

Percy Jackson
Percy Jackson – Der Comic
Die Kane-Chroniken
Helden des Olymp
Percy Jackson erzählt
Die Abenteuer des Apollo
Tochter der Tiefe
Nico und Will

Wir produzieren nachhaltig

- Klimaneutrales Produkt
- Papiere aus nachhaltigen und kontrollierten Quellen
- Hergestellt in Europa

FSC www.fsc.org
MIX
Papier | Fördert gute Waldnutzung
FSC® C021394

Veröffentlicht im Carlsen Verlag
Völckersstraße 14-20; 22765 Hamburg
August 2024

Originalverlag: Hyperion Books for Children, an imprint of the Disney Book Group
Permission for this edition was arranged through the Gallt and Zacker Literary Agency
Originaltitel: »Magnus Chase and the Gods of Asgard, Book 1: The Sword of Summer«

Umschlagillustration: Helge Vogt, trickwelt.com
Umschlaggestaltung: formlabor
ISBN 978-3-551-32192-3

Für Cassandra Clare; danke, dass ich den wunderbaren Namen Magnus benutzen darf.

INHALTSVERZEICHNIS

GUTEN MORGEN! GLEICH WIRST DU STERBEN

1 Klar, ich weiß. Ihr lest gleich, wie ich unter furchtbaren Qualen gestorben bin, und dann sagt ihr: »Wow! Magnus, das klingt super. Kann ich auch mal unter furchtbaren Qualen sterben?« Nein. Könnt ihr eben nicht.

Springt nicht von irgendeinem Dach. Rennt nicht auf die Autobahn, zündet euch nicht an. So läuft das nicht. Ihr landet dann trotzdem nicht da, wo ich gelandet bin.

Außerdem hättet ihr garantiert keine Lust, in meiner Situation zu sein. Falls ihr nicht das irre Verlangen hegt, untote Krieger, die sich gegenseitig in Stücke hauen, Schwerter, die Riesen in die Nase fliegen, und Dunkelalben in feschen Klamotten zu sehen, dann solltet ihr nicht mal daran *denken*, euch auf die Suche nach den Türen mit den Wolfsköpfen zu machen.

Ich heiße Magnus Chase. Ich bin sechzehn Jahre alt. Ich erzähle jetzt die Geschichte, wie mein Leben den Bach runterging, nachdem ich umgebracht worden war.

Mein Tag fing ziemlich normal an. Ich schlief auf dem Gehweg unter einer Brücke im Park, als mich ein Typ mit Tritten weckte und sagte: »Sie sind hinter dir her.«

Ach, übrigens, ich war seit zwei Jahren obdachlos.

Einige von euch denken jetzt vielleicht: *Oh, wie traurig.* Andere denken, *ha, ha, Versager!* Aber wenn ihr mich auf der Straße sehen könntet, würden neunundneunzig Prozent von euch an mir vorbeilaufen, als ob ich unsichtbar wäre. Ihr würdet beten, *mach, dass er mich nicht um Geld anhaut.* Ihr würdet euch fragen, ob ich älter bin, als ich aussehe, denn ein Teenager kann doch wohl nicht mitten im Bostoner Winter in einem stinkenden alten Schlafsack unter freiem Himmel pennen. *Irgendwer muss diesem armen Jungen doch helfen!*

Und dann würdet ihr weitergehen.

Aber egal, ich brauche euer Mitleid nicht. Ich bin daran gewöhnt, verspottet zu werden. Vor allem bin ich daran gewöhnt, ignoriert zu werden. Also, weiter im Text.

Der Penner, der mich geweckt hatte, war ein Typ namens Blitz. Wie immer sah er aus, als ob er mitten durch einen Wirbelsturm gerannt wäre. In seinen drahtigen schwarzen Haaren hingen überall Papierfetzen und kleine Zweige. Sein Gesicht hatte die Farbe von Sattelleder und war mit Eis gesprenkelt. Sein Bart lockte sich in alle Richtungen. Unter dem Trenchcoat, der um seine Füße schlackerte (Blitz ist so ungefähr eins fünfzig groß), klebte Schnee, und seine Pupillen waren so erweitert, dass seine Iris kaum zu sehen war. Mit seiner ewig besorgten Miene sah er aus, als ob er jeden Moment losschreien könnte.

Ich blinzelte mir den Schlaf aus den Augen. Mein Mund schmeckte wie ein Hamburger vom Vortag. Mein Schlafsack war warm und ich wollte ihn auf keinen Fall verlassen.

»Wer ist hinter mir her?«

»Weiß nicht genau.« Blitz rieb sich die Nase, die so oft gebrochen gewesen war, dass sie wie ein Blitzstrahl im Zickzack verlief. »Da werden Flyer mit deinem Namen und deinem Bild verteilt.«

Ich fluchte. Mit irgendwelchen Polizisten und Parkwächtern

wurde ich fertig. Inspektoren, die auf Schulschwänzer Jagd machten, freiwillige Sozialarbeiter, betrunkene Collegestudenten, Junkies, die Lust hatten, einen Schwächeren zusammenzufalten – die machten mir nach dem Aufwachen auch nicht mehr Probleme als Pfannkuchen und O-Saft.

Aber wenn jemand meinen Namen und mein Gesicht kannte – das war übel. Das bedeutete, dass *genau ich* gesucht wurde und sonst keiner. Vielleicht waren die Leute aus dem Obdachlosenheim sauer auf mich, weil ich ihnen die Stereo-Anlage ruiniert hatte (diese Weihnachtslieder hatten mich wahnsinnig gemacht!). Vielleicht hatte mich eine Überwachungskamera bei meinem kleinen Einsatz als Taschendieb im Theater District erwischt (aber ich brauchte doch Geld für eine Pizza!). Oder, so unwahrscheinlich mir das auch vorkam, die Polizei suchte mich noch immer und hatte Fragen zum Mord an meiner Mutter …

Ich packte meinen Kram zusammen, was ungefähr drei Sekunden dauerte. Der Schlafsack ließ sich ganz fest aufrollen und passte dann mit meiner Zahnpasta und einem Satz Unterwäsche in meinen Rucksack. Und abgesehen von den Klamotten, die ich anhatte, war das alles, was ich besaß. Wenn ich mir die Kapuze tief ins Gesicht zog, fiel ich zwischen den vielen Fußgängern kaum auf. In Boston wimmelte es nur so von Leuten, die aufs College gingen. Einige sahen sogar noch heruntergekommener und jünger aus als ich.

Ich drehte mich zu Blitz um. »Wo hast du die Leute mit den Flyern gesehen?«

»Beacon Street. Die sind unterwegs hierher. Weißer Typ mittleren Alters und ein junges Mädchen, vermutlich seine Tochter.«

Ich runzelte die Stirn. »Das verstehe ich nicht. Wer …«

»Weiß ich nicht, Kleiner, aber ich muss los.« Blitz schaute aus zusammengekniffenen Augen in den Sonnenaufgang, der die Fenster der Wolkenkratzer orange färbte. Aus Gründen, die ich nie so richtig kapiert hatte, hasste Blitz das Tageslicht. Vielleicht, weil er der kleinste, fetteste obdachlose Vampir aller Zeiten war. »Sprich doch mal mit Hearth. Der hängt am Copley Square rum.«

Ich versuchte, mich nicht zu ärgern. Die Leute hier auf der Straße nannten Hearth und Blitz im Scherz meine Mom und meinen Dad, weil immer einer von beiden in meiner Nähe herumzulungern schien.

»Das weiß ich zu schätzen«, sagte ich. »Aber ich komme schon zurecht.«

Blitz nagte an seinem Daumennagel. »Weiß nicht, Kleiner. Heute nicht. Du musst ganz besonders vorsichtig sein.«

»Warum?«

Er schaute über meine Schulter. »Da kommen sie.«

Ich sah niemanden. Als ich mich wieder umdrehte, war Blitz verschwunden.

Ich fand es schrecklich, wenn er das machte. Einfach so – *puff*. Der Typ war wie ein Ninja. Ein obdachloser Ninjavampir.

Jetzt hatte ich die Wahl: Entweder zum Copley Square gehen und mit Hearth herumhängen oder die Beacon Street ansteuern und versuchen, die Leute mit den Flyern zu entdecken.

Blitz' Beschreibung hatte mich neugierig gemacht. Ein weißer Typ mittleren Alters und ein junges Mädchen, die mich an einem bitterkalten Morgen bei Sonnenaufgang suchten. Warum? Wer konnte das sein?

Ich schlich am Rand des Weihers entlang. Fast niemand benutzte den tiefer gelegenen Weg unter der Brücke. Ich konnte also auf dieser Seite des Hügels bleiben und alle sehen, die den höher gelegenen Weg entlangkamen, ohne von ihnen entdeckt zu werden.

Der Boden war von Schnee bedeckt. Der Himmel war so weiß,

dass es in den Augen wehtat. Die kahlen Zweige der Bäume sahen aus wie in Glas getunkt. Der Wind durchdrang alle Schichten meiner Kleidung, aber die Kälte machte mir nichts aus. Meine Mom hatte immer gescherzt, ich sei ein halber Eisbär.

Verdammt, Magnus, wies ich mich selbst zurecht.

Auch nach zwei Jahren waren meine Erinnerungen an sie noch immer vermintes Gelände. Kaum stolperte ich über eine, brach meine Selbstbeherrschung in tausend Stücke.

Ich versuchte, mich zu konzentrieren.

Der Mann und das Mädchen kamen in meine Richtung. Dem Mann fielen seine sandfarbenen Haare fast bis auf den Kragen – nicht, als ob er das so wollte, sondern, als ob er sich einfach nicht die Mühe machte, sie schneiden zu lassen. Seine verdutzte Miene erinnerte mich an einen Vertretungslehrer: *Ich weiß, dass mich ein Speichelklumpen getroffen hat, aber ich habe keine Vorstellung, wo der herkam.* Seine eleganten Schuhe waren überhaupt nicht geeignet für den Bostoner Winter. Seine Socken hatten unterschiedliche Brauntöne. Sein Schlips sah aus, als ob er sich beim Binden in totaler Finsternis um sich selbst gedreht hätte.

Das Mädchen war auf jeden Fall seine Tochter. Ihre Haare waren so dicht und wellig wie seine, allerdings blond. Sie war vernünftiger gekleidet, mit Winterstiefeln, Jeans und einem Parka, aus dem oben ein oranges T-Shirt herauslugte. Ihre Miene war entschlossener als seine, fast wütend. Sie umklammerte einen Stapel Flyer wie Aufsätze, für die sie eine ungerechte Note erhalten hatte.

Wenn sie nach mir suchte, dann wollte ich nicht gefunden werden. Sie machte mir Angst.

Ich erkannte weder sie noch ihren Dad, aber irgendwas rumorte ganz hinten in meinem Hinterkopf … als wollte ein Magnet eine uralte Erinnerung hervorziehen.

Vater und Tochter blieben an der Weggabelung stehen. Sie schauten sich um, als ob ihnen jetzt erst aufging, dass sie sich in aller Herrgottsfrühe im kältesten Winter mitten in einem verlassenen Park befanden.

»Unglaublich«, sagte das Mädchen. »Ich könnte ihn erwürgen.«

In der Annahme, dass sie mich meinte, kauerte ich mich noch ein bisschen mehr zusammen.

Ihr Dad seufzte. »Wir sollten ihn vielleicht trotzdem am Leben lassen. Er ist ja schließlich dein Onkel.«

»Aber *zwei Jahre?*«, fragte das Mädchen. »Dad, wie hat er es über sich gebracht, uns *zwei Jahre* lang nichts zu sagen?«

»Ich kann Randolphs Verhalten nicht erklären. Das habe ich noch nie gekonnt, Annabeth.«

Ich schnappte so heftig nach Luft, dass ich fürchtete, sie hätten mich gehört. Eine Kruste wurde von meinem Gehirn gerissen und Erinnerungen an die Zeit, als ich sechs Jahre alt gewesen war, wurden freigelegt.

Annabeth ... Das bedeutete, der Mann mit den sandfarbenen Haaren war ... *Onkel Frederick?*

Ich dachte zurück an das letzte Thanksgiving, das wir mit der ganzen Familie verbracht hatten; Annabeth und ich hatten uns in Onkel Randolphs Haus hier in Boston in der Bibliothek versteckt und mit Dominosteinen gespielt, während die Erwachsenen sich unten anbrüllten.

Du hast so ein Glück, dass du bei deiner Mom wohnen kannst. Annabeth legte einen weiteren Dominostein auf das Dach ihres winzigen Gebäudes. Es war ihr überraschend gut gelungen, mit Säulen wie ein Tempel. *Ich werde weglaufen.*

Ich bezweifelte nicht, dass sie das ernst meinte. Ich bewunderte ihr Selbstvertrauen.

Dann tauchte Onkel Frederick in der Tür auf. Er hatte die Fäuste geballt. Seine wütende Miene passte nicht zu dem lächelnden Rentier auf seinem Pullover. *Annabeth, wir brechen auf.*

Annabeth sah mich an. Ihre grauen Augen waren ein wenig zu durchdringend für ein Mädchen in der ersten Klasse. *Pass auf dich auf, Magnus.*

Mit einer Fingerbewegung brachte sie ihren Tempel zum Einstürzen.

Das war unsere letzte Begegnung.

Danach hatte meine Mom sich nicht mehr erweichen lassen: *Ich will mit deinen Onkeln nichts mehr zu tun haben. Schon gar nicht mit Randolph. Der kriegt von mir nicht, was er will. Nie im Leben.*

Sie wollte mir nicht sagen, was Randolph wollte oder worüber sie sich mit Frederick und Randolph gestritten hatte.

Du musst Vertrauen zu mir haben, Magnus. In deren Nähe ist es zu gefährlich.

Ich hatte Vertrauen zu meiner Mom. Auch nach ihrem Tod hatte ich keinen Kontakt zu meiner Verwandtschaft aufgenommen.

Aber jetzt suchten sie mich plötzlich.

Randolph wohnte in Boston, aber meines Wissens lebten Frederick und Annabeth noch immer in Virginia. Jetzt waren sie allerdings hier und verteilten Flyer mit meinem Namen und meinem Foto. Woher hatten sie überhaupt ein Foto von mir?

In meinem Kopf war alles dermaßen durcheinander, dass ich einen Teil ihres Gesprächs verpasst hatte.

»... Magnus finden«, sagte Onkel Frederick gerade. Er sah auf sein Smartphone. »Randolph ist in dem Obdachlosenheim am South End. Er sagt, da ist er nicht. Wir sollten es im Heim für jugendliche Obdachlose auf der anderen Seite des Parks versuchen.«

»Woher wissen wir überhaupt, dass Magnus noch lebt?«, fragte Annabeth unglücklich. »Er ist seit *zwei* Jahren vermisst! Da kann er doch irgendwo im Straßengraben erfroren sein!«

Ein Teil von mir war versucht, aus meinen Versteck hervorzuspringen und zu brüllen: *Denkste!*

Obwohl ich Annabeth seit zehn Jahren nicht gesehen hatte, wollte ich nicht, dass sie sich Sorgen machte. Doch das Leben auf der Straße hatte mich gelehrt, Situationen zu meiden, die ich nicht einschätzen konnte.

»Randolph ist sicher, dass Magnus noch lebt«, sagte Onkel Frederick. »Er ist irgendwo in Boston. Und wenn er wirklich in Lebensgefahr schwebt ...«

Sie gingen weiter in Richtung Charles Street und ihre Stimmen wurden vom Wind weggerissen.

Ich zitterte jetzt, aber nicht vor Kälte. Ich wollte hinter Frederick herrennen, ihn zur Rede stellen und in Erfahrung bringen, was hier los war. Wieso wusste Randolph, dass ich noch immer in Boston war? Warum suchten sie mich? Wieso schwebte ich heute plötzlich in größerer Lebensgefahr als sonst?

Aber ich lief nicht hinter ihnen her.

Ich dachte an das Letzte, was meine Mom mir je gesagt hatte. Ich hatte die Feuerleiter nicht benutzen wollen, hatte Mom nicht verlassen wollen, aber sie hatte meine Arme gepackt und mich gezwungen, sie anzusehen. *Lauf, Magnus, versteck dich. Vertrau niemandem. Ich werde dich finden. Und was immer du tust, du darfst niemals Randolph um Hilfe bitten.*

Noch ehe ich das Fenster erreicht hatte, war unsere Wohnungstür zersplittert. Zwei Paar leuchtende blaue Augen waren aus der Dunkelheit aufgetaucht ...

Ich schüttelte die Erinnerung ab und sah Onkel Frederick

und Annabeth hinterher, die jetzt nach Osten zur großen Wiese abbogen.

Onkel Randolph ... aus irgendeinem Grund hatte er sich an Frederick und Annabeth gewandt. Er hatte sie nach Boston kommen lassen. Frederick und Annabeth hatten die ganze Zeit nicht gewusst, dass meine Mom tot und ich verschwunden war. Es schien mir kaum möglich, aber wenn es stimmte, warum sollte Randolph es ihnen jetzt plötzlich erzählen?

Es gab nur eine Möglichkeit, es herauszufinden, ohne ihn direkt zur Rede zu stellen. Er wohnte in Back Bay, das war nicht weit von hier. Wenn Frederick Recht hatte, war Randolph jetzt nicht zu Hause, sondern trieb sich auf der Suche nach mir irgendwo im South End herum.

Und da es keinen besseren Auftakt für einen Tag gibt als einen kleinen Einbruch, beschloss ich, mal in Randolphs Haus vorbeizuschauen.

DER MANN MIT DEM METALL-BH

2 Die Familienvilla war zum Kotzen.

Na ja, *ihr* würdet das sicher nicht so sehen. Ihr würdet das gewaltige sechsstöckige Klinkerhaus mit Wasserspeiern an den Ecken des Daches, bunten Bleiglasfenstern, marmorner Vortreppe und den ganzen anderen Hier-wohnt-ein-reicher-Mann-Details sehen und euch fragen, warum ich auf der Straße hause.

Die Antwort: *Onkel Randolph.*

Es war *sein* Haus. Als ältester Sohn hatte er es von meinen Großeltern geerbt, die schon vor meiner Geburt gestorben waren. Ich wusste nicht viel über die Familien-Soap, aber zwischen den drei Kindern, Randolph, Frederick und meiner Mom, hatte es ganz schön viel böses Blut gegeben. Nach dem großen Thanksgiving-Streit hatten wir das Haus unserer Ahnen niemals wieder aufgesucht. Unsere Wohnung lag nicht mal einen Kilometer entfernt, aber Randolph hätte genauso gut auf dem Mars leben können.

Meine Mom erwähnte ihn nur, wenn wir zufällig an seinem Haus vorbeikamen. Dann zeigte sie darauf, wie auf eine gefährliche Klippe. *Siehst du, da hinten? Das ist es. Geh da ja nicht zu nah ran!*

Als ich dann auf der Straße lebte, ging ich manchmal nachts dort vorbei. Ich schaute in die Fenster und konnte Vitrinen mit uralten Schwertern und Äxten sehen, unheimliche Helme mit Gesichtsschutz, die mich von den Wänden her anstarrten, und Statuen, deren Silhouetten sich hinter den Fenstern oben im Haus abzeichneten wie versteinerte Gespenster.

Ich hatte schon häufiger mit dem Gedanken gespielt, einzubrechen und mich da drinnen mal umzusehen, aber ich hatte nie Lust gehabt, an die Tür zu klopfen. *Bitte, Onkel Randolph, ich weiß, du hast meine Mutter verabscheut und mich seit zehn Jahren nicht mehr gesehen; ich weiß, deine rostige alte Sammlung ist dir wichtiger als deine Familie, aber dürfte ich wohl in deinem schönen Haus leben und mich von deinen übrig gebliebenen Brotkrusten ernähren?*

Nein, danke. Da bleibe ich doch lieber auf der Straße und esse im Busbahnhof Falafel von gestern.

Aber trotzdem ... ich stellte es mir ziemlich einfach vor, einzubrechen, mich umzuschauen und vielleicht Antworten auf die Frage zu finden, was hier eigentlich los war. Und wenn ich schon mal da war, könnte ich vielleicht irgendwelchen Kram einsacken und später ins Pfandhaus bringen.

Tut mir leid, wenn das euer Rechtsempfinden verletzt.

Moment mal. Nein. Tut mir nicht leid.

Ich bestehle nicht wahllos alle, die mir über den Weg laufen. Ich suche mir miese Widerlinge aus, die ohnehin zu viel haben. Wenn ihr einen neuen BMW fahrt und den auf einem Behindertenparkplatz abstellt, ohne einen Behindertenausweis vorlegen zu können, dann habe ich kein Problem damit, ein Wagenfenster aufzustemmen und aus eurem Becherhalter eine Handvoll Kleingeld zu stehlen. Wenn ihr mit einer Tasche voller Seidentaschentücher aus dem Kaufhaus Barneys kommt und so sehr damit beschäftigt seid, zu telefonieren und Leute aus dem Weg zu stoßen, dass ihr gar nichts mehr merkt, dann bin ich für euch da und nehme gern eure Brieftasche an mich. Wenn ihr fünftausend Dollar ausgeben könnt, um euch die Nase zu putzen, dann könnt ihr es euch auch leisten, mir ein Essen zu spendieren.

Ich bin Richter, Jury und Dieb. Und was miese Widerlinge angeht, da könnte ich wohl kaum einen mieseren finden als Onkel Randolph.

Das Haus lag in der Commonwealth Avenue. Ich ging auf die Rückseite in die Gasse mit dem poetischen Namen Public Alley 429. Randolphs Parkplatz war leer. Eine Treppe führte zum Kellereingang hinunter. Wenn es ein Alarmsystem gab, konnte ich es jedenfalls nicht entdecken. Die Tür hatte ein einfaches Schnappschloss und nicht einmal einen Riegel. *Also echt, Randolph! Mach es doch wenigstens ein bisschen spannend.*

Zwei Minuten später war ich drinnen.

In der Küche nahm ich mir eine Portion Truthahnbraten in Scheiben, Cracker und Milch aus dem Karton. Keine Falafel. Ich war richtig in Stimmung für Falafel, aber ich fand einen Schokoriegel und steckte ihn für später in meine Jackentasche. (Schokolade muss man genießen, nicht reinstopfen.) Dann lief ich nach oben in ein Mausoleum voller Mahagonimöbel, Perserteppiche, Ölgemälde, Marmorböden und Kristallleuchter ... Es war einfach nur peinlich. Was für Leute leben denn so?

Mit sechs Jahren hatte ich nicht einschätzen können, wie teuer dieser ganze Kram war, aber mein erster Eindruck von der Villa war derselbe gewesen: bedrückend, unheimlich, düster. Ich konnte mir kaum vorstellen, dass meine Mom hier aufgewachsen war. Ich konnte gut verstehen, warum sie sich später am liebsten unter freiem Himmel aufgehalten hatte.

Unsere Wohnung über dem koreanischen Imbiss in Allston war wirklich gemütlich gewesen, aber Mom hielt sich nie gern im Haus auf. Sie sagte immer, ihr wahres Zuhause seien die Blue Hills. Wir gingen dort bei jedem Wetter wandern und zelten – frische Luft, keine Wände um uns herum, keine Gesellschaft außer Enten, Gänsen und Eichhörnchen.

Dieses Klinkerhaus dagegen kam mir vor wie ein Gefängnis. Wie ich allein da in der Eingangshalle stand, schienen unsichtbare Käfer über meine Haut zu krabbeln.

Ich stieg die Treppe zum zweiten Stock hoch. Die Bibliothek roch nach Möbelpolitur und Leder, genau wie in meiner Erinnerung. An einer Wand stand eine erleuchtete Vitrine mit Randolphs verrosteten Wikingerhelmen und zerfressenen Axtschneiden. Meine Mom hatte mir einmal erzählt, dass Randolph in Harvard Geschichte unterrichtet hatte. Sie wollte nicht ins Detail gehen, aber nach irgendeinem furchtbaren Patzer war er gefeuert worden. Der Typ stand offenbar immer noch total auf alte Fundstücke.

Du bist intelligenter als deine beiden Onkel, Magnus, hatte meine Mom mir einmal gesagt. *Bei deinen Noten kriegst du mit Leichtigkeit einen Studienplatz in Harvard.*

Das war damals gewesen, als sie noch lebte, als ich noch zur Schule ging und als ich vielleicht eine Zukunft hatte, die weiter reichte als bis zu meiner nächsten Mahlzeit.

In der einen Ecke von Randolphs Arbeitszimmer stand ein riesiger Felsquader wie ein Grabstein; die Vorderseite wies komplizierte verschlungene Muster auf, die gemalt oder in den Stein eingemeißelt waren. In der Mitte gab es eine grobe Zeichnung eines zähnebleckenden wilden Tieres – vielleicht ein Löwe oder ein Wolf.

Mir schauderte. An Wölfe wollte ich lieber nicht denken.

Ich trat an Randolphs Schreibtisch. Ich hatte auf einen Computer gehofft, oder auf einen Notizblock mit nützlichen Informationen – auf irgendetwas, das mir erklären könnte, warum sie mich suchten. Stattdessen waren Pergamentfetzen auf dem Schreibtisch verstreut, die dünn und gelb waren wie Zwiebelschalen. Sie sahen aus wie Landkarten, die ein Schulkind irgendwann im Mittelalter für den Erdkundeunterricht angefertigt hatte, vage Skizzen eines Küstenverlaufes, mehrere Punkte, bezeichnet in einem mir unbekannten Alphabet. Darauf, wie ein Briefbeschwerer, lag ein Lederbeutel.

Mir stockte der Atem. Diesen Beutel kannte ich. Ich zog die Schnur auf und fischte einen Dominostein heraus ... nur war es kein Dominostein. Mit sechs Jahren hatte ich angenommen, dass Annabeth und ich mit Dominosteinen spielten, und im Laufe der Jahre hatte sich diese Erinnerung gefestigt. Aber an Stelle von Punkten wiesen diese Steine rote Symbole auf.

Das in meiner Hand war geformt wie ein Zweig oder ein missratenes F:

ᚠ

Mein Herz hämmerte. Ich weiß nicht, warum. Ich fragte mich, ob es wirklich so eine gute Idee gewesen war, herzukommen. Die Wände schienen langsam auf mich zuzurücken. Die Tierzeichnung auf dem Steinquader in der Ecke schien mich höhnisch anzugrinsen und ihre roten Umrisse leuchteten wie frisches Blut.

Ich ging zum Fenster. Ich dachte, ein Blick nach draußen würde helfen. An der Ecke der Avenue zog sich die Commonwealth Mall dahin – ein Streifen verschneites Parkgelände. Die kahlen Bäume waren mit Weihnachtslichtern versehen. Am Ende des Blocks, innerhalb einer schmiedeeisernen Umzäunung, stand die Bronzestatue von Leif Eriksson auf ihrem Sockel. Leif hielt sich die Hand über die Augen. Er starrte die Charlesgate-Brücke an, als wolle er sagen: *Sieh an, ich habe einen Highway entdeckt!*

Meine Mom und ich hatten oft Witze über Leif gerissen. Seine Rüstung war nicht gerade üppig: ein Minirock und ein Brustpanzer, der aussah wie ein Wikinger-BH.

Ich hatte keine Ahnung, warum diese Statue mitten in Boston stand, aber ich ging davon aus, dass Onkel Randolph nicht aus purem Zufall zum Wikingerforscher geworden war. Er hatte sein ganzes Leben hier verbracht. Er sah sich Leif vermutlich jeden Tag durchs Fenster an. Vielleicht hatte Randolph als Kind gedacht: *Eines Tages will ich über Wikinger forschen. Männer mit Metall-BHs sind spitze!*

Meine Augen wanderten an der Statue nach unten. Da stand jemand … und schaute zu mir nach oben.

Ihr wisst bestimmt, wie das ist, wenn ihr jemanden in einer Umgebung seht, in die er gar nicht gehört, und wenn ihr dann eine Sekunde braucht, um ihn zu erkennen. In Leif Erikssons Schatten stand ein bleicher, hochgewachsener Mann in einer schwarzen Lederjacke, schwarzer Motorradhose und spitzen Stiefeln. Seine kurzen Stachelhaare waren so blond, dass sie fast schon weiß aussahen. Der einzige Farbtupfer war ein rot-weiß gestreifter Schal, den er sich um den Hals gewickelt hatte und der sich von seinen Schultern herabschlängelte wie eine geschmolzene Zuckerstange.

Wenn ich ihn nicht gekannt hätte, hätte ich angenommen, dass er in einem Rollenspiel irgendeine Comicgestalt darstellen wollte. Aber ich kannte ihn sehr wohl. Es war Hearth, ein weiterer Obdachloser und meine »Ersatzmom«.

Ich erschrak und war gleichzeitig ein bisschen beleidigt. Hatte er mich auf der Straße gesehen und dann verfolgt? Ich brauchte wirklich keine gute Fee, die sich aus Sorge um mich aufs Stalken verlegte.

Ich hob fragend die Hände: *Was machst du denn hier?*

Hearth machte eine Handbewegung, als ob er etwas aus seiner

hohlen Hand fischte und dann wegwarf. Nach zwei Jahren in seiner Nähe konnte ich seine Gebärdensprache ziemlich gut lesen.

Er sagte: *RAUS DA!*

Er sah nicht beunruhigt aus, aber bei Hearth war das immer schwer zu sagen. Er zeigte nie besonders viele Gefühle. Wenn wir zusammen waren, starrte er mich meistens nur mit seinen blassen grauen Augen an, als warte er darauf, dass ich explodierte.

Ich verlor kostbare Sekunden bei dem Versuch, zu begreifen, was er meinte, warum er hier stand, statt auf dem Copley Square abzuhängen.

Er machte eine neue Geste: zwei Hände, die mit je einem Finger nach vorn zeigten und sich zweimal auf und ab bewegten: *Beeil dich.*

»Warum?«, fragte ich laut.

Hinter mir sagte eine tiefe Stimme: »Hallo, Magnus.«

Ich zuckte zusammen. In der Tür der Bibliothek stand ein Mann mit einem gewaltigen Brustkasten, einem kurzen weißen Bart und grauen Haaren. Er trug einen beigen Kaschmirmantel über einem dunklen Wollanzug. Seine behandschuhte Hand umschloss den Griff eines polierten Holzstockes mit eiserner Spitze. Als ich ihn zuletzt gesehen hatte, waren seine Haare schwarz gewesen, aber diese Stimme kannte ich.

»Randolph.«

Er neigte den Kopf einen Millimeter. »Was für eine angenehme Überraschung. Ich freue mich, dass du hier bist.« Er hörte sich weder überrascht noch freudig an. »Wir haben nicht viel Zeit.«

Essen und Milch fingen an, in meinem Magen zu rotieren. »V-viel Zeit ... ehe was passiert?«

Er runzelte die Stirn und rümpfte die Nase, als ob er einen leicht unangenehmen Geruch entdeckt hätte. »Du wirst doch heute sechzehn, oder? Dann kommen sie, um dich umzubringen.«

3 LASS DICH BLOSS NICHT VON FREMDEN VERWANDTEN MITNEHMEN

NA DANN, HERZLICHEN GLÜCKWUNSCH, MAGNUS!

War denn schon der 13. Januar? Ehrlich, ich hatte keine Ahnung. Die Zeit fliegt nur so dahin, wenn man unter Brücken schläft und sich aus Abfallcontainern ernährt.

Ich war also ganz offiziell sechzehn. Und mein Geschenk bestand darin, von Onkel Freakig in die Ecke gedrängt zu werden, nachdem er mir mitgeteilt hatte, dass meine Ermordung unmittelbar bevorstand.

»Wer …«, fing ich an. »Weißt du, was? Ist mir egal. Nett, dich zu sehen, Randolph. Ich muss jetzt los.«

Randolph blieb in der Tür stehen und versperrte mir damit den Ausgang. Er zeigte mit der Eisenspitze seines Stocks auf mich. Ich schwöre, ich konnte quer durch das Zimmer spüren, wie sie gegen mein Brustbein drückte.

»Magnus, wir müssen reden. Ich will nicht, dass sie dich erwischen. Nicht danach, was deiner Mutter passiert ist …«

Ein Schlag ins Gesicht hätte nicht so wehgetan.

Erinnerungen an jene Nacht wirbelten durch meinen Kopf wie ein Übelkeit erregendes Kaleidoskop: unsere Wohnung, die bebte, ein Schrei aus dem Stockwerk unter unserem, meine Mutter, die den ganzen Tag schon angespannt und fast hysterisch gewesen war und die mich zur Feuerleiter zog und sagte, ich sollte machen, dass ich wegkam. Aus dem Treppenhaus tauchten zwei riesige Biester auf, ihr Fell hatte die Farbe von schmutzigem Schnee und ihre Augen leuchteten blau. Meine Finger rutschten vom Rand der Feuerleiter ab und ich fiel nach unten und landete in der Gasse hinter dem Haus auf einem Haufen von Müllsäcken. Gleich darauf platzten die Fensterscheiben in unserer Wohnung und spuckten Feuer.

Meine Mom hatte gesagt, ich sollte losrennen. Das tat ich. Sie hatte versprochen, hinterherzukommen. Das tat sie nicht. Später hörte ich in den Nachrichten, dass ihr Leichnam in der ausgebrannten Wohnung gefunden worden war. Ich wurde von der Polizei gesucht. Es gab viele offene Fragen: Hinweise auf Brandstiftung, meine Probleme mit der Schuldisziplin, Nachbarn, die von lautem Geschrei und einem Knall aus unserer Wohnung unmittelbar vor der Explosion berichteten, die Tatsache, dass ich vom Tatort verschwunden war. Niemand hatte die riesigen Wölfe mit den leuchtenden Augen erwähnt.

Seit jener Nacht war ich untergetaucht, ich lebte unterhalb des Radars, und ich war zu sehr mit Überleben beschäftigt, um wirklich um meine Mom zu trauern. Ich fragte mich, ob ich mir diese Biester nur eingebildet hatte ... Aber ich wusste, dass das nicht der Fall war.

Und jetzt, nach so langer Zeit, wollte Onkel Randolph mir helfen.

Ich umklammerte den kleinen Dominostein so fest, dass er in meine Handfläche schnitt. »Du weißt gar nicht, was mit meiner Mom passiert ist. Du hast dich doch nie für uns interessiert.«

Randolph ließ seinen Stock sinken. Er stützte sich darauf und starrte den Teppich an. Man hätte fast glauben können, dass ich seine Gefühle verletzt hatte.

»Ich habe deine Mutter angefleht«, sagte er. »Ich wollte, dass sie mit dir herkommt – um hier zu leben, wo ich dich beschützen könnte. Sie wollte nicht. Nach ihrem Tod …« Er schüttelte den Kopf. »Magnus, du hast keine Ahnung, wie lange ich nach dir gesucht habe und in welcher Gefahr du schwebst.«

»Mir geht's gut«, fauchte ich, obwohl mein Herz gegen meine Rippen hämmerte. »Ich konnte bis jetzt sehr gut auf mich selbst aufpassen.«

»Das kann schon sein, aber damit hat es jetzt ein Ende.« Die Gewissheit in Randolphs Stimme ließ mir kalte Schauer über den Rücken laufen. »Du bist jetzt sechzehn, und damit ein Mann. Du bist ihnen einmal entkommen, in der Nacht, als deine Mutter gestorben ist. Sie werden dich nicht noch einmal entkommen lassen. Das hier ist unsere letzte Chance. Lass mich dir helfen, oder du wirst diesen Tag nicht überleben.«

Das trübe Winterlicht wanderte vor den Bleiglasfenstern weiter und überzog Randolphs Gesicht mit wechselnden Farben, wie bei einem Chamäleon.

Ich hätte nicht herkommen sollen. Blöd, blöd, blöd. Immer wieder hatte meine Mom es mir eingeschärft: *Geh ja nicht zu Randolph.* Und wo war ich?

Je länger ich ihm zuhörte, desto größer wurde meine Angst, und desto verzweifelter wollte ich hören, was er zu sagen hatte.

»Ich brauche deine Hilfe nicht.« Ich stellte den seltsamen kleinen Dominostein auf den Schreibtisch. »Ich will nicht …«

»Ich weiß von den Wölfen.«

Das ließ mich verstummen.

»Ich weiß, was du gesehen hast«, sagte Randolph, »ich weiß, wer diese Kreaturen geschickt hat. Egal, was die Polizei denkt, ich weiß, wie deine Mutter wirklich gestorben ist.«

»Woher …«

»Magnus, es gibt so viel, was ich dir über deine Eltern erzählen muss, über dein Erbe … Über deinen Vater.«

Ein eiskalter Draht bohrte sich in mein Rückgrat. »Du hast meinen Vater gekannt?«

Ich wollte Randolph nicht entgegenkommen. Das Leben auf der Straße hatte mir klargemacht, wie gefährlich das sein konnte. Aber ich hing am Haken. Ich musste einfach hören, was er zu sagen hatte. Und das befriedigte Funkeln seiner Augen zeigte deutlich, dass er das wusste.

»Ja, Magnus. Die Identität deines Vaters, der Mord an deiner Mutter, der Grund, warum sie meine Hilfe abgelehnt hat … das hängt alles zusammen.« Er zeigte auf seine Ausstellung von Wikingerschätzen. »Mein ganzes Leben lang arbeite ich schon auf dieses eine Ziel hin. Ich versuche, ein historisches Rätsel zu lösen. Bis vor kurzem konnte ich den größeren Zusammenhang nicht erkennen. Jetzt kann ich das. Und alles hat zu diesem einen Tag hingeführt, zu deinem sechzehnten Geburtstag.«

Ich wich zum Fenster zurück, so weit weg von Onkel Randolph wie überhaupt nur möglich. »Hör mal, neunzig Prozent davon, was du sagst, kapiere ich nicht, aber wenn du mir etwas über meinen Dad erzählen kannst …«

Das Haus zitterte, als ob in der Ferne eine Salve von Kanonenschüssen abgegeben worden wäre – ein so tiefes Grollen, dass ich es in meinen Zähnen spürte.

»Sie werden bald hier sein«, sagte Randolph warnend. »Wir haben nicht mehr viel Zeit.«

»Wer sind *sie?*«

Randolph humpelte auf mich zu und stützte sich dabei auf seinen Stock. »Ich verlange viel, Magnus. Du hast keinen Grund, mir zu vertrauen. Aber du musst *jetzt sofort* mit mir kommen. Ich weiß, wo dein Geburtsrecht liegt.« Er zeigte auf die alten Landkarten auf seinem Schreibtisch. »Zusammen können wir zurückholen, was dir gehört. Es ist das Einzige, was dich vielleicht beschützen kann.«

Ich schaute über meine Schulter hinweg aus dem Fenster. Hearth war verschwunden. Ich hätte dasselbe tun sollen. Als ich Onkel Randolph ansah, versuchte ich, irgendeine Ähnlichkeit mit meiner Mutter zu finden, irgendetwas, das mir Vertrauen einflößen könnte. Ich fand nichts. Sein beeindruckender Umfang, seine bohrenden dunklen Augen, sein humorloses Gesicht und sein steifes Verhalten ... Er war das genaue Gegenteil meiner Mom.

»Mein Auto steht hinter dem Haus«, sagte er.

»V-vielleicht sollten wir auf Annabeth und Onkel Frederick warten.«

Randolph schnitt eine Grimasse. »Die glauben mir nicht. Die haben mir noch nie geglaubt. Vor lauter Verzweiflung, als letzten Versuch, habe ich sie nach Boston geholt, um mir bei der Suche nach dir zu helfen, aber da du jetzt hier bist ...«

Wieder bebte das Haus. Diesmal kam mir das Dröhnen näher und stärker vor. Ich wollte glauben, es stammte von einer Baustelle in der Nähe oder einer militärischen Zeremonie oder sonst etwas, das sich leicht erklären ließ. Aber mein Bauchgefühl sagte mir etwas anderes. Der Lärm klang wie das Stampfen eines riesigen Fußes – wie der Lärm, der zwei Jahre zuvor unsere Wohnung zum Beben gebracht hatte.

»Bitte, Magnus!« Randolphs Stimme zitterte. »Ich habe schon meine *eigene* Familie durch diese Monster verloren. Ich habe meine Frau verloren, meine Töchter.«

»Du – du hattest eine Familie? Meine Mom hat nie etwas davon gesagt ...«

»Nein, das kann ich mir denken. Aber deine Mutter ... Natalie war meine einzige Schwester. Ich habe sie geliebt. Dein Vater hat etwas hinterlassen, das du finden solltest – etwas, das die Welten verändern wird.«

In meinem Gehirn drängten sich zu viele Fragen. Das irre Leuchten in Randolphs Augen gefiel mir nicht. Wie er »Welten« sagte, im Plural, gefiel mir nicht. Und ich glaubte nicht, dass er nach dem Tod meiner Mom versucht hatte, mich zu finden. Ich hatte immer meine Antennen ausgefahren. Wenn Randolph nach mir gefragt und dabei meinen Namen genannt hätte, hätte irgendeiner von meinen Freunden von der Straße mir Bescheid gesagt, wie Blitz es an diesem Morgen mit Annabeth und Frederick gemacht hatte.

Etwas hatte sich geändert – etwas, das Randolph zu der Überzeugung gebracht hatte, die Suche nach mir würde sich lohnen.

»Und wenn ich einfach weglaufe?«, fragte ich. »Versuchst du dann, mich aufzuhalten?«

»Wenn du wegläufst, werden sie dich finden. Und dann bringen sie dich um.«

Mein Hals fühlte sich an wie voller Wattekugeln. Ich vertraute Randolph nicht, aber leider glaubte ich ihm das mit den Leuten, die mich umbringen wollten. Seine Stimme klang einfach nach Wahrheit.

»Na dann«, sagte ich. »Dann lass uns mal losfahren.«

4 DER TYP KANN ECHT NICHT AUTO FAHREN

Habt ihr schon mal die Witze über die unmöglichen Fahrer aus Boston gehört? So einer ist mein Onkel Randolph.

Der Dussel ließ seinen BMW 528i aufheulen (er musste natürlich einen BMW haben) und schoss die Commonwealth Avenue hinab, ohne auf die Ampeln zu achten, hupte drohend andere Autos an und wechselte ohne erkennbaren Grund von einer Spur auf die andere.

»Du hast eine Fußgängerin verfehlt«, sagte ich. »Willst du nicht wenden und es noch mal versuchen?«

Randolph war zu abgelenkt, um zu antworten. Er schaute immer wieder zum Himmel hoch, als ob er auf Gewitterwolken wartete. »Also«, sagte ich. »Wohin fahren wir eigentlich?«

»Zur Brücke.«

Das erklärte natürlich alles. In Boston gab es nur so ungefähr zwanzig Brücken.

Ich ließ meine Hand über den angewärmten Ledersitz fahren. Ich hatte vor etwa sechs Monaten zuletzt in einem Auto gesessen, und zwar im Toyota eines Sozialarbeiters. Davor in einem Streifenwagen der Polizei. Beide Male hatte ich einen falschen Namen genannt, und beide Male war ich entkommen, aber in den vergangenen beiden Jahren hatte ich trotzdem gelernt, Autos mit Arrestzellen zu verbinden. Ich war nicht sicher, ob ich heute mehr Glück haben würde.

Ich wartete darauf, dass Randolph eine meiner bohrenden kleinen Fragen beantworten würde, zum Beispiel: Wer ist mein Dad? Wer hat meine Mom umgebracht? Auf welche Weise hast du deine Frau und deine Kinder verloren? Musst du wirklich dieses Deo mit dem Nelkengeruch benutzen?

Aber er war zu sehr darauf konzentriert, ein Verkehrschaos zu produzieren.

Um überhaupt etwas zu sagen, fragte ich schließlich: »Aber wer will mich denn nun eigentlich umbringen?«

Auf der Arlington Street bog er nach rechts ab. Wir schlitterten am Park entlang, vorbei am Reiterstandbild von George Washington, an den Reihen von Gaslaternen und verschneiten Hecken. Ich spielte mit dem Gedanken, aus dem Wagen zu springen, zum Schwanenteich zurückzurennen und mich in meinem Schlafsack zu verstecken.

»Magnus«, sagte Randolph. »Ich habe es zu meiner Lebensaufgabe gemacht, die nordischen Expeditionen nach Nordamerika zu erforschen.«

»Super, danke«, sagte ich. »Damit ist meine Frage dann ja beantwortet.«

Plötzlich erinnerte Randolph mich doch an meine Mom. Er sah mich ebenso entnervt an wie sie, über den Brillenrand hinweg, als wolle er sagen, *Bitte, Junge, erspar uns den Sarkasmus*. Wegen dieser Ähnlichkeit tat mir das Herz weh.

»Schön«, sagte ich. »Weil du's bist. Nordische Expeditionen. Du meinst die Wikinger.«

Randolph wand sich verlegen auf seinem Sitz. »Na ja … die Wikinger werden häufig mit Plünderern gleichgesetzt, die Bezeichnung klingt ja schon fast wie eine Arbeitsplatzbeschreibung. Aber nicht alle Menschen aus den nordischen Ländern waren Wikinger. Trotzdem, ja, doch, die meine ich.«

»Die Statue von Leif Eriksson … bedeutet das, dass die Wikinger … äh, die Leute aus dem Norden Boston entdeckt haben? Ich dachte, das waren die Pilgerväter.«

»Ich könnte dir allein über dieses Thema einen dreistündigen Vortrag halten.«

»Bitte nicht.«

»Es reicht zu wissen, dass die Skandinavier Nordamerika um das Jahr 1000 entdeckt und sogar Siedlungen gebaut haben – an die fünfhundert Jahre ehe Christoph Columbus hier eintraf. So weit sind sich die Gelehrten einig.«

»Wie beruhigend. Ich finde es furchtbar, wenn die Gelehrten sich nicht einig sind.«

»Aber niemand weiß, wie weit sie nach Süden vorgedrungen sind. Haben sie die heutigen USA erreicht? Die Statue von Leif Eriksson … das war das Lieblingsprojekt eines Wunschdenkers im 19. Jahrhundert, ein Mann namens Eben Horsford. Er war davon überzeugt, dass Boston die verschollene nordische Siedlung Norumbega war, der südlichste Punkt, den sie überhaupt erreicht hatten. Er hatte so einen Instinkt, ein Bauchgefühl, aber keinen echten Beweis. Die meisten Historiker haben ihn als Spinner abgetan.«

Er sah mich vielsagend an.

»Lass mich raten … du hältst ihn nicht für einen Spinner.« Ich konnte dem Drang widerstehen, hinzuzufügen: *Nur ein Spinner glaubt einem anderen Spinner.*

»Diese Landkarten auf meinem Schreibtisch«, fuhr Randolph fort, »die sind der Beweis. Meine Kollegen bezeichnen sie als Fälschungen, aber das sind sie nicht. Ich habe meinen guten Ruf dafür riskiert.«

Und deshalb bist du in Harvard gefeuert worden, dachte ich.

»Die nordischen Eroberer sind bis hier gekommen«, sagte er jetzt. »Sie haben etwas gesucht ... und sie haben es hier gefunden. Eins ihrer Schiffe ist hier in der Nähe untergegangen. Ich habe jahrelang geglaubt, der Schiffbruch sei in der Massachusetts Bay passiert. Ich habe alles geopfert, um die Stelle zu finden. Ich habe mir ein Boot gekauft und bin mit meiner Frau und meinen Kindern auf Forschungsfahrt gegangen. Beim letzten Mal ...« Seine Stimme versagte. »Der Sturm war ganz plötzlich da, das Feuer ...«

Er wollte offenbar nicht unbedingt noch mehr erzählen, aber ich hatte schon begriffen: Er hatte seine Familie auf See verloren. Er hatte wirklich alles für seine verrückte Theorie über Wikinger in Boston aufs Spiel gesetzt.

Der Typ tat mir schon leid. Aber sein nächstes Opfer wollte ich trotzdem nicht werden.

Wir hielten an der Ecke Boylston und Charles Street.

»Vielleicht sollte ich hier einfach aussteigen«, sagte ich und griff nach dem Türöffner. Die Tür war verriegelt.

»Magnus, hör mir zu. Es ist kein Zufall, dass du in Boston geboren worden bist. Dein Vater wollte, dass du das findest, was er vor zweitausend Jahren verloren hat.«

Meine Füße wurden nervös. »Hast du gerade ... zweitausend Jahre gesagt?«

»Mehr oder weniger.«

Ich überlegte, ob ich losschreien und gegen das Fenster hämmern sollte. Würde mir dann irgendwer helfen? Wenn ich aus dem Auto springen würde, könnte ich vielleicht irgendwo Onkel Frederick und Annabeth finden, vorausgesetzt, die waren nicht ganz so wahnsinnig wie Randolph.

Wir bogen auf die Charles Street ab und fuhren zwischen dem botanischen Garten und dem Park nach Norden. Randolph könnte jetzt mit mir überallhin unterwegs sein – nach Cambridge, zum North End oder zu irgendeiner abgelegenen Leichenentsorgungsstelle.

Ich versuchte, ganz ruhig zu bleiben. »Zweitausend Jahre … das ist nicht gerade die Lebenserwartung eines Durchschnitts-Dad.«

Randolphs Gesicht erinnerte mich an den Mann im Mond in alten Schwarz-Weiß-Comics: bleich und rund, voller Flecken und Narben, mit einem geheimnisvollen Lächeln, das nicht gerade freundlich war. »Magnus, was weißt du über nordische Mythologie?«

Das wird ja immer besser, dachte ich.

»Äh, nicht viel. Meine Mom hatte ein Bilderbuch, das ich als Kind lesen durfte. Und gab es nicht ein paar Filme über Thor?«

Randolph schüttelte angeekelt den Kopf. »Diese Filme … lächerlich unkorrekt. Die echten Götter von Asgard – Thor, Loki, Odin und die anderen – sind viel mächtiger, viel beängstigender als alles, was Hollywood sich aus den Fingern saugen könnte.«

»Aber … das sind doch Mythen. Die gibt es gar nicht.«

Randolph warf mir einen irgendwie mitleidigen Blick zu. »Mythen sind nichts anderes als Geschichten über Wahrheiten, die wir vergessen haben.«

»Du, hör mal, mir fällt gerade ein, ich hab hier um die Ecke eine Verabredung …«

»Vor tausend Jahren kamen nordische Entdeckungsreisende in dieses Land.« Randolph fuhr vorbei an der Cheers Bar in der Beacon Street, wo sich die Touristen rudelweise vor dem Namensschild gegenseitig fotografierten. Ich sah einen zerknüllten Flyer über den Bürgersteig flattern, darauf waren das Wort »VERMISST« und ein altes Foto von mir zu sehen. Ein Tourist trat darauf.

»Der Anführer dieser Entdecker«, sagte nun Randolph, »war ein Sohn des Gottes Skirnir.«

»Ein Sohn eines Gottes. Wirklich, es ist egal, wo du mich rauslässt. Ich kann den Rest zu Fuß gehen.«

»Der Mann hatte einen ganz besonderen Gegenstand bei sich«, sagte Randolph. »Etwas, das früher einmal deinem Vater gehört hatte. Als sein Schiff im Sturm unterging, verschwand dieser Gegenstand mit ihm. Aber du – du besitzt die Fähigkeit, ihn zu finden.«

Ich versuchte abermals, die Tür zu öffnen. Noch immer verriegelt.

Und das Schlimmste an der ganzen Sache war, je länger Randolph redete, umso weniger konnte ich mich davon überzeugen, dass er verrückt war. Seine Geschichte stieß etwas in mir an – Stürme, Wölfe, Götter, Asgard. Die Wörter fanden ihren Platz, wie Stücke in einem Puzzle, das ich niemals beendet hatte, weil mir der Mut fehlte. Ich fing an, ihm zu glauben, und das machte mich vor Angst erst recht fertig.

Randolph jagte durch die Zufahrtstraße zum Sorrow Drive. Er hielt vor einer Parkuhr in der Cambridge Street. Im Norden, hinter den erhöhten Schienen der Bahnstation, ragten die steinernen Türme der Longfellow Bridge auf.

»Hier wollten wir also hin?«, fragte ich.

Randolph fischte in seinem Tassenhalter nach Münzen. »All die Jahre war es viel näher, als mir klar war. Ich brauchte eben nur dich.«

»Wie schön, so geliebt zu werden.«

»Du wirst heute sechzehn.« Randolphs Augen zuckten vor Aufregung. »Das ist für dich der perfekte Tag, um dein Geburtsrecht geltend zu machen. Aber genau darauf haben deine Feinde gewartet. Wir müssen es vor ihnen finden.«

»Aber …«

»Hab noch ein bisschen länger Vertrauen zu mir, Magnus. Wenn wir erst die Waffe haben …«

»Die Waffe? Mein Geburtsrecht ist eine *Waffe?*«

»Wenn du sie erst mal in deinem Besitz hast, wirst du viel sicherer sein. Ich kann dir alles erklären. Ich kann dir auch helfen, für all das zu trainieren, was dir bevorsteht.«

Er öffnete die Autotür. Ehe er aussteigen konnte, packte ich sein Handgelenk.

Eigentlich vermeide ich es immer, andere zu berühren. Physischer Kontakt macht mich fertig. Aber ich brauchte seine volle Aufmerksamkeit.

»Gib mir eine Antwort«, sagte ich. »Eine einzige *klare* Antwort, ohne lange Abschweifungen und ohne Geschichtsunterricht. Du hast gesagt, du hast meinen Dad gekannt. Wer ist es?«

Randolph legte seine Hand auf meine, und ich zuckte zusammen. Seine Handfläche war zu rau und schwielig für einen Geschichtsprofessor. »Bei meinem Leben, Magnus, ich schwöre, dein Vater ist ein nordischer Gott. Und jetzt beeil dich. Wir haben zwanzig Minuten Parkzeit.«

ICH WOLLTE IMMER SCHON MAL EINE BRÜCKE IN DIE LUFT JAGEN

5

Du kannst doch nicht so eine Bombe hochgehen lassen und dann einfach weglaufen«, schrie ich, als Randolph wegrannte. Trotz seines Gehstocks und des steifen Beins war der Kerl total beweglich. Er hätte glatt die olympische Goldmedaille im Schnellhumpeln holen können. Er jagte einfach weiter und kletterte auf das Geländer der Longfellow Bridge, während ich hinterherrannte und der Wind in meinen Ohren heulte.

Die Morgenpendler aus Cambridge stauten sich. Eine lange Autoschlange stand auf der Brücke und schien sich kaum zu bewegen. Man sollte annehmen, dass mein Onkel und ich bei diesem unterirdischen Wetter die Einzigen waren, die zu Fuß die Brücke überquerten, aber wir waren in Boston, deshalb lief ein halbes Dutzend Jogger vor mir her, und alle sahen in ihren Lycra-Anzügen aus wie abgemagerte Seehunde. Eine Frau mit zwei Kindern in einer Karre war auf der entgegengesetzten Seite unterwegs. Ihre Kinder sahen ungefähr so glücklich aus, wie ich mich fühlte.

Mein Onkel war noch immer drei Meter vor mir.

»Randolph«, rief ich. »Ich rede mit dir!«

»Die Strömung des Flusses«, murmelte er. »Die Ablagerungen

am Ufer … und wenn wir ein Jahrtausend mit veränderten Gezeitenmustern bedenken …«

»Warte!« Ich packte ihn am Ärmel seines Kaschmirmantels. »Spul mal zu der Stelle über den nordischen Gott zurück, der mein Dad ist.«

Randolph sah sich um. Wir standen jetzt vor einem der Haupttürme der Brücke – ein Granitkegel, der sich mehr als sechzehn Meter über uns erhob. Die Türme sehen angeblich aus wie riesige Salz- und Pfefferstreuer, aber mich erinnerten sie immer an die Daleks aus *Doctor Who.* (Gut, dann bin ich eben ein Nerd. Macht, was ihr wollt. Und ja, sogar obdachlose Jugendliche sehen manchmal fern – in den Aufenthaltsräumen von Herbergen, per Computer in öffentlichen Bibliotheken … Wir haben da unsere Methoden.)

Mehr als dreißig Meter unter uns glitzerte der Charles River stahlgrau, seine Oberfläche war gefleckt mit Schnee- und Eisresten, wie die Haut einer riesigen Pythonschlange.

Randolph beugte sich so weit über die Brüstung, dass ich ganz nervös wurde.

»Diese Ironie!«, murmelte er. »Ausgerechnet hier …«

»Also«, sagte ich, »was meinen Vater betrifft …«

Randolph packte meine Schulter. »Schau mal nach unten, Magnus. Was siehst du da?«

Vorsichtig lugte ich über die Brüstung. »Wasser.«

»Nein, die eingemeißelten Verzierungen, gleich unter uns.«

Ich schaute noch einmal nach. Ungefähr auf halber Höhe der Brücke ragte ein spitz zulaufendes Granitsims aus dem Wasser, wie eine Loge im Theater. »Sieht aus wie eine Nase.«

»Nein, das ist … na ja, von hier aus sieht es wirklich ein bisschen aus wie eine Nase. Aber es ist der Bug eines wikingischen Langschiffes. Der Dichter Longfellow, nach dem die Brücke benannt ist, war von der nordischen Kultur fasziniert. Hat über ihre Götter geschrieben. So wie Eben Horsford. Longfellow glaubte, dass die Wikinger in Boston gewesen waren. Deshalb die Verzierungen auf der Brücke.«

»Du solltest Führungen machen«, sagte ich. »Alle flammenden Longfellow-Fans würden dicke Summen hinblättern.«

»Verstehst du nicht?« Randolphs Hand lag noch immer auf meiner Schulter, was meine Nervosität nicht gerade milderte. »So viele Menschen im Laufe der Jahrhunderte haben es gewusst. Sie haben es instinktiv gespürt, auch wenn sie keine Beweise hatten. Diese Gegend wurde von den Wikingern nicht nur bereist! Sie war ihnen heilig! Gleich unter uns – irgendwo in der Nähe dieser steinernen Langschiffe – liegt das Wrack eines echten Langschiffes, mit einer Ladung von unschätzbarem Wert.«

»Ich sehe noch immer nur Wasser. Und ich möchte noch immer mehr über meinen Dad erfahren.«

»Magnus, die nordischen Entdecker haben hier die Achse der Welt gesucht, den Stamm des Baumes! Und sie fanden ...«

Ein dumpfes *Bumm* hallte über dem Fluss wider. Die Brücke bebte. Ungefähr einen Kilometer weiter, im Dickicht der Schornsteine und Türme von Black Bay, stieg ein ölig schwarzer Rauchpilz auf.

Ich hielt mich am Geländer fest. »Äh, war das nicht ziemlich nah bei deinem Haus?«

Randolphs Miene verhärtete sich. Sein stoppeliger Bart glitzerte silbrig im Sonnenlicht.

»Wir haben keine Zeit mehr. Magnus, streck deine Hand über das Wasser aus. Das Schwert ist dort unten. Ruf es. Konzentrier dich darauf, als sei es das Allerwichtigste auf der Welt – das, was du dir am dringendsten wünschst.«

»Ein Schwert? Ich – hör mal, Randolph, mir ist schon klar, dass das hier ein harter Tag für dich ist, aber …«

»MACH SCHON!«

Die Entschlossenheit in seiner Stimme ließ mich zusammenfahren. Randolph musste einfach wahnsinnig sein, mit seinem Gerede über Götter und Schwerter und uralte Wracks. Aber die Rauchsäule über Black Bay war sehr real. Sirenen heulten in der Ferne. Auf der Brücke steckten die Fahrer ihre Köpfe aus den Fenstern, um zu glotzen, sie hielten ihre Smartphones hoch und machten Bilder.

Und so gern ich auch das Gegenteil behauptet hätte, Randolphs Worte hallten irgendwie in mir wider. Zum ersten Mal hatte ich das Gefühl, dass mein Körper in der richtigen Frequenz summte, als ob ich endlich die richtige Tonlage für den miesen Soundtrack zu meinem Leben gefunden hätte.

Ich streckte meine Hand über dem Fluss aus.

Nichts passierte.

Natürlich passiert nichts, rief ich mich zur Ordnung. *Was hattest du denn erwartet?*

Die Brücke bebte noch heftiger. Ein Jogger stolperte auf dem Gehweg. Hinter mir hörte ich den Knall von zwei zusammenstoßenden Autos. Hupen plärrten.

Über den Dächern von Black Bay erhob sich jetzt eine weitere Rauchsäule. Asche und orange Funken stoben auf, wie bei einer Vulkanexplosion.

»Das – das war schon viel näher«, ging mir auf. »Als ob etwas auf uns zuhält.«

Ich hoffte inständig, dass Randolph sagen würde: *Quatsch, natürlich nicht. Sei nicht so blöd!*

Er schien vor meinen Augen älter zu werden. Seine Runzeln wurden dunkler. Seine Schultern sackten nach unten. Er stützte sich schwer auf seinen Stock. »Bitte, nicht schon wieder«, murmelte er vor sich hin. »Nicht wie beim letzten Mal.«

»Beim *letzten Mal?*« Dann fiel mir ein, wie er seine Frau und seine Kinder verloren hatte – in einem ganz plötzlich aufgetauchten Sturm, im Feuer.

Randolph hielt meinen Blick fest. »Mach noch einen Versuch, Magnus. Bitte.«

Ich streckte meine Hand über den Fluss aus. Ich stellte mir vor, dass ich versuchte, meine Mom zu erreichen, um sie aus der Vergangenheit zu ziehen, um sie vor den Wölfen und der brennenden Wohnung zu retten. Ich suchte nach Antworten, die erklären konnten, warum ich sie verloren hatte, warum mein ganzes Leben seither eine Abwärtsspirale in Richtung *mies* gewesen war.

Direkt unter mir fing die Wasseroberfläche an zu dampfen. Eis schmolz. Schnee verdunstete und hinterließ ein Loch von der Form einer Hand – *meiner Hand*, zwanzigmal größer.

Ich wusste nicht, was ich da überhaupt tat. Ich hatte dasselbe Gefühl wie damals, als meine Mom mir Radfahren beigebracht hatte. *Denk nicht darüber nach, was du tust, Magnus. Nicht zögern, sonst stürzt du. Einfach weitermachen.*

Ich bewegte meine Hand hin und her. Mehr als dreißig Meter tiefer spiegelte die dampfende Hand meine Bewegungen und befreite die Oberfläche des Flusses vom Schnee. Plötzlich hielt ich inne. Ein Nadelstich aus Wärme traf mich mitten in der Handfläche, als ob ich einen Sonnenstrahl eingefangen hätte.

Etwas war da unten … eine Wärmequelle, tief vergraben im eiskalten Schlamm auf dem Flussboden. Ich ballte die Faust und zog.

Eine Kuppel aus Wasser erhob sich und barst wie eine Blase aus Trockeneis. Ein Gegenstand, der aussah wie ein Bleirohr, schoss aufwärts und landete in meiner Hand.

Das Ding sah überhaupt nicht aus wie ein Schwert. Ich hielt es an einem Ende, aber es hatte keinen Griff. Wenn es jemals eine Spitze oder eine scharfe Kante gehabt hatte, dann war das lange vorbei. Es hatte genau die richtige Größe für eine Schwertklinge, aber es war so angerostet und zerfressen, so von Muscheln verkrustet und glänzte so vor Schlamm und Schleim, dass ich nicht mal sicher war, ob es aus Metall bestand. Mit anderen Worten, es war das traurigste, widerlichste Stück Schrott, das ich jemals auf magische Weise aus einem Fluss gezogen hatte.

»Endlich!« Randolph hob die Augen gen Himmel. Ich hatte das Gefühl, wenn er sein steifes Knie nicht gehabt hätte, dann wäre er jetzt auf dem Gehweg in die Knie gesunken, um ein Gebet zu den nicht existierenden nordischen Göttern zu sprechen.

»Allerdings.« Ich packte mein Fundstück fester. »Ich fühle mich schon viel sicherer.«

»Du kannst es wiederherstellen«, sagte Randolph. »Versuch es doch mal.«

Ich drehte die Klinge um und staunte darüber, dass sie in meiner Hand noch nicht zerfallen war.

»Ich weiß nicht, Randolph. So, wie das Teil aussieht, kann es nicht mehr wiederhergestellt werden. Ich bin nicht mal sicher, ob es recyclingfähig ist.«

Wenn das jetzt nicht gerade beeindruckt oder dankbar klingt, dann versteht das bitte nicht falsch. Wie ich das Schwert aus dem Fluss gefischt hatte, das war so cool gewesen, dass es mich einfach fertigmachte. Ich hatte mir immer schon eine Superkraft gewünscht. Ich hatte nur nicht damit gerechnet, dass meine in der Fähigkeit bestehen würde, Müll vom Grund der Flüsse zu holen. Die freiwilligen Helfer bei der Stadtreinigung würden mich lieben.

»Konzentrier dich, Magnus«, sagte Randolph. »Schnell, ehe …«

Etwa zwanzig Meter weiter ging die Mitte der Brücke in Flammen auf. Die Druckwelle presste mich gegen das Geländer. Die rechte Seite meines Gesichts fühlte sich nach Sonnenbrand an. Fußgänger schrien auf. Autos kamen von der Fahrspur ab und knallten gegeneinander.

Aus irgendeinem blöden Grund rannte ich auf die Explosion zu. Es war so, als könnte ich gar nicht anders. Randolph humpelte hinter mir her, rief meinen Namen, aber seine Stimme kam mir weit weg vor, unwichtig.

Feuer tanzte über die Wagendächer. Fenster platzten in der Hitze und übersäten die Straße mit Glassplittern. Autofahrer sprangen aus ihren Fahrzeugen und rannten um ihr Leben.

Es sah aus, als ob ein Meteor die Brücke getroffen hätte. Ein Kreis auf dem Asphalt von mehr als drei Metern Durchmesser war versengt und rauchte. Mitten in diesem Kreis stand eine Gestalt von Menschengröße: ein dunkler Mann in einem dunklen Anzug.

Wenn ich dunkel sage, dann meine ich damit, dass seine Haut das reinste, schönste Schwarz zeigte, das ich jemals gesehen hatte. Tintenfischtinte um Mitternacht wäre nicht so schwarz gewesen. Seine Kleidung war entsprechend: ein gut geschnittenes Jackett mit passender Hose, ein gestärktes Hemd und ein Schlips – allesamt aus dem Stoff eines Neutronensterns zugeschnitten. Sein Gesicht war unmenschlich schön, wie polierter Obsidian. Er hatte seine langen Haare zu einer makellos glatten, öligen Frisur zurückgekämmt. Seine Augen leuchteten wie winzige Lavaringe.

Ich dachte, wenn es Satan gäbe, würde er aussehen wie dieser Typ.

Dann dachte ich, nein, Satan würde neben diesem Typen aussehen wie ein Penner. Dieser Typ wäre Satans Modeberater oder so was.

Die roten Augen bohrten sich in meine.

»Magnus Chase.« Seine Stimme war tief und klangvoll, sein Akzent irgendwie deutsch oder skandinavisch. »Du hast ein Geschenk für mich.«

Zwischen uns stand ein verlassener Toyota Corolla. Satans Modeberater schritt mitten hindurch und schmolz sich eine Schneise durch die Karosserie, wie ein Lötkolben durch Wachs.

Die zischenden Hälften des Corolla brachen hinter ihm in sich zusammen, die Räder zerliefen zu Pfützen.

»Ich werde dir auch ein Geschenk machen.« Der dunkle Mann streckte die Hand aus. Rauch kräuselte sich über seinem Ärmel und seinen ebenholzschwarzen Fingern. »Gib mir das Schwert, dann verschone ich dein Leben.«

MACHT PLATZ FÜR DIE ENTLEIN, ODER DIE HAUEN DIR VOLL AUF DEN KOPF

6

Ich hatte in meinem Leben schon allerlei ausgeflippten Kram erlebt.

Ich hatte einmal eine Menge von Leuten gesehen, die nichts als winzige Badehosen und Nikolausmützen trugen und die mitten im Winter die Boylston Street runtergelaufen waren. Mir war ein Typ begegnet, der mit der Nase Mundharmonika spielte, ein Schlagzeug mit den Füßen, eine Gitarre mit den Händen und ein Xylofon mit dem Hintern, und das alles gleichzeitig. Ich kannte eine Frau, die einen Einkaufswagen adoptiert und Clarence getauft hatte. Und dann gab es da noch diesen Dussel, der behauptete, von Alpha Centauri zu stammen, und der mit Kanadagänsen philosophische Gespräche führte.

Also, ein elegantes, männliches satanisches Model, das Autos zum Schmelzen bringen konnte … warum nicht? Mein Gehirn erweiterte sich einfach irgendwie, um Platz für diese Seltsamkeiten zu schaffen.

Der dunkle Mann wartete mit ausgestreckter Hand. Die Luft um ihn flirrte vor Hitze.

Etwa fünfunddreißig Meter weiter kam ein Pendlerzug mit knirschenden Bremsen zum Stehen. Die Schaffnerin glotzte das Chaos um sie herum an. Zwei Jogger versuchten, einen Mann aus einem halb zerquetschten Prius zu ziehen. Die Frau mit der Zwillingskarre öffnete die Sicherheitsgurte ihrer schreienden Kinder, während die Räder der Karre schon zu ovalen Gebilden zerlaufen waren. Neben ihr hielt ein Trottel sein Smartphone hoch, statt ihr zu helfen, und versuchte, die Zerstörung zu filmen. Seine Hand zitterte so heftig, dass bestimmt keine besonders guten Bilder dabei herauskommen würden.

Randolph stand jetzt neben mir und sagte: »Das Schwert, Magnus! Benutz es!«

Ich hatte das unangenehme Gefühl, dass mein großer, kräftiger Onkel versuchte, sich hinter mir zu verstecken.

Der dunkle Mann kicherte. »Professor Chase ... ich bewundere Ihre Ausdauer. Ich hatte gedacht, dass unsere letzte Begegnung Ihnen allen Mut genommen hätte. Aber hier stehen Sie, bereit, ein weiteres Familienmitglied zu opfern.«

»Klappe, Surt!« Randolphs Stimme war schrill. »Magnus hat das Schwert. Geh zurück in die Feuer, von wannen du gekommen bist.«

Surt schien das nicht zu beeindrucken, während ich persönlich den Ausdruck »von wannen« überaus beängstigend fand.

Der Feuerheini betrachtete mich, als ob ich genauso muschelverkrustet wäre wie das Schwert. »Gib es schon her, Junge, sonst zeige ich dir die Macht von Muspellsheim und äschere diese Brücke ein, mit allen, die sich darauf befinden.«

Surt hob die Arme. Feuer sickerte zwischen seinen Fingern hindurch. Zu seinen Füßen blubberte der Asphalt. Die Bahngleise stöhnten. Die Schaffnerin schrie voller Panik in ihr Walkie-Talkie. Der Mann mit dem Smartphone fiel in Ohnmacht. Die Mutter brach über der Karre zusammen, und die Kinder saßen noch immer darin und weinten. Randolph grunzte und taumelte rückwärts.

Ich wurde von Surts Hitze nicht ohnmächtig. Sie machte mich nur wütend. Ich wusste nicht, wer dieser feurige Mistkerl war, aber einen Fiesling erkannte ich auf den ersten Blick. Erste Straßenregel: Lass so einen niemals deine Sachen klauen.

Ich richtete mein Möglicherweise-irgendwann-mal-gewesenes-Schwert auf Surt. »Komm mal wieder runter, Mann. Ich habe hier ein zerfressenes Metallstück, und das werde ich auch benutzen.«

Surt grinste spöttisch. »Du bist kein Kämpfer, so wenig wie dein Vater.«

Ich biss die Zähne aufeinander. *Okay,* dachte ich, *wird Zeit, dem Typen sein Outfit zu ruinieren.*

Aber ehe ich etwas unternehmen konnte, schwirrte etwas an meinem Ohr vorbei und traf Surt auf der Stirn.

Wenn es ein echter Pfeil gewesen wäre, hätte Surt jetzt Probleme gehabt. Zu seinem Glück war es ein Plastikspielzeuggeschoss mit einem rosa Herzen als Spitze – für den Valentinstag, nahm ich an. Es traf Surt mit einem fröhlichen *Quietsch* zwischen den Augen, fiel auf seine Füße und schmolz.

Surt blinzelte. Er sah so verwirrt aus, wie ich mich fühlte.

Hinter mir rief eine vertraute Stimme: »Weg da, Kleiner!«

Meine Kumpel Blitz und Hearth kamen über die Brücke gestürmt. Na ja ... ich sage »gestürmt«, und das klingt irgendwie beeindruckend. War es aber nicht. Aus irgendeinem Grund hatte Blitz einen breitkrempigen Hut aufgesetzt und trug eine Sonnenbrille zu seinem schwarzen Trenchcoat, deshalb sah er aus wie ein schmieriger und sehr kleiner italienischer Priester. In seinen behandschuhten Händen schwenkte er einen furchterregenden Holzpflock mit einem knallgelben Verkehrsschild: MACHT PLATZ FÜR DIE ENTLEIN.

Hearths rot-weiß gestreifter Schal schleifte hinter ihm her wie schlaffe Flügel. Er legte einen weiteren Plastikpfeil an seinen knallrosa Spielzeugbogen und feuerte ihn auf Surt ab.

Wie ungeheuer lieb und blöd sie doch waren. Mir ging auf, woher sie ihre albernen Waffen hatten: aus dem Spielwarenladen in der Charles Street. Ich bettelte manchmal vor dem Laden und die hatten solchen Kram im Schaufenster. Aus irgendeinem Grund waren Blitz und Hearth mir offenbar dorthin gefolgt. In ihrer Eile hatten sie sich einfach die nächstbesten tödlichen Gegenstände geschnappt, ohne genauer hinzusehen. Und, typisch für verrückte Obdachlose, sie hatten keine besonders gute Wahl getroffen.

Blöd und sinnlos, ja. Aber mir wurde trotzdem warm ums Herz, weil sie sich um mich kümmerten.

»Wir decken dich!« Blitz stürmte an mir vorbei. »Lauf!«

Surt hatte keinen Angriff von schlecht bewaffneten Pennern erwartet. Er stand einfach da, während Blitz ihm das MACHT PLATZ FÜR DIE ENTLEIN-Schild vor die Birne knallte. Hearths nächster quietschender Pfeil ging daneben und traf meinen Hintern.

»He!«, rief ich empört.

Da Hearth taub war, konnte er mich nicht hören. Er rannte an mir vorbei, stürzte sich in die Schlacht und schlug Surt seinen Plastikbogen vor die Brust.

Onkel Randolph packte meinen Arm. Er röchelte grauenvoll. »Magnus, wir müssen weg hier. SOFORT!«

Vielleicht hätte ich losrennen sollen, aber ich stand wie angewachsen da und sah zu, wie meine beiden einzigen Freunde den finsteren Herrn des Feuers mit billigem Plastikspielzeug angriffen.

Endlich hatte Surt dieses Spiel satt. Er verpasste Hearth einen Schlag, der ihn über den Asphalt wirbeln ließ. Blitz trat er so heftig gegen die Brust, dass der kleine Wicht rückwärts taumelte und vor mir auf dem Hintern landete.

»Das reicht.« Surt streckte die Hand aus. Von seiner Handfläche züngelte Feuer empor und dehnte sich immer mehr aus, bis er ein geschwungenes Schwert aus nichts als weißen Flammen in der Hand hielt. »Jetzt bin ich verärgert. Ihr werdet alle sterben.«

»Bei den Galoschen der Götter!«, stammelte Blitz. »Das ist nicht irgendein Feuerriese. Das ist der Schwarze!«

Und nicht etwa der Gelbe?, hätte ich gern gefragt, aber der Anblick des flammenden Schwertes würgte meine Lust auf Witze irgendwie ab.

Um Surt herum kräuselten sich jetzt die Flammen. Der Feuersturm wogte immer weiter und ließ Autos zu Schlackenhaufen schmelzen, verflüssigte den Brückenbelag und riss die Nieten aus der Brücke wie Champagnerkorken.

Ich hatte bisher nur *gedacht*, es sei warm. Jetzt fuhr Surt die Temperatur erst richtig hoch.

Hearth sank etwa zehn Meter weiter gegen das Geländer. Die bewusstlosen Fußgänger und gefangenen Autofahrer würden auch nicht mehr lange überleben. Selbst, wenn die Flammen sie nicht erreichten, würden sie ersticken oder einem Hitzschlag erliegen. Aber aus irgendeinem Grund machte die Hitze mir noch immer nichts aus.

Randolph stolperte und hing mit seinem ganzen Gewicht an meinem Arm. »Ich … ich … äh …«

»Blitz«, sagte ich. »Schaff meinen Onkel hier weg. Wenn es sein muss, dann schleif ihn.«

Blitz' Sonnenbrille rauchte. Seine Hutkrempe schwelte schon. »Kleiner, gegen den Typen kommst du nicht an. Das ist Surt, der Schwarze persönlich!«

»Das hast du schon mal gesagt.«

»Aber Hearth und ich – wir sollen doch *dich* beschützen!«

Ich wollte schon fauchen *das macht ihr ja auch grandios, mit eurem Macht-Platz-für-die-Entlein-Schild!* Aber was konnte ich von zwei obdachlosen Dusseln anderes erwarten? Das waren ja nicht gerade Elitesoldaten! Das waren nur meine Freunde. Nie im Leben würde ich zulassen, dass sie bei dem Versuch, mich zu verteidigen, ums Leben kämen. Und was Onkel Randolph anging ... ich kannte den Mann doch kaum. Ich konnte ihn eigentlich auch nicht leiden. Aber er gehörte zur Familie. Er hatte gesagt, er könnte es nicht ertragen, noch ein Familienmitglied zu verlieren. Ehrlich gesagt, ich konnte das auch nicht. Diesmal würde ich nicht weglaufen.

»Hau ab«, sagte ich zu Blitz. »Ich hol Hearth.«

Auf irgendeine Weise konnte Blitz meinen Onkel auf den Beinen halten. Zusammen stolperten sie davon.

Surt lachte. »Das Schwert wird bald mir gehören, Knabe. Du kannst das Schicksal nicht verändern. Ich werde deine Welt zu Asche machen.«

Ich drehte mich zu ihm um. »Du gehst mir langsam auf den Geist. Ich werde dich jetzt umbringen müssen.«

Und damit schritt ich in die Flammenwand.

7 DU SIEHST TOLL AUS OHNE NASE, WIRKLICH

Wow, Magnus, denkt ihr jetzt vielleicht. *Das war … blöd!*

Danke, ich habe eben meine Momente.

Normalerweise schreite ich nicht in Flammenwände. Aber ich hatte das Gefühl, dass mich das Feuer nicht verletzen würde. Ich weiß, das klingt komisch, aber noch war ich nicht bewusstlos geworden. Die Hitze kam mir nicht so schlimm vor, obwohl der Boden unter meinen Füßen sich in Matsch verwandelte.

Extreme Temperaturen haben mir noch nie etwas ausgemacht. Ich weiß nicht, warum. Manche Leute sind ungeheuer gelenkig. Andere können mit den Ohren wackeln. Ich kann im Winter im Freien schlafen, ohne zu erfrieren, und ich kann mir brennende Streichhölzer unter die Hand halten, ohne mich zu verbrennen. Ich hatte damit in den Obdachlosenheimen schon so einige Wetten gewonnen, aber ich hatte diese Widerstandskraft niemals für besonders … *magisch* gehalten. Und ihre Grenzen hatte ich auch noch nie ausgetestet.

Ich schritt durch den Vorhang aus Feuer und knallte Surt mein rostiges Schwert an den Kopf. Denn ihr wisst ja, ich versuche immer, meine Versprechen zu halten.

Die Klinge schien ihn nicht zu verletzen, aber die wirbelnden Flammen erloschen. Surt starrte mich für den Bruchteil einer Sekunde geschockt an. Dann rammte er mir die Faust in den Bauch.

Ich war schon häufiger geschlagen worden, aber nicht von einem feurigen Schwergewicht mit dem Kampfnamen »Der Schwarze«.

Ich klappte zusammen wie ein Liegestuhl. Vor meinen Augen wurde alles unscharf und verdreifachte sich. Als ich wieder klar sehen konnte, kauerte ich auf den Knien und starrte eine Lache aus halb verdauter Milch, Truthahn und Crackern an, die dampfend auf dem Asphalt lagen.

Surt hätte mir mit seinem feurigen Schwert den Kopf abhacken können, aber er fand offenbar nicht, dass ich die Mühe wert wäre. Er lief vor mir hin und her und machte Ts-ts-ts-Geräusche.

»Schwach«, sagte er. »Ein kleiner Weichling. Gib mir freiwillig die Klinge, Wanenbrut. Dann verspreche ich dir einen schnellen Tod.«

Wanenbrut?

Ich kannte ja eine Menge guter Beleidigungen, aber die hatte ich noch nie gehört.

Das zerfressene Schwert lag noch immer in meiner Hand. Ich spürte meinen Puls im Metall widerhallen, als ob das Schwert selbst ebenfalls einen Herzschlag entwickelt hätte. Ein leises Summen, wie das von einem Automotor beim Wenden, ließ die Klinge vibrieren und setzte sich bis in meine Ohren fort.

Du kannst es wiederherstellen, hatte Randolph mir gesagt.

Ich glaubte fast, dass die alte Waffe sich bewegte, dass sie erwachte. Allerdings nicht schnell genug. Surt trat mir gegen die Rippen und schickte mich zu Boden.

Ich lag flach auf dem Rücken und starrte den Rauch im Winterhimmel an. Surt hatte mich offenbar hart genug getreten, um eine

Nahtodhalluzination auszulösen. Über dreißig Meter über mir sah ich ein Mädchen in Rüstung auf einem Pferd aus Nebel, sie kreiste wie ein Geier über dem Kampfgetümmel und hielt einen Speer aus reinem Licht in der Hand. Ihr Kettenhemd leuchtete wie silbriges Glas. Sie trug einen hohen schmalen Stahlhelm über einem grünen Kopftuch, ein bisschen wie ein mittelalterlicher Ritter. Ihr Gesicht war schön, aber streng. Unsere Blicke begegneten sich für den Bruchteil einer Sekunde.

Wenn du wirklich bist, dachte ich, *hilf mir.*

Sie löste sich in Rauch auf.

»Das Schwert«, verlangte Surt, und sein Obsidiangesicht ragte über mir auf. »Es ist für mich mehr wert, wenn du es freiwillig hergibst, aber wenn es sein muss, dann löse ich es aus deinen toten Fingern.«

In der Ferne heulten Sirenen auf. Ich fragte mich, warum sich noch keine Rettungsmannschaften sehen ließen. Dann fielen mir die beiden anderen gewaltigen Explosionen in Boston ein. Hatte Surt auch die ausgelöst? Oder hatte er noch ein paar feurige Freunde mitgebracht?

Am Rand der Brücke kam Hearth mühsam auf die Beine. Einige bewusstlose Fußgänger rührten sich jetzt wieder. Ich konnte Randolph und Blitz nirgendwo sehen. Hoffentlich waren sie außer Gefahr.

Wenn ich den brennenden Mann beschäftigen könnte, könnten sich vielleicht auch die anderen Unbeteiligten davonmachen.

Auf irgendeine Weise schaffte ich es, aufzustehen.

Ich sah das Schwert an und ja … ich hatte einwandfrei Halluzinationen.

Statt eines vorrosteten Abfallstückes hielt ich eine echte Waffe in der Hand. Der mit Leder umwickelte Griff fühlte sich warm und angenehm an. Der Knauf, ein schlichtes poliertes Stahloval, diente als Gegengewicht für die achtzig Zentimeter lange Schneide, die an beiden Seiten geschliffen und an der Spitze abgerundet war, also eher zum Durchhacken gedacht als zum Durchbohren. In der Mitte der Klinge war ein breiter Streifen mit Wikingrunen eingelassen – solche, wie ich sie in Randolphs Arbeitszimmer gesehen hatte. Sie schimmerten in einem helleren Silberton, als seien beim Schmieden zwei verschiedene Metalle verwendet worden.

Das Schwert summte jetzt ganz deutlich, fast wie eine menschliche Stimme auf der Suche nach dem richtigen Ton.

Surt trat zurück. Seine lavaroten Augen zuckten nervös. »Du weißt doch gar nicht, was du da in der Hand hast, Knabe. Und du wirst nicht lange genug leben, um es in Erfahrung zu bringen.«

Er schwenkte sein Krummschwert.

Ich hatte keine Übung im Schwertkampf, abgesehen davon, dass ich als Kind sechsundzwanzig Mal »Die Braut des Prinzen« gesehen hatte. Surt hätte mich in zwei Teile gehauen – aber mein Schwert hatte andere Pläne.

Habt ihr jemals einen wirbelnden Kreisel auf der Fingerspitze gehalten? Ihr könnt spüren, wie er sich aus eigener Kraft bewegt, wie er sich in alle Richtungen schräg legt. Das Schwert war genauso. Es schwenkte sich selbst und blockierte Surts feurige Klinge. Dann wirbelte es im Bogen herum, zog meinen Arm dabei mit und hackte in Surts rechtes Bein.

Der Schwarze schrie auf. Die Wunde in seinem Oberschenkel schwelte und ließ seine Hose auflodern. Sein Blut zischte und glühte wie der Auswurf eines Vulkans. Seine feurige Klinge löste sich auf.

Ehe er sich erholen konnte, schwang mein Schwert aufwärts und schlitzte sein Gesicht auf. Heulend taumelte Surt rückwärts und hielt sich die Hände über die Nase.

Links von mir schrie jemand auf – die Frau mit den beiden kleinen Kindern.

Hearth versuchte, ihr dabei zu helfen, die Kleinen aus der Karre zu befreien, die rauchte und jeden Moment in Flammen aufgehen konnte.

»Hearth!«, brüllte ich, ehe mir einfiel, dass das nichts brachte.

Während Surt noch immer abgelenkt war, humpelte ich zu Hearth hinüber und zeigte die Brücke entlang. »Los! Bring die Kinder weg von hier!«

Er konnte sehr gut Lippen lesen, aber meine Mitteilung gefiel ihm überhaupt nicht. Er schüttelte heftig den Kopf, nahm aber ein Kind auf den Arm.

Die Mutter drückte das andere Kind an sich.

»Gehen Sie«, sagte ich zu ihr. »Mein Freund wird Ihnen helfen.«

Die Frau zögerte nicht lange. Hearth warf mir einen letzten Blick zu. *Das ist keine gute Idee.* Dann lief er hinter ihr her, und das Kind hüpfte in seinen Armen auf und ab und rief: »Ah! Ah! Ah!«

Andere Unschuldige saßen noch immer auf der Brücke fest: Fahrer, die in ihren Autos eingesperrt waren, benommen umherirrende Fußgänger, deren Kleider dampften und deren Gesichter hummerrot leuchteten. Die Sirenen kamen jetzt näher, aber ich konnte mir nicht vorstellen, wie Polizei oder Sanitäter helfen sollten, wenn Surt hier noch immer herumwütete.

»Knabe!« Der Schwarze hörte sich an, als ob er mit Sirup gurgelte.

Er ließ die Hände von seinem Gesicht sinken und ich sah, warum. Mein selbstgesteuertes Schwert hatte ihm die Nase abgeschnitten. Kochendes Blut strömte über seine Wangen und fiel in zischenden Tropfen auf den Boden. Seine Hose war weggebrannt und er trug nur noch ein Paar Boxershorts mit Flammenmuster. Mit der Unterhose und der soeben abgesäbelten Nase sah er aus wie eine teuflische Version von Schweinchen Dick.

»Ich habe dich lange genug gewähren lassen«, gurgelte er.

»Genau dasselbe habe ich gerade über dich gedacht.« Ich hob das Schwert. »Du willst das hier? Dann hol es dir doch!«

Im Nachhinein ist mir klar, was das für ein blöder Spruch war.

Über mir sah ich für eine Sekunde die seltsame graue Erscheinung – ein Mädchen auf einem Pferd, das da oben kreiste wie ein Geier und mich beobachtete.

Statt anzugreifen, bückte sich Surt und schob mit bloßen Händen den Asphalt zusammen. Er formte daraus eine rot glühende Kugel und schleuderte sie wie einen Baseball auf mich.

Übrigens, noch ein Spiel, in dem ich nicht gut bin: Baseball. Ich schwenkte mein Schwert, in der Hoffnung, das Geschoss in der Luft zu treffen. Ich schlug daneben. Die Asphalt-Kanonenkugel bohrte sich in meinen Unterleib und ließ sich da häuslich nieder – brennend, reißend, zerstörend.

Ich konnte nicht atmen. Es tat so schrecklich weh, als explodierte in einer Kettenreaktion jede Zelle meines Körpers.

Trotzdem überkam mich eine seltsame Art von Ruhe: Ich würde sterben. Das hier würde ich nicht überleben. Ein Teil von mir dachte: *Na gut. Aber dann soll es sich auch lohnen.*

Mein Blick trübte sich. Das Schwert summte und zog an meiner Hand, aber ich konnte meine Arme kaum noch spüren.

Surt musterte mich mit einem Lächeln in seinem verwüsteten Gesicht.

Er will das Schwert, dachte ich. *Das kriegt er aber nicht. Wenn ich aus dem Spiel bin, dann nehme ich ihn mit.*

Mit einer schwachen Bewegung hob ich meine freie Hand. Ich machte eine eindeutige Geste, die er auch ohne Kenntnis der Gebärdensprache verstehen konnte.

Er brüllte und stürzte los.

Als er mich gerade erreicht hatte, schoss mein Schwert in die Höhe und bohrte sich durch ihn hindurch. Ich nahm meine letzte Kraft zusammen, um ihn zu packen, als der Schwung uns beide über das Geländer riss.

»Nein!« Er versuchte verzweifelt, sich zu befreien, ging in Flammen auf, trat um sich und wollte mich würgen, aber ich hielt ihn fest, während wir auf den Charles River zustürzten. Mein Schwert steckte noch immer in seinem Bauch, während meine eigenen Organe durch den geschmolzenen Teer in meinem Gedärm verbrannten. Der Himmel jagte in mein Blickfeld und wieder hinaus. Ich sah für einen Moment die rauchige Erscheinung – das Mädchen auf dem Pferd, das in vollem Galopp und mit ausgestreckter Hand auf mich zuschoss.

WUMM!, ich prallte auf das Wasser.

Dann starb ich. Ende.

VORSICHT, ABGRUND! UND DANN IST DA NOCH DER HAARIGE KERL MIT DER AXT

8 In der Schule hatte ich Geschichten geliebt, die so endeten. Das ist der perfekte Abschluss, oder etwa nicht? *Billy ging in die Schule. Er hatte einen schönen Tag. Dann starb er. Ende.* Es lässt einen nicht mit irgendwelchen offenen Fragen sitzen. Alles ist schön und ordentlich abgerundet.

Nur war das in meinem Fall eben nicht so.

Vielleicht denkt ihr jetzt: *Ach, Magnus, du bist gar nicht richtig gestorben. Sonst könntest du diese Geschichte doch nicht erzählen. Du warst nur kurz davor. Dann wurdest du auf wundersame Weise gerettet, bla, bla, bla.*

Nix da. Ich bin wirklich gestorben. Hundert Prozent. Gedärm durchbohrt, lebenswichtige Organe verbrannt, Kopf aus über dreizehn Metern in gefrorenen Fluss geknallt, jeder Knochen im Leib gebrochen, Lunge gefüllt mit Eiswasser.

Der medizinische Fachausdruck dafür ist *tot.*

Wahnsinn, Magnus, was war das für ein Gefühl?

Es tat weh. Und zwar sehr. Danke der Nachfrage.

Ich fing an zu träumen, was komisch war – nicht nur, weil ich tot war, sondern auch, weil ich sonst nie träume. Die Leute versuchen immer, mir das auszureden. Sie behaupten, dass alle träumen und dass ich mich an meine Träume nur nicht erinnern kann. Aber ich sage euch, ich habe immer traumlos geschlafen wie ein Toter. Bis ich dann wirklich tot war. Dann habe ich wie ein normaler Mensch geträumt.

Ich wanderte mit meiner Mom durch die Blue Hills. Ich war etwa neun Jahre alt. Es war ein warmer Sommertag, mit einer kühlen Brise, die durch die Fichten wehte. Wir blieben an einem Teich stehen, um Steinchen über das Wasser hüpfen zu lassen. Ich schaffte drei Sprünge. Meine Mom schaffte vier. Sie gewann immer. Uns war das aber egal. Sie lachte und umarmte mich, und für mich war das genug.

Es ist schwer, sie zu beschreiben. Um Natalie Chase wirklich zu verstehen, muss man sie gekannt haben. Sie machte immer Witze darüber, dass ihr Totemtier Tinker Bell aus *Peter Pan* sei. Wenn ihr euch Tinker Bell mit über dreißig vorstellen könnt, ohne Flügel, in Flanellhemd, Jeans und Doc Martens, dann habt ihr ein ziemlich gutes Bild meiner Mom. Sie war eine zierliche Frau mit feinen Zügen, kurzen blonden Strubbelhaaren und blattgrünen Augen, die vor guter Laune sprühten. Wenn sie mir Geschichten vorlas, sah ich mir die vielen Sommersprossen auf ihrer Nase an und versuchte, sie zu zählen.

Sie strahlte Freude aus. Anders kann ich das nicht ausdrücken. Sie liebte das Leben. Ihre Begeisterung war ansteckend. Sie war der freundlichste, entspannteste Mensch, der mir je begegnet ist … bis zu den letzten Wochen vor ihrem Tod.

Im Traum lag das noch viele Jahre in der Zukunft. Wir standen zusammen am Teich. Sie holte tief Luft und atmete den Duft der warmen Kiefernnadeln ein.

»Hier bin ich deinem Vater begegnet«, sagte sie. »An einem Sommertag wie heute.«

Diese Bemerkung überraschte mich. Sie sprach fast nie über meinen Dad. Ich hatte ihn nie kennengelernt, hatte nie auch nur ein Bild von ihm gesehen. Das klingt vielleicht seltsam, aber meine Mom machte nicht viel Aufhebens um ihre Beziehung, und deshalb tat ich das auch nicht.

Sie hatte klargestellt, dass mein Dad uns nicht im Stich gelassen hatte. Er war einfach weitergezogen. Sie war nicht verbittert. Sie hatte gute Erinnerungen an ihre kurze gemeinsame Zeit. Danach hatte sie festgestellt, dass sie mit mir schwanger war, und sie war glücklich darüber gewesen. Seither hatte es nur uns beide gegeben. Wir brauchten sonst niemanden.

»Du bist ihm hier am Teich begegnet?«, fragte ich. »Konnte er gut Steine hüpfen lassen?«

Sie lachte. »Klar doch. Er hat mich dabei total abgezogen. Dieser erste Tag ... der war perfekt. Na ja, bis auf eines.« Sie zog mich an sich und küsste mich auf die Stirn. »Da hatte ich dich noch nicht, Kürbis.«

Ja, gut, jetzt wisst ihr's. Meine Mom hat mich immer *Kürbis* genannt. Los, lacht schon. Als ich älter wurde, war es mir peinlich, aber da lebte sie ja auch noch. Jetzt würde ich alles geben, um noch einmal zu hören, wie sie mich Kürbis nennt.

»Wie war mein Dad denn so?«, fragte ich. Es war seltsam, »mein Dad« zu sagen. Wie konnte jemand »mein Dad« sein, dem ich niemals begegnet war? »Was ist aus ihm geworden?«

Meine Mom breitete im Sonnenlicht die Arme aus. »Deshalb komme ich ja mit dir her, Magnus. Spürst du das nicht? Er ist überall hier um uns herum.«

Ich wusste nicht, was sie meinte. Normalerweise sprach sie nicht in Bildern. Meine Mom war ungefähr so handfest und bodenständig, wie das überhaupt nur möglich ist.

Sie fuhr mir durch die Haare. »Los jetzt. Wer zuerst am Ufer ist.«

Mein Traum wechselte. Ich stand plötzlich in Onkel Randolphs Bibliothek. Vor mir am Schreibtisch lehnte ein Mann, den ich noch nie gesehen hatte. Er ließ seine Finger über die Sammlung alter Landkarten wandern.

»Der Tod war eine interessante Wahl, Magnus.«

Der Mann grinste. Seine Kleider sahen frisch gekauft aus: blendend weiße Turnschuhe, steife neue Jeans und ein Red-Sox-Pullover. Seine fedrigen Haare waren eine Mischung aus Rot, Braun und Gelb und verwuschelt, so die Nummer *Ich bin gerade erst aufgestanden und seh super aus*. Er sah erschreckend gut aus. Er hätte in Herrenzeitschriften Rasierwasserwerbung machen können, aber seine Narben ruinierten die Perfektion. Verbranntes Gewebe zog sich über seinen Nasenrücken und die Wangenknochen. Seine Lippen waren von Narben entstellt, die sich um seinen ganzen Mund herumzogen – vielleicht Piercinglöcher, die sich geschlossen hatten. Aber warum sollte irgendwer sich so viele Piercings um den Mund machen lassen?

Ich wusste nicht so recht, was ich zu dieser narbigen Halluzination sagen sollte, aber da die Worte meiner Mom noch immer in meinen Gedanken widerhallten, fragte ich: »Bist du mein Vater?«

Der Mann hob die Augenbrauen. Dann warf er den Kopf in den Nacken und lachte.

»Ach, das gefällt mir! Wir werden viel Spaß haben. Nein, Magnus Chase, ich bin nicht dein Vater, aber ich bin zumindest auf deiner Seite.« Er ließ seinen Finger über das Red-Sox-Logo auf seinem Pullover wandern. »*Meinem* Sohn wirst du auch schon bald begegnen. Und bis dahin vertraue niemals auf Äußerlichkeiten. Vertraue niemals den Motiven deiner Kameraden. Oh, und …«, er beugte sich vor und packte mein Handgelenk, »... grüß den Allvater von mir.«

Ich versuchte, mich loszureißen. Sein Zugriff war stahlhart. Der Traum änderte sich. Plötzlich flog ich durch kalten grauen Nebel.

»Nun zappel doch nicht so«, sagte eine weibliche Stimme.

Jetzt hielt das Mädchen, das über der Brücke gekreist war, mein Handgelenk. Sie jagte auf ihrem Nebelpferd durch die Luft und zog mich neben sich her wie einen Wäschesack. Ihr lodernder Speer war auf ihren Rücken geschnallt und ihr Kettenhemd funkelte im grauen Licht.

Ihr Griff festigte sich. »Willst du etwa ins Nichts fallen?«

Als ich nach unten schaute, sah ich wirklich nichts – nur endloses Grau. Ich beschloss, dass ich da nicht reinfallen wollte.

Ich versuchte, etwas zu sagen, doch das konnte ich nicht. Ich schüttelte müde den Kopf.

»Dann halt still«, befahl sie.

Unter ihrem Helm waren einige dunkle Haarsträhnen ihrem Kopftuch entkommen. Ihre Augen hatten die Farbe von Rotholzrinde.

»Sorg ja dafür, dass ich das hier nicht bereue«, sagte sie.

Dann verlor ich das Bewusstsein.

Ich kam keuchend zu mir und jeder Muskel in meinem Körper prickelte warnend.

Ich setzte mich auf und presste die Hände auf meinen Unterleib, in der Erwartung, ein brennendes Loch zu finden, wo vorher meine Innereien gewesen waren. Aber da steckte kein schwelender Asphalt. Ich verspürte keinen Schmerz. Das seltsame Schwert war verschwunden. Meine Kleidung sah gut aus – nicht nass oder verbrannt oder zerfetzt.

Meine Kleidung sah sogar *zu* gut aus. Die Klamotten, die ich schon seit Jahren trug – meine einzige Jeans, meine Schichten von Hemden, meine Jacke –, stanken nicht. Sie waren offenbar gewaschen, getrocknet und mir wieder angezogen worden, während ich bewusstlos gewesen war, was ich sehr verwirrend fand. Sie verströmten sogar einen warmen Zitronenduft, der mich an die guten alten Zeiten erinnerte, als meine Mom noch meine Sachen gewaschen hatte. Meine Schuhe waren wie neu, sie glänzten wie an dem Tag, als ich sie aus dem Abfallcontainer hinter dem Sportladen gefischt hatte.

Und noch seltsamer: Ich war sauber. Meine Hände waren nicht vom Schmutz verkrustet. Meine Haut fühlte sich frisch geschrubbt an. Ich fuhr mir mit den Fingern durchs Haar und fand keine Verfilzungen, keine Zweigreste, keine Abfallfetzen.

Langsam kam ich auf die Füße. Ich hatte am ganzen Leib nicht einen Kratzer. Ich wippte auf den Absätzen. Ich hatte das Gefühl, kilometerweit laufen zu können. Ich atmete den Geruch von Kaminfeuern und den eines aufziehenden Schneesturms ein. Ich hätte vor Erleichterung fast gelacht. Auf irgendeine Weise hatte ich überlebt.

Aber ... das war nicht möglich.

Wo war ich?

Langsam erweiterte sich mein Bewusstsein. Ich stand vor dem Eingang zu einem prachtvollen Haus wie die in Beacon Hill – acht Stockwerke aus beeindruckendem weißen Kalkstein und grauem Marmor ragten in den Winterhimmel auf. Die doppelten Eingangstüren waren aus dunklem, schwerem, mit Eisen beschlagenem Holz. Auf jeder saß in der Mitte ein Türklopfer in Form eines Wolfskopfes in Lebensgröße.

Wölfe ... das reichte mir schon, um dieses Haus zu hassen.

Ich drehte mich um und hielt Ausschau nach einem Durchgang zur Straße. Ich sah keinen, nur eine fünf Meter hohe weiße Kalksteinmauer, die den Innenhof umgab. Wieso gab es kein Eingangstor?

Ich konnte über die Mauer hinweg nicht viel sehen, aber ich befand mich offenbar noch immer in Boston. Ich erkannte einige der Gebäude in der Nachbarschaft. In der Ferne ragten die Türme von Downtown Crossing auf. Ich befand mich vermutlich in der Beacon Street, dem Park gegenüber. Aber wie war ich hier hingeraten?

In einer Ecke des Innenhofs stand eine hohe Birke mit reinweißer Rinde. Ich spielte mit dem Gedanken, hochzuklettern und so über die Mauer zu gelangen, aber die untersten Äste waren unerreichbar. Dann sah ich erst, dass der Baum Blätter hatte, was im Winter nicht sein dürfte. Und damit nicht genug: Die Blätter funkelten golden, als ob jemand sie mit Vierundzwanzig-Karat-Goldstaub bepinselt hätte.

Neben dem Baum hing eine Bronzetafel an der Mauer. Die war mir vorher auch noch nicht aufgefallen, schließlich haben viele Häuser in Boston irgendwelche Hinweise auf ihre historische Bedeutung, aber jetzt sah ich genauer hin. Die Inschrift war zweisprachig, einmal in dem nordischen Alphabet, das ich an diesem Tag schon einmal gesehen hatte, und einmal auf Englisch:

WILLKOMMEN IM HAIN DES GLASIR
HAUSIEREN UND HERUMLUNGERN VERBOTEN
HOTELLIEFERANTEN: BITTE DEN EINGANG IN NIFLHEIM BENUTZEN

Jetzt war meine tägliche Dosis von Abstrusitäten endgültig überschritten. Ich musste weg hier. Ich musste über diese Mauer klettern, feststellen, was mit Blitz und Hearth passiert war – und auch mit Onkel Randolph, wenn ich gerade in großzügiger Stimmung war –, und dann zum Beispiel nach Guatemala trampen. Mit dieser Stadt war ich jedenfalls fertig.

Dann öffneten sich die Doppeltüren mit einem Ächzen nach innen. Blendendes goldenes Licht strömte heraus.

Ein kräftiger Mann erschien auf der Schwelle. Er trug die Uniform eines Portiers: Zylinder, weiße Handschuhe, einen dunkelgrünen Frack, bei dem die verschlungenen Buchstaben HW auf das Revers gestickt waren. Aber dieser Typ war nie im Leben ein echter Portier. Sein warziges Gesicht war mit Asche verschmiert. Sein Bart war seit Jahrzehnten nicht mehr gestutzt worden. Seine Augen waren blutunterlaufen und funkelten mordlustig, und eine Axt mit Doppelschneide hing an seiner Seite. Auf seinem Namensschild stand: HUNDING, SACHSEN, IM TEAM SEIT 749 A. Z.

»'t-t-tschuldigung«, stammelte ich. »Ich hab mich wohl … äh … in der Tür geirrt.«

Der Mann sah mich wütend an. Er kam näher und schnüffelte an mir herum. Er roch wie Terpentin und brennendes Fleisch. »In der Tür geirrt? Ich glaube nicht. Du checkst ein.«

»Äh … was?«

»Du bist doch tot, oder?«, fragte der Mann. »Dann komm mit. Ich zeige dir den Weg zum Empfang.«

KLAR WILLST DU DEN SCHLÜSSEL FÜR DIE MINIBAR

9

Überrascht euch die Mitteilung, dass dieses Haus von innen noch viel größer war?

Das Foyer allein war so eine Art größte Jagdhütte der Welt – es war doppelt so groß wie die ganze Villa von außen. Ein Morgen Hartholzparkett war mit exotischen Tierfellen bedeckt: Zebra, Löwe und ein dreizehn Meter langes Reptil, dem ich zu seinen Lebzeiten nur ungern begegnet wäre. An der rechten Wand knisterte ein Feuer in einem schlafzimmergroßen Kamin. Davor lungerten ein paar Jungs im Highschool-Alter in flauschigen grünen Bademänteln auf viel zu dick gepolsterten Ledersofas herum, sie lachten und tranken aus Silberkelchen. Über dem Kaminsims hing ein ausgestopfter Wolfskopf.

Ach, wie schön, dachte ich mit einem Schaudern. *Noch mehr Wölfe.*

Säulen aus grob behauenen Baumstämmen trugen die Decke, die von Speeren an Stelle von Balken unterteilt war. Polierte Schilde funkelten an den Wänden. Von überall her kam Licht – ein warmes goldenes Leuchten, das in meinen Augen wehtat wie ein Sommernachmittag nach einem dunklen Kinosaal.

Mitten in diesem Foyer verkündete ein frei stehendes Schwarzes Brett:

AKTIVITÄTEN HEUTE

ZWEIKAMPF AUF LEBEN UND TOD

RAUM OSLO, 10.00 UHR

GRUPPENKAMPF AUF LEBEN UND TOD

RAUM STOCKHOLM, 11.00 UHR

MITTAGSBUFFET AUF LEBEN UND TOD

SPEISESAAL 12.00 UHR

SCHLACHT IN VOLLER AUSRÜSTUNG AUF LEBEN UND TOD

HAUPTHOF, 13.00 UHR

BIKRAM YOGA AUF LEBEN UND TOD

RAUM KOPENHAGEN, 16.00 UHR

BITTE EIGENE MATTE MITBRINGEN

Hunding, der Portier, sagte etwas, aber in meinem Kopf klingelte es so furchtbar, dass ich kein Wort verstand.

»Entschuldigung«, sagte ich. »Was?«

»Gepäck«, wiederholte er. »Hast du Gepäck?«

»Äh ...« Ich griff nach meinem Schulterriemen. Mein Rucksack war offenbar nicht mit mir zusammen auferstanden. »Nein.«

Hunding grunzte. »Niemand bringt heutzutage mehr Gepäck mit. Haben die denn rein gar nichts auf dein Leichenfeuer gelegt?«

»Mein was?«

»Ach, vergiss es.« Er schaute mit düsterer Miene zum anderen Ende des Raumes hinüber, wo ein kieloben liegendes Boot als Rezeptionstresen diente. »Hat wohl keinen Sinn, es aufzuschieben. Komm mit.«

Der Mann hinter dem umgedrehten Boot ging offenbar zum selben Friseur wie Hunding. Sein Bart war so gigantisch, dass er eine eigene Postleitzahl brauchte. Seine Haare sahen aus wie ein auf einer Windschutzscheibe geplatzter Bussard. Er trug einen waldgrünen Nadelstreifenanzug. Sein Namensschild lautete: HELGI, MANAGER, OSTGOTLAND, IM TEAM SEIT 749 A. Z.

»Willkommen!« Helgi schaute von seinem Computer auf. »Einchecken?«

»Na ja ...«

»Du weißt doch, Einchecken geht erst ab 15 Uhr«, sagte er. »Wenn du früher am Tag stirbst, kann ich nicht garantieren, dass dein Zimmer schon fertig ist.«

»Ich kann ja einfach wieder lebendig werden«, bot ich an.

»Nein, nein.« Er klapperte auf seiner Tastatur. »Ich hab's schon.« Er grinste und zeigte dabei genau drei Zähne. »Wir haben dich in eine Suite hochgestuft.«

Neben mir murmelte Hunding: »Alle werden in eine Suite hochgestuft. Wir haben nur Suiten.«

»Hunding ...«, sagte der Manager warnend.

»Entschuldigung, Sir.«

»Du willst doch nicht, dass ich zum Stock greife.«

Hunding zuckte zusammen. »Nein, Sir.«

Ich schaute von einem zum anderen und sah mir noch mal ihre Namensschilder an.

»Ihr habt im selben Jahr hier angefangen«, sagte ich dann. »749 ... was ist A. Z.?«

»Allgemeine Zeitrechnung«, sagte der Manager. »Du kennst das vielleicht als A. D.«

»Und warum sagt ihr nicht einfach A. D.?«

»Weil Anno Domini, das *Jahr des Herrn*, für Christen ja schön und gut ist, aber Thor ärgert sich dann immer furchtbar. Er ist immer noch sauer, weil Jesus damals seine Herausforderung zum Duell nicht angenommen hat.«

»Wie bitte?«

»Spielt keine Rolle«, sagte Helgi. »Wie viele Schlüssel hättest du gern? Reicht einer?«

»Ich habe noch immer nicht kapiert, wo ich hier bin. Wenn ihr seit 749 hier seid, dann sind das doch über tausend Jahre.«

»Erinner mich nicht daran«, grunzte Hunding.

»Aber das ist unmöglich. Und ... und ihr habt gesagt, ich bin tot? Ich fühle mich aber nicht tot. Ich fühle mich total normal und gesund.«

»Sir«, sagte Helgi, »das wird alles heute beim Abendessen erklärt. Da werden neue Gäste offiziell begrüßt.«

»Walhalla.« Dieses Wort tauchte aus den Tiefen meines Gedächtnisses auf – eine vage Erinnerung an eine Geschichte, die meine Mom mir vor vielen Jahren vorgelesen hatte. »Das HW auf eurem Teppich steht für Hotel Walhalla.«

Helgis Blick machte deutlich, dass ich seine Geduld auf eine harte Probe stellte. »Ja. Hotel Walhalla. Herzlichen Glückwunsch. Du bist ausgewählt worden, dich den Heerscharen Odins anzuschließen. Ich freue mich darauf, beim Abendessen von deinen Heldentaten zu hören.«

Die Beine gaben unter mir nach und ich musste mich auf den Tresen stützen. Ich hatte versucht, mir einzureden, dass hier sei einfach ein Missverständnis – irgendein durchgestyltes Themenhotel, wo ich irrtümlicherweise für einen Gast gehalten wurde. Jetzt war ich mir nicht mehr so sicher.

»Tot«, murmelte ich. »Das soll also heißen, ich bin wirklich ... ich bin wirklich ...«

»Hier ist dein Zimmerschlüssel.« Helgi reichte mir einen Stein, in den eine wikingische Rune eingekerbt war. Er sah aus wie einer von den Steinen in Onkel Randolphs Bibliothek. »Hättest du gern einen Schlüssel für die Minibar?«

»Äh …«

»Klar will er einen Schlüssel für die Minibar«, antwortete Hunding an meiner Stelle. »Junge, du willst den Minibarschlüssel. Du wirst sehr lange hier bleiben.«

Mein Mund schmeckte nach Kupfer. »Wie lange denn?«

»Für immer«, sagte Helgi. »Oder jedenfalls bis zur Götterdämmerung. Und jetzt bringt Hunding dich auf dein Zimmer. Genieß dein Nachleben.«

MEIN ZIMMER IST EIGENTLICH NICHT ÜBEL

10 Ich passte nicht besonders gut auf, als Hunding mich durch das Hotel führte. Ich hatte das Gefühl, fünfzigmal ganz schnell um mich selbst gedreht und dann mitten in einem Zirkus losgelassen worden zu sein, mit dem Auftrag, mich zu amüsieren.

Jede Halle, durch die wir gingen, kam mir größer vor als die davor. Die meisten Hotelgäste sahen aus wie Schüler, einige allerdings schienen ein wenig älter zu sein. Jungen und Mädchen saßen in kleinen Gruppen zusammen, fläzten sich vor Kaminen, plauderten in vielen verschiedenen Sprachen, aßen oder spielten Brettspiele wie Schach und Scrabble und etwas, bei dem man echte Dolche und einen Lötkolben brauchte. Wenn ich in die Nebenräume lugte, sah ich Billardtische, Spielautomaten, altmodische Videospiele und etwas, das aussah wie eine eiserne Jungfrau aus einer Folterkammer.

Hotelangestellte in dunkelgrünen Hemden schwirrten zwischen den Gästen herum und brachten Tabletts voller Essen und Krüge mit Getränken. Soweit ich sehen konnte, waren sie allesamt kräftige Kriegerinnen mit Schilden auf dem Rücken und Schwertern oder Äxten am Gürtel, und das sieht man in der Gastronomie nicht alle Tage.

Eine schwer bewaffnete Kellnerin kam mit einer dampfenden Schüssel voller Frühlingsrollen an mir vorbei. Mein Magen knurrte.

»Wie kann ich Hunger haben, wo ich doch tot bin?«, fragte ich Hunding. »Die Leute hier sehen alle nicht tot aus.«

Hunding zuckte mit den Schultern. »Na ja, es gibt tot und tot. Du musst dir Walhalla eher als ... Beförderung vorstellen. Du gehörst jetzt zu den *Einherjern*.«

»Einherjer«, wiederholte ich. »Klingt ja gut.«

»Ja. Singular: *Einherje*. – Wir sind die Auserwählten Odins, Soldaten in seinem ewigen Heer. Das Wort Einherje wird meistens mit *einsamer Kämpfer* übersetzt, aber das entspricht nicht der ganzen Bedeutung. Richtiger wäre die *einstigen Krieger* – die, die im letzten Leben tapfer gekämpft haben und ebenso tapfer kämpfen werden, wenn am Letzten Tag RUNTER!«

»Am letzten Tag runter?«

»Nein, runter!«

Hunding drückte mich zu Boden, als ein Speer an uns vorüberflog. Der Speer durchbohrte einen Typen, der ganz in unserer Nähe auf einem Sofa saß. Getränke, Würfel und Monopolygeld flogen in alle Richtungen. Die Leute, mit denen er gespielt hatte, sprangen auf, sahen leicht vergrätzt aus und starren in die Richtung, aus der der Speer gekommen war.

»Das hab ich gesehen, John Rothand!«, schrie Hunding. »In diesem Salon hier ist Aufspießen verboten!«

Im Billardzimmer lachte irgendwer und rief etwas zurück auf ... Schwedisch? Er klang nicht gerade nach Reue.

»Was soll's.« Hunding ging weiter, als ob nichts passiert wäre. »Die Fahrstühle sind gleich hier gegenüber.«

»Moment mal«, sagte ich. »Der Typ da ist gerade mit dem Speer ermordet worden. Willst du gar nichts unternehmen?«

»Ach, die Wölfe werden das schon sauber machen.«

Mein Puls verdoppelte sein Tempo. »Die Wölfe?«

Und wirklich, während die anderen Monopolyspieler ihre Spielfiguren wieder aufstellten, sprangen zwei graue Wölfe in den Salon, packten den Toten an den Beinen und zerrten ihn davon, während der Speer noch immer aus seiner Brust ragte. Die blutige Spur verdampfte sofort. Das durchbohrte Sofa reparierte sich selbst.

Ich ging hinter der nächstbesten Topfblume in die Hocke. Ist mir egal, wie das klingt. Meine Angst riss einfach das Kommando an sich. Diese Wölfe hatten keine leuchtenden blauen Augen wie die Viecher, die unsere Wohnung überfallen hatten, aber ich wünschte mir trotzdem, ich wäre in einem Nachleben gelandet, das eine Rennmaus als Maskottchen hatte.

»Ist Töten denn nicht verboten?«, fragte ich mit kleinlauter Stimme.

Hunding hob eine buschige Augenbraue. »Das war doch nur ein kleiner Spaß, Junge. Bis zum Abendessen geht's ihm wieder gut.« Er zog mich aus meinem Versteck. »Jetzt komm schon.«

Ehe ich noch weitere Fragen stellen konnte, waren wir beim Fahrstuhl angekommen. Dessen Gittertür bestand aus Speeren. Goldene Schilde schoben sich an den Wänden übereinander. Es gab so viele Etagen, dass die Fahrstuhlknöpfe von der Decke bis zum Boden reichten. Die höchste Zahl war 540. Hunding drückte auf 19.

»Wie kann es hier denn fünfhundertvierzig Stockwerke geben?«, fragte ich. »Dann wäre das ja das höchste Gebäude der Welt.«

»Wenn es nur in einer Welt existierte, ja. Aber es verbindet alle Neun Welten. Du bist vorhin durch den Midgard-Eingang gekommen. Das tun die meisten Sterblichen.«

»Midgard ...« Ich erinnerte mich vage daran, dass die Wikinger an neun Welten geglaubt hatten. Auch Randolph hatte von Welten im Plural gesprochen. Aber es war lange her, dass meine Mom mir diese nordischen Gutenachtgeschichten vorgelesen hatte. »Du meinst, die Welt der Menschen.«

»Genau.« Hunding holte tief Atem und rezitierte: *»Fünfhundertvierzig Stock besitzt Walhalla, fünfhundertvierzig Türen in der Welten neun.«* Er grinste. »Man weiß nie, wann oder wo wir in den Krieg ziehen müssen.«

»Wie oft ist das denn schon passiert?«

»Noch nie. Aber trotzdem ... es könnte jederzeit so weit sein. Und ich kann es kaum erwarten! Dann muss Helgi endlich aufhören, mich zu bestrafen!«

»Der Manager? Weshalb bestraft er dich denn?«

Die Speergittertür des Fahrstuhls öffnete sich.

»Vergiss es.« Hunding schlug mir auf den Rücken. »Der neunzehnte Stock wird dir gefallen. Gute Flurgenossen.«

Ich hatte mir Hotelflure immer düster, deprimierend und klaustrophobisch vorgestellt. Aber der neunzehnte Stock war ganz anders. Die gewölbte Decke war fast sieben Meter hoch und hatte – ihr könnt es euch schon denken – Speere als Deckenbalken. Walhalla hatte offenbar im Speergroßhandel ein Sonderangebot erwischt. In eisernen Haltern brannten Fackeln, aber sie schienen keinerlei Rauch zu entwickeln. Sie warfen einfach ein warmes oranges Licht über die mit Schwertern, Schilden und Bildteppichen verzierten Wände. Der Flur war so breit, man hätte dort problemlos ein Fußballspiel veranstalten können. Der blutrote Teppich hatte ein Muster aus Zweigen, die sich bewegten wie im Wind.

Die Zimmertüren lagen alle an die sechzehn Meter auseinander, und jede bestand aus grob behauener und mit Eisen eingefasster Eiche. Ich sah keine Türklinken oder Schlösser. Mitten auf jeder Tür war ein tellergroßer Eisenkreis mit einem von Wikingerrunen umgebenen Namen eingelassen.

Der erste Name war *Halbgeboren Gunderson.* Hinter dieser Tür hörte ich Gebrüll und metallisches Klirren, als ob da gerade ein Schwertkampf stattfände.

An der nächsten Tür stand *Mallory Keen.* Hinter dieser Tür: Stille.

Dann: *Thomas Jefferson junior.* Dahinter hörte ich Schüsse, aber es klang eher nach Videospiel als nach echten Waffen (ja, ich hatte beides schon gehört).

Auf der vierten Tür stand einfach ein *X.* Davor stand ein Servierwagen mit einer silbernen Schüssel, in der ein Schweinekopf lag. Ohren und Schnauze des Schweines sahen ein wenig angeknabbert aus.

Also, ich bin wirklich kein Feinschmecker. Als Obdachloser konnte ich mir das auch nicht leisten. Aber bei Schweineköpfen ist bei mir die Grenze.

Wir waren fast am Ende des Ganges angekommen, als ein riesiger schwarzer Vogel um die Ecke schoss und an mir vorbeijagte, wobei er fast mein Ohr mitgerissen hätte. Ich sah, wie er weiter hinten im Gang verschwand – ein Rabe, mit einem Notizblock und einem Stift in den Krallen.

»Was war das denn?«, fragte ich.

»Ein Rabe«, sagte Hunding, was ich ungeheuer hilfreich fand.

Endlich blieben wir vor einer Tür mit der Aufschrift *Magnus Chase* stehen.

Als ich meinen in Eisen geschriebenen und von Runen umgebenen Namen sah, fing ich an zu zittern. Meine letzte Hoffnung, dass das hier ein Versehen sein könnte, ein Geburtstagsscherz oder eine kosmische Verwechslung, war dahin. Das Hotel hatte mich erwartet. Sie hatten sogar meinen Namen richtig geschrieben.

Nur, um das erwähnt zu haben, »Magnus« bedeutet »groß«. Meine Mom hat mich so genannt, weil unter unseren Vorfahren vor einer Milliarde Jahren oder so irgendwelche schwedischen Könige gewesen waren. Und sie hatte gesagt, ich sei das Größte, was ihr jemals passiert war. Ich weiß. Eins, zwei, drei: *Uääääääh!* Es war ein nerviger Name. Meistens wurde er Mangus geschrieben, dann reimte er sich auf Angus. Ich korrigierte dann immer: Nein, Magnus, reimt sich auf Kaktus. Und dann glotzten mich alle blöd an.

Jedenfalls stand hier mein Name auf der Tür. Wenn ich hindurchging, hatte ich endgültig eingecheckt. Wenn der Manager die Wahrheit sagte, hatte ich dann bis zum Letzten Tag ein neues Zuhause.

»Na los.« Hunding drückte mir den Runensteinschlüssel in die Hand. Das Symbol sah irgendwie aus wie ein Unendlichkeitszeichen oder ein umgekipptes Stundenglas:

ᛞ

»Das ist *Dagaz*«, sagte Hunding. »Kein Grund zur Panik. Das symbolisiert neue Anfänge, Verwandlungen. Und es öffnet zudem deine Tür. Hier hast nur du Zutritt.«

Ich schluckte. »Und was, wenn zum Beispiel das Hotelpersonal reinwill?«

»Ach, wir haben Personalschlüssel.« Hunding klopfte auf die Axt an seinem Gürtel. Ich war nicht sicher, ob das ein Witz war.

Ich hielt den Runenstein hoch. Ich wollte ihn nicht ausprobieren, aber ich wollte auch nicht auf dem Flur herumstehen, bis ich von einem verirrten Speer durchbohrt oder von einem zur Fahrerflucht neigenden Raben verletzt würde. Instinktiv ließ ich den Stein die entsprechende Dagaz-Rune auf der Tür berühren. Die Tür sprang auf.

Ich ging hinein und mein Kinn klappte herunter.

Die Suite war schöner als jeder Ort, an dem ich je gelebt hatte, schöner als jeder Ort, an dem ich je gewesen war, sogar schöner als Onkel Randolphs Villa.

Wie in Trance ging ich in die Mitte der Suite, wo sich eine Art Innenhof nach oben hin öffnete. Meine Schuhe versanken in dichtem grünen Gras. Vier hohe Eichen säumten den Garten wie Pfeiler. Die unteren Äste ragten unter der Decke ins Zimmer hinein und verschränkten sich mit den Dachbalken. Die höheren Äste wuchsen nach oben in den Himmel und bildeten einen Baldachin aus Blättern. Sonnenschein wärmte mein Gesicht. Eine angenehme Brise strich durch den Raum und brachte den Duft von Jasmin mit sich.

»Wie ist das möglich?« Ich starrte Hunding an. »Über uns gibt es noch Hunderte von Stockwerken, aber hier ist offener Himmel. Und das mitten im Winter. Wie kann es da so sonnig und warm sein?«

Hunding zuckte mit den Schultern. »Ich weiß nicht – Magie. Aber das ist *dein* Nachleben, Junge. Ein paar Annehmlichkeiten wirst du dir ja wohl verdient haben.«

Hatte ich das? Ich kam mir nicht gerade annehmlichkeitswürdig vor.

Ich drehte eine langsame Runde. Die Suite war wie ein Kreuz geformt, vier Zimmer gingen vom Innenhof in der Mitte aus. Jedes davon war so groß wie unsere ehemalige Wohnung. Das eine war der Eingang, durch den wir hereingekommen waren. Das nächste war ein Schlafzimmer mit einem riesigen Bett. Trotz seiner Größe war dieses Zimmer spärlich möbliert und schlicht: eine beige Steppdecke und flauschig aussehende Kissen auf dem Bett, Wände ohne Bilder oder Spiegel oder andere Dekorationen. Man konnte schwere braune Vorhänge zuziehen, um das Zimmer zu verdunkeln.

Ich dachte an früher, wie meine Mom mein Zimmer so schlicht wie möglich gestaltet hatte. Ich fand es immer schwer, zu schlafen, wenn es nicht total dunkel war und nichts mich ablenken konnte. Als ich dieses Schlafzimmer sah, hatte ich das Gefühl, dass jemand in meine Gedanken gegriffen und genau das hervorgezogen hatte, was ich brauchte, um mich wohlzufühlen.

Der Flügel rechts war ein Ankleide- und Badbereich, schwarz-weiß gefliest – meine Lieblingsfarben. Zu den Annehmlichkeiten gehörten eine Sauna, ein begehbarer Kleiderschrank, eine begehbare Dusche und ein begehbares Klo (das sollte jetzt nur ein Witz sein, aber es war wirklich ein prachtvoller Thron, wie geschaffen für den verehrten Verstorbenen).

Der vierte Flügel der Suite war eine vollständig eingerichtete Küche samt Wohnzimmer. Am einen Ende des Wohnzimmers stand ein riesiges Ledersofa gegenüber von einem Plasmabildschirm mit sechs verschiedenen Spielesystemen. Auf der anderen Seite knisterte ein Kaminfeuer mit zwei Lehnstühlen davor neben einer Bücherwand.

Ja, ich lese gern. Da bin ich schon komisch. Auch, als ich nicht mehr zur Schule ging, war ich noch oft in der Stadtbücherei und lernte alles Mögliche, um an einem warmen, sicheren Ort meine Zeit verbringen zu können. Seit zwei Jahren hatte ich Sehnsucht nach meiner alten Büchersammlung, und ich hätte niemals gedacht, dass ich noch einmal eine haben würde.

Ich ging hinüber, um die Titel der Bücher anzusehen. Dann fiel mir das in Silber gerahmte Bild auf dem Kaminsims auf.

So etwas wie eine Heliumblase stieg in meiner Speiseröhre nach oben. »Das kann doch nicht …«

Ich sah mir das Foto an. Es zeigte mich, im Alter von acht Jahren, und meine Mom oben auf dem Mount Washington in

New Hampshire. Das war einer der schönsten Ausflüge meines Lebens gewesen. Wir hatten das Foto von einem Parkwächter machen lassen. Ich grinse (was ich nicht mehr oft tue) und zeige meine beiden fehlenden Schneidezähne. Meine Mom kniet hinter mir und hat die Arme um meine Brust gelegt, ihre grünen Augen haben Lachfältchen, die Sonne hat ihre Sommersprossen dunkel gemacht und ihre blonden Haare werden vom Wind zur Seite geweht.

»Das ist unmöglich«, murmelte ich. »Es gab nur einen Abzug von diesem Foto. Und der ist verbrannt, als ...« Ich drehte mich zu Hunding um, der sich die Augen wischte. »Alles in Ordnung bei dir?«

Er räusperte sich. »Alles bestens. Natürlich ist alles bestens. Das Hotel liefert gern Andenken, Erinnerungsstücke aus deinem alten Leben. Fotos ...« Es war möglich, dass sein Mund unter seinem Bart zitterte. »Als ich damals gestorben bin, gab es noch keine Fotos. Ich meine ... du hast Glück.«

Dass ich Glück hätte, hatte schon sehr lange niemand mehr behauptet. Diese Vorstellung riss mich aus meiner Benommenheit. Ich lebte jetzt seit zwei Jahren ohne meine Mom. Ich war erst seit wenigen Stunden tot oder *befördert*. Dieser Hotelpage aus Sachsen war seit 749 A. Z. hier. Ich hätte gern gewusst, wie er gestorben war und was er für Angehörige hinterlassen hatte. Auch nach zwölfhundert Jahren traten ihm noch Tränen in die Augen, wenn er an sie dachte, und das schien mir eine reichlich grausame Art, sein Nachleben zu verbringen.

Hunding richtete sich auf und putzte sich die Nase. »Egal. Wenn du Fragen hast, ruf bei der Rezeption an. Ich freue mich darauf, heute beim Abendessen von deinen Heldentaten zu hören.«

»Meine ... meine Heldentaten?«

»Na, nicht so bescheiden. Du wärst nicht auserwählt worden, wenn du keine wahre Heldentat vollbracht hättest.«

»Aber ...«

»Es war mir ein Vergnügen, dir behilflich zu sein. Willkommen im Hotel Walhalla.«

Er streckte die geöffnete Hand aus. Ich brauchte eine Sekunde, um zu begreifen, dass er Trinkgeld wollte.

»Oh, äh ...« Ich wühlte in meinen Jackentaschen, rechnete aber nicht damit, etwas zu finden. Doch wundersamerweise war der Schokoriegel noch immer vorhanden, den ich aus Onkel Randolphs Haus mitgenommen hatte, unversehrt nach seiner Reise vom Diesseits ins Jenseits. Ich gab ihn Hunding. »Tut mir leid, mehr habe ich nicht.«

Seine Augen wurden groß wie Bierdeckel. »Götter von Asgard! Danke, Kleiner!« Er schnupperte an der Schokolade und hielt sie hoch wie einen heiligen Kelch. »Wow! Also, wenn du irgendwas brauchst, dann sag mir Bescheid. Deine Walküre holt dich kurz vor dem Abendessen ab. Wow!«

»Meine Walküre? Moment mal! Ich habe doch gar keine Walküre!«

Hunding lachte und ließ die Schokolade nicht aus den Augen. »Na, wenn ich *deine* Walküre hätte, würde ich dasselbe sagen. Sie hat schon ganz schön viel Ärger verursacht.«

»Wie meinst du das?«

»Bis heute Abend, Kleiner!« Hunding steuerte die Tür an. »Ich habe was zu essen – ich meine, zu erledigen. Versuch, vor dem Abendessen nicht mehr zu sterben.«

Schön, dich kennenzulernen, und jetzt drehe ich dir den Hals um

11

Ich ließ mich ins Gras fallen.

Als ich durch die Äste in den blauen Himmel hochschaute, bekam ich Atemprobleme. Ich hatte seit Jahren keinen Asthmaanfall mehr gehabt, aber ich erinnere mich an die vielen Nächte, in denen meine Mom mich im Arm gehalten hatte, während ich keuchte in dem Gefühl, dass sich ein unsichtbarer Reifen um meine Brust spannte. Vielleicht wundert ihr euch jetzt, wieso meine Mom mit mir zelten und bergsteigen gegangen ist, wenn ich doch Asthma hatte, aber es half, an die frische Luft zu kommen.

Ich lag also mitten im Innenhof, atmete die frische Luft ein und hoffte, dass meine Lunge sich beruhigen würde.

Leider war ich ziemlich sicher, dass das hier kein Asthmaanfall war. Sondern ein totaler Nervenzusammenbruch. Was mich erschütterte, war nicht nur die Tatsache, dass ich tot war und in einem bizarren wikingischen Nachleben feststeckte, wo Menschen sich beim Zimmerservice Schweinsköpfe bestellten und in den Fluren des Hotels gegenseitig aufspießten.

So, wie mein Leben bisher verlaufen war, konnte ich das akzeptierten. Natürlich musste ich an meinem sechzehnten Geburtstag in Walhalla landen. Ich war nun mal ein Glückspilz.

Was mir aber wirklich zu schaffen machte: Zum ersten Mal seit dem Tod meiner Mom war ich an einem angenehmen Ort, allein und in Sicherheit (soweit ich das bisher beurteilen konnte). Obdachlosenunterkünfte zählten nicht. Suppenküchen und Hausdächer und Schlafsäcke unter Brücken zählten nicht. Ich hatte immer mit einem offenen Auge geschlafen. Ich hatte mich niemals entspannen können. Jetzt konnte ich in Ruhe denken.

Und Denken war gar nicht gut.

Ich hatte noch nie den Luxus gehabt, wirklich um meine Mom trauern zu können. Ich hatte nie genug Zeit gehabt, mich hinzusetzen und mir selbst so richtig leidzutun. Auf irgendeine Weise war das für mich ebenso hilfreich wie die Überlebenstricks, die meine Mom mich gelehrt hatte – navigieren, ein Zelt aufschlagen, ein Feuer machen.

Diese ganzen Ausflüge in die Nationalparks, in die Berge, an die Seen – solange ihr alter, ramponierter Subaru noch funktioniert hatte, hatten wir jedes Wochenende außerhalb der Stadt verbracht und die Wildnis erforscht.

»Wovor laufen wir eigentlich weg?«, hatte ich sie an einem Freitag gefragt, einige Monate vor ihrem Tod. Ich war damals genervt. Ich wollte nur ein einziges Mal zu Hause herumhängen. Ich begriff nicht, warum sie immer unbedingt packen und losfahren wollte.

Sie hatte gelächelt, dabei aber besorgter gewirkt als sonst. »Wir müssen unsere Zeit so gut nutzen, wie wir nur können, Magnus.«

Hatte meine Mom mich ganz bewusst darauf vorbereitet, allein zu überleben? Fast, als ob sie gewusst hätte, was passieren würde ... aber das war doch nicht möglich. Andererseits war es auch nicht möglich, einen nordischen Gott zum Vater zu haben.

Ich röchelte noch immer beim Atemholen, aber ich stand auf und lief in meinem neuen Zimmer hin und her. Vom Foto auf dem

Kaminsims grinste mich der acht Jahre alte Magnus mit seinen verwuschelten Haaren und seinen fehlenden Zähnen an. Dieser Junge hatte keine Ahnung, er wusste überhaupt nicht zu schätzen, was er hatte.

Ich sah mir die Bücherregale an: meine Lieblingsfantasy- und -horrorautoren aus früheren Jahren – Stephen King, Darren Shan, Neal Shusterman, Michael Grant, Joe Hill; meine Lieblings-Comicserien – Scott Pilgrim, Sandman, Die Wächter, dazu eine Menge Bücher, die ich in der Bibliothek hatte lesen wollen. (Tipp für Obdachlose: Büchereien sind sichere Zufluchtsorte. Es gibt Toiletten. Und sie werfen Jugendliche, die lesen, nur selten hinaus, solange sie nicht stinken oder Ärger machen.)

Ich zog das illustrierte Kinderbuch über nordische Mythologie heraus, aus dem meine Mom mir früher vorgelesen hatte. Darin gab es einfache Bilder von glücklich lächelnden wikingischen Göttern, von Regenbögen, Blumen und hübschen Mädchen mit blonden Haaren. Und Sätze wie *Die Götter lebten in einem wunderbaren und prachtvollen Reich!* Dort stand nichts über den Schwarzen Surt, der Babykarren verbrannte und mit geschmolzenem Asphalt um sich warf, nichts über Wölfe, die die Mütter anderer Leute ermordeten und Wohnungen in die Luft fliegen ließen. Das machte mich wütend.

Auf dem Kaffeetisch lag ein in Leder gebundenes Notizbuch mit dem Titel *GÄSTESERVICE*. Ich blätterte es kurz durch. Die Karte für den Zimmerservice nahm zehn Seiten ein. Die Liste der Fernsehsender war fast ebenso lang, und der Hotelplan so kompliziert und in so viele Sparten unterteilt, dass ich mich gar nicht mehr zurechtfand. Es gab keine deutlich gekennzeichneten Notausgänge mit der Aufschrift: AUSGANG IN IHR ALTES LEBEN!

Ich warf das Buch in den Kamin.

Während es verbrannte, tauchte auf dem Tisch ein neues Exemplar auf. Dieses blöde magische Hotel erlaubte mir nicht einmal, irgendetwas ein bisschen zu verwüsten.

Wütend stieß ich das Sofa um. Ich hatte nicht angenommen, dass viel passieren würde, aber es schoss durch das Zimmer und knallte gegen die hintere Wand.

Ich starrte die Spur aus verirrten Kissen an, das auf dem Kopf stehende Sofa, den rissigen Putz und die Lederspuren an der Wand. Hatte ich das alles verursacht?

Das Sofa stellte sich nicht auf magische Weise wieder auf. Es blieb dort, wohin ich es befördert hatte. Meine Wut verflog. Ich hatte vermutlich nur irgendeinem armen Hotelangestellten wie Hunding noch mehr Arbeit gemacht. Nicht besonders fair.

Ich lief ein wenig weiter hin und her, dachte an den Feuertypen auf der Brücke und fragte mich, warum er das Schwert gewollt hatte. Ich hoffte, dass Surt mit mir zusammen gestorben war – und zwar nachhaltiger als ich selbst! –, aber ich war da nicht optimistisch. Hauptsache, Blitz und Hearth hatten sich in Sicherheit gebracht (ach ja, und Randolph auch).

Und das Schwert selbst ... wo war das? Walhalla war für Helden bestimmt, die im Kampf gefallen waren. So viel wusste ich noch. Aber ich kam mir absolut nicht vor wie ein Held. Mir war in den Hintern getreten und meine Innereien waren zerschmettert worden. Als ich Surt erstochen hatte und von der Brücke gefallen war, hatte ich maximal versagt. Ein Heldentod? Wohl kaum.

Ich erstarrte.

Ein Gedanke traf mich mit der Wucht eines Vorschlaghammers.

Meine Mom ... wenn hier jemand heldenhaft gestorben war, dann ja wohl sie. Um mich zu beschützen und ...

In diesem Moment wurde an meiner Tür geklopft.

Die Tür öffnete sich und ein Mädchen kam herein ... das Mädchen, das während des Kampfes über der Brücke gekreist war und mich dann durch die graue Leere gezogen hatte.

Sie hatte Helm, Kettenhemd und leuchtenden Speer abgelegt. Ihr grünes Kopftuch lag jetzt um ihren Hals und ihre langen braunen Haare fielen offen über ihre Schultern. Ihr weißes Kleid war an Halsausschnitt und Ärmelbündchen mit wikingischen Runen bestickt. An ihrem goldenen Gürtel hingen ein altmodisches Schlüsselbund und eine einschneidige Axt. Sie sah aus wie eine Ehrenjungfrau bei irgendeiner Kampfsportler-Hochzeit.

Sie sah zu dem umgekippten Sofa hinüber. »Haben die Möbel dich beleidigt?«

»Du bist ja wirklich«, stellte ich fest.

Sie berührte ihre Arme. »Ja, sieht so aus.«

»Meine Mutter«, sagte ich.

»Nein«, sagte sie. »Ich bin nicht deine Mutter.«

»Ich meine, ist sie hier in Walhalla?«

Das Mädchen formte den Mund zu einem stummen »Oh!«. Sie starrte über meine Schulter, als ob sie sich die Antwort erst überlegen müsste. »Es tut mir leid. Natalie Chase gehört nicht zu den Auserwählten.«

»Aber *sie* war doch heldenhaft. Sie hat sich für mich geopfert.«

»Das glaube ich dir.« Sie musterte ihren Schlüsselring. »Aber ich wüsste es, wenn sie hier wäre. Wir Walküren dürfen nicht alle auswählen, die heldenhaft sterben. Es gibt ... viele Faktoren, viele verschiedene Nachleben.«

»Aber wo ist sie dann? Ich will auch dorthin. Ich bin kein Held.«

Sie kam auf mich zugerannt, presste mich so mühelos an die Wand, wie ich das Sofa umgestoßen hatte, und drückte mir ihren Unterarm auf die Kehle.

»Sag das nicht«, zischte sie. »SAG – DAS – NICHT! Vor allem nicht gleich beim Abendessen.«

Ihr Atem roch nach Pfefferminzkaugummi und ihre Augen waren auf irgendeine Weise dunkel und hell zugleich. Sie erinnerten mich an ein Fossil, das meine Mom gehabt hatte – einen Ammoniten, den Querschnitt einer Art Meeresschnecke. Er schien von innen zu leuchten, als ob er Jahrmillionen von Erinnerungen absorbiert hätte, während er in der Erde lag. Die Augen des Mädchens leuchteten auf die gleiche Weise.

»Du verstehst das nicht«, krächzte ich. »Ich muss …«

Sie drückte noch fester auf meine Luftröhre. »Was soll ich nicht verstehen? Dass du um deine Mutter trauerst? Dass du nicht gerecht beurteilt worden bist? Dass du irgendwo bist, wo du nicht sein willst, und mit Leuten klarkommen musst, mit denen du lieber nichts zu tun hättest?«

Ich wusste nicht, was ich dazu sagen sollte, schon gar nicht, da ich keine Luft bekam.

Sie trat zurück. Während ich würgte und hustete, lief sie im Zimmer hin und her. Axt und Schlüssel schwangen an ihrem Gürtel.

Ich rieb mir meinen schmerzendenen Hals.

Blöd, Magnus, sagte ich mir. *Neuer Ort: Regeln lernen.*

Ich durfte hier nicht anfangen zu jammern und zu fordern. Ich musste die Frage nach meiner Mutter erst einmal beiseitelassen. Wenn sie hier irgendwo war, würde ich das später herausfinden. Für den Moment war es in diesem Hotel nicht anders als in einem Heim für obdachlose Jugendliche, einer Notunterkunft oder einer Suppenküche in einem Kirchenkeller: Jeder Ort hat Regeln. Ich musste die Machtstrukturen, die Hackordnung und die absolut nicht angesagten Dinge lernen, die mich den Kopf kosten könnten. Ich musste überleben … auch wenn ich bereits tot war.

»Tut mir leid«, sagte ich. Mein Hals fühlte sich an, als ob ich ein lebendes Nagetier mit jeder Menge Krallen verschluckt hätte. »Aber warum interessiert es dich überhaupt, ob ich ein Held bin oder nicht?«

Sie schlug sich vor die Stirn. »Mann, Mann. Vielleicht, weil *ich* dich hergebracht habe? Vielleicht, weil meine Karriere auf dem Spiel steht? Noch ein Patzer, und ...« Sie unterbrach sich. »Egal. Wenn du vorgestellt wirst, tu, was ich dir sage. Halt den Mund, nicke und versuche, mutig auszusehen. Lass mich nicht bereuen, dass ich dich hergebracht habe.«

»Von mir aus. Aber nur der Ordnung halber, ich habe dich nicht um Hilfe gebeten.«

»Bei Odins Auge! Du lagst im Sterben! Du hattest die Wahl zwischen Helheim und Ginnungagap oder ...« Sie schüttelte sich angeekelt. »Sagen wir einfach, es gibt schlimmere Orte für dein Nachleben als Walhalla. Ich habe gesehen, was du auf der Brücke gemacht hast. Ob es dir nun klar ist oder nicht, das war eine mutige Tat. Du hast dich geopfert, um eine Menge andere Leute zu retten.«

Ihre Worte klangen wie ein Kompliment. Ihr Tonfall klang, als ob sie mich als Idioten bezeichnete.

Sie kam auf mich zumarschiert und bohrte mir einen Finger in die Brust. »Du hast Potenzial, Magnus Chase. Wehe, du lässt mich dumm dastehen ...«

Aus den Lautsprechern an der Wand erscholl ein so lautes Hornsignal, dass das Bild auf dem Kaminsims zitterte.

»Was ist los?«, fragte ich. »Ein Luftangriff?«

»Abendessen.« Das Mädchen richtete sich auf. Sie holte tief Luft und streckte die Hand aus. »Fangen wir noch mal von vorne an. Hallo, ich bin Samirah al-Abbas.«

Ich blinzelte. »Versteh mich nicht falsch, aber das klingt nicht gerade wie ein wikingischer Name.«

Sie lächelte angestrengt. »Du kannst mich Sam nennen. Das tun hier alle. Ich bin heute Abend deine Walküre. Nett, dich kennenzulernen.«

Sie schüttelte meine Hand und packte sie dabei so fest, dass meine Fingerknöchel knackten. »Und jetzt begleite ich dich zum Abendessen.« Sie rang sich ein Lächeln ab. »Wenn du mir Schande machst, bringe ich dich eigenhändig um.«

12 WENIGSTENS BIN ICH NICHT ZUM ZIEGENJAGEN EINGETEILT

Auf dem Gang kamen jetzt meine Nachbarn zum Vorschein. Thomas Jefferson junior schien in meinem Alter zu sein. Er war schlaksig, hatte kurze Locken und ein Gewehr über der Schulter. Seine blaue Wolljacke hatte Messingknöpfe und am Ärmel Rangabzeichen – ich vermutete, dass es eine Uniform der U.S. Army aus dem Bürgerkrieg war. Er nickte mir zu und lächelte. »Wie geht's denn so?«

»Äh, na ja, ich bin ja offenbar tot.«

Er lachte. »Daran gewöhnst du dich. Nenn mich T. J.«

»Magnus«, sagte ich.

»Komm schon.« Sam zog mich weiter.

Wir kamen an einem Mädchen vorbei, das vermutlich Mallory Keen war. Sie hatte krause rote Haare und ein Sägemesser, das sie gerade an der Tür mit dem Buchstaben X vor dem Gesicht eines zwei Meter großen Typen schwenkte.

»Wieder Schweinskopf?« Mallory hatte einen irischen Akzent. »X, glaubst du wirklich, ich will jedes Mal, wenn ich aus meinem Zimmer komme, einen abgesägten Schweinekopf sehen?«

»Ich habe ihn nicht mehr geschafft«, sagte X mit tiefer Grummelstimme. »Und er passt nicht in meinen Kühlschrank.«

Ich persönlich hätte den Typen ja nicht gegen mich aufbringen wollen. Er war gebaut wie ein Bombenaufbewahrungsraum. Wenn man zufällig eine Handgranate bei sich hatte, könnte man sie sicher problemlos entsorgen, indem man X einfach bat, sie zu verschlucken. Seine Haut hatte die Farbe eines Haibauches, darunter spielten die Muskeln und darauf machten sich die Warzen breit. Er hatte so viele Hügel im Gesicht, dass es schwer war, dazwischen seine Nase zu finden.

X und Mallory waren zu sehr in ihre Meinungsverschiedenheit vertieft, um auf uns zu achten, und wir gingen an ihnen vorüber.

Als wir außer Hörweite waren, fragte ich Sam: »Was ist das für ein riesiger grauer Kerl?«

Sam legte den Finger an die Lippen. »X ist ein Halbtroll. In der Hinsicht ist er ein bisschen empfindlich.«

»Ein Halbtroll. So was gibt es wirklich?«

»Natürlich«, sagte sie. »Und er hat es ebenso verdient, hier zu sein, wie du.«

»He, klar doch. War ja nur 'ne Frage.«

Ihre Verteidigungshaltung machte mich neugierig darauf, was wirklich mit X los war.

Als wir an der Tür von *Halbgeboren Gunderson* vorbeikamen, wurde das Holz von innen mit einer Axtschneide gespalten. Gedämpftes Lachen war aus dem Zimmer zu hören.

Sam lotste mich zum Fahrstuhl. Sie schob mehrere andere Einherjer weg, die dort schon warteten. »Nehmt den nächsten, Leute.«

Die Speergittertür schloss sich. Sam schob einen ihrer Schlüssel in einen Schlitz über der Liste der Stockwerke. Sie drückte auf eine rote Rune, und der Fahrstuhl setzte sich nach unten in Bewegung. »Ich bring dich in den Speisesaal, ehe der Haupteingang geöffnet wird. Dann kannst du dir erst mal alles ansehen.«

»Äh … ja, klar. Danke.«

Nordische Unterhaltungsmusik erscholl jetzt von der Decke her.

Herzlichen Glückwunsch, Magnus!, dachte ich. *Willkommen im Kriegerparadies, wo du IN ALLE EWIGKEIT Frank Sinatra auf Norwegisch hören kannst!*

Ich suchte nach etwas, das ich sagen könnte, am besten etwas, das Sam nicht veranlassen würde, meine Luftröhre zu zerquetschen.

»Sag mal … alle im neunzehnten Stock scheinen so ungefähr in meinem Alter zu sein«, sagte ich. »Oder … in unserem Alter. Kommen nur Teenager nach Walhalla?«

Samirah schüttelte den Kopf. »Die Einherjer sind nach dem Alter aufgeteilt, das sie bei ihrem Tod erreicht haben. Du gehörst zur jüngsten Gruppe, das sind die unter neunzehn. Die anderen beiden Gruppen, Erwachsene und Senioren, wirst du so gut wie nie zu sehen bekommen. Und das ist auch besser so. Die Erwachsenen … na ja, die nehmen die Teenager nicht ernst, auch wenn die Jahrhunderte länger hier sind als sie.«

»Typisch«, sagte ich.

»Und die Senioren kommen meistens nicht so gut mit anderen Leuten aus. Stell dir einfach ein richtig gewalttätiges Altersheim vor.«

»Klingt nach so einigen Unterkünften, in denen ich schon mal war.«

»Was für Unterkünfte?«

»Vergiss es. Du bist also eine Walküre. Du hast alle Leute hier im Hotel ausgesucht?«

»Klar«, sagte sie. »Ich suche alle hier im Hotel persönlich aus.«

»Ha, ha. Du weißt, was ich meine. Deine … Schwesternschaft oder wie auch immer.«

»Stimmt. Die Einherjer werden von den Walküren ausgesucht.

Jeder Krieger hier ist den Heldentod gestorben. Jeder hat an Ehre geglaubt oder hatte irgendeine Verbindung zu den nordischen Göttern und war deshalb für Walhalla geeignet.«

Ich dachte daran, was Onkel Randolph mir erzählt hatte, über das Schwert, das durch meinen Vater mein Geburtsrecht war. »Eine Verbindung ... zum Beispiel, weil sie ein Kind eines Gottes sind?«

Ich hatte Angst, Sam könnte mich auslachen, aber sie nickte mit ernster Miene. »Die meisten Einherjer sind Halbgötter. Viele sind aber auch ganz normale Sterbliche. Du bist für Walhalla wegen deines Mutes und deiner Ehre ausgesucht worden, nicht wegen deines Erbes. So sollte es jedenfalls sein ...«

Ich wusste nicht so recht, ob ihre Stimme sehnsüchtig oder verärgert klang.

»Und du?«, fragte ich. »Wie bist du zur Walküre geworden? Bist du einen edlen Tod gestorben?«

Sie lachte. »Noch nicht. Ich weile noch unter den Lebenden.«

»Wie funktioniert das denn?«

»Na ja, ich führe ein Doppelleben. Heute Abend bringe ich dich zum Essen. Dann muss ich ganz schnell nach Hause und meine Matheaufgaben machen.«

»Das ist ein Witz, oder?«

»Ich mache nie Witze, wenn es um Matheaufgaben geht.«

Die Fahrstuhltüren öffneten sich. Wir betraten einen Raum von der Größe einer Konzerthalle.

Mir klappte das Kinn herunter. »Heilige ...«

»Willkommen in der Festhalle der Erschlagenen«, sagte Samirah.

Reihen von langen Tischen, wie die Sitzreihen in einem Stadion, zogen sich von ganz oben unter dem Dach bis zu uns nach unten. Mitten im Saal befand sich, an Stelle eines Basketballplatzes, ein

Baum, der höher war als die Freiheitsstatue. Die untersten Zweige waren locker dreißig Meter über mir. Die Baumkrone wuchs durch eine riesige Öffnung im Dach und breitete sich über der gesamten Halle aus. Darüber funkelten Sterne am Abendhimmel.

Meine erste Frage war vermutlich nicht gerade die wichtigste: »Warum ist da eine Ziege im Baum?«

In Wirklichkeit turnte eine Menge Getier in den Zweigen. Ich konnte die meisten Viecher nicht erkennen, aber auf dem untersten Ast kletterte eine ungeheuer fette zottige Ziege herum. Aus ihren geschwollenen Eutern rann Milch wie aus einem kaputten Duschkopf. Unter ihr, auf dem Boden des Speisesaals, trugen vier kräftige Krieger einen riesigen goldenen Eimer auf Balken, die über ihre Schultern gelegt waren. Sie stolperten unter der Ziege herum, um so viel Milch wie möglich aufzufangen. So triefnass, wie die Krieger waren, ging offenbar ganz schön viel daneben.

»Das ist Heidrun«, sagte Sam. »Aus ihrer Milch wird Walhallas Met gebraut. Und der ist gut. Das wirst du bald sehen.«

»Und die Typen, die ihr hinterherlaufen?«

»Ja, das ist eine undankbare Aufgabe. Benimm dich, sonst wirst du am Ende auch noch zum Eimerdienst abkommandiert.«

»Äh … könnten sie nicht, na ja, die Ziege nach unten holen oder so?«

»Das ist eine frei laufende Ziege. Dann schmeckt die Milch besser.«

»Ach ja, klar«, sagte ich. »Und die ganzen anderen Tiere? Die Eichhörnchen und die Opossums und …«

»Kurzkopfgleitbeutler und Faultiere«, sagte Sam. »Die sind niedlich.«

»Na gut. Aber hier wird doch zu Abend gegessen! Das kann doch nicht hygienisch sein, wo die Tiere alles fallen lassen.«

»Die Tiere im Baum Lärad haben gute Manieren.«

»Der Baum … Lärad? Der Baum hat einen Namen?«

»Die meisten wichtigen Dinge haben Namen.« Sie runzelte die Stirn und sah mich an. »Wie heißt du doch noch gleich?«

»Sehr komisch.«

»Einige Tiere sind unsterblich und haben besondere Aufgaben. Ich kann ihn gerade nicht sehen, aber irgendwo da oben gibt es einen Hirsch namens Eikthyrnir. Wir nennen ihn einfach Eik. Siehst du den Wasserfall da?«

Der war kaum zu übersehen. Von irgendwo hoch oben im Baum lief Wasser durch Vertiefungen in der Rinde und bildete einen gewaltigen Wasserfall, der als tosender weißer Vorhang von einem Ast schäumte. Er rauschte in einen Weiher von der Größe eines olympischen Wettkampfschwimmbeckens zwischen zwei Baumwurzeln.

»Aus dem Hirschgeweih sprudelt ununterbrochen Wasser hervor«, sagte Sam. »Das Wasser fließt dann an den Ästen hinab in diesen See. Von dort sickert es unter die Erde und speist alle Flüsse in allen Welten.«

»Das heißt … alles Wasser kommt aus einem Hirschgeweih? Ich bin eigentlich ziemlich sicher, dass ich im Erdkundeunterricht etwas anderes gelernt habe.«

»Nicht alles kommt aus Eiks Geweih. Es gibt auch noch Schneeschmelze, Regenwasser, Abwässer, Spuren von Fluoriden und Riesenspucke.«

»*Riesenspucke?*«

»Du weißt schon, von Riesen eben.«

Sie schien keine Witze zu machen, obwohl ich mir da nie sicher war. In ihrem Gesicht spiegelte sich unterdrückter Humor – ihre Augen jagten hin und her und waren sehr aufmerksam, sie hatte die

Lippen aufeinandergepresst, als ob sie entweder ihr Lachen unterdrückte oder mit einem Angriff rechnete. Ich konnte mir vorstellen, wie sie auf einer Bühne als Komikerin auftrat, wenn auch nicht mit dieser Axt am Gürtel. Ihre Züge kamen mir außerdem seltsam bekannt vor – die Form der Nase, die Kurve ihrer Wangenknochen, die Andeutungen von Rot und Kupfer in ihren dunklen Haaren.

»Sind wir uns schon mal begegnet?«, fragte ich. »Ich meine ... ehe du meine Seele für Walhalla ausgesucht hast?«

»Das glaube ich nicht«, sagte sie.

»Aber du bist sterblich? Und wohnst in Boston?«

»Dorchester. Ich bin in der zehnten Klasse an der King Academy. Ich wohne bei meinen Großeltern und bin meistens damit beschäftigt, einen Vorwand zu finden, um meine walkürischen Aktivitäten zu tarnen. Heute Abend glauben Jid und Bibi, dass ich einer Gruppe von Erstklässlern Nachhilfe in Mathe gebe. Noch Fragen?«

Ihre Augen sagten etwas ganz anderes. *Schluss jetzt mit diesen persönlichen Dingen.*

Ich fragte mich, warum sie bei ihren Großeltern wohnte. Dann fiel mir ein, was sie vorhin gesagt hatte, dass sie Verständnis dafür hatte, wenn jemand um seine Mutter trauert.

»Keine weiteren Fragen«, sagte ich. »Sonst explodiert mein Kopf.«

»Das wäre unappetitlich«, sagte Sam. »Lass uns deinen Platz suchen, ehe ...«

An den Wänden des Saales wurden hundert Türen gleichzeitig aufgerissen. Die Heerscharen von Walhalla strömten herein.

»Bitte zu Tisch«, sagte Sam.

13 PHIL DIE KARTOFFEL BEGEGNET IHREM SCHICKSAL

Wir wurden von einer Flutwelle hungriger Krieger mitgerissen. Einherjer strömten aus allen Richtungen, drängelten, rissen Witze und lachten, während sie ihre Plätze ansteuerten.

»Halt dich fest«, sagte Sam zu mir.

Sie packte mich am Handgelenk und wir stiegen im Peter-Pan-Stil in die Luft.

Ich wimmerte. »Kleine Vorwarnung wäre nett.«

»Ich habe doch gesagt, halt dich fest.«

Wir schrammten über die Köpfe der Krieger. Niemand achtete sonderlich auf uns, bis auf einen Typen, den ich aus Versehen ins Gesicht trat. Auch andere Walküren jagten in der Luft umher – einige begleiteten Krieger, andere trugen Tabletts voller Essen und Krüge mit Getränken.

Wir steuerten das an, was offenbar der wichtigste Tisch war – wo die Gastgebermannschaft sitzen würde, wenn das hier ein Spiel von Celtic wäre. Ein Dutzend grimmig aussehender Typen setzte sich gerade vor goldene Teller und mit Edelsteinen besetzte Kelche. Am Ehrenplatz stand ein leerer hölzerner Thron mit hoher Rückenlehne, auf der zwei Raben hockten und sich das Gefieder putzten.

Sam landete mit mir auf dem Tisch links daneben. Zwölf weitere

Gäste nahmen gerade Platz – zwei Mädchen und vier Jungen in normaler Straßenkleidung und sechs Walküren, die mehr oder weniger wie Sam angezogen waren.

»Noch mehr Neulinge?«, fragte ich.

Sam nickte und runzelte die Stirn. »Sieben in einer Nacht ist ganz schön viel.«

»Ist das gut oder schlecht?«

»Wenn mehr Helden sterben, heißt das, dass sich auf der Welt schlimme Dinge zutragen. Was bedeutet ...« Sie schob die Lippen vor. »Schon gut. Setzen wir uns.«

Doch ehe wir Platz nehmen konnten, vertrat uns eine hochgewachsene Walküre den Weg. »Samirah al-Abbas, was bringst du uns denn heute Abend – noch einen Halbtroll? Vielleicht einen Spion deines Vaters?«

Die Walküre sah aus wie ungefähr achtzehn. Sie war groß genug, um beim Basketball als Angriffsspielerin eingesetzt zu werden, und ihre schneeblonden Haare fielen ihr in zwei dicken Zöpfen über die Schultern. Über ihrem grünen Kleid trug sie einen Patronengurt mit Kugelhämmern, was mir eine seltsame Waffenwahl schien. Vielleicht gab es in Walhalla so viele lose Nägel. Um ihren Hals hing ein Amulett in Form eines goldenen Hammers. Ihre Augen waren so blassblau und kalt wie ein Winterhimmel.

»Gunilla«, Sams Stimme klang jetzt angespannt, »das ist Magnus Chase.«

Ich streckte die Hand aus. »Gorilla? Freut mich, dich kennenzulernen.«

Das Mädchen blähte die Nasenflügel. »*Gunilla.* Ich bin die Kommandantin der Walküren. Und du, Neuling ...«

Das Nebelhorn, das ich schon vorhin gehört hatte, hallte jetzt im Saal wider. Diesmal konnte ich sehen, woher der Klang kam. Unten am Fuß des Baumes hielten zwei Typen ein schwarz-weißes Tierhorn von der Größe eines Kanus in die Höhe und ein dritter Mann blies hinein.

Tausende von Kriegern nahmen Platz. Gorilla warf mir einen letzten verachtungsvollen Blick zu, dann wirbelte sie auf dem Absatz herum und marschierte auf den Ehrentisch zu.

»Vorsichtig«, sagte Sam warnend. »Gunilla ist mächtig.«

»Und ein ziemliches Miststück.«

Sams Mundwinkel zuckte. »Das auch.«

Sie sah furchtbar nervös aus, ihre Fingerknöchel am Griff ihrer Axt waren weiß. Ich hätte gern gewusst, was Gunilla mit »Spion deines Vaters« gemeint hatte, aber da meine Luftröhre noch immer wehtat vom letzten Mal, als ich Sams Zorn erregt hatte, beschloss ich, nicht zu fragen.

Ich setzte mich an das Tischende neben Sam, damit ich nicht mit den anderen Neulingen zu reden brauchte. Die ganze Zeit flogen Hunderte von Walküren durch den Saal und verteilten Speis und Trank. Immer, wenn der Krug einer Walküre leer war, flog sie zu dem goldenen Eimer hinüber, der jetzt über einem großen Feuer blubberte, füllte ihn mit köstlicher Ziegenmilch und servierte weiter. Der Hauptgang stammte von einer Grillgrube auf der anderen Seite des Raumes. An einem über dreißig Meter langen Spieß briet ein totes Tier. Ich war nicht sicher, was es zu seinen Lebzeiten gewesen war, jedenfalls war es mindestens so groß wie ein Blauwal.

Eine Walküre flog vorüber und stellte eine Platte voller Essen und einen Kelch vor mich hin. Ich wusste nicht, was das für Fleisch war, aber es roch wunderbar und schwamm in Soße. Dazu gab es Kartoffeln und eine dicke Scheibe Vollkornbrot mit Butter. Ich hatte schon eine ganze Weile keine warme Mahlzeit mehr gehabt, aber dennoch zögerte ich.

»Was esse ich hier für ein Tier?«

Sam wischte sich mit dem Handrücken den Mund ab. »Es heißt Sährimnir.«

»Mann, wer gibt denn seinem Essen einen Namen? Ich will nicht wissen, wie das Essen heißt. Diese Kartoffel – heißt die zufällig Steve?«

Sie verdrehte die Augen. »Nein, du Dussel. Die heißt Phil. Das Brot heißt Steve.«

Ich starrte sie an.

»Sollte ein Witz sein«, sagte sie. »Sährimnir ist das magische Tier von Walhalla. Jeden Tag wird es getötet und zum Essen zubereitet. Und jeden Morgen ist es wiederauferstanden und unversehrt.«

»Das ist doch schlimm für das Tier. Aber ist es nun eine Kuh oder ein Schwein oder ...«

»Es ist alles, was du willst. Meine Portion ist Rindfleisch. Andere Teile des Bratens sind Hähnchen oder Schwein. Ich esse kein Schweinefleisch, aber einige hier schwärmen richtig davon.«

»Und wenn ich Vegetarier wäre? Wenn ich Falafel wollte?«

Sam wurde sehr still. »Sollte das ein Witz sein?«

»Warum sollte das ein Witz sein? Ich ess gern Falafel.«

Sie ließ ihre Schultern sinken. »Na, wenn du Falafel willst, dann nimm einfach die linke Flanke. Die ist aus Tofu und Bohnenquark. Sie können es so würzen, dass es so gut wie jeden gewünschten Geschmack annimmt.«

»Ihr habt hier also ein magisches Tier mit einer Flanke aus Tofu.«

»Das ist Walhalla, das Paradies der Krieger im Dienste Odins. Dein Essen wird perfekt schmecken, egal, wofür du dich entscheidest.«

Mein Magen wurde jetzt ungeduldig, deshalb legte ich los. Das gegrillte Fleisch hatte gerade den richtigen Geschmack zwischen würzig und süß. Das Brot war wie eine warme Wolke mit einer butterigen Kruste. Sogar Phil die Kartoffel schmeckte großartig.

Da ich kein großer Fan von frei laufender Ziegenmilch war, wollte ich den Met eigentlich gar nicht probieren, aber das Zeug in meinem Becher sah eher aus wie funkelnder Cider.

Ich nahm einen Schluck. Süß, aber nicht zu süß. Kalt und süffig, mit einem Beigeschmack, den ich nicht so ganz identifizieren konnte. War das Blaubeere? Oder Honig? Oder Vanille? Ich leerte mein Glas.

Plötzlich brannten meine Sinne lichterloh. Es war wie Alkohol (ja, ich hatte Alkohol probiert, ausgekotzt, wieder probiert, ausgekotzt). Der Met machte mich nicht albern oder müde, mir wurde auch nicht schlecht davon. Es war eher wie geeister Espresso ohne den bitteren Geschmack. Er weckte mich auf, erfüllte mich mit einem warmen Gefühl von Selbstvertrauen, aber ohne Nervosität oder jagendes Herzklopfen.

»Das schmeckt gut«, gab ich zu.

Eine Walküre sauste herbei, füllte meinen Kelch wieder und flog davon.

Ich schaute verstohlen zu Sam hinüber, die sich Brotkrümel vom Kopftuch wischte. »Musst du auch manchmal servieren?«

»Ja, sicher. Wir wechseln uns ab. Es ist eine Ehre, die Einherjer zu bedienen.« Sie klang nicht einmal sarkastisch.

»Wie viele Walküren gibt es?«

»Mehrere Tausend.«

»Und wie viele Einherjer?«

Sam blies die Wangen auf. »Zehntausende? Wie gesagt, das ist nur das erste Essen. Es gibt noch zwei Runden für die älteren Krieger. Walhalla hat fünfhundertvierzig Türen. Jede soll achthundert

Krieger durchlassen können, die gleichzeitig in den Kampf ziehen. Das bedeutet vierhundertzweiunddreißigtausend Einherjer.«

»Das ist ganz schön viel Tofu.«

Sie zuckte mit den Schultern. »Ich glaube ja, diese Zahl ist übertrieben, aber sicher weiß das nur Odin. Wir werden ein riesiges Heer brauchen, wenn die Götterdämmerung heraufzieht.«

»Die Götterdämmerung«, sagte ich.

»Der Letzte Tag«, sagte Sam. »Wenn die Neun Welten von einer gewaltigen Feuersbrunst zerstört werden und die Heerscharen von Göttern und Riesen zum letzten Gefecht aufeinandertreffen.«

»Ach so. *Die* Götterdämmerung.«

Ich sah mich in dem Meer aus jugendlichen Kämpfern um. Ich erinnerte mich an meinen ersten Tag an der Highschool in Allston, wenige Monate vor dem Tod meiner Mom, als mein Leben sich in Müll und Dreck verwandelt hatte. Auf diese Schule waren an die zweitausend Jugendliche gegangen. In den Pausen waren die Gänge das pure Chaos. Die Mensa war wie ein Piranhabecken. Aber das alles war nichts im Vergleich zu Walhalla.

Ich zeigte zum Ehrentisch hinüber. »Was ist mit den feinen Pinkeln da hinten? Die meisten sehen älter aus.«

»Ich würde sie ja nicht gerade *feine Pinkel* nennen«, sagte Sam. »Das sind die Thane, die Herren von Walhalla. Jeder von ihnen wurde von Odin persönlich an dessen Tisch gebeten.«

»Und der leere Thron …«

»Gehört Odin, ja. Er … na ja, er ist schon eine ganze Weile nicht mehr zum Essen aufgetaucht, aber seine Raben beobachten alles und erstatten ihm dann Bericht.«

Diese Raben machten mich nervös mit ihren schwarzen Knopfaugen. Ich hatte das Gefühl, dass sie sich für mich ganz besonders interessierten.

Sam zeigte auf die rechte Seite des Throns. »Das da ist Erik Blutaxt. Und der andere ist Erik der Rote.«

»Ganz schön viele Eriks.«

»Das da hinten ist Leif Eriksson.«

»Himmel ... er trägt ja gar keinen Metall-BH.«

»Diese Bemerkung habe ich nicht gehört. Da hinten, das ist Snorri. Daneben unsere reizende Freundin Gunilla. Schließlich Lord Nelson und Davy Crockett.«

»Davy ... Moment mal, im Ernst jetzt?«

»Am Tischende sitzt Helgi, der Hotelmanager. Dem bist du vermutlich schon begegnet.«

Helgi schien sich köstlich zu amüsieren, er lachte mit Davy Crockett und goss sich Met hinter die Binde. Hinter seinem Stuhl stand der Hotelpage Hunding und sah elend aus, er pellte vorsichtig Trauben und reichte Helgi eine nach der anderen.

»Was ist das für eine Geschichte mit dem Hotelmanager und Hunding?«

Sam verzog das Gesicht. »Uralte Fehde, als sie noch am Leben waren. Nach ihrem Tod sind beide nach Walhalla gekommen, aber Odin hat Helgi die größere Ehre erwiesen. Er hat ihm die Leitung des Hotels übertragen. Helgis erste Anordnung war, dass Hunding sein Diener wird und in alle Ewigkeit niedere Dienste verrichten muss.«

»Das klingt für Hunding ja nicht gerade nach Paradies.«

Sam zögerte. Mit leiserer Stimme sagte sie dann: »Selbst in Walhalla gibt es eine Hackordnung. Und ganz unten zu sein, ist gar nicht lustig. Denk daran, wenn die Zeremonie anfängt ...«

Am Ehrentisch schlugen jetzt die Thane gleichzeitig mit ihren Kelchen auf die Tischplatte. Überall im Saal folgten die Einherjer ihrem Beispiel, bis die Halle der Erschlagenen vom metallenen Herzschlag widerhallte.

Helgi sprang auf und hob seinen Kelch.

»Krieger!« Die Stimme des Managers füllte die Halle. Er sah so königlich aus, dass ich kaum glauben konnte, dass er der Mann war, der mir noch vor wenigen Stunden ein Upgrade in eine Suite und den Schlüssel zur Minibar angeboten hatte. »Sieben neue Gefallene haben sich uns heute angeschlossen. Das allein wäre Grund genug zum Feiern, aber wir haben noch eine schöne Überraschung für euch. Durch die Walkürenkommandantin Gunilla werden wir heute zum ersten Mal die Heldentaten unserer Neulinge nicht nur *hören*, wir werden sie auch *sehen* können!«

Neben mir schnappte Sam würgend nach Luft. »Nein«, murmelte sie. »Nein, nein, nein ...«

»Und nun soll die Vorstellung der Toten beginnen!«, brüllte Helgi.

Zehntausend Krieger drehten sich um und schauten erwartungsvoll in meine Richtung.

14 VIER MILLIONEN SENDER UND TROTZDEM LÄUFT NUR WALKÜRENVISION

Hurra für den, der zuletzt dran ist.

Ich war erleichtert, als die Vorstellung der Einherjer am anderen Ende des Tisches begann … bis ich sah, was die anderen Neulinge geleistet hatten, um nach Walhalla zu kommen.

Helgi rief: »Lars Ahlström!«

Ein untersetzter blonder Typ erhob sich zusammen mit seiner Walküre. Lars war so nervös, dass er seinen Kelch umstieß und sich magischen Met über den Hosenstall goss. Eine Welle des Gelächters durchlief die riesige Halle.

Helgi lächelte. »Wie viele hier schon wissen, hat Kommandantin Gunilla während der vergangenen Monate ihre neue Ausrüstung einsatzbereit gemacht. Sie hat die Rüstungen ihrer Walküren mit Kameras versehen, um alle Entscheidungen nachvollziehbar zu machen – und um uns hoffentlich weiterhin zu unterhalten!«

Die Krieger jubelten und schlugen mit ihren Bechern auf den Tisch, wodurch Sams Flüche neben mir im Lärm ertranken.

Helgi hob seinen Kelch. »Und damit stelle ich euch *Walkürenvision* vor!«

Um den Baumstamm herum erwachte ein Ring aus riesigen holografischen Bildschirmen flackernd zum Leben, der auf Augenhöhe in der Luft schwebte. Das Video wackelte, es stammte vermutlich von einer auf der Schulter einer Walküre angebrachten Kamera. Wir befanden uns hoch in der Luft und kreisten über einer in einem grauen Meer versinkenden Fähre. Die Hälfte der Rettungsboote baumelte an ihren Trossen. Passagiere sprangen über Bord, einige ohne Schwimmwesten. Die Walküre flog dichter heran. Das Videobild wurde schärfer.

Lars Ahlström lief über das schräg gekippte Deck, er hielt einen Feuerlöscher in den Händen. Die Tür zum Salon war von einem riesigen Metallcontainer blockiert. Lars versuchte verzweifelt, ihn zu bewegen, aber er war zu schwer. Im Salon war ein Dutzend Menschen gefangen, sie schlugen verzweifelt auf die Fenster ein.

Lars brüllte etwas auf ... Schwedisch? Norwegisch? Die Bedeutung war klar: WEG DA!

Kaum waren sie zurückgewichen, da knallte Lars den Feuerlöscher gegen das Fenster. Beim dritten Versuch zersprang die Scheibe. Trotz der Kälte streifte Lars seine Jacke ab und legte sie über das zerbrochene Glas.

Er blieb am Fenster stehen, bis alle Passagiere den Salon verlassen hatten. Sie rannten zu den Rettungsbooten. Lars hob den Feuerlöscher wieder hoch und wollte hinterherlaufen, aber nun schlingerte das Schiff heftig. Sein Kopf knallte gegen die Wand und er rutschte bewusstlos zu Boden.

Sein Körper fing an zu leuchten. Der Arm der Walküre tauchte im Bild auf und streckte sich nach ihm aus. Eine schimmernde goldene Erscheinung erhob sich aus Lars' Körper – seine Seele, nahm ich an. Der Goldene Lars nahm die Hand der Walküre und die Videoschirme wurden schwarz.

Überall in der Halle jubelten die Krieger.

Am Ehrentisch waren die Thane in eine Diskussion vertieft. Ich saß dicht genug dran, um einen Teil davon zu hören. Einer von ihnen – Lord Nelson? – fragte, ob ein Feuerlöscher als Waffe gelten könnte.

Ich beugte mich zu Sam hinüber. »Was spielt das für eine Rolle?«

Sie zerbröselte ihr Brot in immer kleinere Stücke. »Um in Walhalla aufgenommen zu werden, muss ein Krieger mit der Waffe in der Hand im Kampf getötet werden. Anders geht es nicht.«

»Also«, flüsterte ich, »könnte jeder nach Walhalla kommen, der sich einfach ein Schwert schnappt und stirbt?«

Sie schnaubte. »Natürlich nicht. Wir können doch nicht zulassen, dass irgendwelche Kinder sich Waffen schnappen und den Tod suchen. Selbstmord hat nichts Heldenhaftes. Das Opfer, die tapfere Tat, muss ungeplant sein, eine echte heldenhafte Reaktion auf eine Krise. Es muss aus dem Herzen kommen, ohne irgendeinen Gedanken an Belohnung.«

»Aber ... was, wenn die Thane beschließen, dass ein Neuling es nicht verdient hat, ausgewählt worden zu sein? Kann er dann wieder lebendig werden?« Ich versuchte, mich nicht allzu hoffnungsvoll anzuhören.

Sam wich meinem Blick aus. »Wenn du erst zum Einherje geworden bist, führt kein Weg zurück. Du kannst aber die schlimmsten Aufgaben zugeteilt bekommen. Es kann dann ganz schön schwer werden, dir Respekt zu verschaffen. Aber du bleibst in Walhalla. Wenn die Thane einen Tod für unwürdig befinden ... na ja, dann wird die Walküre dafür bestraft.«

»Oh.« Plötzlich begriff ich, warum alle Walküren an unserem Tisch ein bisschen angespannt aussahen.

Die Thane stimmten jetzt unter sich ab. Sie kamen einstimmig überein, dass der Feuerlöscher als Waffe zählen konnte und dass Lars als im Kampf gefallen galt.

»Welch größeren Feind gibt es denn als das Meer?«, fragte Helgi. »Wir erachten Lars Ahlström Walhallas für würdig.«

Als sich der Lärm gelegt hatte, sprach Helgi weiter: »Lars Ahlström, kennst du deine Eltern?«

»Ich …« Die Stimme des Neulings versagte. »Meinen Vater habe ich nie gekannt.«

Helgi nickte. »Das kommt häufiger vor. Wir werden die Weisheit der Runen befragen, es sei denn, der Allvater möchte eingreifen.«

Alle drehten sich zu dem unbesetzten Thron um. Die Raben schüttelten raschelnd ihr Gefieder und krächzten. Der Thron blieb leer.

Helgi sah nicht überrascht aus, aber seine Schultern sanken enttäuscht nach unten. Er wies auf die Feuergrube. Aus dem Gewimmel von Serviererinnen und Köchen löste sich eine Dame in einem grünen Umhang mit Kapuze. Ihr Gesicht war in den Schatten der Kopfbedeckung verborgen, aber ihre gebückte Haltung und ihre knotigen Hände zeigten, dass sie uralt sein musste.

Ich murmelte Sam zu: »Wer ist die böse Hexe?«

»Eine *Völva*. Eine Seherin. Sie kann Zauber legen, die Zukunft lesen und … noch so einiges andere.«

Die Völva kam auf unseren Tisch zu. Sie blieb vor Lars Ahlström stehen und zog aus den Falten ihres Gewandes einen Lederbeutel hervor. Daraus nahm sie eine Handvoll Runensteine wie die in Onkel Randolphs Arbeitszimmer.

»Und die Runen?«, flüsterte ich. »Wozu sind die gut?«

»Die sind das alte wikingische Alphabet«, sagte Sam. »Aber jeder Buchstabe symbolisiert außerdem etwas Mächtiges – einen Gott, eine Art Magie, eine Naturgewalt. Sie sind wie der genetische Code des Universums. Die Völva kann die Steine lesen und damit unser Schicksal erkennen. Die größten Zauberer, wie Odin, brauchen nicht einmal Steine. Sie können die Wirklichkeit ganz einfach manipulieren, indem sie den Namen einer Rune nennen.«

Ich schärfte mir ein, Odin aus dem Weg zu gehen. Meine Wirklichkeit brauchte wirklich nicht noch weiter manipuliert zu werden.

Vor unserem Tisch murmelte die Völva etwas Unhörbares. Sie warf sich die Steine vor die Füße. Sie landeten auf dem schmutzigen Boden – einige mit dem Gesicht nach oben, andere mit dem Gesicht nach unten. Eine Rune schien besondere Aufmerksamkeit zu erregen. Der holografische Bildschirm zeigte das Bild allen in der ganzen Halle.

ᚦ

Mir sagte dieses Zeichen nichts, aber Hunderte von Kriegern brüllten zustimmend los.

»Thor!«, riefen sie. Dann stimmten sie eine Art Sprechgesang an: »THOR, THOR, THOR!«

Sam stöhnte. »Als ob wir noch ein Kind von Thor gebraucht hätten!«

»Warum nicht? Was ist denn los mit denen?«

»Nichts. Die sind fantastisch. Gunilla da hinten ... sie ist eine Tochter von Thor.«

»Oh.«

Die Walkürenkommandantin lächelte, was noch beängstigender war als ihre düstere Miene.

Als der Sprechgesang gar kein Ende nehmen wollte, hob die Völva ihre verwitterten Arme. »Lars, Sohn des Thor, frohlocke! Die Runen sagen, dass du bei der Götterdämmerung einen guten Kampf liefern wirst. Und morgen, in einer ersten Schlacht, wirst du deine Tapferkeit unter Beweis stellen und enthauptet werden.«

Die Zuhörer lachten und jubelten. Lars sah plötzlich leichenblass aus. Die Krieger lachten nur noch lauter, als ob die Enthauptung ein Aufnahmeritual wäre und nicht schlimmer, als jemandem die Hose auszuziehen. Die Völva las ihre Runen wieder auf und zog sich zurück, während Lars' Walküre ihm zurück auf seinen Sitz half.

Die Zeremonie ging weiter. Als Nächste kam eine Neue namens Dede. Sie hatte etliche Kinder in ihrer Dorfschule gerettet, als die Soldaten eines Warlords sie entführen wollten. Sie hatte mit einem Soldaten geflirtet, hatte ihn dazu gebracht, sie sein Sturmgewehr halten zu lassen, und hatte es dann auf die Soldaten gerichtet. Sie wurde getötet, aber ihr selbstloser Einsatz gab den anderen die Möglichkeit zur Flucht. Das Video war ganz schön brutal. Die Wikinger waren begeistert. Dede bekam stehende Ovationen.

Die Völva las die Runen. Sie verkündete, dass Dedes Eltern gewöhnliche Sterbliche waren, aber das schien niemanden zu stören. Dedes Schicksal besagte, dass sie bei der Götterdämmerung tapfer kämpfen würde. In der kommenden Woche würde sie mehrmals im Kampf ihre Arme verlieren. Nach hundert Jahren würde sie an den Tisch der Thane aufrücken dürfen.

»Ooooooh!«, murmelte die Menge bewundernd.

Die anderen vier Neulinge waren ebenso beeindruckend. Alle hatten andere gerettet. Sie hatten tapfer ihr Leben hingegeben. Zwei waren Sterbliche. Einer war ein Sohn des Odin, was einige Erregung auslöste.

Sam beugt sich zu mir herüber. »Wie gesagt, Odin hat sich seit einer ganzen Weile nicht blickenlassen. Wir sind dankbar für jeden Hinweis darauf, dass er noch immer unter den Sterblichen wandelt.«

Die letzte Neue war eine Tochter des Heimdall. Ich wusste nicht so genau, wer das war, aber die Wikinger schienen beeindruckt zu sein.

In meinem Kopf wirbelten die Informationen wild durcheinander. Meine Sinne loderten nach dem vielen Met. Ich bemerkte nicht einmal, dass wir am Tischende angekommen waren, bis Helgi meinen Namen rief.

»Magnus Chase!«, brüllte er. »Erhebe dich und beeindrucke uns mit deinem Mut!«

MEINE PATZER WERDEN ZUM QUOTENHIT

15 Mein Mut beeindruckte niemanden.

Ich rutschte verzweifelt auf meinem Sitz hin und her, während das Video lief. Die Einherjer starrten in geschocktem Schweigen die Bildschirme an. Dann setzte Gemurmel und Gebrumme ein, unterbrochen von Ausbrüchen ungläubigen Lachens.

Walkürenvision zeigte nur Auszüge der Geschehnisse. Ich sah mich selbst auf der Brücke, ich stand Surt gegenüber, als er den Tornado herbeirief. Die Kamera zeigte in Großaufnahme, wie ich ihn mit einem rostzerfressenen Stück Metall bedrohte. Dann tauchten Hearth und Blitz auf. Blitz schlug den Schwarzen mit seinem MACHT PLATZ FÜR DIE ENTLEIN-Schild. Hearths quietschender Spielzeugpfeil traf mich am Hintern. Surt versetzte mir einen Stoß. Surt trat mich in die Rippen. Ich kotzte und wand mich vor Qual.

Das Video lief dann im Zeitraffer weiter zu der Szene, wo ich zum Brückengeländer zurückwich. Surt schleuderte seine Kanonenkugel aus glühendem Asphalt. Ich schwenkte mein Schwert und verfehlte ihn. Im Festsaal stöhnten Tausende von Kriegern »oooh!«, als mich der Straßenbelag in den Bauch traf. Surt griff an und wir kippten miteinander ringend über das Geländer.

Unmittelbar, ehe wir auf die Wasseroberfläche aufprallten, fror das Bild ein und zoomte uns näher heran. Jetzt ragte das Schwert aus Surts Unterleib, aber meine Hände lagen nicht auf dem Griff. Sie umklammerten Surts dicken Hals.

Ein missbilligendes Gemurmel breitete sich im Raum aus.

»Nein«, sagte ich. »Nein, so war das nicht – irgendwer hat das nachbearbeitet. Das ist wie ein Zusammenschnitt von Patzern.«

Sams Gesicht war wie versteinert. Kommandantin Gunilla am Tisch der Thane feixte. *Ihre Kameras*, ging mir jetzt auf. *Ihre Nachbearbeitung.*

Aus irgendeinem Grund wollte Gunilla Sam eins auswischen, indem sie mich wie einen Idioten dastehen ließ ... was allerdings nicht allzu schwer war.

Helgi stellte seinen Kelch hin. »Samirah al-Abbas. Erkläre dich.«

Sam berührte den Rand ihres Kopftuchs. Ich hatte das Gefühl, dass sie es über den Kopf ziehen wollte, in der Hoffnung, dass der Saal dann verschwinden würde. Ich konnte ihr keinen Vorwurf machen.

»Magnus Chase ist tapfer gestorben«, sagte sie. »Er ist Surt allein gegenübergetreten.«

Noch mehr unzufriedenes Gemurmel.

Ein Than erhob sich. »Du sagst, das war Surt. Es war zwar ein Feuerriese, aber wenn du andeuten willst, der Herr von Muspellsheim persönlich ...«

»Ich weiß, was ich gesehen habe, Erik Blutaxt. Der da«, Sam zeigte auf mich wie auf den Hauptgewinn in einer Lotterie, »hat auf dieser Brücke viele Leben gerettet. Das Video zeigt nicht die ganze Geschichte. Magnus Chase hat sich als Held erwiesen. Er hat einen Platz unter den Gefallenen verdient.«

Ein weiterer Than erhob sich. »Er ist nicht gerade mit dem Schwert in der Hand gestorben.«

»Edler Ottar«, Sams Stimme klang gepresst. »Die Thane haben solche Kleinigkeiten schon häufiger durchgehen lassen. Ob Magnus im Moment des Todes das Schwert in der Hand hielt oder nicht, auf jeden Fall ist er heldenhaft im Kampf gestorben. Und das entspricht dem Geist von Odins Gesetz.«

Ottar lächelte. »Danke, Samirah al-Abbas, Tochter des Loki, für diese Belehrung über den Geist von Odins Gesetz.«

Die Spannung in der Halle steigerte sich noch um ungefähr dreißig Eichstriche. Sams Hand wanderte zu ihrer Axt. Ich glaubte nicht, dass außer mir jemand sehen konnte, wie ihre Finger zuckten.

Loki ... Diesen Namen kannte ich – der große Schurke der nordischen Mythologie, ein Kind von Riesen. Er war der Erzfeind der Götter. Wenn Sam seine Tochter war, wieso war sie dann hier? Wie war sie zur Walküre geworden?

Ich fing zufällig Gunillas Blick auf. Die Kommandantin war offenbar begeistert von diesem Drama. Sie konnte ein Lächeln kaum unterdrücken. Wenn sie Thors Kind war, war klar, wieso sie Sam hasste. In den alten Geschichten gingen sich Thor und Loki so gut wie ununterbrochen gegenseitig an die Gurgel.

Die Thane diskutierten die Sache unter sich.

Endlich ergriff Helgi der Manager das Wort. »Samirah, wir können im Tod dieses Jungen keinerlei Heldentum erkennen. Wir sehen einen Zwerg und einen Alben mit Spielzeugwaffen ...«

»Einen Zwerg und einen Alben?«, fragte ich, aber Helgi achtete nicht auf mich.

»... wir sehen einen Feuerriesen, der von einer Brücke fällt und den Jungen mit sich reißt. So was kommt nicht oft vor, ein Sohn von Muspellsheim, der sich nach Midgard verirrt, aber es wäre auch nicht das erste Mal.«

»Meine Fresse«, murmelte ein Than mit buschigem Backenbart. »Hättet mal den gewaltigen alten Feuerriesen sehn sollen, den Santa Ana bei der Schlacht um Alamo dabeihatte. Ich sag euch ...«

»Ja, danke, edler Crockett.« Helgi räusperte sich. »Wie schon gesagt, wir können kaum Anhaltspunkte dafür sehen, dass Magnus Chase eine würdige Wahl für Walhalla ist.«

»Edle Herren«, Sam sprach langsam und betont, wie zu Kindern. »Das Video entspricht nicht der Wahrheit.«

Helgi lachte. »Willst du behaupten, wir können unseren eigenen Augen nicht trauen?«

»Ich will behaupten, dass ihr euch die Geschichte aus meiner Sicht anhören solltet. Es war immer Brauch bei uns, die Taten des Helden mit Worten zu schildern.«

Gunilla sprang auf. »Entschuldigt, edle Herren, aber Samirah hat Recht. Vielleicht sollten wir die Tochter des Loki sprechen lassen.«

Die Menge buhte und zischte. Jemand rief: »Nein! Nein!«

Helgi verschaffte sich mit einer Handbewegung Ruhe. »Gunilla, du machst deiner Schwesternschaft Ehre, indem du eine andere Walküre verteidigst, aber Loki war schon immer ein Meister der glatten, honigsüßen Reden. Ich würde lieber dem trauen, was ich *sehe*, statt mich von einer kunstfertigen Erklärung umgaukeln zu lassen.«

Einige Krieger applaudierten.

Gunilla zuckte mit den Schultern, wie um zu sagen, *na gut, ich hab's immerhin versucht*, und ließ sich wieder auf ihren Stuhl sinken.

»Magnus Chase!«, rief Helgi. »Kennst du deine Eltern?«

Ich zählte bis fünf. Mein erster Impuls war zu brüllen, *nein, aber* dein *Dad war offenbar ein Vollidiot!*

»Ich habe meinen Vater nicht gekannt«, gab ich zu. »Aber hört mal, was dieses Video angeht ...«

»Vielleicht hast du Fähigkeiten, die wir nicht sehen können«, sagte Helgi. »Vielleicht bist du ein Sohn des Odin oder des Thor oder eines anderen edlen Kriegsgottes, und deine Anwesenheit ehrt uns. Wir werden die Weisheit der Runen befragen, es sei denn, der Allvater möchte eingreifen?«

Er schaute zum Thron hinüber, der leer blieb. Die Raben musterten mich aus hungrigen dunklen Augen.

»Sehr gut«, sagte Helgi. »Dann führt die Völva herbei und ...«

Zwischen den Baumwurzeln, wo der Wasserfall auf den dunklen See auftraf, platzte eine gewaltige Blase. *BLUBB!* Auf dem Wasserspiegel standen drei in Weiß gehüllte Frauen.

Bis auf das Knistern des Feuers und das Rauschen des Wasserfalls war es still in der Halle. Tausende von Kriegern sahen zu, starr vor Überraschung, als die drei weißen Frauen über den Boden auf mich zuglitten.

»Sam?«, flüsterte ich. »Sam, was ist hier los?«

Sams Hand fiel vom Axtgriff.

»Die Nornen«, sagte sie. »Die Nornen sind persönlich gekommen, um dein Schicksal zu lesen.«

NORNEN.
WIESO EIGENTLICH NORNEN?

16

Ich wünschte wirklich, irgendwer hätte mich gewarnt, dass ich sterben würde. *Hör mal, morgen wirst du von einer Brücke fallen und zum untoten Wikinger werden, also lies noch mal schnell das Wichtigste über Walhalla.*

Ich fühlte mich durch und durch unvorbereitet.

Ich konnte mich erinnern, dass ich von Nornen gehört hatte, den Damen, die über die Geschicke der Sterblichen entschieden, aber ich wusste nicht, wie sie hießen oder was sie antrieb oder wie man sie vorschriftsmäßig begrüßte. Sollte ich mich verbeugen? Ihnen Geschenke anbieten? Schreiend davonstürzen?

Neben mir murmelte Sam: »Das ist schlimm. Die Nornen zeigen sich nur in Extremfällen.«

Ich wollte kein Extremfall sein. Ich wollte ein einfacher Fall sein: *He, gut gemacht. Du bist ein Held. Nimm dir einen Keks.*

Oder noch besser: *Huch. Das war ein Missverständnis. Du kannst in dein normales, überschaubares Leben zurückkehren.*

Nicht, dass mein normales, überschaubares Leben so fantastisch gewesen wäre, aber es war doch tausendmal besser, als von zwölf bärtigen Kerlen namens Erik für unwürdig befunden zu werden.

Als die Nornen näher kamen, sah ich erst, wie groß sie waren –

jede mindestens zwei siebzig. Unter ihren Kapuzen waren ihre Gesichter schön, aber beängstigend – leeres Weiß, sogar ihre Augen. Sie zogen Nebelschwaden hinter sich her wie eine Schleppe. Die Nornen blieben sieben Meter vor meinem Tisch stehen und hoben die Handflächen. Ihre Haut war weiß wie Schnee.

Magnus Chase. Ich wusste nicht, welche Norne das gesagt hatte. Die sanfte, körperlose Stimme hallte im Saal wider, sickerte in meinen Kopf und verwandelte meinen Schädel in einen Kühlschrank. *Herold des Wolfes.*

Die Menge rutschte unruhig hin und her. Ich hatte das Wort »Herold« schon einmal irgendwo gelesen, vielleicht in einem Fantasy-Roman, aber ich konnte mich nicht an seine Bedeutung erinnern. Sein Klang gefiel mir überhaupt nicht. Der Klang von »Wolf« gefiel mir noch weniger.

Ich hatte gerade beschlossen, dass es die sinnvollste Lösung wäre, schreiend davonzurennen.

Doch dann sammelte sich der Nebel in den Händen der mittleren Norne zu einem halben Dutzend Runensteine. Die Norne warf die Steine in die Luft. Sie schwebten über ihr, und jede Rune wuchs zu einem leuchtenden weißen Symbol von der Größe einer Reklametafel heran.

Ich konnte keine Runen lesen, aber ich erkannte die in der Mitte. Es war dasselbe Symbol wie das, das ich in Onkel Randolphs Arbeitszimmer aus dem Beutel gefischt hatte.

ᚠ

Fehu, verkündete die Stimme. *Die Rune des Frey.*

Tausende von Kriegern rutschten auf ihren Stühlen hin und her und ihre Rüstungen klapperte hektisch.

Frey … wer war Frey? Mein Gehirn kam mir vor wie von Reif überzogen. Meine Gedanken schleppten sich träge dahin.

Die Nornen sprachen wie aus einem Munde, drei gespenstische Stimmen sangen gemeinsam und schüttelten Blätter von dem riesigen Baum:

Zu Unrecht gewählt, zu Unrecht erschlagen,
ein Held, den Walhalla nicht kann ertragen.
Eh neun Tage nach Osten die Sonne geht,
die Bestie durch des Sommers Schwert fessellos steht.

Die leuchtenden Runen lösten sich auf. Die drei Nornen verbeugten sich vor mir. Sie verschmolzen mit dem Nebel und waren verschwunden.

Ich sah Sam an. »Wie oft passiert so was?«

Sie sah aus, als ob einer von Gunillas Hämmern sie zwischen den Augen getroffen hätte. »Nein. Es *kann* kein Fehler gewesen sein, dich auszuwählen, mir ist gesagt worden … mir ist versprochen worden …«

»Jemand hat dir *gesagt*, du solltest mich aufsammeln?«

Statt zu antworten, murmelte sie vor sich hin – als ob sie die Bahn einer vom Kurs geratenen Rakete berechnete.

Am Tisch der Thane berieten sich die Herren. Überall in der Halle starrten mich Tausende von Einherjern an. Mein Magen faltete sich zu allerlei Origami Figuren.

Endlich sah Helgi mich an. »Magnus Chase, Sohn des Frey, dein Geschick ist besorgniserregend. Die Herren von Walhalla müssen weiter darüber nachdenken. Für den Moment wirst du hier bei uns willkommen sein. Du bist jetzt ein Einherje. Das lässt sich nicht rückgängig machen, auch wenn es ein Fehler war.«

Er sah Sam anklagend an. »Samirah al-Abbas, die Nornen selbst haben deine Entscheidung als Irrtum bezeichnet. Kannst du irgendetwas zu deiner Verteidigung sagen?«

Sams Augen weiteten sich, als ob ihr soeben eine Erkenntnis gekommen sei. »Der Sohn des Frey …« Sie sah sich verzweifelt im Saal um. »Ihr Einherjer, begreift ihr das nicht? Das ist der Sohn des Frey! Surt selbst war auf der Brücke! Das bedeutet, das Schwert …« Sie drehte sich zum Tisch der Thane um. »Gunilla, dir muss doch klar sein, was das bedeutet. Wir müssen das Schwert finden! Ein Sucheinsatz, sofort …«

Helgi schlug mit der Faust auf den Tisch. »Das reicht! Samirah, dir wird ein schwerwiegender Fehler zur Last gelegt. Du bist nicht befugt, uns zu erzählen, was wir zu tun haben. Und du bist schon gar nicht befugt, einen Einsatz anzuordnen!«

»Ich habe keinen Fehler begangen«, sagte Sam. »Ich habe getan, was mir befohlen worden war. Ich …«

»Befohlen?«, fragte Helgi. »Befohlen von wem?«

Sam schloss den Mund. Aus ihr schien alle Luft zu entweichen.

Helgi nickte düster. »Ich verstehe. Kommandantin Gunilla, ehe ich das Urteil der Thane über diese Walküre verkünde, würdest du gern noch etwas sagen?«

Gunilla schien nervös. Das Leuchten in ihren Augen war verschwunden. Sie sah aus, als hätte sie vor einem Karussell Schlange gestanden und fände sich nun plötzlich auf der Achterbahn wieder.

»Ich …« Sie schüttelte den Kopf. »Nein, Herr. Ich … ich habe nichts hinzuzufügen.«

»Sehr wohl«, sagte Helgi. »Samirah al-Abbas, wegen deiner hoffnungslosen Fehleinschätzung des Einherjes Magnus Chase und wegen deiner früheren Fehler haben die Thane beschlossen, dich aus der Schwesternschaft der Walküren zu verstoßen. Alle Befugnisse und Privilegien werden dir hiermit entzogen. Kehre in Schande nach Midgard zurück.«

Sam packte meinen Arm. »Magnus, hör mir zu. Du musst das Schwert finden. Du musst sie aufhalten ...«

Ein Licht flammte auf, wie bei einem Blitzschlag, und Sam war verschwunden. Ihr halb leerer Teller und die Brotkrümel an ihrem Platz waren die einzigen Hinweise darauf, dass sie jemals existiert hatte.

»Und damit endet unser Festessen«, verkündete Helgi. »Wir sehen uns alle morgen auf der Walstatt. Schlaft gut und träumt von einem ehrenvollen Tod!«

Ich habe gar nicht um Bizeps gebeten

17 Ich schlief nicht viel. Und ich träumte definitiv nicht von einem ehrenhaften Tod. Schon erledigt, Nachleben bekommen.

Während ich beim Essen gesessen hatte, war mein Sofa wieder aufgestellt und repariert worden. Ich setzte mich darauf und blätterte in meinem alten Kinderbuch über nordische Mythologie, aber da stand nicht viel über Frey. Ein winziges Bild zeigte einen blonden Typen in einem Kittel, der durch einen Wald hopste, zusammen mit einer blonden Frau, während zu ihren Füßen zwei Katzen spielten.

Frey war der Gott des Frühlings und des Sommers stand darunter. *Er war der Gott von Wohlstand, Überfluss und Fruchtbarkeit. Seine Zwillingsschwester Freya, die Göttin der Liebe, war sehr hübsch! Sie hatte Katzen!*

Ich warf das Buch zur Seite. Großartig. Mein Dad war eine Gottheit vierten Ranges, die im Wald herumhopste. Er wurde vermutlich zu Beginn der letzten Staffel von *Komm, tanz mit Asgard* vom Publikum rausgewählt.

Machte es mich fertig, das zu erfahren? Eigentlich nicht. Ob ihr es glaubt oder nicht, die Identität meines Dad war mir nie besonders wichtig gewesen. Es war nicht so, dass ich mir jemals unvollständig vorgekommen wäre. Ich hatte nie gedacht, wenn ich nur wüsste, wer mein Dad ist, dann hätte mein Leben einen Sinn. Ich wusste, wer ich war. Und was das mit dem Sinn anging … ich hatte zu viele seltsame Dinge gesehen, um das zu erwarten.

Aber es standen eine Menge Punkte auf meiner *Das kapier ich nicht*-Liste. Ganz oben: Wie konnte ein obdachloser Junge einen Dad haben, der der Gott von Überfluss und Wohlstand war? Typischer Fall von miesem Witz.

Und wieso hatte es ein riesiger Mistkerl wie Surt auf mich abgesehen? Wenn er der König von Muspellsheim war, König Rotz und Kotz persönlich, sollte er sich dann nicht interessantere Opfer aussuchen, wie zum Beispiel die Kinder des Thor? Deren Dad hatte immerhin eine Filmlizenz verkauft. Frey hatte nicht einmal eigene Katzen. Er musste die seiner Schwester ausleihen.

Und das Schwert des Sommers … angenommen, das war die Klinge, die ich aus dem Charles River gezogen hatte, wie war sie dort hingelangt? Wieso war sie so wichtig? Onkel Randolph hatte sie seit vielen Jahren gesucht. Wenn dieses Schwert meinem Dad gehört hatte und wenn mein Dad ein unsterblicher Gott war, wieso hatte er zugelassen, dass seine Waffe tausend Jahre lang auf dem Grund eines Flusses lag?

Ich starrte den leeren Kamin an. Die Worte der Nornen wiederholten sich in meinem Kopf immer wieder von neuem, obwohl ich sie eigentlich vergessen wollte.

Herold des Wolfes. Jetzt fiel mir wieder ein, was ein Herold war: jemand, der wichtige Ereignisse oder bedeutende Persönlichkeiten ankündigt, zum Beispiel den Präsidenten, oder wie roter Himmel einen Hurrikan. Ich wollte nicht der Herold des Wolfes sein. Ich hatte genug Wölfe für ein ganzes ewiges Leben gesehen. Ich wollte der Herold von Falafel oder Speiseeis sein.

Zu Unrecht gewählt, zu Unrecht erschlagen.

Es war jetzt ein bisschen spät für diese Ankündigung. Ich war ein verflixter Einherje. Mein Name stand auf der Tür. Ich hatte einen Schlüssel für die Minibar.

Ein Held, den Walhalla nicht kann ertragen.

Diese Zeile gefiel mir schon besser. Vielleicht bedeutete sie, dass ich hier ausbrechen konnte. Aber wohl eher, dass die Thane mich mit einem Feuerzauber in Rauch aufgehen oder an die magische Ziege verfüttern würden.

Eh neun Tage nach Osten die Sonne geht,
die Bestie durch des Sommers Schwert fessellos steht.

Diese Zeilen machten mich ganz besonders fertig. Meines Wissens wanderte die Sonne von Osten nach Westen. Und wer war die Bestie? Ich tippte auf einen Wolf, es ist schließlich immer ein stinkender Wolf. Wenn das Schwert einen Wolf befreite, dann hätte es von mir aus verschollen bleiben können.

Eine Erinnerung machte mir zu schaffen ... ein gefesselter Wolf. Ich starrte das Kinderbuch über Mythologie an und fühlte mich fast versucht, es wieder aufzuheben. Aber ich war ohnehin schon verunsichert genug.

Magnus, hör zu, hatte Sam gesagt. *Du musst das Schwert finden. Du musst sie aufhalten.*

Dass mit Samirah al-Abbas machte mir arg zu schaffen. Ich war noch immer sauer auf sie, weil sie mich hergebracht hatte, vor allem, wenn es sowieso ein Fehler gewesen war, aber ich wollte nicht, dass sie aus dem Walkürenverein gefeuert wurde, nur weil so ein frisiertes Video mich wie einen Trottel aussehen ließ (na ja, noch mehr als ohnehin schon).

Ich beschloss zu schlafen. Ich war nicht müde, aber wenn ich noch weiter wach blieb, riskierte ich einen Kurzschluss im Gehirn.

Ich testete das Bett. Zu weich. Am Ende ging ich in den Innenhof, streckte mich im Gras aus und schaute durch die Zweige des Baumes zu den Sternen hoch.

Irgendwann muss ich dann eingeschlafen sein.

Ein jähes Geräusch riss mich aus dem Schlaf – ein Zweig, der zerbrach. Jemand fluchte.

Über mir wurde der Himmel im ersten Morgenlicht grau. Einige Blätter schwebten durch die Luft. Zweige bewegten sich, als etwas Schweres sie auf dem Weg nach unten streifte.

Ich lag ganz still da und wartete. Nichts. Hatte ich mir die Stimme eingebildet?

Vom Gang aus wurde ein Stück Papier unter meiner Tür durchgeschoben.

Ich setzte mich noch immer verschlafen auf.

Vielleicht schickte mir die Hotelleitung die Rechnung, damit ich auschecken konnte. Ich taumelte zur Tür.

Meine Hand zitterte, als ich das Papier aufhob, aber es war keine Rechnung. Es war eine Mitteilung in einer richtig schönen Handschrift:

Hallo, Nachbar,
komm doch zu uns zum Frühstück in Salon 19. Das ist den Gang entlang und dann links. Bring Deine Waffen und Deine Rüstung mit. T. J.

T. J. … Thomas Jefferson junior, der Typ von gegenüber.

Nach dem Fiasko des vergangenen Abends konnte ich mir nicht vorstellen, warum er mich zum Frühstück einlud. Ich begriff auch nicht, wozu ich Waffen und Rüstung brauchte. Vielleicht schlugen wikingische Bagels ja zurück.

Ich hatte nicht übel Lust, meine Tür zu verbarrikadieren und mich in meinem Zimmer zu verstecken. Vielleicht würden mich die anderen dann alle in Ruhe lassen. Und wenn die ganzen Krieger dann mit ihrem Bikram Yoga auf Leben und Tod beschäftigt waren, würde ich mich hinausschleichen und einen Ausgang nach Boston suchen.

Andererseits wollte ich Antworten. Ich wurde die Vorstellung nicht los, dass meine Mom hier irgendwo sein könnte, wenn Walhalla der Aufenthaltsort für heldenhafte Tote war. Oder vielleicht wusste hier irgendwer, in welches Nachleben sie eingetreten war. Immerhin machte dieser T. J. einen freundlichen Eindruck. Ich könnte eine Weile mit ihm abhängen und rausfinden, was er mir zu erzählen hatte.

Ich trottete zum Badezimmer.

Ich hatte Angst, die Toilette könnte irgendeine wikingische Todesmaschine mit Axtklingen und einer Armbrust mit Wasserspülung sein, aber sie funktionierte ganz normal. Sie war jedenfalls nicht gruseliger als die öffentlichen Toiletten im Park.

Das Medizinschränkchen enthielt alle meine gewohnten Toilettenartikel … also jedenfalls die, die ich benutzt hatte, als ich noch ein Zuhause gehabt hatte.

Und die Dusche … ich versuchte mich zu erinnern, wann ich zuletzt in aller Ruhe heiß geduscht hatte. Ich war zwar mit dem Gefühl, auf magische Weise chemisch gereinigt worden zu sein, in Walhalla eingetroffen, aber nach einer unruhigen Nacht im Innenhof war ich reif für eine gute altmodische Abrubbelung.

Ich schälte meine Hemdschichten ab und hätte fast aufgeschrien.

Was war los mit meiner Brust? Warum sahen meine Arme so aus? Was waren das für komische geschwollene Stellen?

Meistens ging ich Spiegeln ja aus dem Weg. Ich war keiner, den ich gern regelmäßig sehen wollte. Aber jetzt stellte ich mich meinem Spiegelbild.

Meine Haare waren wie immer, ein bisschen weniger verdreckt und verfilzt, aber sie hingen noch immer in einem schmutzigen Blond über meine Wangen und wiesen einen Mittelscheitel auf.

Du siehst aus wie Kurt Cobain, hatte meine Mom immer gescherzt. *Ich finde alles an Kurt Cobain wunderbar, nur nicht die Tatsache, dass er gestorben ist.*

Aber weißt du, was, Mom?, dachte ich. *Das ist jetzt noch eine Gemeinsamkeit zwischen ihm und mir.*

Meine Augen waren grau – sie sahen eher aus wie die meiner Cousine Annabeth als wie die meiner Mom. Sie hatten eine gehetzte, beängstigende Leere, aber das war normal. Dieser Blick hatte mir auf der Straße gute Dienste geleistet.

Meinen Oberkörper hätte ich dagegen fast nicht wiedererkannt. Seit meinen schlimmen Asthmatagen als kleines Kind war ich immer eher mager gewesen. Selbst nach so viel Wandern und Zelten hatte ich eine eingefallene Brust, hervorstehende Rippen und eine so blasse Haut gehabt, dass man die Straßenkarte aus blauen Adern sehen konnte.

Aber jetzt … diese seltsamen neuen geschwollenen Stellen sahen verdächtig nach Muskeln aus.

Versteht das nicht falsch. Es war nicht so dramatisch, als ob ich mich plötzlich in Captain America verwandelt hätte. Ich war noch immer hager und bleich, aber meine Arme hatten sich deutlich verändert. Meine Brust sah nicht aus, als ob sie beim nächsten Windstoß zusammenfallen würde. Meine Haut war glatter, nicht mehr so durchscheinend. Die vielen Bisse und Stiche und Ekzeme, die das Leben auf der Straße eben mit sich bringt, waren verschwunden. Sogar die Narbe auf meinem rechten Handgelenk, wo ich mich mit zehn Jahren an einem Jagdmesser verletzt hatte, war nicht mehr da.

Ich erinnerte mich daran, wie stark ich mich bei meinem Eintreffen in Walhalla gefühlt und wie ich das Sofa gestern Abend durchs Zimmer geschleudert hatte. Ich hatte nicht weiter darüber nachgedacht.

Wie hatte Hunding Walhalla noch genannt … *eine Beförderung?*

Ich ballte die Faust.

Ich weiß nicht, was plötzlich mit mir los war. Ich nehme an, als mir aufging, dass nicht einmal mehr mein Körper mein eigener war, erreichten die Wut, Angst und Ungewissheit der letzten vierundzwanzig Stunden einen kritischen Punkt. Ich war aus meinem Leben gerissen worden. Ich war bedroht, gedemütigt und zwangsbefördert worden. Ich hatte nicht um eine Suite gebeten. Ich hatte nicht um Bizeps gebeten.

Ich schlug gegen die Wand.

Meine Faust zertrümmerte die Fliesen, die Gipswand und ein Kantholz von zehn Zentimetern Durchmesser. Ich zog meine Hand zurück. Ich bewegte meine Finger. Nichts gebrochen.

Ich sah mir das faustförmige Loch an, das ich über dem Handtuchhalter hinterlassen hatte. »Super«, knurrte ich. »Der Hausmeister wird mich lieben.«

Die Dusche half mir beim Runterkommen. Danach, eingehüllt in einen flauschigen und mit den Initialen HW bestickten Bademantel, watschelte ich zum Schrank, um nach Klamotten zu suchen. Dort fand ich drei Paar Blue Jeans, drei grüne T-Shirts (alle mit der

Aufschrift EIGENTUM DES HOTELS WALHALLA), Unterwäsche, Socken, ein Paar gute Joggingschuhe und ein Schwert samt Scheide. Am Bügelbrett lehnte ein runder grüner Schild, auf den in der Mitte die goldene Rune des Frey aufgemalt war.

Na gut, dann wusste ich zumindest, wie ich mich an diesem Tag anziehen würde.

Ich verbrachte zehn Minuten mit dem Versuch, die Schwertscheide richtig an meinem Gürtel anzubringen. Ich bin Linkshänder. Bedeutet das, dass das Schwert rechts hängen muss? Und sind linkshändige Schwerter anders als rechtshändige?

Ich versuchte, das Schwert zu ziehen, und hätte mir fast die Hose aufgeschlitzt. Mann, ich würde auf dem Kampfplatz der totale Bringer sein.

Ich übte, das Schwert zu schwingen. Ich fragte mich, ob es summen und meine Hand führen würde, wie das Schwert auf der Brücke es getan hatte, als ich Surt gegenüberstand. Aber nichts geschah. Diese Klinge war offenbar ein ganz normales Stück Metall ohne Summen und Autopilot. Ich schaffte es, das Schwert in die Scheide zu bugsieren, ohne einen einzigen Finger zu verlieren, und warf mir den Schild über den Rücken, so, wie die Krieger am Vorabend beim Essen ihre getragen hatten. Der Riemen schnitt in meinen Hals und ich musste würgen.

Ich sah wieder in den Spiegel.

»Du, mein Lieber«, murmelte ich, »siehst aus wie ein Supertrottel.«

Mein Spiegelbild widersprach nicht.

Ich ging hinaus, um das Frühstück zu suchen und es mit meinem Schwert zu erlegen.

18 WIE ICH MIT EIERN RINGE

»Da ist er!« T. J. sprang auf und packte meine Hand. »Setz dich zu uns. Du hast gestern Abend einen ganz schön irren ersten Eindruck hinterlassen.«

Er war genauso angezogen wie am Vortag: ein blauer Uniformrock aus Wolle über einem grünen Hotel-T-Shirt, dazu Jeans und Lederstiefel.

Bei T. J. saßen der Halbtroll X, die rothaarige Mallory Keen und ein Typ, den ich für Halbgeboren Gunderson hielt und der aussah wie Robinson Crusoe auf Steroiden. Sein Hemd war aus verschiedenen Fellstücken zusammengestoppelt. Seine Lederhose hing in Fetzen an ihm herunter. Sogar nach Wikingermaßstäben war sein Bart wild und mit dem größten Teil eines Käse-Omeletts dekoriert.

Meine vier Flurgenossen machten am Tisch Platz für mich, und das war ein ziemlich gutes Gefühl.

Im Vergleich zur großen Speisehalle war Salon 19 geradezu intim. Im Raum verteilt stand ein Dutzend größtenteils unbenutzter Tische. In einer Ecke knisterte ein Kaminfeuer vor einem ramponierten Sofa. An der anderen Wand war ein Buffet mit allem beladen, was man sich als Frühstück überhaupt nur vorstellen konnte (und dazu noch allerlei, das ich mir noch nie im Leben vorgestellt hatte).

T. J. und die anderen hatten sich vor einem riesigen Fenster niedergelassen, das auf eine weite Ebene aus Eis und wirbelndem Schnee hinausging. Das ergab keinen Sinn, da es in meinem Innenhof nur wenige Zimmer weiter gerade Frühling war, doch ich hatte schon gelernt, dass die Geografie dieses Hotels ziemlich abgefahren war.

»Das ist Niflheim«, erklärte T. J. »Das Reich des Eises. Der Ausblick hier ändert sich täglich und wechselt zwischen allen Neun Welten.«

»Die Neun Welten ...« Ich starrte mein Rührei an und fragte mich, aus welchem Sonnensystem das wohl stammen mochte. »Alle reden hier immer von diesen Neun Welten. Schwer vorstellbar.«

Mallory Keen blies Puderzucker von ihrem Donut. »Kannst es aber glauben, Neuer. Ich war schon in sechs davon.«

»Und ich in fünf.« Halbgeboren grinste und zeigte mir den Rest seines Käse-Omeletts. »Natürlich zählt Midgard eigentlich nicht. Das ist die Welt der Menschen. Ich war in Albenheim, Nidavellir, Jotunheim ...«

»Disney World«, sagte X.

Mallory seufzte. Mit ihren roten Haaren, ihren grünen Augen und dem Puderzucker um den Mund erinnerte sie mich an den Joker aus Batman mit umgekehrter Farbverteilung. »Zum letzten Mal, du Hohlkopf, Disney World gehört nicht zu den Neun.«

»Und warum wird es dann Welt genannt?« X nickte selbstzufrieden, weil er die Auseinandersetzung gewonnen hatte, widmete sich wieder seiner Mahlzeit und saugte das Fleisch aus einem riesigen Schalentier.

T. J. schob seinen leeren Teller zurück. »Magnus, ich weiß nicht, ob dir das eine Hilfe ist, aber die Neun Welten sind keine getrennten Planeten. Sie sind eher wie ... verschiedene Dimensionen, unterschiedliche Schichten der Realität, und sie sind alle durch den Weltenbaum miteinander verbunden.«

»Danke«, sagte ich. »Das ist noch viel verwirrender.«

Er lachte. »Ja, wahrscheinlich schon.«

»Und der Weltenbaum ist der Baum im Speisesaal?«

»Nö«, sagte Mallory. »Der Weltenbaum ist *viel* größer. Du wirst schon noch sehen, früher oder später.«

Das klang wie eine Drohung. Ich versuchte, mich auf mein Essen zu konzentrieren, aber das war schwer, weil X neben mir einen schleimigen Krebsmutanten demolierte.

Ich zeigte auf T. J.s Jacke. »Ist das eine Bürgerkriegsuniform?«

»Gemeiner Soldat im 44. Massachusetts, mein Lieber. Ich bin ein Bostoner Junge, genau wie du. Ich bin nur ein bisschen früher hergekommen.«

Ich rechnete. »Du bist vor hundertfünfzig Jahren im Kampf gefallen?«

T. J. strahlte. »Beim Angriff auf Fort Wagner, South Carolina. Mein Dad ist Tyr, der Gott von Mut, Gesetz und gesetzlichem Zweikampf. Meine Mom war eine entflohene Sklavin.«

Ich versuchte, das in meine neue Weltsicht einzupassen: ein Teenager aus der Zeit um 1860, der Sohn einer früheren Sklavin und eines nordischen Gottes, der jetzt in einem extradimensionalen Hotel mit mir frühstückte.

X rülpste, was alles wieder etwas zurechtrückte.

»Götter von Asgard«, klagte Mallory. »Dieser Gestank!«

»Entschuldige«, grunzte X.

»Heißt du wirklich X?«, fragte ich.

»Nein. In Wirklichkeit heiße ich …« Der Halbtroll sagte etwas, das mit mehreren Ks anfing und ungefähr eine halbe Minute weiterging.

Halbgeboren wischte sich die Hände an seinem Fellhemd ab. »Verstehst du? Das kann niemand aussprechen. Wir nennen ihn X.«

»X«, sagte X zustimmend.

»X ist noch einer von Sam al-Abbas' Fundstücken«, sagte T. J. »Ihm ist ein Hundekampf zum Verhängnis geworden ... einer von diesen illegalen, wo war das noch, in Chicago?«

»Schii-kah-go«, bestätigte X.

»Er sah, was da ablief, und drehte durch. Fing an, den Laden zu Klump zu schlagen, hat die Leute, die gewettet hatten, verdroschen und die Tiere befreit.«

»Hunde sollten kämpfen, wann sie das wollen«, sagte X. »Nicht für gierige Menschen. Sie sollten wild und frei sein. Und nicht in Käfigen gehalten werden.«

Ich mochte dem großen Kerl ja nicht widersprechen, aber ich war mir nicht sicher, ob mir die Vorstellung von wilden Hunden, die nach Lust und Laune kämpften, so besonders gut gefiel. Das klang nach Wölfen – also nach Tieren, für die ich mich absolut nicht starkmachen wollte.

»Jedenfalls«, sagte T. J., »wurde die Sache zu einer ausgewachsenen Schlacht. X gegen einen Haufen Gangster mit Maschinengewehren. Am Ende haben sie ihn dann umgebracht, aber X hat eine Menge Mistkerle erledigt und viele Hunde befreit. Das war ... wann, vor einem Monat?«

X grunzte und saugte weiter an seinem Schalentier herum.

T. J. hob die Hände. »Samirah hat ihn für würdig befunden und hergebracht. Und für diese Entscheidung ist sie ganz schön fertiggemacht worden.«

Mallory schnaubte. »Das ist noch vorsichtig ausgedrückt. Ein Troll in Walhalla! Wer könnte da schon etwas dagegen haben?«

»Halbtroll«, korrigierte X. »Das ist meine *bessere* Hälfte, Mallory Keen.«

»Sie hat das nicht böse gemeint, X«, sagte T. J. »Vorurteile sterben eben langsam. Als ich 1863 hergekommen bin, bin ich auch nicht gerade mit offenen Armen empfangen worden.«

Mallory verdrehte die Augen. »Aber dann hast du sie mit deiner blendenden Persönlichkeit gewonnen. Ich sage euch, ihr bringt den neunzehnten Stock so richtig in Verruf. Und jetzt haben wir auch noch Magnus.«

Halbgeboren beugte sich zu mir vor. »Mach dir nichts draus. Mallory ist eigentlich reizend, wenn du dich erst mal damit abgefunden hast, dass sie ganz grauenhaft ist.«

»Halt die Klappe, Halbgeboren.«

Der große Kerl kicherte. »Sie ist nur sauer, weil sie bei dem Versuch gestorben ist, mit ihrem Gesicht eine Autobombe zu entschärfen.«

Mallorys Ohren wurden rot wie Kolibrisaft. »Ich hab gar nicht … das war nicht … Argh!«

»Magnus, mach dir keine Sorgen wegen dieser blöden Sache gestern Abend«, sagte nun Halbgeboren. »In ein paar Jahrzehnten haben das alle vergessen. Glaub mir. Mir kannst du nichts Neues mehr erzählen. Ich bin während der Wikingerinvasion in Ostanglia umgekommen und habe unter dem Banner von Ivar dem Knochenlosen gekämpft. Ich habe mit meiner Brust zwanzig Pfeile aufgefangen, um meinen Than zu beschützen.«

»Aua«, sagte ich.

Halbgeboren zuckte mit den Schultern. »Ich bin hier seit … ach, das müssen bald zwölfhundert Jahre sein.«

Ich starrte ihn an. Trotz seines Umfangs und seines Bartes sah Halbgeboren höchstens aus wie achtzehn. »Wie hältst du das aus, ohne durchzudrehen? Und warum wirst du Halbgeboren genannt?«

Sein Lächeln verflog. »Die zweite Frage zuerst ... bei meiner Geburt war ich so groß, stark und hässlich, dass meine Mutter sagte, ich sähe aus wie halb geboren und halb aus Fels gehauen. Und diesen Spitznamen bin ich nicht wieder losgeworden.«

»Und hässlich bist du noch immer«, murmelte Mallory.

»Aber zu deiner Frage, wie man hier durchhält, ohne den Verstand zu verlieren ... manche tun das, Magnus. Es ist hart, auf die Götterdämmerung zu warten. Du musst dich unbedingt beschäftigen. Es gibt hier eine Menge zu tun. Ich habe zum Beispiel ein Dutzend Sprachen gelernt, unter anderem Englisch. Ich habe in Germanischer Literatur promoviert und ich habe Stricken gelernt.«

T. J. nickte. »Deshalb habe ich dich ja zum Frühstück eingeladen, Magnus«

»Damit ich Stricken lerne?«

»Damit du aktiv bleibst. Es kann gefährlich sein, zu viel Zeit allein in deinem Zimmer zu verbringen. Wenn du dich isolierst, verblasst du so nach und nach. Einige von denen, die schon ganz lange hier sind ...« Er räusperte sich. »Ach, schon gut. Du bist ja hier! Wenn du einfach bis zum Letzten Tag jeden Morgen zur Stelle bist, kann nichts schiefgehen.«

Ich starrte durch das Fenster auf den wirbelnden Schnee. Ich dachte daran, dass Sam gesagt hatte, ich müsste das Schwert finden, und an den Sprechgesang der Nornen, dass in neun Tagen etwas Schlimmes passieren würde. »Ihr habt gesagt, ihr habt die anderen Welten besucht. Das bedeutet, dass wir das Hotel verlassen können.«

Die anderen wechselten unbehagliche Blicke.

»Ja«, sagte Halbgeboren. »Aber unsere Hauptaufgabe besteht

darin, auf die Götterdämmerung zu warten. Und zu trainieren, zu trainieren und zu trainieren.«

»Ich bin in Disney World mit dem Zug gefahren«, sagte X.

Vielleicht sollte das ein Witz sein. Der Halbtroll hatte offenbar nur zwei Gesichtsausdrücke: nasser Zement und trockener Zement.

»Manchmal«, sagte T. J., »werden Einherjer mit irgendeinem Auftrag in die Neun Welten geschickt.«

»Sie sollen Monster aufspüren«, fügte Mallory hinzu. »Riesen töten, die sich nach Midgard gewagt haben. Hexen und Wichten das Handwerk legen. Und natürlich sich um Schurken kümmern ...«

»Wichten? Schurken?«, fragte ich.

»Mit anderen Worten«, sagte Halbgeboren, »wir verlassen Walhalla nur auf Befehl von Odin oder der Thane.«

»Aber mal rein theoretisch«, sagte ich, »könnte ich doch zurück zur Erde, nach Midgard, wohin auch immer ...«

»Rein theoretisch, ja«, sagte T. J. »Hör mal, ich weiß, diese Sache mit den Nornen muss dich wahnsinnig machen, aber wir wissen ja nicht, was diese Weissagung bedeutet. Lass den Thanen ein bisschen Zeit für ihre Entscheidung. Du kannst nicht einfach losstürzen und irgendwelche Dummheiten begehen.«

»Das mögen die Götter verhüten«, sagte Mallory. »Dummheiten begehen wir doch nie. Wie diese Pizza-Aktion spätabends bei Santarpio. Nie passiert!«

»Halt die Klappe, Weib«, knurrte Halbgeboren.

»Weib?« Mallory griff nach dem Messer an ihrem Gürtel. »Hüte deine Zunge, du aus dem Leim gegangener schwedischer Hamster!«

»Moment noch«, sagte ich. »Wisst ihr einen Weg hier aus ...«

T. J. hustete lautstark. »Entschuldige, aber ich habe dich nicht verstanden. Ich bin sicher, du wolltest nichts wissen, was gegen die

Vorschriften verstößt, Magnus, und vor allem: Wenn du so bald nach Midgard zurückkehrst, wie erklärst du das all den Leuten, die dich gekannt haben? Die halten dich doch alle für tot. Wenn wir überhaupt je zurückgehen, dann warten wir, bis alle, die wir gekannt haben, tot sind. Das macht alles viel einfacher. Außerdem braucht es eine Weile, manchmal Jahre, bis sich deine Einherjerkraft voll entfaltet hat.«

Ich versuchte mir vorzustellen, wie ich hier jahrelang wartete. Ich hatte nicht viele Freunde oder Verwandte, zu denen ich zurückkehren könnte. Aber ich wollte nicht endlos lange hier festsitzen, Sprachen lernen und Pullover stricken. Jetzt, da ich meine Cousine Annabeth wiedergesehen hatte, wollte ich vor ihrem Tod noch mal Kontakt zu ihr aufnehmen. Und wenn Samirah Recht hatte und meine Mom nicht in Walhalla war ... Ich wollte sie finden, wo immer sie auch sein mochte.

»Aber man kann doch bestimmt ohne Erlaubnis weg hier.« Ich ließ nicht locker. »Vielleicht nicht für immer, aber für eine Weile.«

T. J. rutschte verlegen hin und her. »Walhalla hat Türen zu jeder Welt. So ist dieses Hotel gebaut. Die meisten Ausgänge werden bewacht, aber ... na ja, es gibt eine Menge Wege nach Boston, da Boston der Mittelpunkt von Midgard ist.«

Ich sah mich am Tisch um. Niemand lachte. »Echt?«

»Sicher«, sagte T. J. »Boston liegt direkt am Fuße des Weltenbaumes, und das ist der einfachste Zugang zu den anderen Welten. Was glaubst du denn, warum Boston als Nabel des Universums bezeichnet wird?«

»Wunschdenken?«

»Nein. Die Sterblichen haben immer schon gewusst, dass dieser Ort etwas Besonderes ist, auch wenn sie nicht genau sagen konnten, warum. Die Wikinger haben jahrelang den Mittelpunkt der Erde gesucht. Sie wussten, dass der Zugang nach Asgard im Westen lag. Das ist einer der Gründe, warum sie immer wieder Expeditionen nach Nordamerika geschickt haben. Als sie dann auf die amerikanische Urbevölkerung gestoßen sind ...«

»Wir haben sie Skrälinger genannt«, sagte Halbgeboren. »Wüste Kämpfer. Die haben mir gefallen.«

»... erzählten ihnen die Einheimischen jede Menge Geschichten darüber, wie stark die Geisterwelt hier in dieser Gegend war. Als sich dann später die Puritaner hier niederließen – na ja ... John Winthrops Vision einer leuchtenden ›Stadt auf einem Hügel‹, das war nicht nur eine Metapher. Er hatte eine Vision von Asgard, hat einen Blick in andere Welten geworfen. Und die Hexenprozesse von Salem? Hysterie, hervorgerufen durch Magie, die nach Midgard durchgesickert war. Edgar Allan Poe wurde in Boston geboren. Es ist kein Zufall, dass sein berühmtestes Gedicht von einem Raben handelt, einem von Odins heiligen Tieren.«

»Das reicht.« Mallory warf mir einen genervten Blick zu. »T. J. findet nie ein Ende, statt einfach mal eine Frage mit Ja oder Nein zu beantworten. Die Antwort ist ja, Magnus. Es ist möglich, Walhalla zu verlassen, mit Erlaubnis oder ohne.«

X knackte eine Krebsschere. »Dann wärst du aber nicht unsterblich.«

»Genau«, sagte T. J. »Das ist das zweite große Problem. In Walhalla kannst du nicht sterben – nicht dauerhaft. Du wirst einfach immer wiederauferstehen. Das gehört zum Training.«

Ich dachte an den Typen, der im Salon aufgespießt und dann von Wölfen weggeschleppt worden war. Hunding hatte gesagt, bis zum Abendessen würde er wieder fit sein.

»Aber außerhalb von Walhalla?«

»Draußen in den Neun Welten«, sagte T. J., »bist du weiterhin ein Einherje. Du bist schneller und stärker und zäher als irgendein gewöhnlicher Sterblicher. Aber wenn du da draußen stirbst, dann bleibst du tot. Deine Seele geht vielleicht nach Helheim. Oder du löst dich einfach in der Urleere auf – im Ginnungagap. Schwer zu sagen. Es ist das Risiko nicht wert.«

»Es sei denn …« Halbgeboren fischte sich Eireste aus dem Bart. »Es sei denn, er hat wirklich das Schwert des Frey gefunden und die Sagen sind wahr.«

»Heute ist Magnus' erster Tag«, sagte T. J. »Das wollen wir jetzt mal nicht weiter vertiefen. Er ist ohnehin schon total überfordert.«

»Überfordert mich ruhig noch mehr«, sagte ich. »Was für Sagen genau?«

Auf dem Gang wurde in ein Horn gestoßen. Die Einherjer an den anderen Tischen sprangen auf und fingen an, ihre Teller zu säubern.

Halbgeboren rieb sich erwartungsvoll die Hände. »Das Reden muss noch warten. Zeit zu kämpfen!«

»Zeit zu kämpfen!«, wiederholte X begeistert.

T. J. schnitt eine Grimasse. »Magnus, wir sollten dich vielleicht auf die Initiationsriten am ersten Tag vorbereiten. Krieg keinen Schreck, wenn …«

»Ach, sei still«, sagte Mallory. »Mach die Überraschung nicht kaputt!« Sie schenkte mir ein Puderzuckerlächeln. »Ich freu mich schon so darauf, wie unser Neuer zerstückelt wird!«

19 NENN MICH NICHT BOSTONBLÖDIE. NIEMALS!

Ich erzählte meinen neuen Freunden, dass ich gegen Zerstückelung allergisch sei. Sie lachten nur und führten mich zur Walstatt. Deshalb stehe ich nicht so richtig auf neue Freunde.

Das Schlachtfeld war so riesig, dass ich gar nicht verarbeiten konnte, was ich da sah.

In den guten alten Zeiten, als ich auf der Straße lebte, hatte ich im Sommer auf Dächern geschlafen. Dann konnte ich die ganze Bostoner Innenstadt überblicken, von Fenway Park bis Bunker Hill. Walhallas Schlachtfeld war noch größer. Es hatte an die fünf Quadratkilometer interessante Sterbeorte zu bieten, die sich alle auf dem Hotelgelände befanden, wie eine Art Innenhof.

Auf allen vier Seiten ragten die Mauern des Hotels auf – Felsen aus weißem Marmor und Balkons mit goldenem Geländer, an denen Banner hingen; andere waren mit Schilden geschmückt, auf noch anderen waren Katapulte aufgestellt. Die oberen Stockwerke schienen sich im dunstigen hellen Himmel aufzulösen, strahlend weiß wie fluoreszierendes Licht.

Mitten auf der Walstatt ragten einige Felskuppen auf. Baumgruppen bildeten Tupfer in der Landschaft. Der äußere Rand bestand vor allem aus wogendem Weideland, und ein Fluss so breit wie der Charles schlängelte sich hindurch. Am Ufer sah ich mehrere Dörfer, vielleicht für die, die eher auf urbane Kriegsführung aus waren.

Aus Hunderten von Türen in den Mauern strömten Bataillone von Kriegern herein, ihre Waffen und Rüstungen funkelten im grellen Licht. Einige Einherjer trugen Metallrüstungen wie Ritter aus dem Mittelalter. Andere trugen Kettenhemden, Hosen und Kampfstiefel. Einige wenige hatten Tarnhosen und Kalaschnikows. Ein Typ trug nur eine knapp sitzende Badehose. Er hatte sich blau angemalt und war lediglich mit einem Baseballschläger bewaffnet. Auf seiner Brust stand die Aufforderung KOMM SCHON, BRUDER.

»Ich bin nicht gut genug angezogen«, sagte ich.

X ließ seine Fingerknöchel knacken. »Rüstung ist nicht gleich Sieg. Und Waffen auch nicht.«

Der hatte gut reden. Er war größer als so manch unabhängige Nation.

Halbgeboren Gunderson hielt es ebenfalls minimalistisch. Er trug nur Leggings, hielt aber ein Paar übel aussehender Äxte in der Hand. Neben jedem anderen hätte Halbgeboren gewaltig gewirkt, doch neben X sah er aus wie ein kleines Kind – nur mit Bart, Muskeln und Äxten.

T. J. pflanzte sein Bajonett auf. »Magnus, wenn du mehr willst als nur die Grundausrüstung, dann musst du sie dir erobern oder eintauschen. Die Waffenkammern des Hotels nehmen Rotgold und gehen auf Tauschhandel ein.«

»Hast du daher dein Gewehr?«

»Nö, mit der Waffe bin ich gestorben. Ich schieße aber so gut wie nie damit. Kugeln haben keine besondere Wirkung auf Einherjer. Diese Typen da mit den Kalaschnikows, das ist nur Blitz und Lärm. Die sind die am wenigsten gefährlichen Leute auf der Walstatt. Das Bajonett dagegen, das ist Knochenstahl, ein Geschenk meines Vaters. Knochenstahl hat eine fantastische Wirkung.«

»Knochenstahl.«

»Ja. Das lernst du schon noch.«

Meine Schwerthand war bereits schweißnass. Mein Schild kam mir viel zu mickerig vor. »Und gegen wen kämpfen wir jetzt?«

Halbgeboren schlug mir auf den Rücken. »Gegen alle! Wikinger kämpfen in kleinen Gruppen, mein Freund. Wir sind Schildbrüder.«

»Und Schildschwestern«, sagte Mallory. »Und einige von uns sind Schildidioten.«

Halbgeboren ignorierte sie. »Halt dich an uns, Magnus, und ... na ja, es wird nicht alles gut. Du wirst ziemlich schnell getötet werden. Aber halt dich trotzdem an uns. Wir ziehen in die Schlacht und metzeln so viele hin wie nur möglich!«

»Das ist dein Plan?«

Halbgeboren legte den Kopf schief. »Warum sollte ich einen Plan haben?«

»Ach, manchmal haben wir schon einen«, sagte T. J. »Mittwochs gibt es Belagerungskriegsführung. Das ist komplizierter. Und donnerstags lassen sie die Drachen los.«

Mallory zog ihr Schwert und ihren gezahnten Dolch. »Heute ist alle gegen alle. Ich liebe Dienstage.«

Auf tausend verschiedenen Balkons wurde jetzt ins Horn gestoßen. Die Einherjer stürmten in den Kampf.

Bis zu diesem Morgen hatte mir der Begriff »Blutbad« nie sehr viel gesagt. Aber schon nach wenigen Minuten rutschten wir auf Blut geradezu aus.

Wir hatten kaum die Walstatt betreten, als auch schon von nirgendwoher eine Axt geflogen kam und in meinem Schild stecken blieb, wobei die Schneide über meinem Arm voll durch das Holz schlug.

Mallory schrie auf und schleuderte ihr Messer, das sich in die Brust des Axtwerfers bohrte. Er fiel lachend auf die Knie: »Guter Wurf!« Dann brach er tot zusammen.

Halbgeboren watete durch die Feinde, seine Äxte wirbelten nur so und hackten Köpfe und Glieder ab, bis es aussah, als ob er Paintball mit ausschließlich roter Farbe gespielt hätte. Es war widerlich. Und beängstigend. Und das Beunruhigendste: Die Einherjer betrachteten es einfach als Spiel. Sie töteten voller Schadenfreude. Sie starben, als ob irgendwer gerade ihren Avatar bei *Call of Duty* erwischt hätte. Und dieses Spiel hatte ich noch nie leiden können.

»Ach, ist das blöd«, murmelte ein Typ und musterte die vier Pfeile in seiner Brust.

Ein anderer schrie: »Das zahle ich dir morgen heim, Trixie«, ehe er zur Seite fiel, während ihm ein Speer aus dem Unterleib ragte.

T. J. sang die »Battle Hymn of the Republic«, während er mit seinem Bajonett zustach und Angriffe abwehrte.

X schlug sich Schneisen durch eine Gruppe nach der anderen. Ein Dutzend Pfeile ragte aus seinem Rücken wie Igelstacheln, aber das schien ihn nicht weiter zu stören. Immer, wenn seine Faust traf, wurde ein Einherje zweidimensional.

Ich dagegen trottete in jämmerlichem Entsetzen mit erhobenem Schild dahin und ließ mein Schwert hinter mir herschleifen. Mir war zwar gesagt worden, der Tod hier sei nicht von Dauer, aber es fiel mir schwer, das zu glauben. Eine Bande von Kriegern mit scharfen, spitzen Gegenständen wollte mich umbringen. Ich wollte nicht umgebracht werden.

Ich konnte einen Schwerthieb abwehren. Ich sah eine Möglichkeit, ein Mädchen zu erstechen, dessen Abwehr nicht geschlossen war, aber ich brachte es einfach nicht über mich.

Das war ein Fehler. Ihre Axt bohrte sich in meinen Oberschenkel. Schmerzen schossen bis in meinen Hals hoch.

Mallory machte das Mädchen nieder. »Los, Chase, in Bewegung bleiben. Du gewöhnst dich irgendwann schon an die Schmerzen.«

»Super«, ich schnitt eine Grimasse. »Darauf freue ich mich schon jetzt.«

T. J. durchbohrte mit seinem Bajonett die Gesichtsblende eines mittelalterlichen Ritters. »Wir holen uns den Hügel da!« Er zeigte auf eine in der Nähe gelegene Anhöhe am Waldrand.

»Warum?«, schrie ich.

»Weil das ein Hügel ist!«

»Er nimmt zu gern Hügel ein«, knurrte Mallory. »Das ist so eine Bürgerkriegsmanie.«

Wir wateten durch die Schlacht und steuerten die Anhöhe an. Mein Oberschenkel tat noch immer weh, aber die Blutung war zum Stillstand gekommen. War das normal?

T. J. hob sein Gewehr. Er schrie: »Angriff!«, als ihn ein Wurfspeer von hinten durchbohrte.

»T. J.!«, schrie ich.

Er fing meinen Blick auf, brachte ein schwaches Lächeln zu Stande und fiel dann mit dem Gesicht nach unten in den Schlamm.

»Um Friggs willen!«, fluchte Mallory. »Komm schon, Neuer.«

Sie packte meinen Arm und zog mich mit sich. Weitere Wurfspeere flogen über meinen Kopf.

»Und das macht ihr jeden Tag?«, fragte ich.

»Nein, das haben wir doch schon gesagt – donnerstags gibt's Drachen.«

»Aber …«

»Hör mal, Bostonblödie, es geht hier darum, sich an das Grauen der Schlacht zu gewöhnen. Du findest das hier schlimm? Dann warte nur, bis wir wirklich bei der Götterdämmerung kämpfen müssen.«

»Warum bin ich jetzt Bostonblödie? T. J. ist auch aus Boston. Warum ist er nicht Bostonblödie?«

»Weil T. J. mir ein ganz bisschen weniger auf den Geist geht.«

Wir hatten den Waldrand erreicht. X und Halbgeboren gaben uns Rückendeckung und hielten die Horde unserer Verfolger auf. Die waren jetzt nämlich wirklich eine Horde. Die vielen einzelnen Gruppen kämpften jetzt nicht mehr gegeneinander, sondern hatten unsere Verfolgung aufgenommen. Einige riefen meinen Namen, und das nicht gerade freundlich.

»Sie haben dich entdeckt.« Mallory seufzte. »Als ich gesagt habe, ich würde gern sehen, wie du ausgeweidet wirst, habe ich nicht gemeint, dass ich dabei neben dir stehen wollte. Aber egal.«

Ich hätte fast gefragt, warum es alle auf mich abgesehen hatten. Aber dann begriff ich. Ich war neu hier. Natürlich mussten sich die anderen Einherjer da gegen mich und die anderen Neuen zusammenrotten. Lars Ahlström war vermutlich schon enthauptet worden. Dede rannte vielleicht ohne Arme durch die Gegend. Die altgedienten Einherjer würden das hier so schmerzhaft und beängstigend für uns machen wie überhaupt nur möglich, um zu sehen, wie wir uns behaupteten. Das machte mich wütend.

Wir kletterten auf den Hügel und rannten von Baum zu Baum, um in Deckung zu bleiben. Halbgeboren stürzte sich auf eine Gruppe von zwanzig Typen, die uns verfolgten. Er vernichtete sie alle und kam lachend zu uns hoch, mit einem irren Leuchten in den Augen. Er blutete aus einem Dutzend Wunden. Ein Dolch ragte aus seiner Brust, direkt über seinem Herzen.

»Wieso ist er noch nicht tot?«, fragte ich.

»Weil er ein Berserker ist.« Mallory schaute sich um und ihr Gesicht zeigte eine Mischung aus Abscheu und Resignation und etwas anderem – Bewunderung? »Dieser Blödmann wird so lange weiterkämpfen, bis er in Stücke gehauen wird.«

In meinem Kopf fügte sich etwas zusammen. Mallory *mochte* Halbgeboren! Man nennt niemanden so oft Blödmann, ohne ihn in Wirklichkeit ganz toll zu finden. Unter anderen Umständen hätte ich sie jetzt vielleicht damit aufgezogen, aber während sie noch abgelenkt war, erscholl ein feuchtes *Zwack*. Ein Pfeil ragte aus ihrem Hals.

Sie sah mich wütend an, wie um zu sagen: *Alles total deine Schuld.*

Dann brach sie zusammen. Ich kniete neben ihr nieder und legte ihr die Hand an den Hals. Ich konnte spüren, wie ihr Leben verrann. Ich fühlte die zerfetzte Schlagader, den schwindenden Herzschlag, den ganzen Schaden, der repariert werden musste. Meine Finger schienen wärmer zu werden. Wenn ich ein wenig mehr Zeit hätte …

»Achtung!«, brüllte X.

Ich hob meinen Schild. Ein Schwert traf klirrend dagegen. Ich stieß es zurück und warf meinen Angreifer den Hügel hinunter. Meine Arme taten weh. Mein Kopf dröhnte, aber irgendwie kam ich wieder auf die Beine.

Halbgeboren stand zehn Meter weiter, umgeben von einer Bande von Kriegern, die mit Speeren auf ihn einstachen und ihn mit Pfeilen durchsiebten. Er kämpfte immer noch weiter, aber nicht einmal er würde das noch lange durchhalten.

X riss einem Typen die Kalaschnikow aus den Händen und knallte sie ihm auf den Kopf.

»Los, Magnus Bostonblödie«, sagte der Halbtroll. »Hol den Hügel für Stock neunzehn!«

»Mein Spitzname wird nicht Bostonblödie«, knurrte ich. »Ich weigere mich.«

Ich stolperte hügelan, bis ich den Gipfel erreicht hatte, und lehnte mich an eine riesige Eiche, während X reihenweise Wikinger mit Fäusten und Tritten und Kopfstößen in irgendein Jenseits beförderte.

Ein Pfeil traf meine Schulter und nagelte mich an den Baum. Vor Schmerz wurde ich fast ohnmächtig, aber ich packte den Schaft und konnte mich losmachen. Sofort versiegte die Blutung. Ich spürte, wie die Wunde sich schloss, als ob irgendwer sie mit heißem Wachs übergossen hätte.

Ein Schatten jagte über mich hinweg – etwas Großes und Dunkles fiel vom Himmel. Ich brauchte eine Millisekunde, um zu begreifen, dass es ein Steinquader war, vermutlich ein Geschoss von einem Balkonkatapult. Ich brauchte eine weitere Millisekunde, um zu erfassen, wo er landen würde.

Zu spät. Ehe ich X eine Warnung zubrüllen konnte, verschwanden der Halbtroll und ein Dutzend andere Einherjer unter zwanzig Tonnen Kalkstein, auf deren Seite eine Mitteilung gemalt war: LIEBE GRÜSSE AUS STOCKWERK 63.

Hundert Krieger starrten den Felsbrocken an. Blätter und zerbrochene Zweige stoben auf. Dann drehten sich alle Einherjer zu mir um.

Ein weiterer Pfeil traf mich in der Brust. Ich schrie auf, eher vor Wut als vor Schmerz, und riss ihn heraus.

»Mann«, kommentierte ein Wikinger. »Bei dem heilt das aber schnell.«

»Versuch's mit einem Speer«, schlug irgendwer vor. »Versuch's mit zwei Speeren!«

Sie redeten über mich, als ob ich keine direkte Ansprache verdient hätte – als wäre ich ein in die Enge getriebenes Tier, mit dem sie ihre Experimente anstellen könnten.

Zwanzig oder dreißig Einherjer hoben ihre Waffen. Der Zorn in mir explodierte. Ich brüllte und sandte Energie aus wie die Schockwelle einer Bombe. Bogensehnen rissen. Schwerter fielen ihren Besitzern aus der Hand. Speere und Gewehre und Äxte flogen in die Bäume.

So plötzlich, wie er eingesetzt hatte, versiegte dieser Kraftstrom wieder. Hundert Einherjer um mich herum hatten ihre Waffen verloren.

Der blau bemalte Typ stand in der ersten Reihe, sein Baseballschläger lag vor seinen Füßen. Er starrte mich geschockt an. »Was war das denn eben?«

Der Krieger neben ihm hatte eine Augenklappe und eine rote Lederrüstung, die mit Schnörkeln verziert war. Vorsichtig ging er in die Hocke und las seine Axt vom Boden auf.

»*Albenseid*«, sagte Augenklappe. »Netter Trick, Sohn des Frey. So was habe ich seit Jahrhunderten nicht mehr gesehen. Aber Knochenstahl ist besser.«

Ich begann zu schielen, als seine Axt auf mein Gesicht zuwirbelte. Und dann wurde alles schwarz.

20 KOMM AUF DIE DUNKLE SEITE. HIER GIBT'S MUFFINS

Eine vertraute Stimme fragte: »Na, schon wieder tot?« Ich öffnete die Augen. Ich stand in einem von grauen Steinsäulen umgebenen Pavillon. Draußen gab es nur leeren Himmel. Die Luft war dünn. Kalter Wind peitschte über den Marmorboden, schürte das Feuer in der Feuerstätte in der Mitte und ließ die Flammen in den Kohlepfannen auf beiden Seiten des hohen Podiums aufflackern. Drei Stufen führten hoch zu einem doppelten Thron – einer Zweierbank aus weißem Holz, in das verschlungene Abbilder von Tieren, Vögeln und Zweigen eingeschnitzt waren. Der Sitz selbst war mit Hermelinfell besetzt. Darauf rekelte sich ein Mann in einem Red-Sox-Pullover und fraß Muffins mit lila Zuckerguss aus einer silbernen Tüte.

»Willkommen auf Hlidskjalf.« Er grinste und seine narbigen Lippen sahen aus wie ein geöffneter Reißverschluss. »Der Hochsitz des Odin.«

»Du bist aber nicht Odin«, sagte ich und versuchte es mit Ausschlussverfahren. »Du bist Loki.«

Der Red-Sox-Mann grinste. »Deiner scharfen Beobachtung entgeht aber auch nichts.«

»Erstens, was machen wir hier? Zweitens, warum heißt Odins Thron Liedkalb?«

»*Hlidskjalf*. Setz ein H an den Anfang und ein F ans Ende. Und beim ersten Buchstaben musst du dich anhören, als ob du dich räusperst und dabei ganz viel Rotz hochkommt.«

»Wenn ich es mir genauer überlege, ist mir das alles egal.«

»Sollte es aber nicht. Hier haben wir alle angefangen. Und das ist auch die Antwort auf deine andere Frage – warum wir hier sind.« Er klopfte neben sich auf den Sitz. »Nimm doch einen Muffin.«

»Äh, nein, danke.«

»Da hast du was verpasst.« Er brach eine Ecke ab und warf sie sich in den Mund. »Diese lila Glasur ... Ich weiß ja nicht, was das für eine Geschmacksrichtung sein soll, aber sie ist *wahnsinnig* gut.«

Mein Herz schlug mir bis zum Hals. Das war seltsam, da ich schließlich träumte und aller Wahrscheinlichkeit nach außerdem tot war.

Lokis Augen machten mich fertig. Sie hatten das gleiche intensive Leuchten wie Sams, aber Sam konnte die Flammen unter Kontrolle halten. Lokis Blick jagte ruhelos umher, wie das Feuer in der Mitte, getrieben vom Wind, auf der Suche nach allem, was er in Flammen aufgehen lassen könnte.

»Hier hat einmal Frey gesessen.« Er streichelte das Hermelinfell. »Kennst du die Geschichte?«

»Nein, aber ... ist es nicht für alle außer Odin verboten, hier zu sitzen?«

»Allerdings. Na ja, Odin und Frigg dürfen das, König und Königin. Sie dürfen hier sitzen und in alle Winkel der Neun Welten schauen. Sie brauchen sich nur zu konzentrieren, dann können sie alles sehen, was sie suchen. Wenn sich aber jemand anderes hier hinsetzt ...« Er schnalzte missbilligend mit der Zunge. »Die Magie dieses Thrones kann ein entsetzlicher Fluch sein. Ich jedenfalls würde es niemals riskieren, wenn das hier keine Illusion wäre. Dein Vater aber hat es getan. Das war sein einer Augenblick der Rebellion.« Loki biss wieder in seinen lila Muffin. »Dafür habe ich ihn immer bewundert.«

»Und?«

»Und statt sich das anzusehen, was er suchte, hat er das gesehen, was er am meisten begehrte. Das hat sein Leben ruiniert. Das ist der Grund, warum er sein Schwert verloren hat. Er ...« Loki zuckte zusammen. »Entschuldige.«

Er drehte seinen Kopf weg und seine Züge verzerrten sich wie vor einem Niesen. Dann stieß er einen furchtbaren Schmerzensschrei aus. Als er mich wieder ansah, stiegen Rauchfäden aus dem Narbengewebe über seinem Nasenrücken auf.

»Tut mir leid«, sagte er. »Das Gift spritzt mir in regelmäßigen Abständen ins Gesicht.«

»Das Gift.« Ich erinnerte mich an ein Bruchstück aus einer Sage. »Du hast jemanden umgebracht. Die Götter haben dich gefangen genommen und gefesselt. Es hatte irgendwas mit Gift zu tun. Wo bist du jetzt eigentlich wirklich?«

Loki grinste wieder verzerrt. »Da, wo ich immer bin. Die Götter haben mich, äh, auf Dauer festgesetzt. Aber das ist nicht so wichtig. Ich kann noch immer ab und zu Splitter meines Wesens aussenden – so wie jetzt, um mit meinen Lieblingsfreunden zu sprechen.«

»Dass du einen Red-Sox-Pullover trägst, heißt noch lange nicht, dass wir Freunde sind.«

»Das verletzt mich nun aber!« Seine Augen funkelten. »Meine Tochter Samirah hat irgendwas in dir gesehen. Wir könnten uns gegenseitig helfen.«

»Hast *du* ihr befohlen, mich nach Walhalla zu bringen?«

»Aber nicht doch. Das war nicht meine Idee. Du, Magnus Chase, bist für viele unterschiedliche Kräfte von Interesse. Einige davon sind nicht so charmant und hilfsbereit wie ich.«

»Wie wäre es, stattdessen deiner Tochter gegenüber charmant und hilfsbereit zu sein? Sie ist aus dem Walkürenbund gefeuert worden, weil sie mich auserwählt hat.«

Sein Lächeln verschwand. »So sind eben die Götter. Mich haben sie auch verbannt, und wie oft habe ich ihre Haut gerettet? Mach dir keine Gedanken um Samirah. Sie ist stark. Sie kommt schon zurecht. Um dich mach ich mir da viel eher Sorgen.«

Kalter Wind wehte durch den Pavillon, so stark, dass er mich einige Zentimeter über den polierten Steinboden schob.

Loki knüllte die Muffintüte zusammen. »Du wirst bald aufwachen. Ehe du gehst, ein guter Rat.«

»Ich nehme mal an, das kann ich nicht ablehnen.«

»Das Schwert des Sommers«, sagte Loki. »Als dein Vater auf diesem Thron gesessen hat, wurde ihm das, was er dabei sah, zum Verhängnis. Er gab sein Schwert weg. Es fiel an seinen Diener und Boten Skirnir.«

Einen Moment lang stand ich wieder auf der Longfellow Bridge und das Schwert summte in meiner Hand, als ob es etwas sagen wollte.

»Onkel Randolph hat Skirnir erwähnt«, sagte ich. »Sein Nachkomme war bei dem Schiffbruch dabei.«

Loki mimte wilden Applaus. »Und dort lag das Schwert dann tausend Jahre und wartete darauf, dass jemand es für sich beanspruchte, jemand, der das Recht hatte, diese Klinge zu schwingen.«

»Ich.«

»Na ja, du bist nicht der Einzige, der das Schwert benutzen kann. Wir wissen, was bei der Götterdämmerung passieren wird. Die Nornen haben uns unser Schicksal erzählt. Frey ... der arme Frey wird auf Grund der Entscheidungen, die er getroffen hat, durch Surts Hand fallen. Der Herr der Feuerriesen wird ihn mit seinem eigenen verlorenen Schwert niedermetzeln.«

Ein stechender Schmerz traf mich zwischen den Augen, genau da, wo die Axt des Einherjes mich getroffen hatte. »Deshalb will Surt das Schwert also an sich bringen. Damit er für die Götterdämmerung gewappnet ist.«

»Aber das ist noch nicht alles. Er wird das Schwert benutzen, um eine Kette von Ereignissen auszulösen, die die Götterdämmerung beschleunigen. Falls du es nicht schaffst, ihn daran zu hindern, wird er in acht Tagen meinen Sohn, den Wolf, befreien.«

»Deinen Sohn ...?« Meine Arme lösten sich in Luft auf. Vor meinen Augen verschwamm alles. Zu viele Fragen drängten sich in meinem Kopf. »Moment ... musst du bei der Götterdämmerung nicht auch gegen die Götter kämpfen?«

»Ja, aber das haben die Götter so entschieden, nicht ich. Das ist eben das Trickreiche am Schicksal, Magnus: Selbst, wenn wir die großen Zusammenhänge nicht ändern können, haben unsere Entscheidungen doch Einfluss auf die Details. Auf diese Weise lehnen wir uns gegen das Schicksal auf, hinterlassen unseren Fußabdruck in der Welt. Wofür wirst du dich entscheiden?«

Das Bild flackerte. Für einen Moment sah ich, wie er auf einer Steinplatte lag, seine Hand- und Fußgelenke mit schleimigen Stricken an den Ecken festgebunden, und sein Körper wand sich vor Schmerz. Dann sah ich ihn in einem Krankenhausbett, eine Ärztin beugte sich über ihn und legte ihre Hand sanft auf seine Stirn. Sie sah aus wie eine ältere Version von Sam – dunkle Locken lugten unter einem roten Kopftuch hervor und ihre Lippen waren vor Besorgnis aufeinandergepresst.

Loki tauchte wieder auf dem Thron auf und wischte sich Krümel von seinem Red-Sox-Pullover. »Ich werde dir nicht sagen, was du tun sollst, Magnus. Das ist der Unterschied zwischen mir und den anderen Göttern. Ich will dir nur diese eine Frage stellen: Wenn du die Möglichkeit hast, dich auf Odins Thron zu setzen – und dieser Tag wird kommen –, wirst du nach dem Verlangen deines Herzens suchen, in dem Wissen, dass es dein Verhängnis sein wird, so, wie es deinem Vater zum Verhängnis geworden ist? Überleg dir das, Sohn des Frey. Vielleicht sprechen wir uns wieder, wenn du die nächsten acht Tage überlebst.«

Mein Traum änderte sich. Loki verschwand. Die Kohlepfannen barsten, ließen heiße Kohle auf das Podium regnen, und Odins Hochsitz ging in Flammen auf. Die Wolken verwandelten sich in wogende Massen aus vulkanischer Asche. Über dem brennenden Thron tauchten im Rauch zwei leuchtende rote Augen auf.

DU! Die Stimme des Surt warf mich um wie ein Flammenwerfer. *DU! DU HAST MICH NUR AUFGEHALTEN. DU HAST EINEN QUALVOLLEREN, DAUERHAFTEREN TOD VERDIENT!*

Ich versuchte, etwas zu sagen. Die Hitze saugte mir den Sauerstoff aus der Lunge. Meine Lippen bekamen Risse und Blasen.

Surt lachte. *DER WOLF GLAUBT, DU KÖNNTEST NOCH IMMER NÜTZLICH SEIN. ICH GLAUBE DAS NICHT. WENN WIR UNS WIEDERSEHEN, WIRST DU BRENNEN, SOHN DES FREY. DU WIRST MIT DEINEN FREUNDEN MEIN BRENNHOLZ ABGEBEN, IHR WERDET DAS FEUER NÄHREN, DAS DIE NEUN WELTEN VERZEHREN WIRD.*

Der Rauch wurde dichter. Ich konnte nicht atmen, konnte nichts sehen.

Meine Augen öffneten sich ganz plötzlich. Ich fuhr hoch und schnappte nach Luft. Ich lag in meinem Bett im Hotelzimmer. Surt war verschwunden. Ich berührte mein Gesicht, aber das war nicht verbrannt. Es steckte keine Axt darin fest. All meine Wunden vom Schlachtfeld waren verschwunden.

Aber mein ganzer Körper summte vor Unruhe. Ich hatte das Gefühl, auf Eisenbahnschienen eingeschlafen zu sein, und soeben war der Acela Express vorübergedonnert.

Der Traum verflog jetzt schon. Ich gab mir Mühe, die Details zu behalten: den Thron des Odin, Loki mit Muffins, *mein Sohn, der Wolf*, Surts Versprechen, die Neun Welten zu verbrennen. Der Versuch, in alldem einen Sinn zu sehen, war noch qualvoller, als im Gesicht von einer Axt getroffen zu werden.

Jemand klopfte an meine Tür.

Ich dachte, es könnte jemand aus meiner Etage sein, sprang aus dem Bett und stürzte zur Tür. Ich riss sie auf und stand der Walküre Gunilla gegenüber, und erst jetzt ging mir auf, dass ich nur eine Unterhose trug.

Ihr Gesicht wurde purpurrot und ihre Wangenmuskeln spannten sich an. »Oh.«

»Kommandantin Gorilla«, sagte ich. »Welche Ehre.«

Sie erholte sich sehr schnell und starrte mich wütend an, als ob sie versuchte, ihren Eisstrahler-Blick zu aktivieren. »Magnus Chase, ich, äh – du bist in einem unwahrscheinlichen Tempo auferstanden.«

Ich konnte ihrem Tonfall entnehmen, dass sie nicht erwartet hatte, mich hier anzutreffen. Aber warum hatte sie dann angeklopft?

»Ich habe dabei nicht die Zeit gestoppt«, sagte ich. »War das eine schnelle Auferstehung?«

»Sehr.« Sie schaute an mir vorbei, vielleicht suchte sie irgendetwas. »Uns bleiben noch ein paar Stunden bis zum Abendessen. Vielleicht könnte ich dich durch das Hotel führen, da deine eigene Walküre ja entlassen worden ist?«

»Du meinst, da du für ihre Entlassung gesorgt hast.«

Gunilla hob die Handflächen. »Ich habe keinen Einfluss auf die Nornen. Die entscheiden über unser aller Schicksal.«

»Wie praktisch.« Mir fiel ein, was Loki gesagt hatte: *Selbst, wenn wir die großen Zusammenhänge nicht ändern können, haben unsere Entscheidungen doch Einfluss auf die Details. Auf diese Weise lehnen wir uns gegen das Schicksal auf.* »Und was ist mit mir? Habt ihr – ich meine, die Nornen – schon über mein Schicksal entschieden?«

Gunilla runzelte die Stirn. Sie stand steif da und schien sich in ihrer Haut überhaupt nicht wohlzufühlen. Etwas machte ihr zu schaffen – oder vielleicht sogar Angst.

»Die Thane sprechen gerade über deine Situation.« Sie löste den Schlüsselring von ihrem Gürtel. »Komm doch einfach mit auf einen Rundgang. Dann können wir reden. Wenn ich dich besser verstehe, kann ich mich vielleicht bei den Thanen für dich einsetzen. Es sei denn, natürlich, du willst es ohne meine Hilfe darauf ankommen lassen. Du könntest Glück haben. Die Thane könnten dich für einige Jahrhunderte zum Dienst als Hotelpage verdonnern. Oder zum Abwaschen in der Hotelküche.«

Das Letzte, was ich wollte, war ein lauschiger Spaziergang mit Gunilla. Andererseits könnte ich auf einer Runde durch das Hotel interessante Einzelheiten erfahren – über die Ausgänge zum Beispiel. Und nach meinem Traum von eben wollte ich lieber nicht allein sein.

Zudem konnte ich mir vorstellen, wie viel schmutziges Geschirr nach drei Schichten Abendessen in der Festhalle zum Abwasch anfallen würde.

»Ich komme mit«, sagte ich. »Aber dazu sollte ich mich vielleicht zuerst anziehen.«

GUNILLA WIRD ABGEFACKELT UND DAS IST ÜBERHAUPT NICHT KOMISCH. NA JA, EIN BISSCHEN KOMISCH SCHON

21

Meine wichtigste Entdeckung: In Walhalla brauchte man GPS. Sogar Gunilla verirrte sich in den endlosen Korridoren, Bankethallen, Gärten und Salons.
Einmal waren wir gerade mit einem Personalfahrstuhl unterwegs, als Gunilla sagte: »Hier ist die Imbisshalle.«

Die Türen öffneten sich und eine Flammenwand schlug uns entgegen.

Mein Herz hüpfte mir in den Hals. Ich dachte, Surt habe mich gefunden. Gunilla schrie auf und taumelte rückwärts. Ich schlug wild und wahllos auf die Knöpfe ein, bis sich die Türen wieder schlossen. Dann gab ich mir alle Mühe, den rauchenden Saum von Gunillas Kleid zu löschen.

»Alles in Ordnung bei dir?« Mein Puls hämmerte noch immer. Gunillas Arme waren mit roten, rauchenden Flecken übersät.

»Meine Haut wird heilen«, sagte Gunilla. »Mein Stolz vielleicht nicht. Das – das war Muspellsheim, nicht die Imbisshalle.«

Ich fragte mich, ob Surt auf irgendeine Weise für unsere kleine Umleitung verantwortlich sein könnte oder ob sich die Fahrstuhltüren in Walhalla häufiger zur Welt des Feuers hin öffneten. Ich war nicht sicher, welche Möglichkeit ich beunruhigender fand.

Gunillas angespannte Stimme verriet mir, wie schlimm ihre Schmerzen waren. Ich erinnerte mich daran, wie ich über Mallory Keen gestanden hatte, als sie im Kampf gefallen war – wie ich die Verletzung hatte spüren können und gewusst hatte, wie sie geheilt werden könnte, wenn ich nur mehr Zeit hätte.

Ich kniete neben der Walküre nieder. »Darf ich?«

»Was willst du?«

Ich berührte ihren Unterarm.

Meine Finger fingen an zu rauchen und zogen die Hitze aus ihrer Haut. Die Röte verblasste. Die Brandwunden verschwanden. Sogar ihre versengte Nasenspitze heilte sofort.

Gunilla starrte mich an, als ob mir Hörner gewachsen wären. »Wie hast du …? Und verbrannt worden bist du auch nicht. Wieso?«

»Ich weiß nicht.« Vor Erschöpfung drehte sich alles in meinem Kopf. »Pures Glück? Gesunde Lebensweise?«

Ich versuchte, aufzustehen, und brach sofort zusammen.

»He, Sohn des Frey!« Gunilla packte meine Arme.

Die Fahrstuhltüren öffneten sich ein weiteres Mal. Diesmal waren wir wirklich bei den Imbissen angelangt. Der Geruch von Hähnchen in Zitronensoße und Pizza schwebte herein.

»Gehen wir weiter«, sagte Gunilla. »Das macht dir einen klaren Kopf.«

Uns trafen einige seltsame Blicke, als wir durch den Essensbereich stolperten, wobei ich mich Hilfe suchend an die Walkürenkommandantin lehnte und Gunillas Kleid noch immer rauchte und in Fetzen hing.

Wir bogen in einen Gang mit Konferenzräumen ein. In einem lief eine PowerPoint-Präsentation. Ein Typ in einer mit Eisennägeln beschlagenen Lederrüstung führte einem Dutzend Krieger die Schwächen der Bergtrolle vor.

Einige Türen weiter hatten sich Walküren mit glitzernden Partyhüten zu Kuchen und Eis zusammengefunden. Die Geburtstagskerze war wie die Zahl 500 geformt.

»Ich glaube, es geht wieder«, sagte ich zu Gunilla. »Danke.«

Ich taumelte einige Schritte weiter, konnte mich aber immerhin aufrecht halten.

»Du verfügst wirklich über bemerkenswerte Heilkräfte«, sagte Gunilla. »Frey ist der Gott von Überfluss und Fruchtbarkeit, Wachstum und Lebenskraft – ich nehme mal an, das ist die Erklärung. Dennoch habe ich noch nie einen Einherje gesehen, der sich selbst so schnell heilen konnte – von anderen ganz zu schweigen.«

»Ich weiß auch nicht mehr als du«, sagte ich. »Normalerweise kann ich nicht mal ein Pflaster aufkleben.«

»Und deine Immunität gegen Feuer?«

Ich konzentrierte mich auf das Muster im Teppich und setzte einen Fuß vor den anderen. Ich konnte jetzt gehen, aber seit ich Gunillas Brandwunden geheilt hatte, fühlte ich mich, als hätte ich eine schlimme Lungenentzündung.

»Ich glaube nicht, dass ich gegen Feuer immun bin«, sagte ich. »Ich habe mich schon häufiger verbrannt. Allerdings … ich kann sehr extreme Temperaturen vertragen. Kälte. Hitze. Dasselbe ist auf der Longfellow Bridge passiert, als ich in die Flammen gelaufen bin …« Meine Stimme versagte. Mir fiel ein, dass Gunilla das Video frisiert hatte, um mich wie einen Trottel aussehen zu lassen. »Aber das weißt du ja alles schon.«

Gunilla schien meinen Sarkasmus nicht zu bemerken. Zerstreut streichelte sie einen der Hämmer in ihrem Patronengurt wie ein Kätzchen. »Hmm … zu Anbeginn der Schöpfung gab es nur zwei

Welten: Muspellsheim und Niflheim, Feuer und Eis. Das Leben entstand zwischen diesen beiden Extremen. Frey ist der Gott des gemäßigten Klimas und der Zeit des Wachstums. Er stellt die Mitte dar. Vielleicht kannst du deshalb Hitze und Kälte widerstehen.« Sie schüttelte den Kopf. »Ich weiß es nicht, Magnus Chase. Ich bin schon lange keinem Kind des Frey mehr begegnet.«

»Warum nicht? Haben wir keinen Zutritt zu Walhalla?«

»Na ja, wir haben durchaus einige Frey-Kinder aus den alten Zeiten. Die Könige von Schweden stammten zum Beispiel von ihm ab. Aber wir haben seit Jahrhunderten keine neuen mehr hier gesehen. Zum einen ist Frey ja ein Wane.«

»Ist das schlecht? Surt hat mich als Wanenbrut bezeichnet.«

»Das war nicht Surt.«

Ich dachte an meinen Traum: diese leuchtenden Augen im Rauch. »Natürlich war das Surt.«

Gunilla schien widersprechen zu wollen, aber sie gab es auf. »Egal. Es gibt zwei Stämme von Göttern. Die Asen sind zumeist Kriegsgötter: Odin. Thor, Tyr und so weiter. Die Wanen sind eher Naturgottheiten: Frey, Freya, ihr Vater Njörd. Das ist natürlich arg vereinfacht, aber vor langer Zeit kam es zu einem Krieg zwischen den beiden Stämmen. Fast hätten sie dabei die Neun Welten zerstört. Am Ende konnten sie ihre Meinungsverschiedenheiten beilegen. Sie heirateten untereinander und schlossen sich gegen die Riesen zusammen. Aber sie sind noch immer unterschiedliche Sippen. Einige Wanen haben Paläste in Asgard, dem Sitz der Asengottheiten, aber die Wanen haben auch ihre eigene Welt, Wanenheim. Wenn ein Kind der Wanen tapfer stirbt, dann kommt es meistens nicht nach Walhalla. Meistens gelangt es in die Nachwelt der Wanen, der die Göttin Freya vorsteht.«

Ich brauchte einen Moment, um das alles zu verdauen. Göttersippen. Kriege. Und überhaupt. Aber der letzte Teil, »die Nachwelt der Wanen« ... »Soll das heißen, dass es noch einen Ort wie Walhalla gibt, nur eben für Wanenkinder, und dass ich nicht dort bin? Was, wenn meine Mom dorthin gekommen ist? Was, wenn ich eigentlich ...«

Gunilla nahm meinen Arm. Ihre blauen Augen brannten – vor Zorn. »Richtig so, Magnus. Mach dir mal klar, was Samirah al-Abbas angerichtet hat. Ich behaupte ja nicht, dass alle Wanenkinder nach Folkwang gehen ...«

»Ihr steckt sie in einen Volkswagen?«

»*Folkwang*! So heißt Freyas Halle für die Erschlagenen.«

»Ach.«

»Was ich sagen will, ist: Du hättest dorthin kommen können. Es wäre viel plausibler gewesen. Die eine Hälfte der heldenhaften Toten geht zu Odin. Die andere eben zu Freya. Das war ein Teil der Abmachung, die vor vielen Zeitaltern den Krieg der Götter beendet hat. Warum hat Samirah dich dann hergebracht? *Zu Unrecht erwählt, zu Unrecht erschlagen.* Sie ist die Tochter von Loki, und der ist der Vater des Bösen. Man kann ihr nicht vertrauen.«

Ich wusste nicht so recht, was ich antworten sollte. Ich kannte Samirah ja noch nicht lange, aber mir kam sie sehr sympathisch vor. Ihr Dad, Loki, zuerst allerdings auch ...

»Du glaubst mir das vielleicht nicht«, sagte Gunilla. »Aber ich denke mal, im Zweifel für den Angeklagten. Ich glaube, du hast wirklich keine Ahnung von Samirahs Plänen.«

»Was sind das für Pläne?«

Sie lachte bitter. »Den Letzten Tag schneller kommen zu lassen, natürlich. Den Krieg zu bringen, ehe wir bereit sind. Das ist es doch, was Loki will.«

Ich hätte gern widersprochen und ihr verraten, dass Loki mir etwas anderes gesagt hatte. Ihm ging es offenbar eher darum, Surt das Schwert meines Dad nicht zu überlassen … aber es kam mir nicht so klug vor, Gunilla zu erzählen, dass ich mit dem Vater des Bösen geplaudert hatte.

»Wenn du Samirah so sehr hasst«, fragte ich, »warum hast du sie dann überhaupt bei den Walküren aufgenommen?«

»Das war nicht meine Entscheidung. Ich bin die Anführerin der Walküren, aber sie werden von Odin ausgesucht. Samirah al-Abbas war die letzte, die er erwählt hat, vor zwei Jahren, unter … ungewöhnlichen Umständen. Und seither ist der Allvater nicht mehr in Walhalla erschienen.«

»Du meinst, Sam hat ihn umgebracht?«

Das sollte ein Witz sein, aber Gunilla schien meine Frage wirklich zu bedenken. »Ich glaube, Samirah hätte niemals zur Walküre gemacht werden dürfen. Ich glaube, sie arbeitet als Spionin und Saboteurin für ihren Vater. Sie aus Walhalla feuern zu lassen, war das Beste, was ich je getan habe.«

»Na, na.«

»Magnus, du kennst sie nicht. Wir hatten hier schon mal ein anderes Kind des Loki. Der war auch nicht so, wie er zu sein schien. Er …« Sie unterbrach sich, und sie sah aus, als ob soeben jemand auf ihr Herz getreten sei. »Egal. Ich habe mir geschworen, nie wieder so betrogen zu werden. Ich will die Götterdämmerung so lange hinauszögern wie überhaupt nur möglich.«

Wieder konnte ich aus ihrer Stimme einen Beiklang von Furcht heraushören. Sie hörte sich nicht unbedingt an wie die Tochter eines Kriegsgottes.

»Warum eigentlich?«, fragte ich. »Ihr trainiert doch alle für die Götterdämmerung, oder? Die ist schließlich so was wie euer großes Examensfest.«

»Du verstehst das nicht«, sagte sie. »Komm. Ich muss dir etwas zeigen. Wir gehen durch den Andenkenladen.«

Als sie »Andenkenladen« sagte stellte ich mir eine Art größeren Kiosk vor, in dem billige Walhallasouvenirs verkauft wurden. Aber der Laden war ein fünfstöckiges Einkaufszentrum inklusive Tagungsräumen und Messehalle. Wir durchquerten einen Supermarkt, eine Boutique mit der neusten Wikingmode und ein IKEA (natürlich).

Ein Labyrinth aus Ständen, Kiosken und Werkstätten nahm fast die gesamte Verkaufsfläche ein. Bärtige Typen in Lederschürzen standen vor ihren Schmieden und boten Pfeilspitzen als Gratisproben an. Es gab Marktstände für Schilde, Speere, Armbrüste, Helme und Trinkgefäße (jede erdenkliche Menge Trinkgefäße). Einige der größeren Läden verkauften auch komplette Boote.

Ich klopfte auf den Rumpf eines zwanzig Meter langen Kriegsschiffes. »Ich glaube, das passt nicht in meine Badewanne.«

»Wir haben in Walhalla mehrere Flüsse und Seen«, sagte Gunilla. »Und außerdem das Gelände zum Wildwasserpaddeln im zwölften Stock. Alle Einherjer sollten zu Wasser ebenso gut kämpfen können wie zu Lande.«

Ich zeigte auf eine Reitmanege, in der ein Dutzend Ponys angepflockt war. »Und die da? Kann man auf denen durch die Hotelkorridore reiten?«

»Natürlich«, sagte Gunilla. »Wir sind sehr tierfreundlich hier. Aber siehst du das, Magnus – die wenigen Waffen. Die geringen Vorräte an Rüstungen.«

»Du machst Witze, oder was? Hier sind doch Tausende von Waffen zu verkaufen.«

»Nicht genug«, sagte Gunilla. »Nicht genug für die Götterdämmerung.«

Sie führte mich durch die Nordische Nippesabteilung zu einer großen Eisentür mit der Aufschrift: FÜR UNBEFUGTE ZUTRITT VERBOTEN!

Sie schob einen ihrer Schlüssel in das Schloss. »Ich zeige das nicht vielen. Es ist zu beunruhigend.«

»Nicht noch eine Flammenwand, oder?«

»Schlimmer.«

Hinter der Tür befand sich eine Treppe. Dann kam noch eine Treppe. Und noch eine Treppe. Als wir oben ankamen, wusste ich schon gar nicht mehr, wie viele Treppen es gewesen waren. Meine optimierten Einherjerbeine fühlten sich an wie zu lange gekochte Linguine.

Endlich traten wir auf einen schmalen Balkon hinaus.

»Das«, sagte Gunilla, »ist mein Lieblingsausblick.«

Ich konnte nicht antworten. Ich war viel zu sehr damit beschäftigt, nicht an Schwindel zu sterben.

Der Balkon umgab die Öffnung im Dach oberhalb der Halle der Erschlagenen. Die obersten Zweige des Baumes Lärad reckten sich nach oben und bildeten eine grüne Kuppel von der Größe des Raumschiffs Erde im Epcot Center. Drinnen, tief unter uns, wimmelte das Hotelpersonal wie Termiten zwischen den Tischen hin und her und bereitete alles für das Abendessen vor.

Vom Rand des Balkons aus erstreckte sich das Dach von Walhalla, gedeckt mit goldenen Schilden, die von der Abendsonne rot gefärbt wurden. Ich hatte das Gefühl, auf einem Metallplaneten zu stehen.

»Warum zeigst du das niemandem?«, fragte ich. »Es ist … na ja, es ist beängstigend, aber es ist auch schön.«

»Komm mal her.« Gunilla zog mich zu einer Stelle, wo ich zwischen zwei Teilen des Daches nach unten blicken konnte.

Ich hatte das Gefühl, meine Augäpfel würden jeden Moment implodieren. Mir fiel ein Vortrag ein, den uns unser Lehrer in der sechsten Klasse über die Größe des Universums gehalten hatte. Er hatte erklärt, wie groß die Erde sei, uns dann klargemacht, dass sie im Vergleich zum Sonnensystem ein Nichts war und dass das Sonnensystem wiederum ein Nichts war im Vergleich zur Milchstraße und so weiter, bis ich mir so bedeutsam vorkam wie ein Fleck auf dem Unterarm eines Flohs.

Um Walhalla herum erstreckte sich gleißend bis zum Horizont eine Stadt aus Palästen, jeder so groß und beeindruckend wie das Hotel.

»Asgard«, sagte Gunilla. »Das Reich der Götter.«

Ich sah Dächer, die ganz und gar aus Silberbarren bestanden, gehämmerte Bronzetüren, durch die ein B-1-Bomber gepasst hätte, wuchtige Steintürme, die die Wolken durchbohrten. Die Straßen waren mit Gold gepflastert. Jeder Garten war so groß wie der Hafen von Boston. Umgeben war die Stadt von weißen Befestigungen, gegen die die Chinesische Mauer aussah wie ein Laufställchen.

Ganz am Rand meines Blickfeldes zog sich der breiteste Boulevard der Stadt durch ein Tor in der Mauer. Auf der anderen Seite löste sich das Straßenpflaster in vielfarbenes Licht auf – wie ein Weg ins Spektralfeuer.

»Bifröst«, sagte Gunilla. »Die Regenbogenbrücke, die von Asgard nach Midgard führt.«

Ich hatte von der Bifröst-Brücke gehört. In meinem Mythenbuch für Kinder war sie ein siebenfarbiger Bogen, um dessen Anfang und Ende glückliche Kaninchen herumtanzten. Diese Brücke hier hatte nichts mit glücklichen Kaninchen zu tun. Sie war furchterregend. Sie war auf dieselbe Weise ein Regenbogen, auf die eine Atomexplosion ein Pilz ist.

»Nur die Götter können Bifröst überqueren«, sagte Gunilla. »Alle anderen verbrennen in dem Moment, in dem sie einen Fuß darauf setzen.«

»Also … also sind wir in Asgard?«

»Natürlich sind wir das. Walhalla ist eine von Odins Hallen. Deshalb sind die Einherjer im Hotel unsterblich.«

»Du kannst also runtergehen und die Götter besuchen und ihnen für einen guten Zweck Plätzchen verkaufen oder so was?«

Gunilla verzog den Mund. »Nicht einmal im Angesicht von Asgard hast du ein Minimum an Respekt.«

»Eigentlich nicht, nein.«

»Ohne die ausdrückliche Erlaubnis Odins dürfen wir die Stadt der Götter nicht besuchen, jedenfalls nicht vor der Götterdämmerung, wenn wir die Tore verteidigen.«

»Aber du kannst fliegen.«

»Es ist aber verboten. Wenn ich es versuchte, würde ich abstürzen. Du begreifst es nicht, Magnus. Sieh dir die Stadt noch einmal an. Fällt dir etwas auf?«

Ich sah mich in unserer Umgebung um und versuchte, mich nicht von dem vielen Silber und Gold und der einschüchternden gewaltigen Architektur ablenken zu lassen. An den Straßenrändern standen leere, kalte Kohlepfannen. Die Statuen in den Gärten waren von Dornengestrüpp vollständig überwuchert. Die Straßen waren verlassen. Hinter keinem der Fenster brannte ein Feuer.

»Wo sind die alle?«, fragte ich.

»Genau. Ich würde hier nicht viele Plätzchen loswerden.«

»Du meinst, die Götter sind nicht mehr da?«

Gunilla drehte sich zu mir um und ihre Reihe von Hämmern funkelte im Sonnenuntergang orange. »Einige schlafen vielleicht. Andere streifen durch die Neun Welten. Wieder andere lassen sich von Zeit zu Zeit mal sehen. Tatsache ist, wir wissen nicht, was los ist. Ich bin jetzt seit fünfhundert Jahren in Walhalla, und ich habe die Götter noch nie so ruhig, so untätig erlebt. In den letzten beiden Jahren ...«

Sie zupfte ein Blatt von einem der tief hängenden Zweige Lärads. »Vor zwei Jahren ist irgendwas passiert. Die Walküren und Thane haben es alle gespürt. Die Sperren zwischen den Neun Welten fingen an, schwächer zu werden. Frostriesen und Feuerriesen brachen häufiger in Midgard ein. Monster aus Helheim tauchten in den Welten der Lebenden auf. Die Götter waren distanziert und schweigsam. Zu dieser Zeit ungefähr wurde Samirah eine Walküre – und damals haben wir Odin zum letzten Mal gesehen. Zu der Zeit ist auch deine Mutter gestorben.«

Ein Rabe kreiste über uns. Zwei weitere schlossen sich an. Ich dachte an meine Mom – wie sie immer gescherzt hatte, wenn uns Raubvögel auf unseren Wanderungen verfolgten. *Die halten uns für tot. Fang ganz schnell an zu tanzen!*

In diesem Moment verspürte ich keinerlei Tanzlust. Ich hätte mir gern Gunillas Hämmer ausgeliehen und die Vögel vom Himmel geholt.

»Du meinst, es besteht ein Zusammenhang zwischen all diesen Ereignissen?«, fragte ich.

»Ich weiß nur ... dass wir schlecht auf die Götterdämmerung vorbereitet sind. Und dann kommst du hierher. Die Nornen geben ernste Warnungen von sich und nennen dich den Herold des Wolfes. Das ist nicht gut, Magnus. Samirah al-Abbas hat dich vielleicht jahrelang beobachtet und auf den richtigen Moment gewartet, um dich in Walhalla einzuschmuggeln.«

»Mich einzuschmuggeln?«

»Deine beiden Freunde auf der Brücke, die dich im Auge behalten hatten, seit du obdachlos geworden warst – die arbeiten vielleicht mit ihr zusammen.«

»Du meinst Blitz und Hearth? Die sind auch obdachlos.«

»Wirklich? Findest du es nicht seltsam, dass sie sich so gut um dich gekümmert haben?«

Zuerst wollte ich ihr sagen, sie solle sich nach Helheim scheren, doch Blitz und Hearth waren mir tatsächlich immer ein bisschen ... ungewöhnlich vorgekommen. Aber wenn man auf der Straße lebt, wird die Definition von »gewöhnlich« ein bisschen aufgeweicht.

Gunilla nahm meinen Arm. »Magnus, ich habe es zuerst nicht geglaubt, aber wenn das auf der Brücke wirklich Surt war und wenn du wirklich das Schwert des Sommers gefunden hast ... dann wirst du von den Mächten des Bösen benutzt. Wenn Samirah al-Abbas will, dass du das Schwert holst, dann darfst du genau das unter gar keinen Umständen tun. Bleib in Walhalla. Überlass das Ganze den Thanen. Schwör mir, dass du das tust, dann werde ich mich bei den Thanen für dich einsetzen. Ich werde ihnen klarmachen, dass sie dir vertrauen können.«

»Höre ich da eine versteckte Drohung?«

»Nur so viel: Morgen früh werden die Thane verkünden, was sie über dein Schicksal beschlossen haben. Wenn wir dir nicht vertrauen können, dann müssen wir unsere Vorsichtsmaßnahmen treffen. Wir müssen wissen, auf welcher Seite du stehst.«

Ich sah auf die leeren goldenen Straßen hinunter. Ich dachte daran, wie Samirah al-Abbas mich durch die kalte Leere gezerrt hatte, wie sie ihre Laufbahn als Walküre aufs Spiel gesetzt hatte, weil sie mich für tapfer hielt. *Du hast Potenzial, Magnus Chase. Wehe, du lässt mich dumm dastehen ...* Dann war sie in der Festhalle wegen Gunillas Filmfälschung in Dampf aufgegangen.

Ich zog meinen Arm zurück. »Du hast gesagt, dass Frey ungefähr die Mitte zwischen Feuer und Eis repräsentiert. Vielleicht geht es hier nicht darum, sich für eine Seite zu entscheiden. Vielleicht will ich mich nicht hinter ein Extrem stellen.«

Gunillas Miene verschloss sich wie ein Sturmfenster. »Ich kann eine mächtige Feindin sein, Magnus Chase. Ich sag es dir nur ein Mal: Wenn du Lokis Vorhaben unterstützt, wenn du versuchst, die Götterdämmerung zu beschleunigen, dann werde ich dich vernichten.«

Ich versuchte, ihren Blick zu erwidern und nicht auf meine Lunge zu achten, die in meiner Brust herumflatterte. »Ich werde es nicht vergessen.«

Unter uns hallte jetzt der Hornruf in der Festhalle wider.

»Die Führung ist zu Ende«, teilte Gunilla mit. »Ab jetzt, Magnus Chase, werde ich dir nicht mehr den Weg zeigen.«

Sie sprang über die Balkonbrüstung und flog durch die Zweige nach unten, während ich ohne GPS den Rückweg finden musste.

22 MEINE FREUNDE FALLEN AUS EINEM BAUM

Zum Glück las mich ein freundlicher Berserker auf, als ich im Spa im hundertzwölften Stockwerk herumirrte. Er hatte sich gerade die Fußpflege für den Mann von Welt gegönnt (»Bloß, weil du Leute umbringst, müssen deine Füße das ja nicht auch tun«) und brachte mich nur zu gern zum Fahrstuhl zurück.

Als ich den Speisesaal erreichte, aßen die anderen schon. Ich orientierte mich an X – der selbst in dieser riesigen Menge kaum zu übersehen war – und schloss mich meinen Nachbarn aus dem neunzehnten Stock an.

Wir tauschten Geschichten über die Schlacht am Morgen aus.

»Ich habe gehört, du hast Albenseid benutzt«, sagte Halbgeboren. »Beeindruckend.«

Ich hatte den Energiestoß, der den anderen allesamt die Waffen aus der Hand geschlagen hatte, fast vergessen. »Ja, äh ... was ist *Albenseid* eigentlich genau?«

»Elfenmagie«, sagte Mallory. »Feige Wanenhexerei, eines echten Kriegers unwürdig.« Sie boxte mir gegen den Arm. »So gefällst du mir schon besser.«

Ich versuchte zu lächeln, obwohl ich nicht wusste, wie ich es geschafft hatte, Elfenmagie anzuwenden. Soviel ich wusste, war ich kein Elf. Ich dachte daran, dass ich extremen Temperaturen standhalten konnte, und wie ich im Fahrstuhl Gunilla geheilt hatte ... war das wohl auch Albenseid gewesen? Vielleicht lag es daran, dass ich ein Sohn des Frey war, obwohl ich nicht begriff, auf welche Weise diese Fähigkeiten miteinander zu tun hatten.

T. J. machte mir ein Kompliment, weil ich den Hügel eingenommen hatte. X machte mir ein Kompliment, weil ich länger als fünf Minuten überlebt hatte.

Es tat gut, mich als Teil der Gruppe zu fühlen, aber ich hörte nicht so richtig zu. In meinem Kopf war nach dem Rundgang mit Gunilla und dem Traum von Loki auf Odins Thron noch immer alles total durcheinander.

Am Ehrentisch murmelte Gunilla hin und wieder Helgi etwas zu, und dann warf er einen düsteren Blick in meine Richtung. Ich wartete darauf, dass er mich aufrief und zusammen mit Hunding zum Traubenschälen verdonnerte, aber anscheinend wollte er sich eine bessere Strafe überlegen.

Morgen früh, hatte Gunilla gesagt, *müssen wir unsere Vorsichtsmaßnahmen treffen.*

Nach dem Essen wurden zwei Neulinge in Walhalla willkommen geheißen. Ihre Videos waren angemessen heroisch. Keine einzige Norne ließ sich blicken. Keine Walküre wurde in Schande verstoßen. Keine quietschenden Pfeile wurden auf irgendwelche Hintern abgeschossen.

Als die Massen aus der Festhalle strömten, klopfte mir T. J. auf die Schulter. »Ruh dich aus. Morgen wartet ein neuer ruhmreicher Tod auf dich.«

»Jippie!«, sagte ich.

Ich konnte nicht schlafen. Stundenlang lief ich in meinem Zimmer hin und her, wie ein Tier im Zoo. Ich wollte das Urteil der Thane am Morgen nicht abwarten. Ich hatte ja gesehen, wie weise sie urteilten, als sie Sam ausgestoßen hatten.

Aber was hatte ich schon für eine Wahl? Sollte ich aufs Geratewohl im Hotel herumschleichen und Türen öffnen, in der Hoffnung, eine zu finden, die zurück nach Boston führte? Selbst, wenn es mir gelänge, würde das ja nicht garantieren, dass ich in mein luxuriöses Leben als Straßenkind zurückkehrte. Gunilla oder Surt oder irgendein anderer nordischer Fiesling könnten mich jederzeit ein weiteres Mal ausfindig machen.

»Wir müssen wissen, auf welcher Seite du stehst«, hatte Gunilla gesagt.

Ich stand auf *meiner* Seite. Ich wollte nicht in irgendeine wikingische Götterdämmerung verwickelt werden, aber irgendwas sagte mir, dass es zu spät war. Meine Mom war vor zwei Jahren gestorben, und gleichzeitig waren noch etliche andere üble Dinge in den Neun Welten passiert. Bei meinem üblichen Glück musste es da einen Zusammenhang geben. Wenn ich Gerechtigkeit für meine Mutter wollte, wenn ich herausfinden wollte, was mit ihr passiert war, dann konnte ich mich nicht wieder unter einer Brücke verkriechen.

Ich konnte aber auch nicht weiter in Walhalla herumhängen, Schwedischunterricht nehmen und mir PowerPoint-Vorträge darüber ansehen, wie man Trolle killt.

Gegen fünf Uhr morgens gab ich den Versuch zu schlafen endgültig auf. Ich ging ins Badezimmer, um mir das Gesicht zu waschen. Saubere Handtücher hingen an der Stange. Das Loch in der Wand war repariert worden. Ich fragte mich, ob durch Magie oder ob irgendein armer Teufel auf diese Weise von den Thanen bestraft worden war. Vielleicht würde ich bald auch Spanplatten mit Gips beschmieren.

Ich ging in meinen kleinen Innenhof und starrte durch die

Bäume zu den Sternen hoch. Ich fragte mich, welchen Himmel ich da wohl ansah – welche Welt, welche Sternbilder.

Die Zweige raschelten. Etwas Dunkles und Menschenförmiges fiel aus dem Baum. Es landete mit einem fiesen Knirschen zu meinen Füßen.

»Au!«, heulte er. »Blöde Schwerkraft!«

Mein alter Kumpel Blitz lag auf dem Rücken, er stöhnte und rieb sich den rechten Arm.

Ein zweites Wesen setzte leichtfüßig im Gras auf – Hearth, gekleidet in seine übliche schwarze Lederkluft und den bonbonfarben gestreiften Schal. Er machte sein Zeichen für *Hallo*.

Ich starrte die beiden an. »Was habt ihr … wie seid ihr …?« Ich musste grinsen. Ich hatte mich noch nie so sehr gefreut, jemanden zu sehen.

»Arm!«, wimmerte Blitz. »Gebrochen!«

»Warte.« Ich kniete nieder und versuchte, mich zu konzentrieren. »Vielleicht kann ich den heilen.«

»*Vielleicht?*«

»Warte mal … hast du dich neu eingekleidet?«

»Du fragst nach meiner *Kleidung?*«

»Na ja, schon.« Ich hatte Blitz noch nie so elegant erlebt.

Seine chaotischen Haare waren gewaschen und nach hinten gekämmt. Sein Bart war kurz geschnitten. Seine Cromagnon-Unibraue war gezupft und gewachst worden. Nur seine Zickzacknase hatten sie nicht operativ korrigiert.

Was seine Klamotten anging, hatte er offenbar mehrere edle Boutiquen in der Newbury Street überfallen. Er trug Stiefel aus Alligatorenleder. Sein schwarzer Wollanzug passte sich seiner kleinen untersetzten Statur perfekt an und sah wunderbar aus zu seinem dunklen Teint. Unter dem Sakko prangten eine graue Paisleyweste mit einer goldenen Uhrkette, ein türkises Hemd und eine Cowboykrawatte. Er sah aus wie ein sehr kleiner, gepflegter afroamerikanischer Cowboy-Berufskiller.

Hearth klatschte in die Hände, um meine Aufmerksamkeit zu erregen. Er signalisierte: *Arm. Heilen?*

»Richtig. Entschuldige.« Ich legte Blitz sanft die Hand auf den Unterarm. Unter der Haut konnte ich den Bruch ertasten. In Gedanken befahl ich ihm zu verheilen. *Klick*. Blitz wimmerte, als der Knochen sich an seinen angestammten Platz zurückbewegte.

»Probier jetzt mal«, sagte ich.

Blitz bewegte den Arm. Seine Miene wechselte von Schmerz zu Überraschung. »Das hat ja funktioniert!«

Hearth sah noch geschockter aus als vorher. Er fragte in Gebärdensprache: *Magie? Wie das?*

»Das wüsste ich selbst auch gern«, sagte ich. »Jungs, nehmt es mir nicht übel, ich freue mich wirklich, euch zu sehen. Aber warum fallt ihr aus meinen Bäumen?«

»Kleiner«, sagte Blitz. »Seit vierundzwanzig Stunden klettern wir auf dem Weltenbaum herum und suchen nach dir. Wir dachten gestern Nacht schon, wir hätten dich gefunden, aber …«

»Ich glaube, das hattet ihr auch«, sagte ich. »Kurz vor Sonnenaufgang habe ich jemanden in den Zweigen rumoren hören.«

Blitz drehte sich zu Hearth um. »Ich habe dir ja gesagt, es war das richtige Zimmer!«

Hearth verdrehte die Augen und gebärdete so schnell, dass ich gar nichts mehr verstand.

»Ach komm«, sagte Blitz. »Deine Idee, meine Idee – das spielt doch keine Rolle. Wichtig ist, dass wir hier sind und dass Magnus noch lebt. Ich meine … technisch gesehen ist er zwar tot. Aber er lebt. Was bedeutet, dass der Boss uns vielleicht doch nicht umbringt.«

»Der Boss?«, fragte ich.

Blitz entwickelte ein hektisches Zucken am Auge. »Ja. Wir müssen dir ein Geständnis machen.«

»Ihr seid gar nicht obdachlos«, sagte ich. »Gestern Abend hat einer der Thane euch auf einem Video gesehen und ...«

Video?, unterbrach Hearth.

»Ja. Walkürenvision. Jedenfalls hat der Than euch einen Zwerg und einen Alben genannt. Ich vermute mal«, ich zeigte auf Blitz, »du bist der Zwerg?«

»Typisch«, knurrte Blitz. »Einfach annehmen, ich bin der Zwerg, bloß weil ich klein bin.«

»Du bist also nicht der Zwerg?«

Er seufzte. »Doch. Ich bin der Zwerg.«

»Und du ...« Ich sah Hearth an, aber ich brachte es nicht über die Lippen. Ich war seit zwei Jahren mit diesem Typen befreundet. Er hatte mir Unterricht in Gebärdensprache gegeben. Wir hatten gemeinsam Burritos aus Mülltonnen gegessen. Was für ein Albe tut denn so was?

A-L-B-E. Hearth gebärdete einen Buchstaben nach dem anderen. *Manchmal auch E-L-F genannt.*

»Aber ... ihr seht doch gar nicht anders aus als Menschen.«

»Streng genommen«, sagte Blitz, »unterscheiden sich Menschen nicht allzu sehr von Alben und Zwergen.«

»Ich kann es nicht fassen, dass ich dieses Gespräch führe, aber so klein bist du auch wieder nicht. Für einen Zwerg, meine ich. Du könntest als ganz normaler kleiner Mensch durchgehen.«

»Was ich auch tue«, sagte Blitz. »Und das schon seit zwei Jahren. Es gibt Zwerge in unterschiedlichen Größen, genau wie Menschen. Ich bin übrigens ein Dunkelalbe.«

»Ein Runkelalbe?«

»Mann! Wasch dir mal die Ohren, Kleiner. Ein Dunkelalbe. Ich komme aus Schwarzalbheim.«

»Äh, hast du nicht eben gesagt, du bist ein Zwerg?«

»Dunkelalben sind nicht direkt Elfen, Kleiner. Das ist ... wie nennt ihr das noch gleich? Eine Fehlbenennung. Wir sind eine Untergruppe der Zwerge.«

»Na, das erklärt natürlich alles.«

Hearth deutete ein Lächeln an, was für ihn gleichbedeutend damit war, sich brüllend vor Lachen auf dem Boden zu wälzen. *Schunkelalbe.*

Blitz ignorierte ihn ganz betont. »Dunkelalben sind meistens größer als der durchschnittliche Zwerg aus Nidavellir. Und wir sehen höllisch gut aus. Aber das spielt im Moment keine Rolle. Hearthstone und ich sind hier, um dir zu helfen.«

»Hearthstone?«

Hearth nickte. *Mein vollständiger Name. Und er heißt B-L-I-T-Z-E-N.*

»Kleiner, wir haben nicht viel Zeit. Wir beobachten dich jetzt seit zwei Jahren und versuchen, für deine Sicherheit zu sorgen.«

»Für euren Boss.«

»Richtig.«

»Und wer ist euer Boss?«

»Äh ... diese Information ist vertraulich. Aber er ist einer von den Guten. Er leitet unsere Organisation, die die Götterdämmerung so lange wie möglich hinauszögern soll. Und du, mein Freund, bist derzeit sein wichtigstes Projekt.«

»Also, wenn ich hier mal wild drauflosraten darf ... ihr arbeitet nicht zufällig für Loki?«

Blitzen sah beleidigt aus. Hearth signalisierte einen der Flüche, die er mir beigebracht hatte.

»Das war jetzt wirklich unnötig, Kleiner.« Blitzen klang ernstlich verletzt. »Ich habe mich zwei Jahre lang deinetwegen als Obdachloser verkleidet. Meine persönliche Hygiene ist zur Hel gefahren. Weißt du, wie lange ich jeden Morgen im Whirlpool sitzen musste, um den *Gestank* loszuwerden?«

»Entschuldige. Also … habt ihr mit der Walküre Samirah zusammengearbeitet?«

Hearthstone gebärdete einen weiteren Fluch. *Mit der, die dich mitgenommen hat? Nein, die hat uns nur Probleme gemacht.*

Seine Zeichen wortwörtlich gesehen waren eigentlich: *DIE. GENOMMEN. DICH. PROBLEME. UNS. GEMACHT.* Aber ich konnte diese Zeichen inzwischen ziemlich gut verstehen.

»Du solltest doch gar nicht sterben, Kleiner«, sagte Blitzen. »Es war unsere Aufgabe, dich zu beschützen. Aber jetzt … na ja, jetzt bist du ein Einherje. Vielleicht können wir es ja trotzdem noch schaffen. Wir müssen dich hier rausholen. Wir müssen dieses Schwert finden.«

»Dann los«, sagte ich.

»Jetzt widersprich mir doch nicht«, sagte Blitzen. »Ich weiß, du bist im Paradies der Krieger und alles ist neu und aufregend …«

»Blitz, ich habe gesagt, dann los.«

Der Zwerg blinzelte. »Aber ich hatte mir diese ganze Rede so schön zurechtgelegt.«

»Ist nicht nötig. Ich vertraue dir.«

Und das Seltsame daran war: Ich sagte die Wahrheit.

Okay, Blitzen und Hearthstone waren professionelle Stalker, die mich für eine streng geheime Anti-Götterdämmerungs-Organisation im Auge behalten hatten. Und anscheinend war es ihre Vorstellung von Schutz, den Herrn der Feuerriesen mit billigem Plastikspielzeug anzugreifen. Sie gehörten nicht einmal derselben Art an wie ich.

Aber sie hatten zu mir gehalten, als ich obdachlos gewesen war. Sie waren meine besten Freunde. Ja, so verkorkst war mein Leben nun mal.

»Na gut.« Blitzen wischte sich Grashalme von seiner Paisleyweste. »Wir klettern einfach den Weltenbaum hoch, ehe …«

Von irgendwo über uns hallte ein explosives *Japp* im ganzen Raum wider. Es klang, als ob sich ein Boston Terrier von dreitausend Kilo an einem Mammutknochen verschluckt hätte.

»Allmächtige Götter!« Blitzen packte meinen Arm. Zusammen mit Hearthstone stieß er mich aus dem Innenhof. »Kleiner, bitte, sag mir, dass du noch einen anderen Ausgang aus diesem Hotel weißt. Denn den Baum nehmen wir auf keinen Fall.«

Ein weiteres *Japp* ließ den Raum beben. Abgebrochene Zweige rieselten zu Boden.

»W-was ist das da oben?«, fragte ich, und meine Knie zitterten. Ich dachte an die Weissagung der Nornen, die mich einen Herold des Bösen genannt hatten. »Ist das – der Wolf?«

»Viel schlimmer«, sagte Blitzen. »Es ist das Eichhörnchen.«

23 ICH RECYCLE MICH SELBST

Wenn jemand sagt, »Es ist das Eichhörnchen«, dann stellt man besser keine Fragen. Man nimmt die Beine in die Hand. Das Gebell allein brachte mich vor Angst fast um den Verstand.

Im Wegrennen schnappte ich mir das hoteleigene Schwert. Ich glaubte allerdings nicht, dass ich es brauchen würde. Wenn ich mit jemandem kämpfen müsste, würde mein Gegner sich über meinen grünseidenen Walhalla-Schlafanzug totlachen, noch ehe ich zur Klinge greifen könnte.

Wir stürzten auf den Gang, und dort standen T. J. und Mallory, beide verschlafen und in aller Eile angekleidet.

»Was war das denn für ein Krach?« Mallory sah mich übellaunig an. »Und warum hast du einen Zwerg und einen Alben im Zimmer?«

»EICHHÖRNCHEN!«, schrie Blitzen und knallte meine Tür zu.

Hearth sagte dasselbe in Gebärdensprache – eine Geste, die beunruhigenderweise aussah wie Kinnbacken, die Fleisch zerfetzten.

T. J. sah aus, als ob ihn jemand ins Gesicht geschlagen hätte. »Magnus, was hast du angerichtet?«

»Ich muss weg aus dem Hotel. Und zwar sofort. Haltet uns bitte nicht auf.«

Mallory fluchte in einer Sprache, die vielleicht Gälisch war.

Unsere kleine Gruppe hier auf dem Flur war eine richtige Internationale der Verwünschungen.

»Wir halten dich nicht auf«, sagte sie. »Das hier wird uns ein Jahrzehnt Waschküchendienst einbringen, aber wir helfen dir.«

Ich starrte sie an. »Warum? Ihr kennt mich doch gerade mal einen Tag!«

»Lange genug, um zu wissen, dass du ein Idiot bist«, knurrte sie.

»Was sie zu sagen versucht«, erklärte T. J., »ist, dass Flurgenossen immer zusammenhalten. Wir werden deinen Ausbruch decken.«

Meine Zimmertür bebte. Risse zogen sich wie Spinnweben hinter dem Namensschild entlang. Ein Dekorationsspeer fiel von der Korridorwand.

»X!«, rief T. J. »Hilfe!«

Die Tür des Halbtrolls flog aus den Angeln. X trampelte auf den Gang, als ob er dahintergestanden und auf den Hilferuf gewartet hätte. »Ja?«

T. J. zeigte auf mich. »Magnus' Tür. Eichhörnchen.«

»Okay.«

X marschierte hinüber und presste seinen Rücken gegen die Tür. Die bebte noch einmal, aber X hielt stand. Wütendes Gebell erscholl aus meinem Zimmer.

Halbgeboren Gunderson kam mit nichts als einer mit Smileys bedruckten Unterhose aus seinem Zimmer, er hielt eine doppelschneidige Axt in der Hand.

»Was ist denn hier los?« Er starrte Blitz und Hearth wütend an. »Soll ich den Zwerg und den Alben killen?«

»Nein!«, wimmerte Blitzen. »Nicht den Zwerg und den Alben killen!«

»Die gehören zu mir«, sagte ich. »Wir gehen.«

»Eichhörnchen«, erklärte T. J.

Halbgeborens zottige Augenbrauen hoben sich. »Eichhörnchen wie in *das Eichhörnchen?*«

»Das Obereichhörnchen aller Eichhörnchen«, sagte Mallory. »Und ich bin umgeben von den Obertrotteln aller Trottel.«

Ein Rabe schoss durch den Gang. Er landete auf dem nächstgelegenen Sicherungskasten und krächzte mich anklagend an.

»Na, super«, sagte Mallory. »Die Raben haben gespürt, dass deine Freunde hier eingedrungen sind. Das bedeutet, dass die Walküren auch bald eintreffen werden.«

Aus der Richtung der Fahrstühle zerriss ein halbes Dutzend heulende Schreie die Luft.

»Und das dürften Odins Wölfe sein«, meinte Halbgeboren. »Die sind sehr nett, solange du nicht unbefugt irgendwo eindringst oder unbefugt das Hotel zu verlassen versuchst, denn dann reißen sie dich in Fetzen.«

In meiner Kehle braute sich ein wenig heldenhaftes Schluchzen zusammen. Ich konnte es hinnehmen, von einem Eichhörnchen oder einer Walkürenarmee getötet zu werden, von mir aus auch von einer weiteren Axt in meinem Gesicht, aber nicht von Wölfen. Meine Beine drohten, unter mir nachzugeben.

»Blitz und Hearth«, meine Stimme zitterte. »Gibt es irgendeinen Alarm, den ihr aus Versehen *nicht* ausgelöst habt?«

Nicht fair, beklagte sich Hearth. *Wir sind den Baum-Minen ausgewichen.*

»Baum-Minen?« Ich war nicht sicher, ob ich ihn richtig verstanden hatte.

Halbgeboren Gunderson hob seine Axt. »Ich halte die Wölfe auf. Viel Glück, Magnus!«

Er stürmte den Gang entlang und brüllte »TOD!«, während die Smileys auf seinen Boxershorts Wellen warfen.

Mallorys Gesicht wurde rot – ob vor Verlegenheit oder Begeisterung, war mir nicht klar. »Ich bleibe bei X, für den Fall, dass das Eichhörnchen durchbricht«, sagte sie. »T. J., bring sie zum Recyceln.«

»Klar.«

»Recyceln?«, fragte Blitz.

Mallory zog ihr Schwert. »Magnus, ich kann nicht behaupten, es sei ein Vergnügen gewesen, dich kennenzulernen. Du bist total nervig. Und jetzt mach, dass du wegkommst.«

Wieder bebte meine Zimmertür. Von der Decke rieselte Gips.

T. J. pflanzte sein Bajonett auf. »Dann los.«

Er führte uns den Gang entlang. Über seinem Schlafanzug trug er seinen blauen Uniformrock. Ich vermutete, dass er darin schlief. Hinter uns heulten Wölfe, und Halbgeboren Gunderson brüllte etwas auf Altnordisch.

Einige Einherjer öffneten ihre Türen, als wir vorüberrannten, um zu sehen, was los war. Als sie T. J. mit seinem Bajonett sahen, zogen sie sich ganz schnell zurück.

Links, rechts, rechts, links – ich verlor den Überblick über die Abzweigungen. Ein weiterer Rabe schoss vorbei und krächzte wütend. Ich versuchte, ihn aus der Luft zu hauen.

»Tu das nicht«, sagte T. J. warnend. »Die sind Odin heilig.«

Wir kamen gerade an einer weiteren Abzweigung vorbei, als eine Stimme brüllte: »MAGNUS!«

Ich machte den Fehler, hinzuschauen.

Links von uns, keine zwanzig Meter entfernt, stand Gunilla in voller Rüstung und mit einem Hammer in jeder Hand. »Noch einen Schritt«, fauchte sie, »und ich mach dich fertig.«

T. J. schaute mich kurz an. »Ihr drei lauft weiter. Die Nächste rechts, dann kommt ein Schacht mit der Aufschrift *Recycling*. Da springt ihr rein.«

»Aber ...«

»Keine Zeit.« T. J. grinste. »Bringt ein paar Rebellen für mich um – oder Monster. Egal, was.«

Er richtete sein Gewehr auf die Walküre, brüllte: »Vierundfünfzigstes Regiment von Massachusetts!«, und griff an.

Hearth packte meinen Arm und zerrte mich weiter. Blitz fand den Recycling-Schacht und riss ihn auf. »Los, los!«

Hearthstone ließ sich kopfüber hineinfallen.

»Jetzt du, Kleiner«, sagte der Zwerg.

Ich zögerte. Der Gestank, der aus dem Schacht aufstieg, erinnerte mich an die Zeiten, in denen ich Container durchwühlt hatte. Plötzlich fand ich den Komfort von Hotel Walhalla gar nicht so schlecht.

Dann heulten wieder die Wölfe, diesmal näher, und ich recycelte mich.

24 IHR HATTET NUR EINE AUFGABE

Es stellte sich heraus, dass Walhalla seinen Abfall zum Recyceln ins Baseball-Stadion nach Fenway schickte, was die Probleme erklären könnte, die die Red Sox mit ihrem Angriff hatten.

Hearthstone rappelte sich gerade auf, als ich auf ihm landete und ihn wieder zu Boden schlug. Dann knallte Blitzen auf meine Brust. Ich stieß ihn weg und rollte mich zur Seite, nur für den Fall, dass sonst noch jemand vom Himmel fallen wollte.

Ich kam mühsam auf die Füße. »Warum sind wir in Fenway Park?«

»Frag mich nicht.« Blitzen seufzte entmutigt. Sein schöner Wollanzug sah aus, als ob er den Verdauungstrakt einer Schnecke passiert hätte. »Die Türen nach und aus Walhalla sind berüchtigt für ihre Unzuverlässigkeit. Wenigstens sind wir in Midgard.«

Reihen von roten Sitzbänken ragten leer und stumm vor uns auf. Sie hatten eine unangenehme Ähnlichkeit mit denen in der Festhalle der Erschlagenen vor dem Einmarsch der Einherjer. Das Spielfeld war bedeckt von einem Patchwork aus gefrorenen Planen, die unter meinen Füßen knirschten.

Es war gegen sechs Uhr morgens. Der Osthimmel färbte sich gerade erst grau. Mein Atem dampfte in der Luft.

»Wovor laufen wir eigentlich weg?«, fragte ich. »Was ist das für ein Eichhörnchen?«

»Ratatosk«, sagte Blitz. »Der Fluch von Welt Drei. Wer immer es wagt, die Äste von Yggdrasil hochzuklettern, muss sich diesem Monster früher oder später stellen. Du kannst dich glücklich schätzen, dass wir entkommen sind.«

Hearthstone zeigte auf die Morgendämmerung. Er signalisierte: *Sonne. Schlecht für Blitzen.*

Blitz kniff die Augen zusammen. »Da hast du Recht. Nach der Sache auf der Brücke kann ich nicht noch mehr direkte Sonneneinstrahlung vertragen.«

»Wie meinst du das?« Ich sah mir sein Gesicht genauer an. »Wirst du grau?«

Blitzen wandte sich ab, aber es gab keinen Zweifel. Seine Wangen hatten sich zur Farbe von feuchtem Ton aufgehellt. »Kleiner, ist dir vielleicht mal aufgefallen, dass du mich tagsüber eher selten gesehen hast?«

»Ich ... doch. Es war so, als ob Hearth die Tagschicht übernommen hätte. Und du eben die Nachtschicht.«

»Genau. Zwerge sind unterirdische Geschöpfe. Sonnenlicht ist tödlich für uns. Allerdings nicht so tödlich wie für Trolle. Ich kann ein bisschen aushalten, aber wenn ich zu lange draußen bleibe, fange ich an ... na ja, zu versteinern.«

Ich erinnerte mich an den Kampf auf der Brücke, als Blitzen einen breitkrempigen Hut, einen Mantel, Handschuhe und Sonnenbrille getragen hatte, wirklich ein seltsames Mode-Statement, noch dazu mit dem MACHT PLATZ FÜR DIE ENTLEIN-Schild. »Und wenn du dich bedeckst, passiert dir nichts?«

»Das hilft. Dick einmummeln, Sonnenschutz und so weiter. Aber im Moment«, er zeigte auf seine Kleidung, »bin ich nicht darauf vorbereitet. Ich habe meine Ausrüstung irgendwo im Weltenbaum liegenlassen.«

Hearthstone gebärdete: *Nach der Brücke waren seine Beine wie Stein. Konnte nicht gehen bis zur Nacht.*

Ich spürte einen Kloß im Hals. Der Versuch von Blitz und Hearth, mir auf der Brücke zu Hilfe zu kommen, war ziemlich albern gewesen, aber sie hatten immerhin einen Versuch gemacht. Blitzen hatte schon allein dadurch sein Leben aufs Spiel gesetzt, dass er bei Tageslicht unterwegs gewesen war.

Ich hatte so viele Fragen, und mein Leben (mein Tod?) war schon wieder das totale Chaos, aber dass Blitzen meinetwegen wieder in Gefahr war, machte mir die Prioritäten klar.

»Dann gehen wir doch an einen dunklen Ort«, sagte ich.

Die einfachste Lösung war das Grüne Monster – die berühmte Mauer am linken Spielfeldrand, an der jeder Homerun scheitern musste. Ich war einmal auf einem Schulausflug dahinter gewesen – in der ersten Klasse vielleicht? Ich wusste noch, dass es unter der Stadiontafel Türen für die Angestellten gab.

Ich fand eine, die nicht abgeschlossen war, und wir gingen hinein.

Es gab nicht viel zu sehen – nur Metallgerüste, jede Menge grüner Nummern, die an der Wand hingen, und die mit den Graffiti von hundert Jahren tätowierten Betonrippen des Stadions. Aber der Raum erfüllte eine wichtige Bedingung: Es war dunkel.

Blitzen setzte sich auf einen Stapel Matten und zog die Stiefel aus. Daraus rieselten Eicheln. Seine Socken hatten ein graues Paisleymuster, passend zur Weste.

Diese Socken verblüfften mich mehr als alles, was ich in Walhalla gesehen hatte. »Blitz, wieso bist du so angezogen? Du siehst so … schick aus.«

Er blies seine Brust auf. »Danke, Magnus. Es war nicht leicht, zwei Jahre lang wie ein Penner herumzulaufen. Das soll natürlich keine Beleidigung sein.«

»Natürlich.«

»So ziehe ich mich normalerweise an. Ich nehme mein Aussehen sehr ernst. Ich gebe zu, ich bin ein bisschen ein Modenarr.«

Hearth ließ eine Mischung aus Niesen und Schnauben hören. Er signalisierte: *Ein bisschen?*

»Ach, halt die Klappe«, grunzte Blitz. »Wer hat dir denn diesen Schal gekauft, hä?« Er wandte sich Hilfe suchend an mich. »Ich habe Hearth gesagt, dass er einen Farbtupfer braucht. Die schwarze Kleidung. Die platinblonden Haare. Der rot gestreifte Schal gibt ihm erst den richtigen Pfiff, findest du nicht?«

»Äh ... klar doch«, sagte ich. »Solange *ich* den nicht tragen muss. Oder die Paisleysocken.«

»Sei nicht albern. Gemusterte Stoffe würden dir überhaupt nicht stehen.« Blitz runzelte missbilligend die Stirn. »Worüber sprachen wir doch noch gerade?«

»Warum ihr mich zwei Jahre lang überwacht habt.«

Schon gesagt. Wegen dem Boss, antwortete Hearth.

»Nicht Loki«, sagte ich. »Also Odin?«

Blitz lachte. »Nein. Der Capo ist sogar noch cleverer als Odin. Er arbeitet gern hinter den Kulissen, bleibt anonym. Er hat uns beauftragt, dich zu beobachten und«, er räusperte sich, »dich am Leben zu halten.«

»Aha.«

»Ja.« Blitzen schüttelte die Eicheln aus seinem anderen Stiefel. »Wir hatten nur *eine* Aufgabe. Wir haben versagt. Haltet ihn am Leben, hat der Capo gesagt. Beschützt ihn, aber mischt euch nicht in seine Entscheidungen ein. Er ist wichtig für den Plan.«

»Den Plan.«

»Der Capo kennt sich aus. Mit der Zukunft zum Beispiel. Er gibt sich alle Mühe, die Ereignisse in die richtige Richtung zu steuern, die Neun Welten daran zu hindern, ins Chaos zu stürzen und zu explodieren.«

»Das klingt nach einem guten Plan.«

»Er hat uns gesagt, dass du der Sohn des Frey bist. Er ist nicht ins Detail gegangen, hat aber eins klargestellt: Du bist wichtig und musst beschützt werden. Als du gestorben bist … Na ja, ich bin total froh, dass wir dich in Walhalla gefunden haben. Vielleicht ist noch nicht alles verloren. Jetzt müssen wir dem Capo Bericht erstatten und uns neue Befehle holen.«

Hearthstone signalisierte: *Und hoffen, dass er uns nicht umbringt.*

»Auch das.« Blitzen klang nicht gerade optimistisch. »Es ist so, Magnus, ehe wir nicht mit dem Boss gesprochen haben, kann ich nicht weiter ins Detail gehen.«

»Obwohl ich für den Plan wichtig bin.«

Gerade deshalb, gebärdete Hearth.

»Aber wie ist es damit, was passiert ist, nachdem ich von der Brücke gefallen war? Dürft ihr mir das erzählen?«

Blitz zupfte sich ein Blatt aus dem Bart. »Also, Surt ist mit dir im Wasser verschwunden.«

»Das war also wirklich Surt.«

»Klar doch. Und ich muss sagen, gute Arbeit. Ein Sterblicher, der den Herrn der Feuerriesen besiegt – das war beeindruckend, auch wenn es dein Tod war.«

»Ich … ich habe ihn also getötet?«

Leider nicht, signalisierte Hearth.

»Stimmt«, sagte Blitz zustimmend. »Aber Feuerriesen bekommt eiskaltes Wasser nicht so gut. Ich schätze, dass der Schock ihn bis nach Muspellsheim zurückgeschleudert hat. Und ihm die Nase abzuschneiden – das war grandios! Er wird eine Weile brauchen, um genug Kraft zu sammeln und wieder zwischen den Welten reisen zu können.«

Ein paar Tage, vermutete Hearth.

»Vielleicht auch länger«, sagte Blitz.

Ich sah sie an, zwei Nichtmenschen, die über die Möglichkeiten diskutierten, wie man zwischen den Welten reist – so, wie andere darüber sprachen, wie lange man brauchte, um einen Vergaser zu reparieren.

»Ihr seid offenbar unversehrt entkommen«, sagte ich. »Was ist mit Randolph?«

Hearthstone rümpfte die Nase. *Dein Onkel. Nervig, aber geht ihm gut.*

»Kleiner, du hast Leben gerettet«, sagte Blitzen. »Es gab viele Verletzte, viel Sachschaden, aber kein Sterblicher ist umgekommen – äh, außer dir natürlich. Als Surt zuletzt in Midgard war, ist das nicht so gut ausgegangen.«

Chicago, großer Brand, signalisierte Hearth.

»Ja«, sagte Blitz. »Jedenfalls haben die Explosionen in Boston im ganzen Land Schlagzeilen gemacht. Die Sterblichen versuchen noch immer, hinter die Ursachen zu kommen. Sie vermuten, dass ein Meteoreinschlag das alles ausgelöst hat.«

Mir fiel ein, dass ich das zuerst auch gedacht hatte. Und mich später gefragt hatte, ob Surt wirklich für all das verantwortlich gewesen war. »Aber Dutzende von Leuten haben Surt auf der Brücke gesehen! Und mindestens ein Typ hat ihn gefilmt.«

Blitz zuckte mit den Schultern. »Du hast keine Ahnung, was Sterbliche alles *nicht* sehen. Nicht nur Menschen. Zwerge und Alben sind genauso schlimm. Außerdem sind Riesen Tarnungsexperten.«

»Tarnung? Ich vermute, du redest jetzt nicht von grün gefleckten Stoffen.«

»Nein. Ich meine Tarnung im Sinn von Illusion. Riesen sind von Natur aus magisch begabt. Sie können mühelos deine Sinne manipulieren. Einmal hat ein Riese Hearthstone glauben lassen, ich sei ein Warzenschwein. Hearth hätte mich fast umgebracht.«

Kein Wort mehr über das Warzenschwein!, flehte Hearthstone.

»Du bist jedenfalls in den Fluss gefallen und gestorben«, sagte Blitz. »Die Rettungsmannschaften konnten deinen Körper bergen, aber ...«

»Meinen Körper ...«

Hearthstone zog einen Zeitungsausschnitt aus der Jackentasche und reichte ihn mir.

Ich las meine eigene Todesanzeige. Sie hatten mein Klassenfoto aus der fünften Klasse genommen – die Haare fielen mir in die Augen, ich hatte mein verlegenes *Was mache ich eigentlich hier*-Lächeln aufgesetzt und trug mein schäbiges DROPKICK MURPHYS-T-Shirt. Die Anzeige verriet nicht viel. Kein Wort über mein Verschwinden vor zwei Jahren, meine Obdachlosigkeit, den Tod meiner Mom. Nur: *Unerwartet verstorben. Hinterlässt zwei Onkel und eine Cousine. Die Beisetzung findet in aller Stille statt.*

»Aber mein Körper ist doch hier«, sagte ich und berührte meine Brust. »Ich habe doch einen Körper.«

»Einen neuen und verbesserten Körper«, sagte Blitz zustimmend und drückte voller Bewunderung meinen Bizeps. »Sie haben deinen *alten* Körper geborgen. Hearth und ich haben ebenfalls den Fluss abgesucht. Es gab keine Spur von Surt. Und schlimmer noch: Es gab keine Spur des Schwertes. Wenn es nicht wieder unten im Fluss liegt ...«

»Könnte Randolph es gefunden haben?«, fragte ich.

Hearthstone schüttelte den Kopf. *Haben ihn beobachtet. Er hat es nicht.*

»Dann hat Surt das Schwert«, tippte ich.

Blitz schüttelte sich entsetzt. »Das wollen wir nicht hoffen. Es besteht noch immer die Chance, dass es bei deinem alten Körper ist.«

»Wie das denn?«

Blitz zeigte auf Hearth. »Frag ihn. Er ist hier der Experte für Magie.«

Schwer zu erklären, gebärdete Hearth. *Ein magisches Schwert bleibt eben bei einem. Du hast darauf Anspruch erhoben.*

»Aber … das habe ich doch gar nicht.«

Du hast es zu dir gerufen, teilte Hearth mit. *Hast es vor Surt in der Hand gehalten. Hoffe, das bedeutet, dass Surt es nicht hat. Weiß nicht, warum das Schwert nicht mit nach Walhalla gekommen ist.*

»Ich hatte es nicht in der Hand, als ich auf das Wasser aufgeprallt bin«, sagte ich. »Es ist mir aus der Hand gerutscht.«

»Ah«, Blitz nickte. »Das könnte der Grund sein. Trotzdem, das Schwert müsste in dein Grab gelegt oder auf deinem Bestattungsfeuer mit verbrannt werden. Es gibt also eine Chance, dass es neben deinem Leichnam auftaucht. Wir müssen einen Blick in deinen Sarg werfen.«

Ich bekam eine Gänsehaut. »Ich soll zu meiner eigenen Beerdigung gehen?«

Hearth teilte mit: *Nein. Wir gehen vorher hin.*

»Der Anzeige zufolge«, sagte Blitz, »kann man heute zu den üblichen Besuchszeiten im Bestattungsunternehmen Abschied nehmen. Die Trauerfeier findet erst heute Abend statt. Wenn du jetzt gehst, bist du sicher allein. Die haben noch nicht geöffnet, und die Trauernden werden wohl nicht gerade vor der Tür Schlange stehen.«

»Vielen Dank.«

Blitzen zog seine Stiefel an. »Ich werde mit dem Boss sprechen. Und auf dem Weg schaue ich kurz in Schwarzalbenheim vorbei und hole mir Sonnenschutz.«

»Du schaust in der Welt der Dunkelalben vorbei?«

»Ja. Das ist nicht so schwierig, wie es sich anhört. Ich habe viel Übung darin, und Boston liegt im Mittelpunkt von Yggdrasil. Hier ist der Wechsel zwischen den Welten einfach. Einmal sind Hearth und ich am Kendall Square vom Bordstein getreten und aus Versehen nach Niflheim gefallen.«

Das war kalt, signalisierte Hearth.

»Und währenddessen«, sagte Blitz, »geht Hearthstone mit dir zum Bestattungsunternehmen. Wir treffen uns danach … wo?«

Arlington, Haltestelle, gebärdete Hearth.

»Gut.« Blitzen stand auf. »Hol das Schwert, Kleiner … und sei vorsichtig. Außerhalb von Walhalla kannst du sterben wie alle anderen auch. Und das Letzte, was wir dem Boss gern erklären würden, ist, warum wir zwei Magnus-Chase-Leichname haben.«

25 MEIN BESTATTUNGS-UNTERNEHMER ZIEHT MICH ALBERN AN

Die Obdachlosigkeit hatte ein Gutes: Ich wusste, wo ich mich umsonst neu einkleiden konnte. Hearth und ich plünderten eine Altkleidertonne am Charlesgate aus, damit ich nicht im Schlafanzug durch die Stadt wandern musste. Bald sah ich wie neu aus in stonewashed Jeans, einer Outdoorjacke und einem durchlöcherten T-Shirt. Ich sah Kurt Cobain ähnlicher denn je, nur bezweifele ich, dass Kurt Cobain jemals ein T-Shirt mit der Aufschrift WIGGLES ROCK & ROLL KINDERGARTENTOUR getragen hatte. Das Besorgniserregendste daran war, dass solche Shirts überhaupt in meiner Größe hergestellt wurden.

Ich hob mein hoteleigenes Schwert. »Hearth, was ist hiermit? Ich glaube nicht, dass die Bullen mich mit einem neunzig Zentimeter langen Schwert rumlaufen lassen werden.«

Tarnung, signalisierte Hearth. *Steck es in deinen Gürtel.*

Als ich das tat, schrumpfte die Waffe sofort und wurde zu einer kurzen Kette, die fast so peinlich war wie das Wiggles-T-Shirt.

»Super«, sagte ich. »Damit wäre meine Erniedrigung perfekt.«

Immer noch ein Schwert, meinte Hearth. *Sterbliche sehen magische Dinge nicht gut. Zwischen Eis und Feuer ist Nebel. G-I-N-N-U-N-G-A-G-A-P. Verschleiert Erscheinung. Schwer mit Zeichen zu erklären.*

»Alles klar.« Mir fiel ein, was Gunilla darüber gesagt hatte, dass die Welten zwischen Eis und Feuer geformt werden und dass Frey die gemäßigte Zone dazwischen repräsentiert. Offenbar erbten Freys Kinder leider kein instinktives Verständnis dafür, was zum Henker das alles eigentlich bedeuten sollte.

Ich las meine Todesanzeige noch einmal und merkte mir die Adresse des Bestattungsunternehmens. »Also los, dann wollen wir mir mal die letzte Ehre erweisen.«

Es war ein langer, kalter Weg. Mir machte die Kälte nichts aus, aber Hearth zitterte in seiner Lederjacke. Seine Lippen waren aufgesprungen und seine Nase lief. Aus allen Fantasy-Büchern und -Filmen, die ich in der Schule verschlungen hatte, hatte ich den Eindruck gewonnen, Elfen seien edle Wesen von überirdischer Schönheit. Hearthstone sah eher aus wie ein blutarmer Collegestudent, der wochenlang nichts mehr gegessen hatte.

Dennoch ... inzwischen bemerkte ich Dinge an ihm, die nicht menschenähnlich waren. Seine Pupillen waren seltsam reflektierend, wie die einer Katze. Die Adern unter seiner durchscheinenden Haut waren eher grün als blau. Und trotz seines heruntergekommenen Aussehens stank er nicht wie ein normaler Obdachloser nach Schmutz, Alkohol, altem Schweiß. Er roch eher nach Fichtennadeln und Holzfeuer. Wieso hatte ich das bisher nie bemerkt?

Ich hätte ihn gern über Elfen ausgefragt, aber Gebärdensprache im Gehen funktioniert nicht. Und Hearth konnte meine Lippen auch nicht gut lesen, wenn ich mich bewegte. Eigentlich gefiel mir das. Man konnte nichts anderes tun, wenn man sich mit ihm unterhielt. Das Gespräch erforderte hundertprozentige Konzentration. Wenn alle Gespräche so wären, dann würden die Leute nicht so viel blöden Müll reden.

Wir kamen gerade am Copley Square vorbei, als er mich in den Eingang eines Bürogebäudes zog.

Gómez, signalisierte er. *Warten.*

Gómez war ein Streifenpolizist, der uns vom Sehen kannte. Er wusste meinen richtigen Namen nicht, aber wenn er in den Nachrichten ein neueres Bild von mir gesehen hatte, würde es mir schwerfallen, zu erklären, wieso ich nicht tot war. Und Gómez war sowieso nicht die Güte selbst.

Ich tippte Hearth auf die Schulter, um seine Aufmerksamkeit zu erregen. »Wie ist das da ... wo du herkommst?«

Hearth sah misstrauisch aus. *Albenheim ist nicht viel anders. Nur heller. Keine Nacht.*

»Keine Nacht ... nie?«

Keine Nacht. Als ich zum ersten Mal einen Sonnenuntergang gesehen habe ...

Er zögerte. Dann spreizte er vor seiner Brust alle Finger, wie bei einem Herzanfall. Das Zeichen für *Angst.*

Ich versuchte, mir das Leben in einer Welt vorzustellen, wo immer Tag war, und dann zu sehen, wie die Sonne in einer Flut aus blutrotem Licht am Horizont verschwand.

»Das war bestimmt unheimlich«, sagte ich dann. »Aber haben Alben nicht auch Sachen, vor denen Menschen sich fürchten würden? Wie ... *Albenseid?*«

Ein Licht funkelte in Hearths Augen auf. *Woher kennst du dieses Wort?*

»Äh ... gestern auf der Walstatt, da hat jemand gesagt, ich hätte das angewandt.« Ich erzählte ihm von dem Schlag, der allen die Waffen aus der Hand gerissen hatte. »Und als ich Blitzens Arm geheilt habe oder auf der Longfellow Bridge in die Flammenwand getreten bin ... ich frage mich, ob das alles die gleiche Magie sein könnte.«

Hearth schien länger als sonst zu brauchen, um diese Mitteilung zu verarbeiten.

Weiß nicht. Seine Gesten waren kleiner, zurückhaltender. *Albenseid kann vieles sein – meistens ist es friedliche Magie. Heilen. Wachstum hervorrufen. Gewalt verhindern. Es kann nicht erlernt werden wie Runenmagie. Du hast Albenseid im Blut oder eben nicht. Du bist der Sohn des Frey. Vielleicht hast du einige seiner Fähigkeiten.*«

»Frey ist ein Albe?«

Hearth schüttelte den Kopf. *Frey ist der Herr von Albenheim, unser Schutzgott. Wanen sind mit den Alben verwandt und waren die Quelle allen Albenseids.*

»Warum Vergangenheit? Reden Alben nicht mehr mit Bäumen und Vögeln und so?«

Hearth grunzte verärgert. Er lugte um die Ecke, um Ausschau nach unserem Kontaktbereichsbeamten zu halten.

Albenheim ist nicht so, signalisierte er. *Schon seit Jahrhunderten nicht. Fast niemand wird mehr mit Albenseid geboren. Niemand übt Magie aus. Die meisten Alben halten Midgard für einen Mythos über Menschen, die in Burgen leben und Kettenhemden und Strumpfhosen tragen.*

»Vielleicht vor tausend Jahren.«

Hearth nickte. *Damals hatten unsere Welten mehr miteinander zu tun. Jetzt haben sich beide Welten geändert. Die Alben starren meistens auf Bildschirme und sehen sich komische Koboldvideos an, wenn sie eigentlich arbeiten sollten.*

Ich war nicht sicher, ob ich seine Zeichen richtig verstanden hatte – Koboldvideos? –, aber Albenheim klang enttäuschend ähnlich wie Midgard.

»Du weißt also nicht mehr über Magie als ich«, sagte ich.

Ich weiß nicht, wie die in den alten Zeiten ausgesehen hat. Aber ich versuche, es zu lernen. Ich habe für diesen Versuch alles aufgegeben.

»Wie meinst du das?«

Er schaute abermals um die Ecke. *Gómez ist weg. Komm jetzt.*

Ich war nicht sicher, ob er meine Frage nicht gehört hatte oder ob er sie ganz bewusst ignorierte.

Das Bestattungsunternehmen lag in der Nähe von Washington Street und Charles Street, versteckt in einer Zeile aus alten Häusern, die sich zwischen den neueren Beton- und Glaswolkenkratzern verloren. Die Aufschrift auf der Markise teilte mit: BESTATTUNGSUNTERNEHMEN TWINING & SÖHNE.

Eine Liste neben der Tür zeigte an, welche Toten als nächste aufgebahrt würden. Mein Name stand ganz oben: MAGNUS CHASE. Das Datum war das von heute, Beginn 10 Uhr morgens. Die Tür war abgeschlossen. Es brannte kein Licht.

»Zu früh zu meiner eigenen Beerdigung«, sagte ich. »Typisch.«

Meine Hände zitterten. Die Vorstellung, mich tot zu sehen, machte mich nervöser als der Gedanke an meinen Tod an sich. »Brechen wir ein?«

Ich probier etwas aus, signalisierte Hearth.

Er zog einen Lederbeutel aus der Tasche. Der Inhalt rappelte vertraut.

»Runensteine«, vermutete ich. »Du weißt, wie man die benutzt?«

Er zuckte mit den Schultern, wie um zu sagen, *das werden wir ja gleich sehen.* Er nahm einen Stein und tippte damit auf die Türklinke. Das Schloss klickte. Die Tür sprang auf.

»Super«, sagte ich. »Geht das bei jeder Tür?«

Hearth steckte den Beutel wieder weg. Ich konnte seine Miene nicht richtig deuten – eine Mischung aus Trauer und Vorsicht.

Ich lerne noch, antwortete er. *Erst einmal probiert, als ich Blitz getroffen habe.*

»Wie habt ihr beide …«

Hearth brachte mich mit einer Handbewegung zum Verstummen. *Blitz hat mein Leben gerettet. Lange Geschichte. Geh rein. Ich steh Wache. Tote Menschen …* Er schauderte und schüttelte den Kopf.

So viel zu meiner elfischen Rückendeckung.

Drinnen roch es nach faulenden Blumensträußen. Der fadenscheinige rote Teppich und die dunkle Holzvertäfelung gaben mir das Gefühl, mich in einem riesigen Sarg zu befinden. Ich schlich mich durch das Foyer und warf einen Blick in den ersten Raum.

Er war eingerichtet wie eine Kapelle: drei bunte Glasfenster in der hinteren Wand, Reihen von Klappstühlen vor einem offenen Sarg, der auf einem Podium stand. Ich fand das alles schon jetzt schrecklich. Ich war nicht religiös erzogen worden. Ich hatte mich immer für einen Atheisten gehalten.

Und natürlich bestand meine Strafe jetzt darin, festzustellen, dass ich eigentlich der Sohn einer nordischen Gottheit war, in ein wikingisches Nachleben eintreten musste und eine Trauerandacht vor meinem offenen Sarg in einer geschmacklosen multikonfessionellen Kapelle verpasst bekam. Wenn es irgendwo einen allmächtigen Gott gab, einen Obermacker des Universums, dann lachte er sich gerade kringelig über mich.

Am Eingang zum Raum hing ein postergroßes Bild von mir, umrandet mit schwarzem Krepppapier. Sie hatten dasselbe blöde Foto aus dem Schuljahrbuch der fünften Klasse genommen. Daneben lag auf einem kleinen Tisch ein Kondolenzbuch.

Ich war kurz versucht, zum Kugelschreiber zu greifen und den ersten Eintrag vorzunehmen:

Danke, dass ihr zu meiner Beerdigung gekommen seid. Magnus.

Wer würde denn überhaupt kommen? Onkel Randolph? Vielleicht Frederick und Annabeth, wenn sie noch in Boston waren.

Meine alten Klassenkameraden von vor zwei Jahren? Wohl kaum. Wenn das Bestattungsunternehmen einen Imbiss anbot, würden vielleicht einige von meinen obdachlosen Bekannten kommen, aber die Einzigen von ihnen, die mir wirklich wichtig waren, waren Blitzen und Hearthstone.

Mir ging auf, dass ich nur Zeit schindete. Ich wusste nicht, wie lange ich schon in der Tür zur Kapelle stand. Ich zwang mich, den Mittelgang entlangzugehen.

Als ich mein eigenes Gesicht im Sarg sah, hätte ich mich fast übergeben.

Nicht, weil ich so furchtbar hässlich wäre, sondern weil … na ja, ihr wisst doch, wie komisch es ist, eure eigene Stimme vom Tonband zu hören? Und wie nervig es sein kann, euch auf einem Foto zu sehen, wenn ihr findet, dass ihr darauf nicht gerade toll ausseht? Stellt euch vor, euer Körper liegt da einfach so vor euch. Er war ganz real, und trotzdem war es überhaupt nicht *ich*.

Meine Haare waren mit Gel an die Seiten meines Kopfes geklatscht. Mein Gesicht war mit Make-up zugespachtelt, vermutlich, um Schrammen und Wunden zu verdecken. Mein Mund war zu einem seltsamen kleinen Lächeln erstarrt, das ich im Leben niemals über mich gebracht hätte. Ich trug einen billig aussehenden blauen Anzug und einen blauen Schlips. Ich hasse Blau. Meine Hände waren über meinem Bauch gefaltet und verbargen die Stelle, wo ich von einem geschmolzenen Asphaltklumpen aufgespießt worden war.

»Nein, nein, nein.« Ich packte den Rand des Sarges.

Es war alles so *falsch*, dass meine Eingeweide noch einmal zu brennen schienen.

Ich hatte immer eine Vorstellung davon gehabt, was nach meinem Tod mit meinem Körper passieren sollte. Das hier war aber ganz anders. Meine Mom und ich hatten eine Abmachung getroffen – das klingt unheimlich, war es aber nicht gewesen. Ich hatte versprechen müssen, sie nach ihrem Tod einäschern zu lassen. Dann sollte ich ihre Asche in den Wäldern der Blue Hills verstreuen. Wenn ich zuerst starb, wollte sie dasselbe für mich tun. Uns gefiel beiden die Vorstellung nicht, einbalsamiert und zu einem chemisch stabilisierten Ausstellungsstück zu werden, um dann in einer Kiste begraben zu werden. Wir wollten im Sonnenschein und an der frischen Luft sein und uns einfach auflösen.

Ich hatte mein Versprechen meiner Mutter gegenüber nicht halten können. Und jetzt bekam auch ich genau die Art von Bestattung, die ich nicht hatte haben wollen.

Mir traten Tränen in die Augen. »Tut mir leid, Mom.«

Ich hätte den Sarg gern umgestoßen. Ich hätte die ganze Bude gern abgefackelt. Aber ich hatte eine Aufgabe zu erledigen. *Das Schwert.*

Wenn es im Sarg lag, dann war es jedenfalls nicht zu sehen. Ich hielt den Atem an und fuhr mit der Hand innen am Sarg entlang, als ob ich nach Kleingeld suchte. Nichts.

Ich dachte, das Schwert sei vielleicht durch einen Zauber versteckt, und streckte meinen Arm über dem Sarg aus, in dem Versuch, die Anwesenheit der Klinge zu spüren, wie ich es auf der Longfellow Bridge getan hatte. Keine Wärme. Kein Summen.

Die einzige andere Möglichkeit bestand darin, unter dem Leichnam nachzusehen.

Ich schaute auf Magnus 1.0 hinunter. »Tut mir leid, Alter.«

Ich versuchte, mir einzureden, der Leichnam sei einfach ein lebloser Gegenstand, wie eine Vogelscheuche. Keine echte Person. Und auf keinen Fall ich.

Ich drehte ihn auf die Seite. Er war schwerer, als ich erwartet hätte.

Nichts darunter, nur Sicherheitsnadeln, die das Jackett strafften. Ein Etikett auf dem weißen Sargfutter informierte mich: 50 % SATIN, 50 % POLYESTER. PRODUCT OF TAIWAN.

Ich ließ den Leichnam wieder zurücksinken. Die Frisur des toten Magnus war total ruiniert. Die linke Seite war aufgefächert wie eine Strelitzie. Meine Hände waren nicht mehr gefaltet und ich schien der Welt den Mittelfinger zu zeigen.

»Viel besser«, entschied ich. »So sieht es wenigstens aus wie ich.«

Hinter mir fragte eine gepresste Stimme: »Magnus?«

Ich wäre fast aus meinem Wiggles-Hemd gefahren.

In der Tür stand meine Cousine Annabeth.

HE, ICH WEIß, DASS DU TOT BIST. ABER RUF MICH DOCH TROTZDEM MAL AN

26

Selbst, wenn ich sie nicht vor zwei Tagen im Park gesehen hätte, hätte ich sie erkannt. Ihre welligen blonden Haare hatten sich seit unserer Kindheit nicht verändert. Ihre grauen Augen hatten denselben entschlossenen Blick – als ob sie in der Ferne ein Ziel ausgemacht hätte und jetzt losmarschierte, um es zu vernichten. Sie war besser angezogen als ich – orange Skijacke Marke North Face, schwarze Jeans, winterfeste Schnürstiefel –, aber wer uns zusammen sah, würde uns für Geschwister halten.

Sie starrte erst mich an, dann den Sarg. Langsam wechselte ihre Miene von Schock zu kalter Berechnung.

»Ich wusste es«, sagte sie. »Ich wusste, dass du nicht tot bist.«

Sie riss mich in eine Umarmung. Wie ich vielleicht schon erwähnt habe, schwärme ich nicht gerade für Körperkontakt, aber nach allem, was ich durchgemacht hatte, reichte eine Umarmung von Annabeth und ich verlor komplett die Fassung.

»Ja … äh …« Meine Stimme drohte zu versagen. Ich machte mich so behutsam wie möglich frei und blinzelte mir die Tränen aus den Augen. »Es ist wirklich schön, dich zu sehen.«

Sie musterte naserümpfend den Leichnam. »Muss ich dir alles aus der Nase ziehen? Ich hatte dich für tot gehalten, du Hintern.«

Ich konnte ein Lächeln nicht unterdrücken. Sie hatte mich schon zehn Jahre nicht mehr »du Hintern« genannt. Es war wirklich überfällig. »Schwer zu erklären.«

»Habe ich mir gedacht. Ist der Leichnam eine Tarnung? Willst du allen einreden, dass du tot bist?«

»Äh ... nicht so ganz. Es ist aber besser, wenn ich als tot gelte. Weil ...« *Weil ich tot bin*, dachte ich. *Weil ich nach Walhalla gekommen bin, und jetzt bin ich mit einem Zwerg und einem Alben zurückgekehrt.* Wie sollte ich ihr das begreiflich machen?

Ich schaute zur Tür der Kapelle hinüber. »Warte mal ... bist du auf dem Weg hierher an jemandem vorbeigekommen? Mein Freund sollte doch Wache stehen.«

»Nein. Da war niemand. Die Eingangstür war offen.«

Der Rest meiner Fassung schwand. »Ich muss nachsehen ...«

»Nix da. Erst beantwortest du mir ein paar Fragen.«

»Ich ... ehrlich, ich weiß nicht, wo ich anfangen soll. Ich bin in einer gefährlichen Situation. Ich will dich da nicht reinziehen.«

»Zu spät.« Sie verschränkte die Arme. »Und mit gefährlichen Situationen kenne ich mich aus.«

Aus irgendeinem Grund glaubte ich ihr. Hier stand ich, ein wiedergeborener Superkrieger aus Walhalla, und Annabeth schüchterte mich noch immer ein. Ihre Haltung, ihr stahlhartes Selbstvertrauen – ich sah ihr an, dass sie ganz schön heftige Sachen durchgemacht hatte, genauso, wie ich sehen konnte, welche Typen in den Obdachlosenheimen die gefährlichsten waren. Ich konnte sie nicht einfach abwimmeln. Aber ich wollte sie auch nicht in mein Chaos hineinziehen.

»Randolph wäre auf der Brücke fast umgekommen«, sagte ich. »Ich will nicht, dass dir das auch passiert.«

Sie lachte düster. »Randolph! Ich schwör dir, ich schieb dem noch seinen Stock in den ... na ja, egal. Er wollte uns nicht erklären, warum er mit dir zu der Brücke gefahren ist. Er redete die ganze Zeit davon, dass du wegen deines Geburtstags in Gefahr seist. Er hat gesagt, er wollte dir helfen. Es hätte irgendwas mit unserer Familiengeschichte zu tun ...«

»Er hat mir von meinem Vater erzählt.«

Annabeths Augen wurden dunkel. »Du hast deinen Dad doch nie kennengelernt.«

»Nein. Aber offenbar ...« Ich schüttelte den Kopf. »Hör mal, das klingt einfach zu verrückt. Aber ... es gibt einen Zusammenhang zwischen dem, was auf der Brücke passiert ist, und dem, was vor zwei Jahren mit meiner Mom geschah – und meinem Vater.«

Annabeths Gesichtsausdruck verwandelte sich. Sie sah aus, als ob sie ein Fenster geöffnet und erwartet hätte, einen Swimmingpool zu sehen, und stattdessen den Pazifik vorgefunden hätte.

»Magnus ... Bei den Göttern!«

Götter, registrierte ich. Plural.

Sie lief vor dem Sarg hin und her und hatte die Hände aneinandergelegt wie zum Gebet. »Ich hätte es wissen müssen. Randolph hat immer darüber geredet, dass unsere Familie etwas Besonderes ist, dass wir Aufmerksamkeit auf uns lenken. Aber ich hatte keine Ahnung, dass du ...« Sie erstarrte, dann packte sie meine Schultern. »Es tut mir so leid, dass ich es erst jetzt erfahre. Ich hätte dir helfen können.«

»Äh, ich bin mir nicht sicher ...«

»Mein Dad fliegt heute Abend nach der Trauerfeier zurück nach Kalifornien«, sagte sie jetzt. »Ich wollte den Zug nach New York nehmen, aber die Schule hat Zeit. Ich habe es jetzt verstanden. Ich kann dir helfen. Ich weiß einen Ort, wo du in Sicherheit bist.«

Ich wich zurück.

Ich war nicht sicher, wie viel Annabeth wusste oder was sie zu wissen glaubte. Vielleicht war sie irgendwie auf die Neun Welten gestoßen. Vielleicht redete sie von etwas ganz anderem. Aber jeder Nerv in meinem Körper prickelte warnend bei dem Gedanken, ihr die Wahrheit zu sagen.

Ich wusste ihr Hilfsangebot zu schätzen. Ich spürte, dass es ehrlich gemeint war. Aber dennoch ... diese Worte: *Ich weiß einen Ort, wo du in Sicherheit bist.* Nichts aktiviert den Fluchtinstinkt eines jungen Obdachlosen schneller als das.

Ich suchte noch nach einer Möglichkeit, das zu erklären, als Hearthstone in die Türöffnung der Kapelle gestolpert kam. Sein linkes Auge war zugeschwollen. Er gestikulierte so hektisch, dass ich die Zeichen kaum lesen konnte: *BEEILUNG, GEFAHR.*

Annabeth fuhr herum und folgte meinem Blick: »Wer ...«

»Das ist mein Freund«, sagte ich. »Ich muss jetzt wirklich los. Hör mal, Annabeth«, ich nahm ihre Hände. »Ich muss das allein schaffen. Das ist wie ... wie ein persönlicher ...«

»Einsatz?«

»Ich wollte eigentlich sagen, wie ein Stechen beim ... na ja, Einsatz geht auch. Wenn du mir wirklich helfen willst, bitte, dann tu so, als ob du mich nicht gesehen hättest. Später, wenn ich alles hinter mir habe, komme ich zu dir. Dann erkläre ich dir alles. Versprochen. Aber jetzt muss ich los.«

Sie holte zitternd Atem. »Magnus, ich glaube wirklich, dass ich dir helfen könnte. Aber ...« Sie griff in die Jackentasche und zog ein zusammengefaltetes Stück Papier hervor. »Ich habe auf ziemlich brutale Weise lernen müssen, dass ich manchmal zurücktreten und andere Leute ihren eigenen Einsatz erledigen lassen muss, auch wenn es Leute sind, die mir viel bedeuten. Nimm trotzdem das hier.«

Ich faltete das Papier auseinander. Es war einer der Flyer, die sie und Onkel Frederick verteilt hatten.

»Die zweite Nummer da unten ist meine Telefonnummer. Ruf mich an. Sag mir Bescheid, wenn alles in Ordnung ist oder wenn du dir die Sache anders überlegst und …«

»Ich rufe dich an.« Ich küsste sie auf die Wange. »Du bist die Beste.«

Sie seufzte. »Du bist noch immer ein Hintern.«

»Weiß ich. Danke. Bis dann.«

Ich rannte zu Hearthstone, der vor Ungeduld auf der Stelle auf und ab hüpfte. »Was ist passiert?«, wollte ich wissen. »Wo warst du?«

Er war bereits losgerannt. Ich stürzte aus dem Bestattungsunternehmen und lief hinter ihm her über die Arlington Street nach Norden. Selbst mit meinen optimierten Einherjerbeinen konnte ich kaum mit ihm Schritt halten. Alben konnten ungeheuer schnell laufen, wenn sie das wirklich wollten, wie ich nun entdeckte.

Wir kamen an der Treppe zur U-Bahn-Haltestelle an, als Blitzen gerade heraufkam. Ich erkannte den breitkrempigen Hut und den Mantel von der Longfellow Bridge. Er hatte sich eine größere Sonnenbrille, eine Skimaske, Lederhandschuhe und einen Schal zugelegt. In der einen Hand trug er eine schwarze Leinentasche. Ich nahm an, dass sollte der Look »Ein Unsichtbarer geht bowlen« sein.

»Eieiei«, Blitz packte Hearth, damit der nicht zwischen die Autos fiel. »Was ist denn mit deinem Auge passiert? Und habt ihr das Schwert gefunden?«

»Kein Schwert«, keuchte ich. »Hearths Auge – weiß nicht – irgendwas ist gefährlich!«

Hearth klatschte in die Hände, um unsere Aufmerksamkeit zu erregen.

Niedergeschlagen, signalisierte er. *Mädchen, aus zweitem Stock des Bestattungsunternehmens gesprungen. Auf mir gelandet. Dann in einer Seitengasse zu mir gekommen.*

»Ein Mädchen im Bestattungsunternehmen?« Ich runzelte die Stirn. »Du meinst nicht etwa Annabeth? Die ist meine Cousine.«

Er schüttelte den Kopf. *Nein. Ein anderes Mädchen. Sie war ...* Seine Hände erstarrten, als er Blitzens Tasche sah.

Hearth wich zurück und schüttelte ungläubig den Kopf. *Du hast ihn mitgebracht?* Dieses Wort buchstabierte er, I-H-N, deshalb wusste ich, dass ich ihn nicht missverstanden hatte.

Blitz hob die Tasche hoch. Seiner Miene war nichts zu entnehmen, da sie dick mit Sonnenschutzcreme beschmiert war, aber seine Stimme ließ keinen Zweifel zu. »Ja. Befehl vom Capo. Aber der Reihe nach. Magnus, deine Cousine war im Bestattungsunternehmen?«

»Kein Problem.« Ich unterdrückte den Drang, ihn zu fragen, warum er einen *ihn* in der Bowlingtasche hatte. »Annabeth verrät uns nicht.«

»Aber ... da war noch ein Mädchen?«

»Ich habe sie nicht gesehen. Sicher hat sie mich hereinkommen hören und ist nach oben gegangen.«

Der Zwerg drehte sich zu Hearth um. »Und dann ist sie aus dem Fenster des zweiten Stocks gesprungen, hat dich k. o. geschlagen und ist abgehauen?«

Hearth nickte. *Bestimmt hat sie das Schwert gesucht.*

»Meinst du, sie hat es gefunden?«, fragte Blitz.

Hearth schüttelte den Kopf.

»Wieso bist du so sicher?«, fragte ich.

Weil sie hier ist.

Hearth zeigte über die Straße. Vierhundert Meter weiter ging mit schnellen Schritten ein Mädchen in einer braunen Matrosenjacke und einem grünen Kopftuch die Arlington Street hinunter. Das Kopftuch kam mir bekannt vor.

Hearth verdankte sein geschwollenes Auge meiner Ex-Walküre Samirah al-Abbas.

27 JETZT SPIELEN WIR FRISBEE MIT SCHARFER KLINGE!

Auf der Nordseite des Parks überquerte Sam die Beacon Street und steuerte die Fußgängerbrücke über den Storrow Drive an.

»Wo will die denn hin?«, fragte ich.

»Offenbar zum Fluss«, sagte Blitz. »Sie hat sich beim Bestatter deinen Leichnam angesehen ...«

»Könnten wir das bitte anders ausdrücken?«

»... und hat das Schwert nicht gefunden. Jetzt sieht sie im Fluss nach.«

Sam stieg die Wendeltreppe zur Brücke hoch. Sie warf einen Blick in unsere Richtung und wir mussten uns hinter einem verdreckten Schneehaufen verstecken. In der sommerlichen Touristensaison wäre es leichter gewesen, ihr zu folgen, ohne Aufsehen zu erregen. Jetzt waren die Gehwege fast menschenleer.

Blitzen rückte seine Sonnenbrille gerade. »Das gefällt mir nicht. Bestenfalls haben die Walküren sie geschickt, aber ...«

»Nein«, sagte ich. »Bei den Walküren ist sie gefeuert worden.«

Ich erzählte ihnen alles, während wir hinter unserem Schneehaufen hockten.

Hearth machte ein entsetztes Gesicht. Sein geschwollenes Auge hatte jetzt die Farbe von Kermit dem Frosch angenommen. *Tochter des Loki?*, signalisierte er. *Die arbeitet für ihren Dad.*

»Ich weiß nicht«, sagte ich. »Ich kann es eigentlich nicht so ganz glauben.«

Weil sie dich gerettet hat?

Ich war nicht sicher. Vielleicht wollte ich nicht glauben, dass sie für die Bösen kickte. Vielleicht hatten Lokis Worte sich heimlich in meinem Gehirn festgesetzt: *Ich bin auf deiner Seite!*

Ich zeigte auf Hearths Auge und signalisierte *D* für *Darf ich?* Ich berührte sein Augenlid. Ein heißer Funke schoss durch meine Fingerspitze. Die Schwellung ging zurück.

Blitz kicherte. »Du wirst ja richtig gut, Magnus.«

Hearthstone packte meine Hand. Er musterte meine Fingerspitzen, als ob er nach Magie-Resten suchte.

»Lass das.« Ich zog verlegen meine Hand zurück. Das Letzte, was ich wollte, war, zu Magnus Chase, dem Wikingersanitäter, zu werden. »Gleich hat Sam uns abgeschüttelt. Also los.«

Sam lief den Joggingweg auf der Esplanade flussabwärts. Wir gingen über die Fußgängerbrücke. Unter uns standen die Autos Stoßstange an Stoßstange und hupten ununterbrochen. Wenn ich mir die vielen Baumaschinen und die Blinklichter auf der Longfellow Bridge ansah, dann war dieser Verkehrsstau wohl meine Schuld. Mein Kampf mit Surt hatte die Brücke dichtgemacht.

Wir verloren Sam aus den Augen, als wir die Wendeltreppe zur Esplanade hochstiegen. Wir gingen am Spielplatz vorbei. Ich hatte gedacht, dass wir sie dann irgendwo auf dem Fußweg entdecken würden, aber sie war verschwunden.

»Na, das ist ja wieder super«, sagte ich.

Blitz humpelte in den Schatten eines geschlossenen Getränkestandes. Er sah aus, als ob er Probleme hätte, seine Bowlingtasche zu tragen.

»Alles in Ordnung bei dir?«, fragte ich.

»Beine sind ein bisschen versteinert. Kein Grund zur Beunruhigung.«

»Das klingt absolut wie ein Grund zur Beunruhigung.«

Hearth lief unruhig hin und her. *Wenn ich nur einen Bogen hätte. Ich hätte sie erschießen können.*

Blitzen schüttelte den Kopf. »Halt dich an die Magie, mein Freund.«

Hearths Gesten waren abgehackt vor Verärgerung. *Kann deine Lippen nicht lesen. Der Bart ist schlimm genug. Mit Skimaske – unmöglich.*

Blitz stellte die Bowlingtasche ab, dann gebärdete er, während er sagte: »Hearth kennt sich mit Runen sehr gut aus. Er kennt mehr Runenmagie als irgendein anderer lebender Sterblicher.«

»Sterblich gleich Mensch?«, fragte ich.

Blitz schnaubte. »Kleiner, Menschen sind nicht die einzige sterbliche Gattung. Ich habe Menschen, Zwerge oder Alben gemeint. Riesen kannst du nicht mitzählen – die sind irgendwas ganz Komisches. Und die Götter natürlich auch nicht. Oder die Seherinnen in Walhalla. Ich habe nie begriffen, was die eigentlich sind. Aber unter den drei sterblichen Gattungen ist Hearth wirklich der beste Magier. Na ja, er ist auch der einzige Magier, soviel ich weiß. Er ist der Erste seit Jahrhunderten, der sein Leben der Magie widmet.«

Ich werde rot, signalisierte Hearthstone, der kein bisschen rot wurde.

»Ich wollte nur sagen, dass du wirklich begabt bist«, sagte Blitz. »Aber du willst trotzdem noch Bogenschütze werden!«

Manche Alben sind große Bogenschützen!, widersprach Hearth.

»Vor tausend Jahren vielleicht!« Blitzen schob seine Hand zweimal ganz schnell zwischen Daumen und Zeigefinger, das Zeichen für *nerv hier nicht rum.* »Hearth ist ein Romantiker. Er sehnt sich nach den guten alten Zeiten. Er ist die Sorte Albe, die zu Mittelalterfestivals geht.«

Hearth grunzte. *Ein einziges Mal!*

»Leute«, sagte ich. »Wir müssen Sam finden.«

Nicht nötig, gebärdete Hearth. *Sie sucht den Fluss ab. Das haben wir schon. Soll sie doch ihre Zeit verschwenden.*

»Was, wenn wir das Schwert übersehen haben?«, fragte Blitz. »Was, wenn sie andere Möglichkeiten hat, es zu finden?«

»Es ist nicht im Fluss«, sagte ich.

Blitz und Hearth starrten mich beide an.

»Bist du dir da sicher?«, fragte Blitz.

»Ich ... ja, bin ich. Frag mich nicht, warum, aber jetzt, wo ich näher am Wasser bin ...« Ich starrte auf den Charles hinaus, dessen graue Kräuselwellen von Eis bedeckt waren. »Ich habe dasselbe Gefühl wie vorhin, als ich mich über meinen Sarg gebeugt habe. Es ist so eine Art Leere – als wenn du eine Dose schüttelst und weißt, dass sie leer ist. Ich weiß es einfach – das Schwert ist nirgendwo hier in der Nähe.«

»Eine Dose schütteln ...« Blitzen überlegte. »Na gut. Ich vermute, du kannst uns nicht zu den Dosen führen, in denen etwas klappern würde?«

»Das wäre gut«, sagte Samirah al-Abbas.

Sie kam hinter dem Getränkestand hervorgestürzt und versetzte mir einen Tritt gegen die Brust, der mich rückwärts gegen einen Baum schleuderte. Meine Lunge implodierte wie eine Papiertüte. Als ich wieder klar sehen konnte, kauerte Blitzen vor der Wand,

Hearths Runensteine waren auf dem Boden verstreut und Sam schwenkte über ihm ihre Axt.

»Aufhören!«, wollte ich schreien, aber es klang eher wie ein Röcheln.

Hearth wich der Axt aus und versuchte, auf Sam loszugehen. Sam warf ihn mit einem Judogriff über ihr Knie und Hearth landete flach auf dem Rücken.

Blitzen versuchte aufzustehen. Sein Hut war zur Seite gerutscht, die Sonnenbrille war ihm von der Nase geflogen und die Haut um seine Augen färbte sich im Tageslicht grau.

Sam drehte sich um, um ihm einen Axthieb zu versetzen. Wut durchfuhr mich. Ich griff nach der Kette an meinem Gürtel. Sofort war sie wieder ein Schwert. Ich zog die Klinge und warf sie wie eine Frisbeescheibe. Sie knallte klirrend gegen Sams Axt, schlug ihr die Waffe aus der Hand und hätte fast auch noch ihr Gesicht mitgenommen.

Sie starrte mich ungläubig an. »Was zur Hel?«

»Du hast angefangen!«

Hearth packte ihren Knöchel. Sam trat ihn weg.

»Und hör auf, meinen Alben zu treten!«, sagte ich.

Sam schob ihr Kopftuch zurück und ließ ihre dunklen Haare über ihre Schultern wogen. Sie ging in Ringerpositur, bereit, es mit uns allen dreien aufzunehmen. »Bei allen Göttern, Magnus, wenn ich meine volle Kraft hätte, würde ich dir die Seele aus dem Leib reißen, nach all dem Ärger, den du mir eingebracht hast.«

»Reizend«, sagte ich. »Oder du könntest uns erzählen, was du hier machst. Vielleicht können wir uns gegenseitig helfen.«

Blitzen schnappte sich seine Sonnenbrille. »Der da helfen? Warum sollten wir der da helfen? Sie hat Hearth beim Bestattungsunternehmen ohnmächtig geschlagen. Meine Augen fühlen sich an wie Quarzklumpen.«

»Na, vielleicht hättet ihr mich nicht verfolgen sollen«, sagte Sam.

»Pah!« Blitzen rückte seinen Hut gerade. »Niemand hat dich verfolgt, Walküre. Wir suchen alle dasselbe – das Schwert.«

Hearth, der noch immer auf dem Boden lag, gebärdete: *Könnte die bitte mal jemand töten?*

»Was macht der denn da?«, fragte Sam. »Will der mich mit obszönen Albengesten beleidigen?«

»Das ist amerikanische Gebärdensprache«, sagte ich.

»*Alben*-Gebärdensprache«, korrigierte Blitz.

»Egal«, ich hob die Handflächen. »Können wir einen Waffenstillstand vereinbaren und reden? Uns gegenseitig umbringen können wir später immer noch.«

Sam lief vor sich hin murmelnd hin und her. Sie hob ihre Axt und mein Schwert auf.

Toll gemacht, Magnus, sagte ich zu mir. *Jetzt hat sie alle Waffen.*

Sie warf mir das Schwert zu. »Ich hätte dich niemals für Walhalla aussuchen dürfen.«

Blitzen schnaubte. »Da sind wir zumindest mal einer Meinung. Wenn du dich auf der Brücke nicht eingemischt hättest …«

»*Eingemischt?*«, fragte Sam wütend. »Magnus war schon tot, als ich ihn ausgesucht habe. Du und der Albe habt ihm mit eurem Plastikschild und den Quietschpfeilen kein bisschen geholfen!«

Blitz richtete sich gerade auf, was ihn nicht viel größer machte. »Ich möchte dich darauf aufmerksam machen, dass mein Freund ein großer Runenmagier ist.«

»Wirklich?«, fragte Samirah. »Ich habe aber nicht gesehen, dass er auf der Brücke gegen Surt Magie eingesetzt hat.«

Hearthstone machte ein beleidigtes Gesicht. *Wollte ich aber. Wurde abgelenkt.*

»Genau«, sagte Blitz. »Und was mich angeht, ich besitze *jede Menge* Fähigkeiten, Walküre.«

»Zum Beispiel?«

»Zum Beispiel könnte ich dein schreckliches Styling in Ordnung bringen. Kein Mensch trägt zu einem grünen Kopftuch eine braune Matrosenjacke.«

»Ein Zwerg mit Sonnenbrille und Skimaske will mir Modetipps geben!«

»Ich bin allergisch gegen Tageslicht!«

»Leute«, sagte ich. »Aufhören, bitte. Danke.«

Ich half Hearthstone auf die Füße. Er sah Sam wütend an und fing an, seine Runensteine aufzulesen.

»Okay«, sagte ich. »Sam, warum suchst du das Schwert?«

»Weil es meine einzige Chance ist! Weil ...« Ihre Stimme versagte. Aller Zorn schien aus ihr hinauszuströmen. »Weil ich deine blöde Tapferkeit belohnt habe. Ich habe dich nach Walhalla geholt. Und darum habe ich alles verloren. Wenn ich das Schwert finde, nehmen die Thane mich vielleicht wieder auf. Und ich kann sie davon überzeugen, dass ... dass ich nicht ...«

»Dass du nicht die Tochter des Loki bist?«, fragte Blitzen, aber seine Stimme hatte etwas von ihrer Schärfe verloren.

Sam ließ ihre Axt sinken. »Daran kann ich nichts ändern. Aber ich arbeite nicht für meinen Vater. Ich bin Odin treu ergeben.«

Hearthstone warf mir einen skeptischen Blick zu, als wolle er sagen: *Kaufst du ihr das ab?*

»Ich glaube ihr«, sagte ich.

Blitz grunzte. »Ist das wieder so ein Dosenschüttelinstinkt?«

»Kann sein«, sagte ich. »Hört mal, wir wollen alle das Schwert finden, richtig? Wir wollen alle dafür sorgen, dass Surt es nicht bekommt.«

»Unter der Voraussetzung, dass Surt es nicht schon hat«, sagte Sam. »Unter der Voraussetzung, dass wir herausfinden, was hier eigentlich vor sich geht. Unter der Voraussetzung, dass die Weissagung der Nornen über dich nicht so schlimm ist, wie sie sich anhört …«

»Das können wir nur auf eine Weise feststellen.« Blitz hob seine Bowlingtasche hoch.

Sam trat zurück. »Was ist da drin?«

Hearth formte mit der Hand eine Kralle und schlug sich damit zweimal auf die Schulter – das Zeichen für *Boss*.

»Antworten«, sagte Blitz. »Ob wir sie wollen oder nicht. Wir beraten uns mit dem Capo.«

28 REDE MIT SEINEM GESICHT, DENN AUS VIEL MEHR BESTEHT ER EIGENTLICH NICHT

Blitz führte uns die Esplanade hinunter, wo ein Anleger sich in eine eisige Lagune erstreckte. Unten lehnte sich ein bonbonfarben gestreifter Poller schräg zur Seite.

»Hier legen im Sommer die Gondeln an«, sagte ich. »Ich glaube, jetzt finden wir keine.«

»Wir brauchen nur Wasser.« Blitz setzte sich auf die Hafenmauer und öffnete den Reißverschluss der Bowlingtasche.

»Oh, Götter«, Sam schaute hinein. »Sind das Menschenhaare?«

»Haare, ja«, sagte Blitz. »Menschen, nein.«

»Du meinst ...« Sam presste sich die Hand auf den Magen. »Das ist nicht dein Ernst. Für *den* arbeitet ihr? *Den* habt ihr hergebracht?«

»Er hat darauf bestanden.« Blitz schob die Seiten der Tasche nach unten und enthüllte ... einen abgehauenen Kopf. Und das Verrückteste war: Nach zwei Tagen in Walhalla überraschte mich das nicht cinmal.

Das Gesicht des Enthaupteten war verschrumpelt wie ein monatealter Apfel. Rostfarbene Haarbüschel klammerten sich an seine Kopfhaut. Die geschlossenen Augen waren eingesunken und dunkel. Sein bärtiges Kinn ragte bulldoggenmäßig vor und die Lippen entblößten eine krumme untere Zahnreihe.

Blitz schob den Kopf ohne weitere Rücksichtnahme ins Wasser, mit Tasche und allem.

»Hey«, sagte ich. »Das wird der Wasserschutzpolizei aber gar nicht gefallen.«

Der Kopf dümpelte an der Wasseroberfläche in der Lagune. Das Wasser um ihn herum brodelte und das Gesicht des Mannes schwoll an, seine Runzeln glätteten sich, seine Haut wurde rosa. Er öffnete die Augen.

Sam und Hearth fielen auf die Knie. Sam versetzte mir einen Rippenstoß, damit ich ihrem Beispiel folgte.

»Großer Mimir«, sagte Sam. »Du ehrst uns.«

Der Kopf öffnete den Mund und spie Wasser aus. Noch mehr Wasser kam aus seinen Nasenlöchern, seinen Ohren, seinen Tränenkanälen. Er erinnerte mich an einen vom Grund des Sees hochgezogenen Wels.

»Mann, wie ich das hasse ...« Der Kopf hustete noch mehr Wasser aus. Seine Augenfarbe wechselte von Kalkweiß zu Blau. »Ich hasse das Reisen in dieser Tasche.«

Blitzen verbeugte sich. »Tut mir leid, Capo. Es blieb nur Tasche oder Aquarium. Und das Aquarium zerbricht so leicht.«

Der Kopf gurgelte. Er musterte die Gesichter am Ufer, bis er mich gefunden hatte. »Sohn des Frey, ich bin von weit her gekommen, um mit dir zu sprechen. Ich hoffe, du weißt das zu würdigen.«

»Du bist also der geheimnisvolle Boss, über den nicht geredet werden darf«, sagte ich. »Hearth und Blitz überwachen mich seit zwei Jahren ... und zwar weil ihnen das ein abgehackter Kopf befohlen hat?«

»Zeig ein bisschen Respekt, Knabe!« Mimirs Stimme erinnerte mich an die Schauerleute unten beim Gewerkschaftshaus, deren Lunge halb aus Nikotin bestand und halb aus Meerwasser.

Hearth musterte mich stirnrunzelnd. *Habe dir doch gesagt, C-A-P-O. Capo bedeutet Kopf. Warum überrascht?*

»Ich bin Mimir«, sagte der Kopf. »Einst war ich mächtig unter den Asen. Dann kam der Krieg gegen die Wanen. Jetzt habe ich meine eigene Truppe.«

Sein Gesicht war so hässlich, dass es schwer zu sagen war, ob er mich wütend anstarrte.

»Hat Frey dir den Kopf abgehackt?«, fragte ich. »Bist du deshalb sauer auf mich?«

Mimir schnaubte. »Ich bin nicht sauer. Du wirst schon merken, wenn ich sauer bin.«

Ich fragte mich, was das bedeuten sollte. Vielleicht würde er dann drohender gurgeln.

»Dein Dad war allerdings mitschuldig daran, dass ich meinen Kopf verloren habe«, sagte Mimir. »Du musst wissen, zum Kriegsende haben die beiden Götterstämme Geiseln ausgetauscht. Dein Vater Frey und dessen Vater Njörd sind nach Asgard übergesiedelt. Der Gott Hönir und ich – wir wurden nach Wanenheim geschickt.«

»Ich vermute, das lief nicht so toll.«

Wieder spritzte Wasser aus Mimirs Ohren. »Dein Vater hat mich total blamiert. Er war der große Admiral bei den Wanen – durch und durch golden und funkelnd und gut aussehend. Er und Njörd genossen in Asgard allen Respekt. Ich und Hönir dagegen – die Wanen waren nicht sonderlich beeindruckt von uns.«

»Was du nicht sagst.«

»Na ja, Hönir hatte nicht gerade, wie soll ich sagen, Charisma. Die Wanen fragten ihn manchmal in wichtigen Angelegenheiten nach seiner Meinung. Dann murmelte er: ›Ist doch egal, kommt nicht drauf an.‹ Ich versuchte also selbst, mir Gehör zu verschaffen. Ich sagte den Wanen, sie sollten in Casinos investieren.«

»Casinos.«

»Ja, Busladungen von Rentnern würden nach Wanenheim kommen. Leicht verdientes Geld. Und die Wanen hatten doch so viele Drachen. Drachenrennen, habe ich zu ihnen gesagt. Am Himmel. Und Wettbüros. Sie könnten in Geld schwimmen.«

Ich sah Blitz und Hearth an. Sie wirkten resigniert, als ob sie diese Geschichte schon viele Male gehört hätten.

»Aber den Wanen gefiel mein weiser Rat nicht«, sagte jetzt Mimir. »Sie fühlten sich beim Geiselaustausch benachteiligt. Und als Protest haben sie mir den Kopf abgehackt und ihn an Odin geschickt.«

»Schockierend. Wo sie doch Casinos hätten haben können.«

Sam hustete laut. »Heute, großer Mimir, ehren dich natürlich Asen wie Wanen. Magnus wollte dich nicht beleidigen. So töricht ist er nicht.«

Sie starrte mich wütend an. *So töricht bist du.*

Das Wasser um Mimirs Kopf brodelte jetzt heftiger. Es sickerte aus seinen Poren und strömte aus seinen Augen. »Schon gut, Sohn des Frey. Ich bin nicht nachtragend. Übrigens, als Odin meinen abgehackten Kopf erhielt, hat er keine Rache genommen. Verstehst du, der Allvater war klug. Er wusste, dass sich Wanen und Asen gegen einen gemeinsamen Feind zusammentun mussten, die Triaden.«

»Äh …« Blitz rückte seinen Hut gerade. »Ich glaube, du meinst die Riesen, Boss.«

»Richtig. Die waren das. Odin brachte mich also in eine versteckte Höhle in Jotunheim, wo ein magischer Quell die Wurzeln von Yggdrasil speist. Er legte meinen Kopf in das Wasser. Das Wasser holte mich ins Leben zurück und ich saugte alles Wissen aus dem Weltenbaum. Meine Weisheit wurde vertausendfacht.«

»Aber … du bist noch immer ein abgehackter Kopf.«

Mimir nickte zur Seite. »Das ist nicht so schlimm. Ich operiere in allen Neun Welten – Darlehen, Schutzgeld, Pachinko-Automaten ...«

»Pachinko?«

»Pachinko ist eine ganz große Sache. Und ich arbeite ständig daran, die Götterdämmerung hinauszuzögern. Die wäre gar nicht gut fürs Geschäft.«

»Klar.« Ich beschloss, mich zu setzen, weil es so klang, als könnte es noch eine ganze Weile so weitergehen. Sofort folgten Sam und Hearth meinem Beispiel. Feiglinge.

»Außerdem«, sagte Mimir, »besucht mich Odin von Zeit zu Zeit. Ich bin sein Berater. Ich hüte den Quell des Wissens. Manchmal lasse ich Wanderer von seinem Wasser trinken, aber solche Gefallen haben natürlich ihren Preis.«

Das Wort »Preis« legte sich wie eine schwere Decke über das Hafengebiet. Blitzen saß so still, dass ich Angst hatte, er könnte zu Stein geworden sein. Hearthstone sah sich die Maserung der Bretter an. Ich begriff langsam, wie meine Freunde an Mimir geraten waren. Sie hatten sein Wasser getrunken (uähhh!) und den Preis bezahlt, indem sie mich zwei Jahre lang im Auge behalten hatten. Ich fragte mich, ob es die Sache wert gewesen war.

»Also, großer und beziehungsreicher Mimir«, sagte ich. »Was hast du mit mir vor?«

Mimir spuckte eine Elritze aus. »Das brauche ich dir nicht zu erzählen, Knabe. Das weißt du bereits.«

Ich wollte widersprechen, aber je länger ich Mimir zuhörte, umso mehr hatte ich das Gefühl, puren Sauerstoff einzuatmen. Ich weiß nicht, warum – der Capo war nicht gerade inspirierend. Und doch schien mein Gehirn in seiner Nähe besser zu funktionieren und Bruchstücke von Seltsamkeiten, die ich in den vergangenen beiden Tagen erlebt hatte, zu einem erstaunlich klaren Bild zusammenzufügen.

Ich sah eine Illustration aus meinem alten Kinderbuch über die nordischen Mythen vor mir – eine Illustration zu einer so grauenhaften Geschichte, selbst in der verwässerten Version für Kinder, dass sie sich tief in meine Erinnerung gegraben hatte.

»Der Wolf«, sagte ich. »Surt will den Fenriswolf befreien.«

Ich hoffte, irgendwer würde mir widersprechen. Hearth senkte den Kopf. Sam schloss die Augen wie zum Gebet.

»Fenris«, sagte Blitzen. »Ich hatte gehofft, diesen Namen niemals wieder hören zu müssen.«

Mimir weinte noch immer Eiswasser. Seine Lippen kräuselten sich zur Andeutung eines Lächelns. »So ist es, Sohn des Frey. Und nun sage mir: Was weißt du über den Fenriswolf?«

Ich knöpfte meine Outdoorjacke zu. Der Wind vom Fluss kam sogar mir kalt vor. »Widersprich mir, wenn ich mich irre – und ich würde mich nur zu gern irren. Vor langer Zeit hatte Loki eine Liebschaft mit einer Riesin. Sie hatten drei monströse Kinder.«

»Ich war keins davon«, murmelte Sam. »Und die Witze kenne ich alle schon.«

Hearthstone wand sich unbehaglich, als ob er sich gerade genau diese Frage gestellt hätte.

»Eins«, sagte ich, »war eine riesige Schlange.«

»Jörmungand«, sagte Sam. »Die Midgardschlange, die von Odin ins Meer geworfen wurde.«

»Das zweite war Hel«, fuhr ich fort. »Sie wurde, na ja, die Göttin der unehrenhaft Gestorbenen.«

»Und das dritte«, sagte Blitzen, »war der Fenriswolf.«

Sein Tonfall war bitter und schmerzlich.

»Blitz«, sagte ich, »das klingt so, als ob du ihn kennst.«

»Jeder Zwerg kennt die Geschichte vom Fenriswolf. Damals haben uns die Asen zum ersten Mal zu Hilfe gerufen. Der Fenriswolf war so wild geworden, dass er die Götter verschlungen hätte. Sie versuchten, ihn zu fesseln, aber er sprengte alle Ketten.«

»Das weiß ich noch«, sagte ich. »Am Ende konnten die Zwerge ein Seil herstellen, das stark genug war, um ihn zu bändigen.«

»Seit damals«, fügte Blitzen hinzu, »sind die Kinder des Fenriswolfes die Feinde der Zwerge.« Er schaute auf und in seiner dunklen Sonnenbrille spiegelte sich mein Gesicht. »Du bist nicht der Einzige, der durch die Wölfe einen Verwandten verloren hat, Kleiner.«

Ich verspürte den seltsamen Drang, ihn zu umarmen. Plötzlich fand ich es nicht mehr so schlimm, dass er die ganze Zeit auf mich aufgepasst hatte. Trotzdem ... ich unterdrückte diesen Impuls. Wenn ich das Bedürfnis verspüre, einen Zwerg zu umarmen, ist das meistens ein Zeichen dafür, dass ich mal weitermachen sollte.

»Bei der Götterdämmerung«, sagte ich, »soll angeblich ziemlich zu Anfang schon der Fenriswolf befreit werden.«

Sam nickte. »Aber die alten Geschichten sagen nicht, wie das passieren soll.«

»Aber eine Möglichkeit wäre, ihn loszuschneiden«, sagte Blitz. »Das Seil Gleipnir ist zwar unzerreißbar, aber ...«

Freys Schwert, signalisierte Hearth, *hat die schärfste Klinge in den Neun Welten.*

»Surt will den Wolf mit dem Schwert meines Vaters losschneiden.« Ich sah Mimir an. »Wie machen wir uns bisher?«

»Nicht schlecht«, blubberte der Kopf. »Und das führt uns zu deiner Aufgabe.«

»Surt aufhalten«, sagte ich. »Das Schwert vor ihm finden ... falls er es nicht schon hat.«

»Das hat er nicht«, sagte Mimir. »Glaub mir, das hätte die Neun

Welten erschüttert. Ich hätte in den Wassern von Yggdrasil Angst geschmeckt.«

»Igitt«, sagte ich.

»Allerdings. Du kannst dir das nicht vorstellen«, sagte Mimir. »Aber du musst dich beeilen.«

»Die Weissagung der Nornen, *Eh neun Tage nach Osten die Sonne*, bla, bla, bla.«

Wasser blubberte aus Mimirs Ohren. »Ich bin ziemlich sicher, dass sie nicht *bla, bla, bla* gesagt haben. Aber du hast Recht. Die Insel, auf der die Götter den Fenriswolf gefangen halten, ist nur zum ersten Vollmond im Jahr erreichbar. Und das ist, *eh sieben Tage nach Osten die Sonne.*«

»Wer denkt sich solche Regeln aus?«, fragte ich.

»Die habe *ich* mir ausgedacht«, sagte Mimir. »Also halt den Mund. Finde das Schwert. Sei vor Surt auf der Insel.«

Sam hob die Hand. »Äh, edler Mimir, ich verstehe ja, dass er das Schwert finden soll. Aber was soll er damit auf der Insel? Will Surt das Schwert nicht unbedingt auf die Insel schaffen?«

»Da sehen wir mal wieder, Miss al-Abbas, warum ich der Boss bin und nicht du. Ja, es ist gefährlich, das Schwert auf die Insel zu bringen. Ja, Surt könnte es benutzen, um den Wolf loszuschneiden. Aber Surt wird mit oder ohne Schwert eine Möglichkeit finden, um den Wolf zu befreien. Ich habe doch erwähnt, dass ich in die Zukunft blicken kann, oder? Der Einzige, der Surt vielleicht aufhalten kann, ist Magnus Chase – falls er es schafft, das Schwert zu finden und den richtigen Umgang damit zu lernen.«

Ich hatte fast eine ganze Minute den Mund gehalten, also fand ich, dass ich jetzt mal meine Hand heben dürfte. »Edler Mister Blubber …«

»Mimir.«

»Wenn das Schwert so wahnsinnig wichtig ist, warum haben alle es tausend Jahre lang auf dem Boden des Charles River liegen lassen?«

Mimir seufzte Schaum. »Meine normalen Untergebenen stellen nie so viele Fragen.«

Blitz hüstelte. »Tun wir wohl, Boss. Du ignorierst uns nur.«

»Um deine Frage zu beantworten, Magnus Chase, das Schwert kann nur von einem Nachkommen des Frey gefunden werden, der soeben volljährig wird. Andere haben es versucht, sind gescheitert und gestorben. Im Moment bist du der einzige lebende Nachkomme Freys.«

»Der einzige … auf der ganzen Welt?«

»In allen Neun Welten. Frey kommt nicht mehr so oft unter Leute. Deine Mutter muss wirklich etwas ganz Besonderes gewesen sein, wenn sie seine Aufmerksamkeit erregt hat. Jedenfalls haben viele in den Neun Welten – Götter, Riesen, Buchmacher, was auch immer – auf deinen sechzehnten Geburtstag gewartet. Einige wollten dich umbringen, damit du das Schwert nicht finden kannst. Andere wollten, dass du es schaffst.«

Heiße Nadeln bohrten sich in meinen Nacken. Die Vorstellung, dass ein Haufen von Göttern mir durch ihre asgardischen Teleskope beim Heranwachsen zusah, machte mich fertig. Meine Mom musste das die ganze Zeit gewusst haben. Sie hatte sich alle Mühe gegeben, um meine Sicherheit zu garantieren, mich im Überleben zu schulen. In der Nacht, als die Wölfe unsere Wohnung überfielen, hatte sie ihr Leben für mich gegeben.

Ich schaute dem Capo in die wässrigen Augen. »Und du?«, fragte ich. »Was willst du?«

»Du bist eine Risikowette, Magnus. In deinem Leben kreuzen sich viele mögliche Schicksale. Du könntest den Mächten des Bösen einen gewaltigen Rückschlag versetzen und die Götterdämmerung über Generationen hinauszögern. Oder du könntest, wenn du versagst, den Letzten Tag beschleunigen.«

Ich versuchte zu schlucken. »Ihn beschleunigen, wie sehr denn?«

»Wie passt es dir nächste Woche?«

»Oh.«

»Ich habe mich entschlossen, die Wette anzunehmen«, sagte Mimir. »Nachdem die Kinder des Fenriswolfs deine Mutter getötet hatten, habe ich Blitz und Hearth geschickt, um auf dich aufzupassen. Du weißt vermutlich gar nicht, wie oft sie dir das Leben gerettet haben.«

Hearth hob sieben Finger.

Mir schauderte, aber vor allem bei der Erwähnung der beiden Kinder des Fenriswolfs, der Wölfe mit den blauen Augen ...

»Um es zu schaffen«, sagte Mimir, »brauchst du dieses Team. Hearthstone hier hat sein Leben der Runenmagie gewidmet. Ohne ihn wirst du versagen. Du wirst auch einen fähigen Zwerg wie Blitzen brauchen, der sich mit zwergischem Handwerk auskennt. Vielleicht musst du die Fesseln des Wolfs verstärken oder ersetzen.«

Blitz rutschte unruhig hin und her. »Äh, Boss ... meine handwerklichen Fähigkeiten sind, na ja, du weißt schon ...«

»Komm mir ja nicht so«, sagte Mimir. »Kein Zwerg hat ein tapfereres Herz als du. Kein Zwerg ist weiter durch die Neun Welten gereist oder hat ein dringenderes Bedürfnis danach, den Fenriswolf weiterhin in Fesseln zu halten. Und du stehst in meinen Diensten. Du tust, was ich dir sage.«

»Okay«, Blitzen nickte. »Wenn du das so ausdrückst ...«

»Was ist mit mir, edler Mimir?«, fragte Sam. »Was ist meine Rolle in deinem Plan?«

Mimir runzelte die Stirn und das Wasser um seinen Bart blubberte ein wenig grüner. »Du passt überhaupt nicht in den Plan. Eine Wolke umgibt dein Geschick, Miss al-Abbas. Dass du Magnus nach Walhalla gebracht hast – das hatte ich nicht vorausgesehen. Das hätte nicht passieren sollen.«

Sam wandte sich ab und presste wütend die Lippen aufeinander.

»Sam spielt auch eine Rolle«, sagte ich. »Da bin ich mir sicher.«

»Versuch dich bloß nicht als mein Gönner, Magnus. Ich habe dich ausgesucht, weil ...« Sie unterbrach sich. »Weil es eben passieren sollte.«

Mir fiel ein, was sie in der Festhalle gesagt hatte: *Mir ist gesagt worden ... mir ist versprochen worden ...* Von wem? Ich beschloss, das nicht vor Capos Ohren zu fragen.

Mimir sah sie an. »Ich hoffe, du hast Recht, Miss al-Abbas. Als Magnus das Schwert aus dem Fluss gezogen hat, konnte er nicht sehr gut damit umgehen. Vielleicht hat er diese Kraft jetzt, als Einherje, dann hast du die Situation gerettet. Oder du hast sein Schicksal total durcheinandergebracht.«

»Wir werden es schaffen«, erklärte ich. »Nur zwei Fragen: Wo ist das Schwert und wo ist die Insel?«

Mimir nickte, und dabei sah er aus wie ein Schwimmer an einer Angel. »Na ja, das ist der Haken an der Sache. Um an solche Informationen zu kommen, müsste ich die Schleier zwischen den Welten zerreißen, eine Menge Bestechungsgelder blechen, in die Reiche der anderen Götter blicken.«

»Könnten wir nicht einfach das Wasser aus deinem magischen Quell trinken?«

»Das könntet ihr«, sagte er zustimmend. »Aber das kostet. Seid ihr, du und Samirah al-Abbas, bereit, mir einen Diensteid zu leisten?«

Hearths Gesicht erstarrte vor Besorgnis. Der Spannung in Blitzens Schultern konnte ich entnehmen, dass er sich alle Mühe gab, nicht aufzuspringen und zu rufen: *Tu das nicht!*

»Könntest du nicht mal eine Ausnahme machen?«, fragte ich den Capo. »Du willst schließlich auch, dass diese Angelegenheit erledigt wird!«

»Geht nicht, Knabe. Ich bin ja nicht gierig. Es ist bloß so, du kriegst das, wofür du bezahlst. Was billig zu haben ist, ist nicht viel wert. Das gilt vor allem für Wissen. Du kannst für eine Abkürzung bezahlen, um sofort Informationen zu erhalten, oder du musst sie dir auf eigene Faust besorgen, mit aller Mühe, die dazugehört.«

Sam verschränkte die Arme. »Vergebung, edler Mimir. Ich bin zwar bei den Walküren gefeuert worden, stehe aber meiner Meinung nach noch immer in den Diensten Odins. Ich kann keinem anderen Herrn schwören. Magnus kann seine eigenen Entscheidungen treffen, aber …«

»Wir kriegen es allein raus«, sagte ich zustimmend.

Mimir machte ein leises Schlürfgeräusch. Er sah fast beeindruckt aus. »Interessante Entscheidung. Dann viel Glück. Wenn ihr Erfolg habt, bekommt ihr ein Hauskonto in meinen sämtlichen Pachinko-Salons. Wenn ihr versagt … dann sehen wir uns nächste Woche beim Letzten Tag.«

Der Kopf des Gottes wirbelte im Kreis und verschwand dann im eisigen Wasser der Lagune.

»Er hat sich selbst hinuntergespült«, sagte ich.

Hearth sah noch bleicher aus als sonst. *Was jetzt?*

Mein Magen knurrte. Ich hatte an diesem Tag noch nichts gegessen, und offenbar war mein Stoffwechsel bereits nach zwei Wikingerbuffets vollkommen verwöhnt.

»Jetzt«, sagte ich, »will ich zu Mittag essen.«

WIR WERDEN VON EINEM ADLER ENTFALAFELISIERT

29 Wir sagten nicht viel, während wir durch den Park zurückgingen. Die Luft roch nach Schnee. Der Wind wurde stärker und heulte wie Wölfe, oder vielleicht konnte ich auch nur noch an Wölfe denken.

Blitz humpelte neben mir her und lief so gut er konnte im Zickzack von einem Schatten zum anderen. Hearths fröhlich gestreifter Schal passte nicht zu seiner grimmigen Miene. Ich hätte ihn gern mehr über Runenmagie gefragt, jetzt, da ich wusste, dass er der beste (und einzige) sterbliche Fachmann war. Vielleicht gab es eine Rune, die Wölfe explodieren ließ, am besten aus sicherer Entfernung. Aber Hearth bohrte die Hände in die Taschen – Gebärdensprache für *ich will nicht reden.*

Wir kamen gerade an meinem alten Schlafplatz unter der Fußgängerbrücke vorbei, als Sam knurrte: »Mimir. Hätte ich mir ja denken können, dass er damit zu tun hat.«

Ich schaute zu ihr hinüber. »Noch vor ein paar Minuten gab es bei dir nur *Edler Mimir, welche Ehre, wir sind deiner nicht würdig.*«

»Natürlich habe ich ihm Achtung erwiesen, als er vor mir stand! Er ist der älteste aller Götter! Aber er ist unvorhersehbar. Es ist nie klar, auf wessen Seite er steht.«

Blitz sprang in den Schatten einer Weide und schreckte mehrere

Enten auf. »Der Capo ist auf der Seite von allen auf der Welt, die nicht sterben wollen. Reicht das nicht?«

Sam lachte. »Ich nehme an, ihr beide arbeitet so ganz aus freien Stücken für ihn? Ihr habt nicht zufällig aus seinem Quell getrunken und bezahlt jetzt den Preis dafür?«

Weder Blitz noch Hearth gaben eine Antwort.

»Das habe ich mir gedacht«, sagte Sam. »Ich komme in Mimirs Plan nicht vor, weil ich niemals blindlings seine magische Wissenshimbeerbrause trinken würde.«

»Es schmeckt nicht wie Himbeerbrause«, widersprach Blitz. »Eher wie Malzbier mit einer Prise Nelken.«

Sam wandte sich an mich. »Ich sage dir, das ergibt alles keinen Sinn. Das Schwert des Sommers finden – das verstehe ich. Aber es an den Ort bringen, wo Surt es benutzen will? Unklug.«

»Ja, aber wenn *ich* das Schwert habe ...«

»Magnus, es ist das Schicksal des Schwertes, früher oder später in Surts Hände zu fallen. Bei der Götterdämmerung wird dein Vater sterben, weil er sein Schwert weggegeben hat. Surt wird ihn damit töten. Zumindest sagen das die meisten Überlieferungen.«

Ich bekam schon bei dem bloßen Gedanken eine Klaustrophobie-Attacke. Wie konnte irgendjemand, selbst ein Gott, nicht wahnsinnig werden, wenn er schon Jahrhunderte im Voraus genau wusste, wie er sterben würde?

»Warum hasst Surt Frey so sehr?«, fragte ich. »Könnte er sich nicht einen großen starken Kriegsgott aussuchen?«

Blitzen runzelte die Stirn. »Kleiner, Surt will Tod und Zerstörung. Er will die Neun Welten vom Feuer verwüsten lassen. Ein Kriegsgott kann das nicht verhindern. Frey kann. Er ist der Gott der Wachstumszeit – der Gott der Gesundheit und des neuen Lebens. Er hält die Extreme in Schach, Feuer und Eis gleichermaßen. Surt hasst nichts so sehr, wie eingeschränkt zu werden. Frey ist sein natürlicher Feind.«

Und daraus folgt, dachte ich, *dass Surt auch mich hasst.*

»Wenn Frey wusste, wie sein Schicksal aussehen würde, warum hat er sein Schwert denn überhaupt hergegeben?«

Blitz grunzte. »Liebe. Was sonst?«

»Liebe?«

»Uäh«, sagte Sam. »Diese Geschichte hasse ich. Wo willst du mit uns Mittag essen, Magnus?«

Ein Teil von mir wollte diese Geschichte hören. Ein Teil von mir erinnerte sich an mein Gespräch mit Loki: *Wirst du nach dem Verlangen deines Herzens suchen, in dem Wissen, dass es dein Verhängnis sein wird, so, wie es deinem Vater zum Verhängnis geworden ist?*

Viele nordische Geschichten schienen dieselbe Botschaft zu vermitteln: Nicht jedes Wissen war seinen Preis wert. Leider war ich schon immer neugierig gewesen.

»Äh, gleich da oben«, sagte ich. »Kommt schon.«

Die Imbissgalerie im Busbahnhof war nicht gerade Walhalla, aber für einen Obdachlosen in Boston war es doch nicht weit davon entfernt. Das überdachte Atrium war warm, für die Öffentlichkeit zugänglich, und nie überfüllt. Private Sicherheitsdienste waren hier nur halbherzig im Einsatz. Wenn man einen Becher oder einen halb leer gegessenen Teller hatte, konnte man sehr lange an einem Tisch sitzen, bis man zum Gehen aufgefordert wurde.

Als wir hineingingen, steuerten Blitz und Hearthstone die Mülltonnen an, um nach Essensresten zu suchen, aber ich hielt sie zurück.

»Jungs, nein«, sagte ich. »Heute essen wir richtig. Das geht auf mich.«

Hearth hob eine Augenbraue. Er gebärdete: *Du hast Geld?*

»Er hat hier einen Freund«, erinnerte sich Blitzen. »Den Falafeltypen.«

Sam erstarrte. »Was?«

Sie schaute sich um, als ob ihr erst jetzt aufging, wo wir waren.

»Ist schon gut«, versicherte ich. »Ich kenne einen Typen bei Fadlans Falafel. Du wirst mir noch dankbar sein. Die Sachen da sind superlecker ...«

»Nein ... ich ... oh Götter ...« Rasch zog sie sich das Kopftuch über die Haare. »Vielleicht sollte ich draußen warten ... ich kann nicht ...«

»Unsinn.« Blitz hakte sich bei ihr unter. »Vielleicht geben die uns mehr, wenn eine schöne Frau bei uns ist.«

Sam hätte sich offensichtlich lieber losgerissen, aber sie ließ sich von Hearth und Blitz in den Busbahnhof führen. Ich hätte ihren Protest wohl lieber etwas ernster nehmen sollen, aber sowie ich mich Fadlans Falafel auf hundert Schritte nähere, kriege ich den Tunnelblick.

In den vergangenen zwei Jahren hatte ich mich mit dem Manager Abdel angefreundet. Ich glaube, er betrachtete mich als Wohltätigkeitsprojekt. Bei ihm gab es immer zu viel zu essen – leicht überfälliges Pitabrot, Shawarma vom Vortag, Bulgurklöße, die ein wenig zu lange unter der Wärmelampe gelegen hatten. Abdel konnte solche Dinge nicht mehr verkaufen, aber sie schmeckten noch immer tadellos. Statt sie wegzuwerfen, gab Abdel sie mir. Immer, wenn ich vorbeischaute, konnte ich mit Falafel im Fladenbrot oder etwas ebenso Köstlichem rechnen. Im Gegenzug sorgte ich dafür, dass sich die anderen Obdachlosen im Innenhof gut benahmen und hinter sich aufräumten, so dass Abdels zahlende Kundschaft nicht abgeschreckt wurde.

In Boston konnte man keine Straße entlanggehen, ohne auf

irgendeine Ikone der Unabhängigkeit zu stoßen – den Freedom Trail, die Old North Church, das Bunker-Hill-Denkmal, was auch immer –, aber für mich schmeckte Unabhängigkeit wie Fadlans Falafel. Dieses Essen hatte mich seit dem Tod meiner Mutter lebendig und unabhängig bleiben lassen.

Ich wollte Abdel nicht mit zu vielen Leuten überfallen, deshalb schickte ich Blitz und Hearth los, um einen Tisch in der Galerie zu kapern, während ich mit Sam das Essen holen ging. Sie wurde immer langsamer, wandte sich ab und machte sich an ihrem Kopftuch zu schaffen, als ob sie darunter verschwinden wollte.

»Was ist los mit dir?«, fragte ich.

»Vielleicht ist er nicht da«, murmelte sie. »Vielleicht kannst du sagen, ich sei deine Nachhilfelehrerin.«

Ich hatte keine Ahnung, wovon sie redete. Ich schob mich an den Tresen, während Sam zurückblieb und sich alle Mühe gab, sich hinter einem fleckigen Ficus zu verstecken.

»Ist Abdel hier?«, fragte ich den Typen hinter dem Tresen.

Er wollte schon etwas sagen, aber dann kam Abdels Sohn Amir aus dem Hinterzimmer, grinste und wischte sich die Hände an seiner Schürze ab. »Jimmy, wie geht's denn so?«

Ich atmete auf. Wenn Abdel nicht in der Nähe war, war Amir die nächstbeste Lösung. Er war achtzehn oder neunzehn, durchtrainiert und gut aussehend, mit glänzenden schwarzen Haaren, einer arabischen Tätowierung auf dem Bizeps und einem so strahlenden Lächeln, dass er lastwagenweise Zahnbleichmittel verkaufen könnte. Wie alle bei Fadlans Falafel kannte er mich als »Jimmy«.

»Gut«, sagte ich. »Und deinem Pop?«

»Der ist heute in unserem Laden in Somerville. Kann ich dir was zu essen bringen?«

»Mann, du bist der Beste!«

Amir lachte. »Nicht der Rede wert.« Er schaute über meine Schulter und zuckte zurück. »Und da ist ja Samirah! Was machst du denn hier?«

Sie trat widerstrebend einen Schritt vor. »Hallo, Amir. Ich gebe Nachhilfeunterricht, für Ma – für Jimmy. Ich gebe Jimmy Nachhilfeunterricht.«

»Ach ja?« Amir stützte sich auf den Tresen, und dabei wölbten sich seine Armmuskeln vor. Der Mann arbeitete Vollzeit in den verschiedenen Läden seines Vaters, aber irgendwie schaffte er es, nie auch nur einen Fettspritzer auf sein weißes T-Shirt zu bekommen. »Müsstest du jetzt nicht in der Schule sein?«

»Äh, schon, aber ich kriege Extrapunkte, wenn ich außerhalb der Schule Nachhilfe gebe. Für Jimmy und ... seine Klassenkameraden.« Sie zeigte zu Blitz und Hearth hinüber, die in einem wilden Tempo ein Gespräch in Gebärdensprache führten und dabei Kreise in die Luft malten. »Geometrie«, sagte Samirah. »Die sind hoffnungslos in Geometrie.«

»Hoffnungslose Fälle«, bestätigte ich. »Aber Essen hilft uns beim Lernen.«

Amirs Augen bekamen Lachfältchen. »Habe schon verstanden. Schön, zu sehen, dass es dir gut geht. Diese Sache auf der Brücke vor kurzem – in der Zeitung war ein Bild von einem Jungen, der dabei ums Leben gekommen ist. Hatte große Ähnlichkeit mit dir. Anderer Name, aber wir haben uns Sorgen gemacht.«

Ich war so auf Falafel fixiert gewesen, dass ich gar nicht daran gedacht hatte, dass sie da einen Zusammenhang sehen könnten. »Ach ja, das habe ich auch gesehen. Mir geht's gut. Ich muss nur Geometrie büffeln. Mit meiner Nachhilfelehrerin.«

»Okay.« Amir lächelte Sam an. Sie waren beide so verlegen, man hätte die Peinlichkeit mit dem Messer schneiden können. »Also, Samirah, dann grüß Jid und Bibi von mir. Setzt euch doch schon mal. Ich bringe euch gleich was zu essen.«

Sam murmelte etwas, das »Vielen Dank« oder »Bring mich lieber gleich um« heißen konnte. Dann gingen wir raus zu den Tischen und setzten uns zu Blitz und Hearth.

»Was war das denn eben?«, fragte ich. »Woher kennst du Amir?«

Sie zog sich das Kopftuch noch etwas tiefer in die Stirn. »Setz dich nicht so dicht neben mich. Versuch, auszusehen, als ob wir über Geometrie reden.«

»Dreiecke«, sagte ich. »Gleichschenkliger Kram. Und warum bist du so verlegen? Amir ist toll. Wenn du die Fadlanfamilie kennst, bist du für mich geradezu ein Rockstar.«

»Er ist mein Vetter«, rutschte es ihr heraus. »Vetter zweiten Grades. Oder so.«

Ich sah Hearth an. Der betrachtete düster den Boden. Blitz hatte seine Skimaske und die Sonnenbrille abgenommen, vermutlich, weil das Licht im Haus ihm nicht so viel ausmachte, und spielte mit verärgerter Miene auf dem Tisch mit einer Plastikgabel. Offenbar hatte ich eine heftige Auseinandersetzung zwischen ihm und Hearth versäumt.

»Alles klar«, sagte ich. »Aber warum bist du so nervös?«

»Kannst du bitte aufhören?«, fragte sie.

Ich hob die Hände. »Von mir aus. Fangen wir noch mal von vorne an. Ich bin Magnus, und ich bin ein Einherje. Wenn wir nicht Geometrie büffeln müssen, könnten wir dann darüber reden, wie wir das Schwert des Sommers finden?«

Niemand sagte etwas.

Eine Taube watschelte vorbei und pickte nach Krümeln.

Ich schaute mich zum Falafelimbiss um. Aus irgendeinem Grund hatte Amir das Gitter heruntergelassen. Ich hatte noch nie erlebt, dass er ausgerechnet zur Mittagszeit den Laden dichtmachte. Ich fragte mich, ob Sam ihn auf irgendeine Weise gekränkt hatte und er mich deshalb vielleicht von seiner Falafelliste gestrichen haben könnte.

In dem Fall würde ich zum Berserker werden.

»Wo bleibt unser Essen?«, fragte ich.

Zu meinen Füßen krächzte ein Stimmchen: »Ich kann beide Fragen beantworten.«

Ich sah nach unten. Meine Woche war dermaßen skurril gewesen, dass ich nicht einmal zusammenzuckte, als ich sah, wer da gesprochen hatte.

»Leute«, sagte ich. »Diese Taube will uns helfen.«

Die Taube flatterte auf unseren Tisch. Hearth wäre fast vom Stuhl gefallen. Blitz hob seine Gabel.

»Der Service hier kann ein bisschen lahm sein«, sagte die Taube. »Aber ich kann eure Bestellung beschleunigen. Und ich kann euch auch sagen, wo ihr das Schwert findet.«

Sam griff nach ihrer Axt. »Das ist keine Taube.«

Der Vogel musterte sie mit einem orangen Knopfauge. »Vielleicht nicht. Aber wenn du mich umbringst, kriegst du hier nichts zu essen. Und du wirst das Schwert nicht finden und deinen Zukünftigen niemals wiedersehen.«

Samirahs Augen sahen aus, als ob sie ihr gleich aus dem Kopf fallen würden.

»Wovon redet das Viech?«, fragte ich. »Wieso zukünftig?«

Der Vogel gurrte. »Wenn du willst, dass Fadlans Falafel je wieder aufmacht …«

»Na gut, das ist eine Kriegserklärung.« Ich überlegte, ob ich den Vogel packen sollte, aber trotz meiner Einherjer-Reflexe bezweifelte ich, dass mir das gelingen würde. »Was hast du gemacht? Was ist Amir passiert?«

»Noch gar nichts«, sagte die Taube. »Ich bringe euch euer Mittagessen. Ich verlange nur den ersten Bissen davon.«

»Hm«, sagte ich. »Und angenommen, ich glaube dir, was willst du als Gegenleistung für die Information über das Schwert?«

»Einen Gefallen. Darüber kann aber verhandelt werden. Also, bleibt dieser Falafelladen für immer geschlossen, oder sind wir uns handelseinig?«

Blitzen schüttelte den Kopf. »Tu das nicht, Magnus.«

Hearth signalisierte: *Auf Tauben ist kein Verlass.*

Sam fing meinen Blick auf. Sie sah flehend aus – oder verzweifelt. Entweder aß sie noch lieber Falafel als ich, oder sie machte sich wegen etwas anderem Sorgen.

»Schön«, sagte ich. »Bring uns das Essen.«

Sofort ging das Eisengitter wieder hoch. Der Kassierer stand wie eine Statue da und presste sich das Telefon ans Ohr. Dann löste sich seine Erstarrung, er schaute sich um und brüllte dem Koch einen Befehl zu, als ob nichts passiert wäre. Die Taube flog los und jagte in den Laden, um dann hinter dem Tresen zu verschwinden. Der Kassierer schien das nicht zu bemerken.

Einen Moment darauf kam ein viel größerer Vogel aus der Küche geschossen – ein Weißkopfseeadler mit einem Tablett in den Krallen. Er landete mitten auf unserem Tisch.

»Du bist jetzt ein Adler?«, fragte ich.

»Ja«, sagte der Vogel mit unveränderter Krächzstimme. »Ich stehe auf Veränderung. Hier ist euer Essen.«

Auf dem Tablett war alles, was ich mir nur hätte wünschen können: dampfende Teigtaschen mit würzigem Hackfleisch, ein Haufen Lammkebab mit Joghurtdip, vier frische Pitafladen, gefüllt mit frittiertem köstlichen Kichererbsenpüree, beträufelt mit Tahinsoße und garniert mit Gewürzpaprika.

»Bei Hel, ja!« Ich streckte die Hand aus, aber der Adler hackte mir in den Finger.

»Moment«, sagte er. »Der erste Bissen ist meiner.«

Schon mal einen Adler beim Falafelessen gesehen?

Dieses grauenhafte Bild verfolgt mich jetzt bis in meine Albträume.

Schneller, als ich gucken konnte, schlug der Adler zu und verschlag alles bis auf ein kleines Stück Paprika.

»He!«, schrie ich.

Sam sprang auf und hob ihre Axt. »Das ist ein Riese. Das muss er sein!«

»Wir waren uns handelseinig.« Der Adler rülpste. »Aber was das Schwert angeht …«

Ich stieß einen kehligen Schrei aus – den Schrei eines Mannes, der um seine rechtmäßigen Bulgurklöße betrogen worden ist. Ich zog mein Schwert und schlug mit der flachen Seite zu. Das war nicht gerade mein genialster Einfall, aber ich hatte Hunger. Und ich war sauer. Ich hasste es, übervorteilt zu werden, und Weißkopfseeadler fand ich eigentlich auch nicht so toll.

Die Klinge traf den Rücken des Vogels und klebte dort fest wie mit Sekundenkleber. Ich versuchte, sie zurückzuziehen, aber sie bewegte sich nicht. Meine Hände hingen am Schwertgriff fest.

»Na gut«, krächzte der Adler. »So geht es natürlich auch.«

Er jagte mit hundert Stundenkilometern durch die Imbissgalerie und zerrte mich hinter sich her.

EIN APFEL PRO TAG KÖNNTE DICH UMBRINGEN

30 Das muss noch auf meine Liste der *Dinge, die ich am meisten hasse*: Adlersurfen.

Der blöde Vogel dürfte eigentlich gar nicht mit einem mehr oder weniger ausgewachsenen Magnus im Schlepp davonfliegen können. Er tat es aber.

Hinter mir brüllten Blitz und Sam nützliche Dinge wie: »He! Halt!«, während mich der Adler zwischen Tischen, Stühlen und Topfblumen herumzerrte, dann durch die Doppelglastüren brach und über die Charles Street davonflog.

Ein Mann, der in einer Wohnung im zehnten Stock auf der anderen Straßenseite beim Mittagessen saß, spuckte seine Pommes aus, als wir vorüberjagten. Ich hinterließ einen schönen Fußabdruck auf seinem Fenster.

»Lass mich los!«, schrie ich den Adler an.

Der Vogel gackerte, als er mich über ein Dach zerrte. »Sicher? Kopf hoch!«

Ich wand mich und konnte gerade noch eine Begegnung meines Gesichts mit einer industriellen Belüftungsanlage verhindern. Ich pflügte mich durch einen Ziegelschornstein und nutzte meine Brust als Rammbock. Dann ließ sich der Adler auf der anderen Seite des Gebäudes nach unten fallen.

»So!«, sagte er. »Bist du bereit, über diesen Gefallen zu verhandeln?«

»Mit einer Mutantentaube, die Falafel klaut?«, schrie ich. »Nein danke!«

»Wie du willst.« Der Adler drehte ab und knallte mich dabei gegen eine Feuerleiter. Ich spürte, wie meine Rippen krachten, wie Phiolen voller Säure, die in meiner Brust zerbrachen. Mein leerer Magen machte einen erfolglosen Versuch, mir wehzutun.

Wir flogen jetzt über eine der Kirchen von Boylston hinweg und umkreisten den Kirchturm. Ich dachte vage an Paul Revere, der im Unabhängigkeitskrieg von der Old North Church aus Signale gegeben hatte, einmal Blinken, wenn der Feind über Land kommt, zweimal, wenn er übers Meer anrückt ... und der dann von Longfellow bedichtet worden war.

Und wenn du einen Typen siehst, der von einem Riesenadler abgeschleppt wird, dann weiß ich nicht einmal, wievielmal Blinken das sein sollte.

Ich versuchte, durch pure Willenskraft meine Rippen zu heilen, aber ich konnte mich nicht konzentrieren. Es tat viel zu weh. Ich stieß immer wieder gegen Mauern und schlug Fenster aus den Rahmen.

»Ich will doch nur einen Gefallen für einen Gefallen«, sagte der Adler. »Ich sage dir, wie du das Schwert finden kannst, aber du musst auch etwas für mich besorgen. Nichts Großes. Nur einen Apfel. Einen einzigen Apfel.«

»Was ist der Haken an der Sache?«

»Der Haken ist, wenn du Nein sagst ... ach, schau mal, Taubenspikes!«

Vor uns war der Rand eines Hoteldachs mit Stahlspitzen besetzt wie ein Miniatur-Stacheldrahtverhau aus dem Ersten Weltkrieg. Die

Spikes sollten Vögel vom Herumsitzen abhalten, aber sie würden sich auch hervorragend dazu eignen, meinen weichen Unterleib aufzuschlitzen.

Meine Angst trug den Sieg davon. Meine Innereien können spitze Gegenstände nicht leiden und waren nach meinem kürzlichen Tod durch geschmolzenen Asphalt noch immer empfindlich.

»Schön«, schrie ich. »Keine Spikes!«

»Sag: *Traun und fürwahr, ich stimme deinen Bedingungen zu.*«

»Ich weiß ja nicht mal, was das bedeutet!«

»Sag schon!«

»Traun und fürwahr, ich stimme deinen Bedingungen zu. Äpfel, meinetwegen! Aber keine Spikes!«

Der Adler stieg in die Höhe und verpasste das Dach um Haaresbreite. Meine Schuhspitzen brachten die Stahlspikes zum Singen. Wir kreisten über dem Copley Square und landeten auf dem Dach der Bostoner Zentralbücherei.

Das Schwert löste sich vom Hals des Adlers. Meine Hände klebten nicht mehr fest, was wunderbar war, nur konnte ich mich jetzt nirgendwo mehr festhalten. Es war fast unmöglich, auf dem schrägen Dach mit den tönernen Dachziegeln zu stehen. Es war gefährlich schräg. Fast dreißig Meter unter mir breiteten sich reiche Möglichkeiten für einen Tod mit Straßenpflastergeschmack aus.

Ich ging in die Hocke, um nicht abzustürzen. Vorsichtig steckte ich mein Schwert in die Scheide, und beides wurde wieder zu einer Kette.

»Au«, sagte ich.

Meine Rippen taten weh. Meine Arme waren fast aus ihren Gelenken gerissen worden. Meine Brust fühlte sich an wie mit einem Mauermuster tätowiert.

Zu meiner Linken hockte der Adler hoch über den Bronzegreifen, die den Dachrand zierten, auf einem Blitzableiter.

Ich hatte mir nie überlegt, ob ein Adler einen Gesichtsausdruck haben kann, aber dieser sah eindeutig selbstzufrieden aus.

»Ich bin froh, dass du zur Vernunft gekommen bist!«, sagte er. »Obwohl mir unsere kleine Spritztour durch die Stadt gut gefallen hat. Es ist nett, mit dir unter vier Augen zu sprechen.«

»Ich werde rot«, knurrte ich. »Oder nein, warte mal, das ist das Blut auf meinem Gesicht.«

»Hier ist die Information, die du brauchst«, sagte der Adler unbeeindruckt. »Als dein Schwert in den Fluss gefallen ist, hat die Strömung es flussabwärts getragen. Die Göttin Ran hat es an sich genommen. In ihrem Netz enden eine Menge Wertgegenstände.«

»Ran?«

Der Adler schnalzte mit dem Schnabel. »Meeresgöttin. Hat nämlich ein Netz. Hör doch mal zu.«

»Wo finde ich sie? Und sag jetzt bitte nicht, im Meer!«

»Sie könnte überall sein, du musst also ihre Aufmerksamkeit erregen. Und das geht so: Ich kenne da einen gewissen Harald. Er hat ein Boot an der Fischereipier liegen und macht Hochseeausflüge. Sag ihm, der Große hat dich geschickt.«

»Der Große.«

»Einer meiner vielen Namen. Harald wird schon wissen, was du meinst. Überrede ihn, mit dir zum Fischen auf die Massachusetts Bay hinauszufahren. Wenn du da draußen genug Wirbel machst, wirst du Rans Aufmerksamkeit erregen. Dann kannst du verhandeln. Bitte sie um das Schwert und um einen von Iduns Äpfeln.«

»Eden?«

»Musst du denn jeden Namen wiederholen, den ich hier nenne? I-D-U-N. Sie teilt die Äpfel der Unsterblichkeit aus, durch die die

Götter jung und knackig bleiben. Ran hat bestimmt einen rumliegen – im Ernst, wenn du sie siehst, ist dir sofort klar, dass sie dauernd vergisst, ihre Äpfel zu essen. Wenn du ihn hast, bring ihn her. Gib ihn mir, und ich spreche dich von deinem Gelöbnis frei.«

»Zwei Fragen: Hast du den Verstand verloren?«

»Nein.«

»Zweite Frage: Wie soll ich beim Fischen in der Bucht einen solchen Wirbel machen, dass ich eine Meeresgöttin anlocke?«

»Das hängt davon ab, wonach du fischst. Sag Harald, du brauchst den Sonderköder. Dann weiß er Bescheid. Wenn er protestiert, sag ihm, dass der Große darauf besteht.«

»Ich habe keine Ahnung, was das bedeutet«, gab ich zu. »Aber angenommen, ich kann Ran ausfindig machen, wie soll ich denn mit ihr verhandeln?«

»Das waren drei Fragen. Und außerdem ist das dein Problem.«

»Letzte Frage.«

»Das macht schon vier.«

»Was soll mich daran hindern, das Schwert zu holen, ohne einen Apfel für dich mitzubringen?«

»Na ja, du hast mit *traun und fürwahr* geschworen«, sagte der Adler. »Dein Schwur ist dein Wort, dein Glaube, deine Ehre, deine Seele. Es ist ein bindender Eid, vor allem für einen Einherje. Es sei denn, du willst spontan in Flammen aufgehen und für immer in der eisigen Finsternis von Helheim gefangen sein …«

Ich nagte an meiner Unterlippe. »Ich glaube, ich halte mein Versprechen lieber.«

»Hervorragend!« Der Adler schlug mit den Flügeln. »Hier kommen deine Freunde, und für mich ist das das Stichwort zum Aufbruch. Wir sehen uns, wenn du mir mein Obst bringst.«

Der Adler schoss davon und verschwand hinter den Glaswänden

des Hancock Tower, während ich selbst sehen musste, wie ich vom Dach hinunterkam.

Unten auf dem Copley Square liefen Blitzen, Hearthstone und Sam gerade auf den bereiften Rasen. Sam sah mich als Erste. Sie blieb wie erstarrt stehen und zeigte nach oben.

Ich winkte.

Ich konnte ihren Gesichtsausdruck nicht erkennen, aber sie breitete ihre Arme aus, wie um zu fragen, *was zum Henker hast du denn da oben zu suchen?*

Mit einigen Schwierigkeiten konnte ich mich aufrichten. Meiner Walhalla-Krankenversicherung zum Dank fingen meine Verletzungen schon an zu heilen, aber ich fühlte mich noch immer steif und wie gerädert. Ich suchte mir vorsichtig einen Weg an den Rand des Daches und lugte hinüber. Magnus 1.0 wäre nie auf diesen Gedanken gekommen, aber ich erwog jetzt eine Serie von Drei-Meter-Sprüngen – zu diesem Fenstersims, jener Fahnenstange, auf den Scheinwerfer, dann auf die Vordertreppe, und ich dachte, *klar, kein Problem.*

Innerhalb weniger Sekunden hatte ich unversehrt den Boden erreicht. Meine Freunde erwarteten mich auf dem Gehweg.

»Also, was sollte das denn wieder?«, fragte Blitzen sofort. »War das ein Riese?«

»Keine Ahnung«, sagte ich. »Er heißt der Große und isst gern Äpfel.«

Ich erzählte ihnen, was passiert war.

Hearthstone schlug sich vor die Stirn. *Du hast mit traun und fürwahr geschworen?*

»Na ja, sonst wäre ich von Taubenspikes zerfetzt worden.«

Sam starrte zum Himmel hoch, vielleicht in der Hoffnung auf einen Adler, den sie mit ihrer Axt erschlagen könnte. »Das wird böse enden. Das ist immer so, wenn man mit Riesen Geschäfte macht.«

»Immerhin weiß Magnus jetzt, wo das Schwert ist«, sagte Blitzen. »Und außerdem ist Ran doch eine Göttin. Also ist sie auf unserer Seite, oder?«

Sam schnaubte. »Du hast offenbar andere Geschichten über sie gehört als ich. Aber uns bleibt wohl nicht viel anderes übrig. Also, gehen wir diesen Harald suchen.«

Nicht kleckern, sondern klotzen

31 Ich hatte mich vor Booten nie gefürchtet, bis ich Haralds sah.

Am Bug stand die Aufschrift HARALDS HOCHSEE-EXKURSIONEN UND TODESWÜNSCHE, was ich ganz schön viel Text für eine nicht mal sieben Meter lange Jolle fand. Das Deck war ein Chaos aus Tauen, Eimern und Angelkästen. Netze und Bojen hingen an den Schiffsseiten wie Weihnachtsdekorationen. Der Rumpf war irgendwann einmal grün gewesen, aber das Grün war zur Farbe von durchgekautem Kaugummi verblasst.

In der Nähe saß Harald auf der Hafenmauer, in einem verdreckten gelben Overall und einem so verschmutzten T-Shirt, dass mein Wiggles-Hemd aus der Altkleidersammlung eine echte Hochstufung gewesen wäre. Er hatte die Ausmaße eines Sumoringers und seine Arme waren so dick wie die rotierenden Dönerspieße in Fadlans Falafelimbiss (ja, ich dachte noch immer an Essen).

Das Seltsamste an ihm waren seine Haare. Seine struppigen Locken und sogar seine behaarten Oberarme leuchteten weißlich blau, als ob er über Nacht draußen gewesen und von Reif überzogen worden wäre.

Als wir näher kamen, schaute er von dem Tau hoch, das er gerade aufwickelte. »Ei der Daus. Ein Zwerg, ein Albe und zwei Menschen kommen auf meinen Anleger ... klingt wie der Anfang eines Witzes.«

»Das will ich doch nicht hoffen«, sagte ich. »Wir möchten Ihr Boot für einen Angelausflug mieten. Wir brauchen den Sonderköder.«

Harald schnaubte. »Ihr vier auf einer *meiner* Expeditionen? Das kann ich mir nicht vorstellen.«

»Der Große schickt uns.«

Harald runzelte die Stirn und ließ dadurch leichten Schnee über seine Wangen rieseln. »Der Große? Was hat der denn mit euch zu schaffen?«

Sam trat vor. »Das geht Sie nichts an.« Sie zog eine große Münze aus ihrer Jacke und warf sie Harald zu. »Ein Stück Rotgold im Voraus, fünf weitere, wenn wir fertig sind. Vermieten Sie uns jetzt Ihr Boot oder nicht?«

Ich beugte mich zu ihr hinüber. »Was ist Rotgold?«

»Die Währung von Asgard und Walhalla«, sagte sie. »Auch in den anderen Reichen fast überall gültig.«

Harald schnupperte an der Münze. Deren goldene Oberfläche glühte so warm, dass sie zu brennen schien. »Du hast Riesenblut, was, Mädchen? Ich kann es in deinen Augen sehen.«

»Auch das geht Sie nichts an.«

»Hmpf. Die Bezahlung reicht aus, aber mein Boot ist klein. Höchstens zwei Passagiere. Ich nehme dich und den Menschenjungen mit, aber Zwerg und Albe – vergiss es.«

Blitzen ließ in seinen Lederhandschuhen die Fingerknöchel knacken. »Hör mal, Frosty ...«

»HA! Nenn einen Frostriesen niemals *Frosty*. Das hassen wir. Außerdem siehst du doch jetzt schon halb versteinert aus, Zwerg. Ich brauche nicht noch einen Anker. Und was Alben angeht, das sind Wesen der Luft und des Lichtes. An Bord eines Schiffes taugen sie nichts. Nur zwei Passagiere. Das ist mein letztes Wort. Schlagt ein oder lasst es bleiben.«

Ich sah zu meinen Freunden hinüber. »Leute, kurze Besprechung am Spielfeldrand.«

Ich ging vor ihnen her an der Hafenmauer entlang, bis Harald uns nicht mehr hören konnte. »Der Kerl ist ein Frostriese?«

Hearthstone signalisierte: *Vereiste Haare. Hässlich. Riesig. Ja.*

»Aber ... okay, er ist riesig, aber ein *Riese* ist er nicht.«

Sams Gesicht ließ mich vermuten, dass sie keine besonders geduldige Nachhilfelehrerin wäre. »Magnus, Riesen müssen nicht unbedingt enorm groß sein. Einige sind das. Einige können enorme Größe annehmen, wenn sie gerade Lust haben. Aber unter Riesen gibt es noch größere Unterschiede als unter Menschen. Viele sehen aus wie ganz normale Leute. Und manche können sich in Adler oder Tauben oder so gut wie alles verwandeln.«

»Aber was hat ein Frostriese im Hafen von Boston zu suchen? Können wir ihm vertrauen?«

»Erste Antwort«, sagte Blitzen. »Frostriesen findest du überall, vor allem im Norden von Midgard. Aber was das Vertrauen angeht – bloß nicht. Er könnte euch zwei geradewegs nach Jotunheim bringen und in einen Kerker werfen, oder als Köder benutzen. Ihr müsst darauf bestehen, dass Hearth und ich mitkommen.«

Hearth tippte Blitz auf die Schulter.

Der Riese hat Recht, gebärdete er. *Habe ich ja gesagt – zu viel Tageslicht. Du wirst zu Stein. Und bist zu starrköpfig, es zuzugeben.*

»Quatsch, mir geht's gut.«

Hearth sah sich im Hafen um. Er entdeckte einen Metalleimer, hob ihn auf und haute ihn Blitz über den Kopf. Blitz reagierte nicht, aber der Eimer hatte eine Delle in Form seines Schädels.

»Na gut«, gab Blitz zu, »vielleicht versteinere ich ja ein bisschen, aber …«

»Geh erst mal für eine Weile aus dem Licht«, sagte ich. »Wir kommen schon zurecht. Hearth, kannst du einen netten unterirdischen Schlupfwinkel für ihn suchen oder so?«

Hearth nickte. *Wir versuchen, mehr über den Fenriswolf und seine Ketten in Erfahrung zu bringen. Treffen uns heute Abend. Bibliothek?*

»Klingt gut«, sagte ich. »Sam, jetzt wird gefischt.«

Wir gingen zurück zu Harald, der mit seinem Seil gerade eine hübsche Schlinge knüpfte.

»Alles klar«, sagte ich zu ihm. »Zwei Passagiere. Wir müssen so weit in die Massachusetts Bay hinausfahren wie möglich, und wir brauchen den Sonderköder.«

Harald grinste hämisch. Seine Zähne hatten die Farbe des braunen Seils, das er gerade aufrollte. »Aber sicher doch, Menschlein.« Er zeigte auf eine Schiebetür an der Seite des Lagerhauses. »Sucht euch euren eigenen Köder aus … wenn ihr den tragen könnt.«

Als Sam und ich die Tür öffneten, wäre ich von dem Gestank beinah ohnmächtig geworden.

Sam würgte. »Bei Odins Auge. Ich habe schon weniger aromatische Schlachtfelder gerochen.«

Im Lagerraum hing eine beeindruckende Sammlung von verwesenden Kadavern an Fleischerhaken. Der kleinste war eine ein Meter fünfzig lange Krabbe. Der größte war ein Stierkopf von der Größe eines Fiat.

Ich presste mir den Jackenärmel auf die Nase. Das half nichts. Es war, als ob jemand eine Granate mit faulen Eiern, rostigem Metall und rohen Zwiebeln gefüllt und sie dann in meine Nebenhöhle geschleudert hätte.

»Hier tut ja sogar das Atmen weh«, sagte ich. »Welcher von

diesen Leckerbissen ist denn wohl der Sonderköder, was meinst du?«

Sam zeigte auf den Stierkopf. »Nicht kleckern, sondern klotzen.«

Ich zwang mich dazu, mir den Stierkopf genauer anzusehen – seine geschwungenen schwarzen Hörner, seine schlaffe rosa Zunge, die wie eine behaarte Luftmatratze aussah, sein dampfendes weißes Fell und die glitzernden Schleimkrater seiner Nasenlöcher. »Wie ist es möglich, dass ein Stier so riesig werden konnte?«

»Der kommt wahrscheinlich aus Jotunheim«, sagte Sam. »Deren Vieh wird ganz schön groß.«

»Was du nicht sagst. Hast du irgendeine Vorstellung, wonach wir fischen sollen?«

»In der Tiefe gibt es jede Menge Meeresungeheuer. Solange es nur nicht …« Ein Schatten huschte über ihr Gesicht. »Egal. Vermutlich einfach ein Meeresungeheuer.«

»Nur ein Meeresungeheuer«, sagte ich. »Da bin ich aber erleichtert.«

Ich hätte mir am liebsten die Riesenkrabbe geschnappt und gemacht, dass ich fortkam, aber ich hatte das Gefühl, dass wir einen größeren Köder brauchen würden, um genug Wirbel für eine Meeresgöttin zu erzeugen.

»Dann nehmen wir den Stierkopf«, sagte ich.

Sam packte ihre Axt. »Ich bin ja nicht sicher, ob er überhaupt in Haralds Boot passt, aber …«

Sie schleuderte ihre Axt auf die Kette des Fleischerhakens, und die zersprang mit einem Knall. Der Stierkopf knallte wie eine riesige, ekelhafte Wundertüte auf den Boden. Die Axt flog zurück in Sams Hand.

Gemeinsam packten wir den Fleischerhaken und zerrten den

Stierkopf aus dem Lagerraum. Selbst mit Hilfe wäre ich normalerweise nicht in der Lage gewesen, ihn zu bewegen, aber meine Einherjerkraft war dieser Aufgabe gewachsen.

Stirb qualvoll. Geh nach Walhalla. Erlange die Fähigkeit, verfaulende abgehackte Riesenköpfe quer durch einen Hafen zu ziehen. Hurra!

Als wir das Boot erreicht hatten, riss ich mit aller Kraft an der Kette und der Stierkopf krachte vom Anleger auf das Deck. Die SS Harald wäre fast gekentert, konnte sich aber gerade so über Wasser halten. Der Stierkopf nahm fast die gesamte hintere Hälfte des Decks ein. Die Zunge hing über das Heck. Das linke Auge verdrehte sich, und nun sah der Kopf seekrank aus.

Harald erhob sich von seinem Ködereimer. Wenn es ihn überraschte oder ärgerte, dass ich einen dreihundert Kilo schweren Kuhschädel auf sein Boot hatte fallen lassen, dann zeigte er das nicht.

»Durchaus ehrgeizige Köderwahl.« Harald sah sich im Hafen um. Der Himmel wurde dunkler. Leichter Eisregen bohrte kleine Löcher in die Wasseroberfläche. »Dann mal los. Wunderbarer Nachmittag für einen Angeltörn.«

32 Meine Jahre als Nintendo-Angler machen sich endlich bezahlt

Es war ein furchtbarer Nachmittag für einen Angeltörn. Das Meer wogte, mein Magen auch, und ich hing mehrere Male über der Reling. Die Kälte machte mir nichts aus, aber der Eisregen zerstach mein Gesicht. Auf dem rollenden Deck fühlten sich meine Beine an wie Sprungfedern. Harald der Frostriese stand am Steuerrad und sang in einer kehligen Sprache, die ich für Jotunesisch hielt.

Sam schien die raue See nicht zu stören. Sie lehnte am Bug an der Reling und ihr Kopftuch bewegte sich um ihren Hals wie Kiemen.

»Was soll das eigentlich mit dem Kopftuch?«, fragte ich. »Manchmal bedeckst du deinen Kopf und manchmal nicht.«

Sie legte die Finger schützend über die grüne Seide. »Das ist ein Hidschab. Den trage ich, wenn ich will oder wenn ich glaube, ihn tragen zu müssen. Wenn ich zum Beispiel freitags mit meiner Großmutter in die Moschee gehe …«

»Oder wenn du dich mit Amir triffst?«

Sie murmelte kaum verständlich: »Ich dachte, du würdest dir das verkneifen.«

»Die Taube hat Amir als deinen Zukünftigen bezeichnet. Seid ihr verlobt? Wie alt bist du denn überhaupt? Sechzehn?«

»Magnus …«

»Ich wollte nur sagen, wenn das eine von diesen Zwangshochzeiten sein soll, dann ist das doch wohl das Letzte. Du bist eine Walküre. Da musst du doch im Stande sein …«

»Magnus, hör auf. Bitte.«

Das Boot traf einen Brecher und wir wurden alle von Salzwasser übersprüht.

Samirah packte die Reling. »Meine Großeltern sind sehr altmodisch. Sie sind in Bagdad aufgewachsen, sind aber in die USA geflohen, als Saddam Hussein an der Macht war.«

»Und …?«

»Sie kennen die Fadlans so ungefähr schon immer. Die Fadlans sind eine gute Familie. Entfernte Verwandte. Erfolgreich, freundlich …«

»Weiß ich. Abdel ist fantastisch. Amir scheint sympathisch zu sein. Aber eine Zwangsheirat, wenn du den Typen nicht liebst …«

»Hör auf. Du kapierst das nicht! Ich war schon mit zwölf in Amir verliebt!«

Das Boot stöhnte, als es ins Wellental kippte. Harald sang weiter seine jotunesische Version von »Johoho, und 'ne Buddel Rum«.

»Oh«, sagte ich.

»Nicht, dass dich das irgendwas anginge«, sagte Samirah.

»Ja. Nein.«

»Manchmal, wenn eine Familie nach einer guten Partie sucht, ist es ihr eben doch wichtig, wie das Mädchen die Sache sieht.«

»Na gut.«

»Mir ist das erst später klar geworden … Als meine Mom starb, haben meine Großeltern mich zu sich genommen, aber, na ja, meine Mom war nicht verheiratet, als ich geboren wurde. Das ist für die Generation meiner Großeltern noch immer sehr wichtig.«

»Ja.« Ich beschloss, nicht hinzuzufügen: *Und dazu kommt dann noch, dass dein Dad Loki ist, der Vater des Bösen.*

Sam hatte offenbar meine Gedanken gelesen. »Sie war Ärztin, meine Mom. Sie fand Loki in der Notaufnahme. Er war ... ich weiß nicht ... er hatte zu viel seiner Kraft verbraucht bei dem Versuch, in menschlicher Gestalt in Midgard zu erscheinen. Er ist irgendwie zwischen den Welten stecken geblieben. Seine Erscheinung in Boston war gequält, schwach und hilflos.«

»Sie hat ihn geheilt?«

Sam wischte sich einen Tropfen Meerwasser vom Handgelenk. »Gewissermaßen. Sie hat ihn gut behandelt. Sie hat zu ihm gehalten. Loki kann sehr charmant sein, wenn er will.«

»Ich weiß.« Ich blinzelte. »Ich meine ... aus den Geschichten. Kennst du ihn persönlich?«

Sie warf mir einen düsteren Blick zu. »Ich kann nicht billigen, was mein Vater tut. Er ist vielleicht charismatisch, aber er ist auch ein Lügner, ein Dieb, ein Mörder. Er hat mich mehrmals aufgesucht. Ich habe mich geweigert, mit ihm zu reden, was ihn wahnsinnig macht. Er möchte beachtet werden. Er ist nicht gerade zurückhaltend.«

»Nein«, sagte ich. »Sicher nicht.«

Sie verdrehte die Augen. »Jedenfalls hat meine Mom mich allein großgezogen. Sie war eigensinnig und unkonventionell. Nach ihrem Tod ... na ja, in unseren Kreisen galt ich als unvermittelbar, als Bastard. Meine Großeltern hatten Glück, *großes* Glück, dass die Fadlans bereit waren, mich mit Amir zu verheiraten. Ich bringe ja nichts mit in die Ehe, ich bin nicht reich oder respektabel oder ...«

»Hör doch auf«, sagte ich. »Du bist intelligent. Du bist willensstark. Du bist eine friggverdammte Walküre. Und ich kann es nicht fassen, dass ich jetzt Gründe suche, deine arrangierte Ehe richtig zu finden ...«

Die dunklen Haare wogten um ihren Kopf und sammelten Eisflocken.

»Das mit dem Walkürendasein ist ein Problem«, sagte sie. »Meine Familie ... na ja, wir sind ein bisschen anders. Wir haben eine lange gemeinsame Geschichte mit den nordischen Göttern.«

»Wie denn das?«

Sie winkte ab, wie um zu sagen: *zu lange Geschichte.*

»Jedenfalls«, sagte sie dann, »wenn etwas über mein anderes Leben herauskäme ... ich glaube nicht, dass Mr Fadlan bereit wäre, seinen ältesten Sohn mit einem Mädchen zu verheiraten, das mitten in der Nacht für heidnische Götter als Seelensammlerin herumzieht.«

»Aha. Wenn du das so ausdrückst ...«

»Ich erkläre meine Abwesenheiten, so gut ich kann.«

»Mathenachhilfe.«

»Und ein paar einfache Walkürenzauber. Aber ein braves muslimisches Mädchen darf sich eben nicht allein mit fremden Kerlen rumtreiben.«

»Fremde Kerle. Danke.«

Ich sah plötzlich Sam vor mir, wie sie im Englischunterricht saß und ihr Telefon brummte. Auf dem Display stand: ODIN RUFT AN. Sie stürzte zur Toilette, streifte ihr Superwalkürenkostüm über und flog aus dem nächstbesten Fenster davon.

»Als du aus Walhalla geworfen worden bist ... äh, ich meine, tut mir leid. Aber hast du nicht gedacht, *he, vielleicht hat das ja auch sein Gutes, jetzt kann ich endlich ein normales Leben führen?*«

»Nein. Das ist das Problem. Ich will beides. Ich möchte Amir heiraten, wenn wir alt genug sind. Aber ich will außerdem schon mein ganzes Leben lang fliegen.«

»Mit dem Flugzeug oder auf einem magischen Pferd oder so?«

»Beides. Mit sechs Jahren habe ich angefangen, Flugzeuge zu zeichnen. Ich wollte Pilotin werden. Wie viele arabisch-amerikanische Pilotinnen kennst du?«

»Du wärst die erste«, gab ich zu.

»Ich mag die Vorstellung. Du kannst mir jede Frage über Flugzeuge stellen. Ich kann sie beantworten.«

»Und als du Walküre geworden bist …«

»Das war der glatte Wahnsinn. Ein wahr gewordener Traum, dass ich einfach von einem Augenblick auf den anderen losfliegen konnte. Außerdem hatte ich das Gefühl, etwas Gutes zu tun. Ich konnte mir tapfere Leute suchen, die gestorben waren, um andere zu beschützen, und sie nach Walhalla bringen. Du hast keine Ahnung, wie sehr mir das fehlt.«

Ich konnte den Schmerz in ihrer Stimme hören. *Tapfere Leute …* Dazu zählte sie auch mich. Nach all dem Ärger, den sie meinetwegen auf sich genommen hatte, hätte ich ihr so gern gesagt, dass alles in Ordnung kommen würde. Dass wir eine Möglichkeit finden würden, wie sie ihre beiden Leben haben könnte.

Aber ich konnte ihr nicht einmal versprechen, dass wir diesen Angeltörn überleben würden.

Aus dem Steuerhaus brüllte Harald: »Sterbliche, ihr solltet eure Haken beködern. Wir nähern uns guten Fischgründen!«

Sam schüttelte den Kopf. »Nein. Fahren Sie noch weiter raus.«

Harald runzelte die Stirn: »Das wäre nicht sicher! Noch weiter …«

»Wollen Sie Ihr Gold oder nicht?«

Harald murmelte auf Jotunesisch etwas, das sich in guter Gesellschaft vermutlich nicht gehörte. Er ließ den Motor aufdröhnen.

Ich sah Sam an. »Woher weißt du, dass wir weiter rausmüssen?«

»Das spüre ich«, sagte sie. »Einer der Vorteile, die mir das Blut meines Vaters bringt, nehme ich an. Ich kann meistens sagen, wo die größten Monster auf der Lauer liegen.«

»Was für eine Freude.«

Ich lugte in die Finsternis. Ich dachte an Ginnungagap, den Urnebel zwischen Eis und Feuer. Wir schienen mitten hineinzusegeln. Jeden Augenblick könnte sich das Meer auflösen, und wir würden ins Nichts stürzen. Ich hoffte, dass ich mich irrte. Sams Großeltern würden vermutlich durchdrehen, wenn sie nicht rechtzeitig zum Abendessen erschien.

Das Boot erbebte. Das Meer verdüsterte sich.

»Da«, sagte Sam. »Hast du das gemerkt? Wir sind aus den Gewässern von Midgard in die von Jotunheim übergewechselt.«

Ich zeigte backbords neben den Bug. Einige wenige Hundert Meter weiter ragte ein Granitturm aus dem Nebel. »Aber das ist der Graves-Leuchtturm. Wir sind gar nicht so weit weg vom Hafen.«

Sam packte eine der Angelruten des Riesen, die eher wie ein Hochsprung-Stab für Schwergewichtler aussah. »Die Welten überlagern einander, Magnus, vor allem in der Nähe von Boston. Hol den Köder.«

Harald drosselte den Motor, als er mich kommen sah.

»Zu gefährlich, hier zu angeln«, warnte er. »Und ich glaube auch nicht, dass ihr es schafft, den Köder auszuwerfen.«

»Mund halten, Harald.« Ich packte die Kette und zog den Stierkopf in Position, wobei ich mit einem der Hörner fast den Kapitän über Bord gestoßen hätte.

Als ich zu Sam zurückkehrte, untersuchten wir den Fleischerhaken, der sehr fest im Stierschädel steckte.

»Das müsste als Angelhaken doch durchgehen«, entschied Sam. »Dann wollen wir mal die Kette festmachen.«

Wir brauchten einige Minuten, um die Kette an der Angelschnur zu befestigen – einem dünnen geflochtenen Stahlkabel, das die Angelspule an die hundert Kilo wiegen ließ.

Gemeinsam rollten Sam und ich den Stierkopf über Bord. Langsam versank er im eisigen Schaum, und das tote Stierauge starrte mich im Untergehen an, wie um zu sagen: *Scheißspiel, Mann.*

Harald kam herübergetrampelt und hatte einen riesigen Stuhl in der Hand. Er bohrte die vier Beine in Ankerlöcher auf dem Deck und zerrte den Sitz mit Stahlkabeln fest.

»Wenn ich du wäre, Mensch«, sagte er, »würde ich mich anschnallen.«

Mit dem Lederharnisch sah das Ding für mich ein bisschen zu sehr aus wie ein elektrischer Stuhl, aber Sam hielt die Angelrute, während ich mich anschnallte.

»Warum sitze eigentlich ich auf dem Stuhl?«, fragte ich.

»Es ist dein Versprechen«, erinnerte sie mich. »Du hast mit *traun und fürwahr* geschworen.«

»*Traun und fürwahr* kann mich mal.« Aus dem Ausrüstungskasten des Riesen zog ich Lederhandschuhe, die nur vier Nummern zu groß waren, und streifte sie über.

Sam reichte mir die Angelrute und suchte sich dann ebenfalls Handschuhe.

Ich erinnerte mich ganz kurz daran, wie ich mit zehn Jahren mit meiner Mom »Der weiße Hai« gesehen hatte, weil sie das unbedingt wollte. Sie hatte mich vorgewarnt, der Film sei wahnsinnig unheimlich, aber ich langweilte mich die ganze Zeit, weil er so langsam erzählt war, oder lachte mich über den albernen Gummihai kringelig.

»Bitte, lasst mich einen Gummihai fangen«, murmelte ich.

Harald würgte den Motor ab. Plötzlich war es gespenstisch still. Der Wind legte sich. Der Eisregen prasselte auf das Deck wie Sand, der auf Glas auftrifft. Die Wellen beruhigten sich, als ob das Meer den Atem anhielt.

Sam stand an der Reling und gab Kabel nach, während der Stierkopf in der Tiefe versank. Endlich wurde das Kabel schlaff.

»Sind wir auf Grund gestoßen?«, fragte ich.

Sam biss sich in die Lippe. »Ich weiß nicht. Ich glaube …«

Das Kabel spannte sich an und klang dabei wie ein Hammer auf einem Sägeblatt. Sam ließ los, um nicht in die Luft katapultiert zu werden. Die Angelrute wurde mir fast aus den Händen gerissen und hätte sicher meine Finger mitgenommen, aber irgendwie schaffte ich es, sie festzuhalten.

Der Stuhl stöhnte. Die Lederriemen bohrten sich in mein Schlüsselbein. Das ganze Boot senkte sich mit krachendem Holz und knallenden Nieten vornüber in eine Welle.

»Bei Ymirs Blut!«, schrie Harald. »Wir brechen auseinander!«

»Mehr Kabel geben!« Sam schnappte sich einen Eimer. Sie goss Wasser auf das Kabel, das dampfte, als es über den Bug jagte.

Ich biss die Zähne zusammen. Meine Armmuskeln fühlten sich an wie warmer Brotteig. Und als ich gerade sicher war, dass ich nicht länger festhalten könnte, hörte das Ziehen auf. Das Kabel summte vor Spannung und malte an die hundert Meter weiter steuerbords einen Laserpunkt auf das graue Wasser.

»Was ist da los?«, fragte ich. »Macht es ein Nickerchen?«

Harald fluchte. »Das gefällt mir nicht. Meeresungeheuer verhalten sich nicht so. Sogar die größten Fänge …«

»Einholen«, sagte Sam. »Sofort!«

Ich drehte die Kurbel. Es war wie Armdrücken mit dem Terminator. Die Angelrute bog sich. Das Kabel ächzte. Sam zog daran und hielt es von der Reling weg, aber auch mit ihrer Hilfe kam ich kaum voran.

Meine Schultern waren gefühllos. Im Kreuz hatte ich Krämpfe. Trotz der Kälte war ich in Schweiß gebadet und zitterte vor Erschöpfung. Ich kam mir vor wie auf einem sinkenden Schlachtschiff in einem Riesenstrudel.

Ab und zu brüllte Sam Ermutigungen wie: »Nein, du Idiot! Einholen!«

Endlich verdunkelte sich vor dem Bug das Meer in einem Durchmesser von vielleicht fünfzehn Metern. Die Wellen schäumten.

Oben im Steuerhaus hatte Harald offenbar einen besseren Überblick darüber, was an die Oberfläche kam. Er kreischte mit absolut unriesenhafter Stimme: »Kabel kappen!«

»Nein«, sagte Sam. »Dazu ist es zu spät.«

Harald schnappte sich ein Messer. Er warf es auf das Kabel, aber Sam wehrte die Klinge mit ihrer Axt ab.

»Hör auf, Riese«, schrie sie.

»Aber du kannst das Ding nicht hochholen!«, jammerte Harald. »Das ist doch ...«

»Ja, ich weiß!«

Die Rute glitt mir aus den Händen. »Hilfe!«

Sam machte einen Satz und schnappte sich die Angelrute. Sie klemmte sich neben mich auf den Stuhl, aber ich war zu erschöpft und verängstigt, um das peinlich zu finden.

»Wir müssen vielleicht alle sterben«, murmelte sie. »Aber das hier wird auf jeden Fall Rans Aufmerksamkeit auf sich ziehen.«

»Warum?«, fragte ich. »Was ist das denn?«

Unser Fang brach durch die Wasseroberfläche und öffnete die Augen.

»Darf ich dir meinen älteren Bruder vorstellen?«, fragte Sam. »Die Midgardschlange.«

33 SAMS BRUDER WIRD MIT ZIEMLICH SCHLECHTER LAUNE WACH

Wenn ich sage, der Bruder öffnete seine Augen, dann meine ich damit, dass er grüne Scheinwerfer von Trampolingröße einschaltete. Seine Iris leuchtete so hell, dass ziemlich sicher alles, was ich für den Rest meines Lebens sah, die Farbe von limonengrünem Gelee haben würde.

Die gute Nachricht: Es sah nicht so aus, als ob der Rest meines Lebens sehr lang sein würde.

Die dreieckige Stirn und das spitze Maul des Ungeheuers ließen es eher wie einen Aal aussehen als wie eine Schlange. Seine Haut glitzerte wie ein Flickenteppich in den Tarnfarben Grün, Braun und Gelb. (Ich beschreibe ihn hier in aller Gelassenheit. Als ich ihn vor mir sah, war mein einziger Gedanke: UÄÄÄÄH! RIESENSCHLANGE!)

Es öffnete sein Maul und zischte. Der Gestank von ranzigem Stierkopf und Gift war so stark, dass meine Kleider anfingen zu rauchen. Es hatte sicher kein Mundwasser benutzt, vergaß aber offenbar nie die Zahnseide. Die Zähne der Schlange waren glänzende Reihen aus perfekten weißen Dreiecken. Ihr rosa Schlund war groß genug, um Haralds Boot und dazu noch die Boote von einem Dutzend von Haralds besten Freunden zu verschlingen.

Mein Fleischerhaken saß hinten in seinem Rachen fest, dort, wo in einem Menschenmund das Zäpfchen gehangen hätte. Die Schlange schien das nicht gerade angenehm zu finden.

Sams Bruder schüttelte immer wieder den Kopf und ließ das Stahlkabel über seine Zähne laufen. Meine Angelrute wurde zur Seite geschleudert. Das Boot wippte von Backbord nach Steuerbord und zurück, die Bretter ächzten und brachen, aber irgendwie konnten wir uns doch über Wasser halten. Und das Angelkabel riss nicht.

»Sam?«, fragte ich kleinlaut. »Warum hat er uns noch nicht umgebracht?«

Sie presste sich so dicht an mich, dass ich sie zittern spürte. »Ich glaube, er mustert uns, vielleicht versucht er sogar, mit uns zu reden.«

»Was sagt er?«

Sam schluckte. »Wenn ich raten soll: *Was fällt euch ein!*«

Die Schlange zischte und spie dicke Gifttropfen aus, die auf dem Deck ebenfalls zischten.

Hinter uns jammerte Harald: »Lasst die Angelrute fallen, ihr Idioten! Ihr bringt uns doch alle um!«

Ich versuchte, den Blick der Schlange zu erwidern. »Hallo, Herr Midgardschlange! Darf ich dich Mr M. nennen? Hör mal, es tut mir leid, dich belästigen zu müssen. Ist nicht persönlich gemeint. Wir brauchen dich, um die Aufmerksamkeit von jemand anderem zu erregen.«

Das gefiel Mr M. nicht besonders. Sein Kopf schoss turmhoch aus dem Wasser, krachte kurz vor dem Bug wieder zurück und löste eine Serie von riesigen Wasserringen aus.

Sam und ich saßen voll in der Spritzzone. Ich schluckte Meerwasser zum Mittagessen. Meine Lunge fand heraus, dass sie das Zeug nicht einatmen konnte. Meine Augen wurden energisch durchgewaschen. Aber unglaublicherweise kenterte das Boot nicht. Als das Gewackel und Geschwappe aufhörte, stellte ich fest, dass ich noch immer am Leben war und noch immer die Angelrute hielt, deren Haken noch immer im Schlund der Midgardschlange feststeckte. Das Monster starrte mich an, als wolle es fragen: *Wieso bist du noch immer nicht tot?*

Aus dem Augenwinkel sah ich den Tsunami gegen das Ufer donnern, bis hoch zum Leuchtturm. Ich fragte mich, ob ich gerade Boston unter Wasser gesetzt hatte.

Mir fiel ein, warum Jörmungand die Midgardschlange genannt wurde. Sein Leib war so lang, dass er sich um die ganze Erde wickeln und über den Meeresboden ausstrecken konnte wie ein gewaltiges Telefonkabel. Meistens aber hatte er seine Schwanzspitze im Mund – also, ich habe noch mit fast zwei Jahren einen Schnuller gebraucht, ich darf dazu also nichts sagen –, aber offenbar hatte er beschlossen, dass unser Stierkopfköder etwas Bewegung wert war.

Die Sache war die: Wenn die Midgardschlange sich bewegte, wackelte vermutlich die ganze Welt.

»Also«, fragte ich niemanden Besonderes, »was jetzt?«

»Magnus«, sagte Sam mit erstickter Stimme. »Nicht in Panik geraten. Aber schau mal nach Steuerbord.«

Ich konnte mir nicht vorstellen, was noch mehr Panik erzeugen könnte als Mr M. aber dann sah ich die Frau im Whirlpool.

Verglichen mit der Schlange war sie winzig – nur an die zehn Meter groß. Sie trug eine silberne, mit Muscheln bewachsene Kettenbluse. Früher war sie vielleicht einmal schön gewesen, aber ihre Perlmutthaut war verwelkt, ihre seetanggrünen Augen waren milchig vom grauen Star, und ihre wogenden blonden Haare waren von Grau durchsetzt wie ein Weizenfeld von einer Getreidepest.

Unterhalb ihrer Gürtellinie wurde es dann bizarr. Ein Wasserwirbel in einem silbernen Fischernetz von über dreißig Metern Durchmesser umgab sie wie ein Tutu. In den Maschen gefangen war eine wilde Mischung aus toten Fischen, Eisschollen, Müllsäcken, Autoreifen, Einkaufswagen und anderem Treibgut. Während die Frau auf uns zukam, knallte der Rand ihres Netzes immer wieder gegen unseren Rumpf und kratzte über den Hals der Midgardschlange.

Sie sprach in einem tiefen Bariton: »Wer wagt es, meinen Beutezug zu stören?«

Harald der Frostriese schrie auf. Er war ein superguter Schreier. Er rannte zum Bug und warf eine Handvoll Goldmünzen ins Wasser. Dann drehte er sich zu Sam um: »Schnell, Mädchen, meine Bezahlung! Gib sie Ran!«

Sam runzelte die Stirn, aber dann warf sie weitere fünf Münzen über Bord.

Statt zu versinken, wirbelte das Rotgold in Rans Netz und schloss sich dem Karussell aus Abfällen an.

»Oh, große Ran!«, jammerte Harald. »Bitte, töte mich nicht! Hier, nimm meinen Anker! Nimm diese Menschen! Du kannst sogar meine Proviantdose haben!«

»Schweig still!« Die Göttin verscheuchte den Frostriesen, und der gab sich alle Mühe, sich zu verneigen und zugleich zurückzuziehen.

»Ich bin kurz unter Deck«, schluchzte er. »Zum Beten.«

Ran musterte mich, als ob sie entscheiden müsste, ob ich groß genug zum Filetieren wäre. »Lass Jörmungand frei, Sterblicher! Das Letzte, was ich heute brauchen kann, ist eine weltweite Flutkatastrophe.«

Die Midgardschlange zischte zustimmend.

Ran drehte sich zu ihm um. »Und du hältst die Klappe, du überdimensionale Muräne. Dein ganzes Gezappel wirbelt den Schlick auf. Ich kann da unten rein gar nichts mehr sehen. Wie oft habe ich dir schon gesagt, du sollst nicht in alte, ranzige Stierköpfe beißen? Ranzige Stierköpfe gehören nicht zur natürlichen Fauna dieser Gewässer.«

Die Midgardschlange fauchte beleidigt und riss an dem Stahlkabel in ihrem Maul.

»Oh, große Ran«, sagte ich. »Ich bin Magnus Chase. Das hier ist Sam al-Abbas. Wir sind gekommen, um dir einen Handel vorzuschlagen. Und ich frage mich außerdem ... warum kannst du diese Angelschnur nicht selbst kappen?«

Ran ließ eine Sturzflut aus nordischen Flüchen los, die in der Luft im wahrsten Sinne des Wortes verdampften. Jetzt, wo sie näher gekommen war, konnte ich weitere seltsame Dinge in ihrem Netz herumwirbeln sehen – gespenstische bärtige Gesichter, die nach Luft schnappten und voller Panik versuchten, an die Wasseroberfläche zu gelangen, wobei ihre Hände an den Stricken rissen.

»Wertloser Einherje«, sagte die Göttin. »Du weißt sehr gut, was du angerichtet hast.«

»Weiß ich das?«, fragte ich.

»Du bist Wanenbrut! Ein Kind des Njörd?« Ran schnupperte in der Luft. »Nein, dein Geruch ist schwächer. Vielleicht ein Enkel.«

Sam machte große Augen. »Stimmt! Magnus, du bist der Sohn des Frey, und der ist der Sohn des Njörd – des Gottes der Schiffe, Seeleute und Fischer. Deshalb ist unser Boot nicht untergegangen. Deshalb konntest du die Schlange fangen.« Sie sah Ran an. »Was wir, äh, natürlich schon wussten.«

Ran fauchte. »Wenn die Midgardschlange erst an die Wasseroberfläche geholt worden ist, dann wird sie nicht mehr einfach nur von eurer Angelschnur festgehalten. Jörmungand ist dann durch das Schicksal mit euch verbunden. *Ihr* müsst jetzt entscheiden, und zwar ganz schnell, ob ihr ihn losschneiden und in seinen Schlaf zurückkehren lassen wollt oder ob er vollständig erwachen und eure Welt zerstören soll.«

In meinem Hinterkopf gab etwas nach wie eine rostige Feder – vermutlich mein letzter Rest Mut. Ich sah die Midgardschlange an. Zum ersten Mal fiel mir auf, dass ihre leuchtenden grünen Strahler von einer dünnen durchscheinenden Membran bedeckt waren – einem weiteren Paar Augenlider.

»Du meinst, er ist nur teilweise wach?«

»Wenn er vollständig wach wäre«, sagte die Göttin, »würde die gesamte Ostküste der USA schon unter Wasser stehen.«

»Ah.« Ich musste dem Drang widerstehen, die Angelrute wegzuwerfen, mich aus meinem Sicherheitsharnisch zu befreien und wie ein kleiner Harald schreiend auf dem Deck herumzurennen.

»Ich werde ihn freilassen«, sagte ich. »Aber zuerst, große Ran, musst du versprechen, ehrlich mit uns zu verhandeln. Wir möchten ein Tauschgeschäft vorschlagen.«

»Ein Tauschgeschäft mit euch?« Rans Röcke wirbelten noch schneller. Eis und Plastik knisterten. Einkaufswagen stießen gegeneinander. »Von Rechts wegen, Magnus Chase, müsstest du jetzt mir gehören! Du bist ertrunken. Die Seelen der Ertrunkenen sind mein Eigentum!«

»Zufälligerweise«, sagte Sam, »ist er im Kampf gefallen, also gehört er Odin.«

»Formalitäten!«, fauchte Ran.

Die Gesichter in Rans Netz rissen die Münder auf, keuchten und flehten um Hilfe. *Es gibt üblere Orte für dein Nachleben als Walhalla*, hatte Sam gesagt. Wenn ich mir vorstellte, in diesem silbrigen Netz gefangen zu sein, war ich meiner Walküre plötzlich dankbar.

»Na, von mir aus«, sagte ich. »Ich kann Mr M. auch richtig wach werden lassen. Ich habe heute Abend noch nichts vor.«

»Nein!«, zischte Ran. »Hast du überhaupt eine Vorstellung davon, wie schwer es ist, auf dem Meeresboden nach Beute zu suchen, wenn Jörmungand sich aufregt? Lass ihn los!«

»Und dann versprichst du, ehrlich mit mir zu verhandeln?«, fragte ich.

»Ja. Schön. Ich bin heute nicht in Stimmung für eine Götterdämmerung.«

»Sag, *traun und fürwahr ...*«

»Ich bin eine Göttin! Ich bin doch nicht so blöd, dass ich auf *traun und fürwahr* schwöre!«

Ich sah Sam an, und die zuckte mit den Schultern. Sie reichte mir ihre Axt und ich kappte die Angelschnur.

Jörmungand versank in den Wellen und starrte mich dabei durch eine blubbernde grüne Wolke aus Gift an, als wolle er sagen: WIR SEHEN UNS WIEDER, KLEINER STERBLICHER!

Rans wirbelnde Röcke verlangsamten sich zur Geschwindigkeit eines tropischen Sturms. »Sehr gut, Einherje. Ich habe versprochen, ehrlich mit dir zu verhandeln. Was willst du also?«

»Das Schwert des Sommers«, sagte ich. »Ich hatte es bei mir, als ich in den Charles River gestürzt bin.«

Rans Augen funkelten. »Ah ja. Ich könnte dir das Schwert geben. Aber im Gegenzug würde ich dann auch etwas Wertvolles verlangen. Ich denke da an ... deine Seele.«

34 MEIN SCHWERT LANDET UM EIN HAAR BEI EBAY

Ich aber nicht«, erwiderte ich.

Ran stieß ein grollendes Geräusch aus, wie ein Wal mit Sodbrennen. »Du – der Enkel dieses Njörd, der sich überall einmischt – kommst her, willst mit mir Geschäfte machen, scheuchst die Midgardschlange auf, hältst mich vom Beutesuchen ab, und dann willst du nicht mal auf ein vernünftiges Angebot eingehen? Seit ewigen Zeiten ist kein so schönes Sammlerstück mehr in meine Netze geraten wie das Schwert des Sommers. Deine Seele ist da doch ein geringer Preis!«

»Edle Ran!« Sam griff zu ihrer Axt und rutschte vom Angelstuhl. »Auf Magnus hat Odin bereits Anspruch erhoben. Er ist ein Einherje. Das lässt sich nicht rückgängig machen.«

»Außerdem«, fügte ich hinzu, »willst du meine Seele doch gar nicht. Die ist sehr klein. Ich benutze sie fast nie. Ich glaube nicht mal, dass sie überhaupt noch funktioniert.«

Die wässrigen Röcke der Göttin wirbelten. Gefangene Seelen klammerten sich daran fest, um an die Oberfläche zu gelangen. Plastikmüllsäcke blähten sich auf. Der Gestank der toten Fische erweckte in mir fast Sehnsucht nach dem Stierkopf.

»Was bietest du mir denn stattdessen an?«, wollte Ran wissen. »Was könnte denn wohl so viel wert sein wie dieses Schwert?«

Gute Frage, dachte ich.

Ich betrachtete die Netze der Göttin, und langsam nahm in mir eine Idee Gestalt an.

»Du hast gesagt, du gehst auf Beutezug«, sagte ich nun. »Was für eine Beute denn?«

Die Miene der Göttin besänftigte sich. Ihre Augen leuchteten in einem gierigeren Grünton. »Verschiedenes. Münzen. Seelen. Verlorene Wertgegenstände aller Art. Bevor ihr die Schlange geweckt habt, hatte ich ein Auge auf die Radkappe eines Chevy Malibu geworfen, die mindestens vierzig Dollar wert war. Die lag einfach unten im Hafen herum. Aber jetzt …« Sie hob die Hände. »Weg.«

»Du sammelst Müll«, ich korrigierte mich, »ich meine, wundervolle Schätze.«

Sam schielte aus zusammengekniffenen Augen zu mir herüber und fragte sich offenbar, ob ich den Verstand verloren hatte, aber ich begriff jetzt langsam, wie Ran tickte, was ihr besonders wichtig war.

Die Göttin streckte ihre Hand zum Horizont hin aus. »Habt ihr schon mal vom Großen Pazifikmüllfleck gehört?«

»Ich schon, edle Ran«, sagte Sam. »Das ist ein schwimmender Müllteppich, der so groß ist wie Texas. Es klingt furchtbar.«

»Es ist umwerfend!«, sagte die Göttin. »Als ich ihn zum ersten Mal gesehen habe, war ich überwältigt. Meine eigene Sammlung ist nichts dagegen. Seit Jahrhunderten stehen mir alle Schiffswracks in den nördlichen Meeren zu. Alles, was in den Tiefen verloren geht, kommt zu mir. Aber als ich die Wunder dieses Müllteppichs sah, ging mir auf, wie jämmerlich meine Bemühungen bisher waren. Und seither verbringe ich meine gesamte Zeit damit, den Meeresboden nach Beute für mein Netz abzusuchen. Ich hätte dein Schwert nicht gefunden, wenn ich nicht so schnell zur Stelle gewesen wäre!«

Ich nickte verständnisvoll. Jetzt konnte ich diese nordische Göttin in das Weltbild des Magnus Chase einordnen. Ran war eine Müllsammlerin. Und mit Müllsammlerinnen konnte ich umgehen.

Ich lugte über Bord auf den treibenden Müll. Ein silberner Teelöffel balancierte auf einer Insel aus Styropor. Eine Fahrradfelge wirbelte vorüber und schnitt den gespenstischen Kopf einer verlorenen Seele ab.

»Edle Ran«, sagte ich. »Dein Gemahl, Ägir, ist der Herr des Meeres, oder? Du wohnst doch mit ihm in einem goldenen Palast auf dem Meeresboden?«

Die Göttin runzelte verärgert die Stirn. »Worauf willst du hinaus?«

»Na ja … was hält denn dein Gemahl von deiner Sammlung?«

»Ägir«, fauchte Ran. »Der große Sturmaufwühler! Heutzutage will er nur noch eins, nämlich seinen Met brauen. Er war immer schon Brauer, aber neuerdings hat das wirklich lächerliche Ausmaße angenommen. Er verbringt all seine Zeit im Hopfenladen oder auf Brauereibesichtigungen mit seinen Kumpels. Und ich will gar nicht erst von seinem Flanellhemd anfangen, oder den aufgekrempelten Röhrenjeans und dem Bart. Und immer redet er über Mikrobrauereien! Er hat einen Kessel von einer Meile Durchmesser. Und der will mikrobrauen?«

»Stimmt«, sagte ich. »Das ist sicher ziemlich nervig. Er weiß deine Sammlung bestimmt überhaupt nicht zu schätzen.«

»Er hat sein Leben«, sagte Ran. »Ich habe meins.«

Sam machte ein verwirrtes Gesicht, aber mir kam das alles total plausibel vor. Ich kannte in Charlestown eine Müllsammlerin, deren Mann ihr eine Sechs-Millionen-Villa auf dem Beacon Hill hinterlassen hatte, aber sie fühlte sich wie erstickt, wenn sie allein zu Hause saß, sie war einsam und unglücklich. Und deshalb lebte sie auf der Straße, schob ihren Einkaufswagen vor sich her, sammelte Plastikgartenzwerge und Blechdosen. Und dadurch hatte sie dann das Gefühl, ein richtiger Mensch zu sein.

Ran runzelte die Stirn. »Worüber reden wir hier noch mal?«

»Über das Schwert des Sommers«, sagte ich. »Und was ich im Gegenzug anbieten könnte.«

»Genau!«

»Was ich anbiete«, sagte ich, »ist, dass du deine Sammlung behalten kannst.«

Die Seile des Netzes überzogen sich mit Reif. Rans Tonfall klang jetzt bedrohlich. »Soll das heißen, du willst mir meine Sachen wegnehmen?«

»Das würde ich niemals wagen. Ich weiß doch, wie wertvoll ...«

»Allein diese Plastikwindmühle fürs Blumenbeet hier – so was wird nicht mehr produziert. Die ist mindestens zehn Dollar wert.«

»Genau. Aber wenn du mir das Schwert des Sommers nicht gibst, werden Surt und seine Feuerriesen sich auf die Suche danach machen. Und die werden dir nicht solchen Respekt erweisen.«

Ran schnaubte. »Die Söhne Muspells können mir nichts tun. Mein Reich ist für sie tödlich.«

»Aber Surt hat viele Verbündete«, sagte Sam, die jetzt begriffen hatte. »Die würden dich stören, dich schikanieren, dir deine ... Schätze wegnehmen. Sie würden alles tun, um dieses Schwert an sich zu bringen. Und wenn sie es dann haben, werden sie die Götterdämmerung auslösen. Dann gibt es keine Beutezüge mehr. Die Meere werden kochen. Deine Sammlung wird vernichtet werden.«

»Nein!«, kreischte die Göttin.

»Doch«, sagte ich. »Aber wenn du uns das Schwert gibst, hat Surt keinen Grund, dich zu belästigen. Wir werden es sorgfältig hüten.«

Ran schaute wütend ihre Netze an und betrachtete die Muster

aus glitzerndem Müll. »Und wieso, Sohn des Frey, wäre das Schwert bei euch sicherer als bei mir? Du kannst es deinem Vater nicht zurückgeben. Frey hat seine Rechte auf diese Waffe abgegeben, als er sie Skirnir überlassen hat.«

Zum millionsten Mal hätte ich gern meinen hopsenden Sommergott von einem Dad gesucht und ihm eine gescheuert. Warum hatte er seine Waffe überhaupt weggegeben? Aus Liebe? Müssten Götter denn nicht über solche Dummheiten erhaben sein? Andererseits, Ran sammelte Radkappen, und Ägir stand auf Mikrobrauen.

»Ich werde es selbst benutzen«, sagte ich. »Oder in Walhalla verwahren.«

»Mit anderen Worten, du hast keine Ahnung.« Die Göttin hob die mit Muschelschalen besetzten Augenbrauen und sah Sam an. »Und du, Tochter des Loki, warum stehst du auf der Seite der Götter von Asgard? Dein Vater ist nicht gerade ihr Freund – nicht mehr.«

»Ich bin nicht mein Vater«, sagte Sam. »Ich bin – war – Walküre.«

»Ach, richtig. Das Mädchen, das vom Fliegen geträumt hat. Aber die Thane von Walhalla haben dich ausgestoßen. Warum versuchst du noch immer, ihre Gunst zu gewinnen? Du brauchst sie nicht, um zu fliegen. Du weißt sehr gut, dass du mit dem Blut deines Vaters ...«

»Gib uns das Schwert, edle Ran.« Sams Stimme wurde härter. »Nur so kann dic Götterdämmerung aufgehalten werden.«

Die Göttin lächelte spöttisch. »Du hörst dich sogar an wie Loki. Er war so ein überzeugender Redner – in einem Moment ein Schmeichler, im anderen drohte er. Einmal hat er mich sogar überredet, ihm mein Netz zu leihen! Das hat ganz schön Ärger verursacht. Loki hat die Geheimnisse des Netzeflechtens herausgefunden. Erst haben es die Götter gelernt, danach die Menschen. Sehr bald hatte alle Welt Netze! Mein Wahrzeichen! So leicht lasse ich mich nie wieder überreden. Ich behalte das Schwert und warte auf Surt.«

Ich befreite mich aus dem Angelsitz, ging an die Spitze des Bugs und sah der Göttin in die Augen. Eigentlich pöbele ich Müllsammlerinnen ja nicht an, aber Ran musste mich endlich ernst nehmen. Ich nahm die Kette von meinem Gürtel. Die silbernen Kettenglieder funkelten in trübem Licht.

»Diese Kette ist auch ein Schwert«, sagte ich. »Eine echte Klinge aus Walhalla. Wie viele von der Sorte hast du in deinem Netz?«

Ran streckte die Hand nach der Kette aus, riss sich dann aber zusammen. »Ja … ich kann das Schwert durch den Zauber sehen. Aber warum sollte ich so einen Tausch …«

»Ein neues Schwert gegen ein altes«, bot ich an. »Diese Klinge leuchtet viel heller, sie wurde bisher erst ein Mal im Kampf verwendet. Du könntest dafür zwanzig Dollar bekommen, mindestens. Das Schwert des Sommers dagegen hat keinen Verkaufswert.«

»Mmm, stimmt, aber …«

»Die andere Möglichkeit«, sagte ich, »ist, dass ich mir das Schwert des Sommers einfach nehme. Es gehört mir.«

Ran knurrte. Ihre Fingernägel wurden zu spitzen Krallen, wie Haizähne. »Du wagst es, mich zu bedrohen, Sterblicher?«

»Ich sage nur die Wahrheit«, sagte ich und versuchte, Ruhe zu bewahren. »Ich kann das Schwert in deinen Netzen spüren.« (Total gelogen.) »Ich habe es schon einmal aus der Tiefe gezogen. Ich kann das wieder tun. Das Schwert ist die schärfste Waffe in den Neun Welten. Willst du wirklich, dass es dein Netz zerschneidet, deine Sammlung verstreut und diese vielen gefangenen Seelen freisetzt? Wenn die entkommen, glaubst du, die werden für dich oder gegen dich kämpfen?«

Ihr Blick wurde unsicher. »Das würdest du nicht wagen.«

»Gib mir ein Schwert für ein Schwert«, sagte ich. »Und leg noch einen von Iduns Äpfeln dazu, für unsere Mühe.«

Ran zischte. »Von einem Apfel war bisher noch keine Rede!«

»Das ist doch eine kleine Bitte«, sagte ich. »Ich weiß, dass bei dir irgendwo ein überzähliger Apfel der Unsterblichkeit herumschwirrt. Dann kehren wir friedlich zurück an Land. Wir werden die Götterdämmerung verhindern und du kannst zu deinen Beutezügen zurückkehren. Wenn nicht ...«, ich zuckte mit den Schultern, »wirst du ja sehen, was der Sohn des Frey mit dem Schwert seines Vaters so anstellen kann!«

Ich war ziemlich sicher, dass die Göttin mir ins Gesicht lachen, das Boot zum Kentern bringen und unsere ertrunkenen Seelen ihrer Sammlung einverleiben würde. Aber ich starrte sie an, als ob ich nichts zu verlieren hätte.

Nachdem ich bis zwanzig gezählt hatte – lange genug, um eine Schweißperle meinen Hals hinablaufen und an meinem Kragen gefrieren zu lassen –, fauchte Ran: »Na gut.«

Sie schnippte mit den Fingern. Das Schwert des Sommers kam aus dem Wasser geflogen und landete in meiner Hand. Sofort fing es an zu summen und aktivierte jedes Molekül meines Körpers.

Ich warf meine Kette über Bord. »Und jetzt den Apfel.«

Ein Stück Obst kam aus dem Netz geschossen. Es hätte Sam genau zwischen die Augen getroffen, wenn sie nicht so schnell reagiert hätte. Der Apfel sah nach nichts aus – ein schrumpeliger Golden Delicious –, aber Sam hielt ihn so vorsichtig, als ob er radioaktiv wäre. Sie ließ ihn in ihre Jackentasche gleiten.

»Und jetzt geh, wie du es versprochen hast«, sagte Ran. »Aber merk dir eins, Sohn des Frey, dein frecher Handel wird dich teuer zu stehen kommen. Du hast dir in Ran eine Feindin gemacht. Mein Gemahl Ägir, der Herr der Wellen, wird auch davon hören, falls ich ihn jemals aus dem Hopfenladen locken kann. Um deinetwillen hoffe ich, dass du keine weiteren Seereisen planst. Beim nächsten Mal wird deine Verwandtschaft mit Njörd dich nicht retten. Wenn du noch einmal meine Gewässer kreuzt, dann werde ich deine Seele eigenhändig auf den Grund ziehen.«

»Na schön«, sagte ich. »Das ist doch mal etwas, worauf ich mich freuen kann.«

Ran wirbelte um sich selbst. Ihre Gestalt verschwamm zu einer nebligen Trichterwolke und ihre Netze wickelten sich um sie herum wie gekochte Spaghetti. Sie versank in der Tiefe und war verschwunden.

Sam schüttelte sich. »Das war interessant.«

Hinter uns quietschte eine Leiter. Haralds Kopf erschien aus dem Unterdeck.

»Interessant?«, fragte er erbost. »Hast du *interessant* gesagt?«

Er kletterte an Deck und starrte uns an, seine Fäuste waren geballt und sein eisiger blauer Bart tropfte. »Midgardschlangen zu fischen ist das eine. Aber Ran verärgern? Ich hätte euch nie an Bord genommen, wenn ich das gewusst hätte, da hätte der Große sagen können, was er will. Ich muss auf dem Ozean meinen Lebensunterhalt verdienen! Ich hätte euch über Bord werfen sollen ...«

»Ich verdoppele den Preis«, sagte Sam. »Zehn Stück Rotgold. Bringen Sie uns zurück in den Hafen.«

Harald blinzelte. »Na gut.« Er machte sich auf den Weg zum Steuerhaus.

Ich sah mir das Schwert des Sommers an. Jetzt, wo ich es hatte, wusste ich nicht so recht, was ich damit anfangen sollte. Der Stahl verströmte sein eigenes Licht, silbrige Runen loderten auf der flachen Seite der Klinge. Das Schwert strahlte Wärme aus, heizte die Luft um mich herum auf, ließ das Eis auf der Reling schmelzen, erfüllte mich mit derselben gelassenen Kraft, die ich empfand, wenn ich jemanden heilte. Es war nicht so sehr wie das Gefühl, eine Waffe in der Hand zu halten … sondern eher, wie eine Tür in eine andere Zeit zu öffnen, mit meiner Mom in den Blue Hills zu wandern und den Sonnenschein im Gesicht zu spüren.

Sam streckte die Hand aus. Sie wischte mir mit ihren Lederhandschuhen eine Träne von der Wange.

Mir war gar nicht klar gewesen, dass ich weinte.

»Tut mir leid«, sagte ich mit heiserer Stimme.

Sam musterte mich besorgt. »Hättest du das Schwert wirklich einfach herbeirufen können?«

»Ich weiß es nicht.«

»Dann musst du wahnsinnig sein. Aber ich bin beeindruckt.«

Ich ließ die Klinge sinken. Sie summte immer weiter, als ob sie mir etwas sagen wollte.

»Was hat Ran gemeint?«, fragte ich. »Sie hat gesagt, du brauchtest keine Walküre zu sein, um fliegen zu können. Es hatte mit dem Blut deines Vaters zu tun.«

Sams Gesicht zog sich schneller zusammen als Rans Netze. »Das spielt keine Rolle.«

»Bist du dir sicher?«

Sie hängte sich die Axt an den Gürtel und mied meinen Blick. »So sicher, wie du das Schwert herbeirufen konntest.«

Die Außenbordmotoren dröhnten. Das Schiff fing an, sich zu drehen.

»Ich gehe zu Harald ins Steuerhaus«, sagte Sam, die offenbar einen gewissen Sicherheitsabstand zwischen uns bringen wollte. »Ich sorge dafür, dass er uns nach Boston bringt und nicht nach Jotunheim.«

35 KUNST IST NICHT ZUM BEKACKEN DA

Nachdem sie mir den angeschrumpelten Apfel der Unsterblichkeit gegeben hatte, verließ Sam mich im Hafen. Nicht, dass sie das gern täte, sagte sie, aber ihre Großeltern würden sie umbringen, und dazu wollte sie nicht zu spät kommen. Wir verabredeten uns für den nächsten Morgen im Park.

Ich machte mich auf den Weg zum Copley Square. Es kam mir ein bisschen komisch vor, mit einem leuchtenden Schwert durch die Straßen zu gehen, deshalb unterhielt ich mich mit meiner Waffe (denn das war natürlich sehr viel weniger verrückt).

»Könntest du dich vielleicht in etwas Kleineres verwandeln?«, fragte ich. »Aber lieber keine Kette, die Neunzigerjahre sind nämlich vorbei!«

Das Schwert gab keine Antwort (typisch!), aber ich stellte mir vor, dass es in einer eher fragenden Tonart summte: *Ja, in was denn dann?*

»Weiß nicht. Etwas Unauffälliges, das in die Hosentasche passt. Einen Kugelschreiber vielleicht?«

Das Schwert pulsierte, fast, als ob es lachte. Ich stellte mir vor, wie es sagte: *Ein Kugelschreiberschwert! So einen Blödsinn habe ich ja noch nie gehört.*

»Hast du einen besseren Vorschlag?«, fragte ich.

Das Schwert schrumpfte in meiner Hand und wurde zu einem Runenstein an einer goldenen Kette. In den kleinen weißen Stein war ein schwarzes Symbol eingelassen.

ᚠ

»Die Rune des Frey«, sagte ich. »Eigentlich stehe ich ja nicht so sehr auf Schmuck, aber von mir aus.«

Ich legte mir die Kette um den Hals. Ich stellte fest, dass der Stein mit einer Art Magnetismus daran befestigt war, deshalb konnte ich ihn problemlos von der Kette lösen. Sowie ich das tat, wuchs der Stein zum Schwert heran. Wenn ich wieder einen Anhänger haben wollte, brauchte ich mir das nur vorzustellen. Das Schwert schrumpfte zu einem Stein zusammen und ich konnte ihn an der Kette festmachen.

»Cool«, gab ich zu.

Vielleicht hatte das Schwert meine Bitte ja wirklich gehört. Vielleicht hatte ich den Verwandlungszauber auf irgendeine Weise selbst hervorgerufen. Oder vielleicht bildete ich mir das alles nur ein und hatte ein riesiges Schwert um den Hals.

Ich glaubte nicht, dass irgendwer mein neues Schmuckstück genauer ansehen würde.

Sie würden das ᚠ sehen und denken, das stehe für ᚠalsch gelaufen.

Als ich den Copley Square erreichte, war es stockdunkel. Keine Spur von Blitz oder Hearthstone. Das fand ich besorgniserregend. Die Bibliothek war schon geschlossen. Ich fragte mich, ob der Große mich auf dem Dach erwartete, aber ich würde nicht an den Mauern der Bibliothek hochklettern.

Es war ein langer Tag gewesen. Einherjische Superkräfte hin

oder her, ich war erschöpft und zitterte vor Hunger. Wenn der Große den Apfel haben wollte, musste er ihn sich holen. Sonst würde ich ihn selbst essen.

Ich setzte mich auf die Treppe vor der Bibliothek und der Stein wogte unter mir, als ob ich mich noch immer auf Haralds Schiff befände. Zu beiden Seiten der Treppe saß jeweils eine bronzene Dame zurückgelehnt auf einem Marmorthron. Ich wusste noch, dass eine von ihnen die Kunst symbolisierte und die andere die Wissenschaft, aber für mich sahen sie beide urlaubsreif aus. Sie stützten sich auf ihre metallenen Armlehnen, hatten sich Metallschals um den Kopf gelegt und schauten zu mir herüber, als wollten sie sagen: *Harte Woche, was?*

Ich war zum ersten Mal allein und nicht in akuter Gefahr seit ... dem Bestattungsunternehmen? Konnte es als Alleinsein gelten, wenn man seinen eigenen Leichnam anstarrte?

Die Trauerfeier für mich war inzwischen wohl vorüber. Ich stellte mir vor, wie mein Sarg in ein eiskaltes Grab hinabgelassen wurde; Onkel Randolph stützte sich auf seinen Gehstock und runzelte missbilligend die Stirn; Onkel Frederick sah verwirrt und verzweifelt aus in seiner zusammengestoppelten Kleidung, und Annabeth ... Ich konnte mir nicht vorstellen, wie ihr wohl zu Mute war.

Sie war in aller Eile nach Boston gekommen, um mich zu suchen. Sie hatte erfahren, dass ich tot war. Dann hatte sie erfahren, dass ich *nicht* tot war, aber musste trotzdem zu meiner Beerdigung gehen und durfte niemandem sagen, dass sie mich gesehen hatte.

Ich glaubte, dass sie ihr Versprechen halten würde, aber unsere Begegnung hatte mich aufgewühlt. Die Begegnung und einige der Dinge, die sie gesagt hatte: *Ich kann dir helfen. Ich weiß einen Ort, wo du in Sicherheit wärst.*

Ich zog den zerknüllten Flyer aus meiner Jackentasche. VERMISST! MAGNUS CHASE, 16 JAHRE ALT. BITTE ANRUFEN. Ich prägte mir Annabeths Telefonnummer ein. Ich schuldete ihr eine Erklärung, aber noch nicht jetzt. Hearthstone war bewusstlos getreten worden, Blitzen war halb versteinert und Sam bei den Walküren rausgeflogen, und alles meinetwegen. Ich durfte es nicht riskieren, noch jemanden in meine Probleme hineinzuziehen.

Den Nornen nach würde der Fenriswolf in sieben Tagen von der Kette gelassen werden, es sei denn, ich konnte es verhindern. Dann würde die Götterdämmerung losbrechen. Surt würde die Neun Welten mit Feuer überziehen. Ich würde meine Mom niemals finden und den Mord an ihr nicht rächen können.

Trotz allem: Immer, wenn ich daran dachte, dass ich einem Wolf gegenübertreten musste – und dann auch noch gleich dem Fenriswolf! –, dann hätte ich mich am liebsten in meinem alten Schlafsack verkrochen, mir die Finger in die Ohren gebohrt und *tralalala, gar nicht wahr* gesummt.

Ein Schatten streifte meinen Kopf. Der Große landete in Adlergestalt auf der Bronzestatue zu meiner Linken und ließ sofort einen Adlerklecks auf ihren Kopf fallen.

»Mann«, sagte ich. »Du hast gerade auf die Kunst gekackt.«

»Echt?« Der Große hob seine Schwanzfedern. »Bestimmt ist sie daran gewöhnt. Wie ich sehe, hast du deinen Angelausflug überlebt?«

»Überrascht?«, fragte ich.

»Ja, eigentlich schon. Hast du meinen Apfel?«

Ich zog den Apfel aus der Tasche und warf ihn dem Großen zu. Der fing ihn mit der linken Kralle und fing an zu essen. »Ja, das ist das Richtige!«

Ich hatte in letzter Zeit ja schon einige seltsame Dinge gesehen, aber ein Adler, der auf dem vollgekackten Kopf der Kunst einen Apfel aß, gehörte mindestens in die Top Twenty.

»Und verrätst du mir denn jetzt, wer du bist?«, fragte ich.

Der Große rülpste. »Das hast du dir wohl verdient. Ich gebe zu: Ich bin gar kein echter Adler.«

»Das schockiert mich. Es schockiert mich total, das kann ich dir sagen.«

Er pickte noch ein Stück aus dem Apfel. »Und ich glaube nicht, dass du unter den Göttern viele Freunde finden wirst, wenn sie erfahren, dass du mir geholfen hast.«

»Na toll«, sagte ich. »Bei Ran und Ägir steh ich auch schon auf der schwarzen Liste.«

»Ach, die beiden sind doch gar keine echten Götter. Sie sind weder Asen noch Wanen. Ich glaube, sie gehören eher zu den Riesen, aber die Grenze zwischen Göttern und Riesen ist inzwischen sowieso verwischt. Unsere Sippen haben im Laufe der Jahre so oft untereinander geheiratet ...«

»*Unsere Sippen*, soll das heißen ...«

Der Adler wuchs. Schatten umfingen und vergrößerten ihn wie bei einem an Masse gewinnenden Schneeball. Er wurde zu einem riesigen alten Mann, der auf der Kunst herumlungerte. Er trug Stiefel mit Eisenbeschlägen, eine Lederhose und einen Umhang aus Adlerfedern, der zweifellos eine Menge Naturschutzgesetze brach. Seine Haare waren grau und sein Gesicht vom Alter verwittert. Am Unterarm trug er eine goldene, mit Blutsteinen besetzte Armspange – wie sie auch die Thane in Walhalla hatten.

»Du bist ein Fürst?«, fragte ich.

»Sogar ein König.« Der Große biss wieder in den Apfel. Sofort wurden seine Haare dunkel und einige seiner Runzeln glätteten sich.

»Utgardloki, zu deinen Diensten!«

Meine Finger schlossen sich um meinen Schwertanhänger. »Loki wie *der* Loki?«

Der Riesenkönig verzog verärgert das Gesicht. »Du hast ja keine Ahnung, wie oft mir diese Frage gestellt wird. *Bist du der ›berühmte‹ Loki?*« Um das »berühmte« zeichnete er Gänsefüßchen in die Luft. »Uäh! Ich hieß schon Loki, ehe er zum ersten Mal aufgetaucht ist! Unter Riesen ist das ein beliebter Name. Nein, Magnus Chase, ich bin mit dem *berühmten* Loki nicht verwandt. Ich bin Utgardloki, also der Loki der Uthlande, der König der Bergriesen. Ich beobachte dich schon seit Jahren.«

»Das höre ich häufiger.«

»Na, du bist auch viel interessanter als diese dumpfen Thorkinder, die mich sonst so herausfordern. Du wirst einen wunderbaren Feind abgeben.«

In meinen Gehörgängen stieg der Druck. »Wir sind jetzt Feinde?«

»Na ja, du brauchst nicht sofort dein Schwert zu ziehen. Netter Anhänger übrigens. Eines Tages werden wir uns auf gegnerischen Seiten gegenüberstehen. Daran kann man nichts ändern. Aber für den Moment bin ich gern Beobachter. Ich hoffe, du wirst lernen, das Schwert zu benutzen, ohne dich dabei umbringen zu lassen. Das könnte unterhaltsam sein. Surt, dieser alte Rauchsack, hat eine Runde Demütigungen verdient.«

»Es ist mir immer eine Freude, zu deiner Unterhaltung beizutragen.«

Der Riese stopfte sich den letzten Apfelrest in den Mund und schluckte ihn auf einmal hinunter. Er sah jetzt aus wie ungefähr fünfundzwanzig, hatte kohlschwarze Haare und sein hübsches, kantiges Gesicht wies keine einzige Runzel auf.

»Wo hier gerade von Surt die Rede ist«, sagte er. »Der Feuerherr wird dir das Schwert nie im Leben überlassen. Es bleibt dir Zeit bis ... vermutlich bis morgen früh, dann wird er in Erfahrung gebracht haben, dass du es hast.«

Meine Hand ließ den Anhänger los. Meine Arme fühlten sich an wie feuchte Sandsäcke. »Ich habe Surt aufgespießt, habe ihm die Nase abgeschnitten und ihn in einen vereisten Fluss geworfen. Und nicht einmal das kann ihn ein bisschen aufhalten?«

»Doch, hat es ja. Im Moment ist er nur ein wütender nasenloser Feuerball, der unten in Muspellsheim herumwütet. Er muss all seine Kraft sammeln, um am Tag des vollen Mondes wieder in Erscheinung treten zu können.«

»Wenn er versucht, den Wolf zu befreien.« Vielleicht sollte ich mit jemandem, der nach eigener Aussage mein Feind war, nicht darüber plaudern, aber irgendwas sagte mir, dass Utgardloki das bereits wusste.

Der Riese nickte. »Surt kann es kaum erwarten, dass die Götterdämmerung losbricht. Er weiß, dann darf er die Neun Welten in Flammen aufgehen lassen, und darauf wartet er seit dem Morgenrot der Zeiten. Ich finde alles gut so, wie es ist. Ich habe Spaß! Aber Feuerriesen ... mit denen kann man nicht reden. Bei denen zählt nur brennen, brennen, brennen. Wie auch immer, die gute Nachricht ist, dass Surt persönlich dich vor dem Vollmond nicht töten kann. Er ist viel zu schwach. Die schlechte Nachricht: Er hat jede Menge Helfershelfer.«

»Ich hasse Helfershelfer.«

»Surt ist nicht der Einzige, der es auf dich abgesehen hat. Auch deine früheren Kumpels aus Walhalla suchen dich. Es gefällt ihnen gar nicht, dass du unerlaubt abgehauen bist.«

Ich dachte an Kapitänin Gunilla und ihren Patronengurt mit

Hämmern. Ich stellte mir vor, wie so ein Hammer auf mein Gesicht zugeflogen kam. »Na, perfekt.«

»Ich an deiner Stelle, Magnus, würde zusehen, dass ich beim ersten Tageslicht nicht mehr in Midgard bin. Das müsste die Verfolger von deiner Fährte abbringen, jedenfalls vorübergehend.«

»Die Erde verlassen. Nichts leichter als das.«

»Ich wusste ja, du lernst schnell.« Utgardloki rutschte vom Schoß der Statue. Im Stehen war er mindestens vier Meter groß. »Wir sehen uns wieder, Magnus Chase. Eines Tages wirst du Unterstützung brauchen, die nur Utgardloki dir geben kann. Aber für den Moment ... Jetzt würden deine Freunde gern mit dir sprechen. Leb wohl!«

Schatten umwirbelten ihn. Dann war Utgardloki verschwunden. An seiner Stelle standen Blitzen und Hearthstone vor mir.

Hearth sprang vor mir zurück wie eine verwirrte Katze.

Blitzen ließ seine Tasche fallen. »Bei Heimdalls Horn, Kleiner! Wo kommst du denn her?«

»Wo ich ...? Ich bin seit fast einer Stunde hier. Ich habe mich mit einem Riesen unterhalten.«

Hearth kam vorsichtig näher. Er bohrte mir den Finger in die Brust, um zu sehen, ob ich echt war.

Wir warten hier seit Stunden, beschwerte er sich. *Und zwar auf dich. Wir haben mit einem Riesen gesprochen. Du bist einfach so aufgetaucht.*

Mir wurde fast schlecht. »Vielleicht sollten wir mal Erfahrungen austauschen.«

Ich erzählte ihnen, was passiert war, seit sich unsere Wege getrennt hatten: Haralds Boot, Mr M. und Müllsammlerin Ran und mein Gespräch mit Utgardloki.

»Ah. Das ist gar nicht gut.« Blitzen streichelte seinen Bart. Er hatte den Sonnenschutzkram abgelegt und trug jetzt einen auberginenfarbenen dreiteiligen Anzug und ein helllila Hemd, dazu eine grüne Nelke im Knopfloch. »Der Riese hat uns so ungefähr das Gleiche erzählt, aber ... er hat uns seinen Namen nicht genannt.«

Hearth gebärdete *Überraschung*, dann öffnete er seine zusammengepressten Finger neben beiden Augenwinkeln, und ich nahm an, das sollte *Väähhh!* bedeuten.

Utgardloki. Er buchstabierte den Namen. *Der mächtigste Zauberer von Jotunheim. Kann jegliche Illusion hervorrufen.*

»Wir hatten noch Glück«, sagte Blitz. »Utgardloki hätte uns dazu bringen können, einfach alles zu sehen oder zu tun, was er will. Er hätte uns von einem Dach laufen lassen können, wir hätten uns gegenseitig umbringen oder vielleicht sogar ein Steak Tatar essen können. Und außerdem«, Blitz kniff die Augen zusammen, »könnten wir auch weiterhin Illusionen sehen. Jeder hier könnte ein Riese sein.«

Blitzen boxte Hearthstone in den Arm.

AUTSCH!, gebärdete Hearthstone. Er trat dem Zwerg auf die Zehen.

»Vielleicht auch nicht«, entschied Blitzen. »Jedenfalls ist das richtig schlimm. Magnus, du hast einem Riesenkönig einen Unsterblichkeitsapfel gegeben.«

»Und ... was bedeutet das genau?«

Blitz spielte an seiner Nelke herum. »Um ehrlich zu sein, ich bin nicht sicher. Ich habe noch nie kapiert, wie diese Äpfel wirken. Ich schätze, er macht Utgardloki jünger und stärker. Und eins muss dir klar sein, wenn die Götterdämmerung heraufzieht, wird er nicht auf unserer Seite stehen.«

Hearthstone gebärdete: *Ich wünschte, ich hätte gewusst, dass es Utgardloki war. Dann hätte ich ihn über Magie ausfragen können.*

»Quark«, sagte Blitz. »Du weißt doch schon so viel. Außerdem kannst du nicht davon ausgehen, dass ein Riese dir eine klare Antwort gibt. Aber jetzt müsst ihr beide schlafen. Alben können ohne Sonnenlicht nicht sehr lange wach bleiben. Und Magnus sieht aus, als ob er gleich zusammenbricht.«

Blitz hatte Recht. Ich sah jetzt schon doppelte Blitzens und doppelte Hearthstones, und ich glaubte nicht, dass das irgendetwas mit Magie zu tun hatte.

Wir schlugen unser Lager vor der Tür zur Bibliothek auf, wie in den alten Zeiten, nur besser ausgerüstet. Blitz zog drei Schlafsäcke aus seiner Reisetasche, dazu saubere Kleider für mich und einige belegte Brote, die ich so schnell verschlang, dass ich gar nicht merkte, wonach sie schmeckten. Hearth kroch in seinen Schlafsack und fing sofort an zu schnarchen.

»Ruh dich aus«, sagte Blitz zu mir. »Ich halte Wache. Morgen besuchen wir meine Verwandtschaft.«

»Die Zwergenwelt?« Meine Gedanken verschwammen. »Dein Zuhause?«

»Mein Zuhause.« Blitzen klang beunruhigt. »Nach den Untersuchungen, die Hearth und ich heute angestellt haben, sieht es aus, als brauchten wir weitere Informationen über diese Stricke, mit denen der Fenriswolf gefesselt ist. Und die bekommen wir nur in Nidavellir.« Er starrte die Kette um meinen Hals an. »Darf ich mal sehen? Das Schwert?«

Ich zog den Anhänger ab und legte das Schwert zwischen uns. Sein Licht ließ Blitzens Gesicht in der Dunkelheit wie eine Kupferader glitzern.

»Atemberaubend«, murmelte er. »Knochenstahl … oder etwas noch Exotischeres.«

»Knochenstahl … das hat auch T. J. in Walhalla erwähnt.«

Blitz berührte die Klinge nicht, sondern ließ ehrerbietig seine

Hand darüber schweben. »Um Stahl herzustellen, wird Eisen mit Kohlenstoff verschmolzen. Die meisten Schwertschmiede benutzen Kohle, aber es geht auch mit Knochen – den Knochen von Feinden oder Monstern oder Ahnen.«

»Oh …« Ich starrte die Klinge an und fragte mich, ob sich meine Ururgroßeltern irgendwo darin versteckten.

»Wenn es richtig geschmiedet worden ist«, sagte Blitz, »kann Knochenstahl übernatürliche Wesen umbringen, sogar Riesen und Götter. Natürlich musst du die Klinge in Blut tauchen, um sie zu härten, am besten ist das Blut der Gattung, bei der das Metall tödliche Wirkung haben soll.«

Die Brote wollten in meinem Magen nicht so richtig zur Ruhe kommen. »So ist diese Klinge hergestellt worden?«

»Ich weiß es nicht«, gab Blitz zu. »Das Schwert des Frey ist Wanenhandwerk, und das ist für mich ein Geheimnis. Es könnte eher mit Hearths Albenmagie zu tun haben.«

Mein Mut schwand. Ich hatte die Vorstellung gehabt, dass sich Zwerge mit Waffenherstellung auskannten. Im Hinterkopf hatte ich gehofft, dass Blitzen mir etwas über die Geheimnisse der Klinge erzählen könnte.

Ich schaute zu dem noch immer friedlich schnarchenden Hearth hinüber. »Du hast gesagt, Hearth kennt sich mit Magie aus. Das soll jetzt keine Kritik sein. Aber ich habe nie gesehen, dass er einen Zauber heraufbeschworen hätte … Na ja, er hat mal eine Tür geöffnet. Was kann er sonst noch?«

Blitz legte seine Hand beschützend neben Hearths Füße. »Magie zieht die Kraft aus ihm heraus. Deshalb benutzt er sie nur sehr sparsam. Und seine Familie …«

Er holte tief Luft. »Moderne Alben lehnen Magie ab. Seine Eltern haben das Hearth nur allzu nachdrücklich klargemacht. Es ist ihm noch immer unangenehm, wenn er vor anderen zaubern soll. Hearthstone ist nicht der Sohn, den seine Eltern sich gewünscht haben, mit seiner Magie und, na ja, du weißt schon …« Blitz berührte seine eigenen Ohrläppchen.

Ich hätte gern in Gebärdensprache Hearthstones Eltern beschimpft. »Es ist doch nicht seine Schuld, dass er taub ist.«

»Alben«, Blitz zuckte mit den Schultern. »Die haben wenig Geduld mit Dingen, die nicht perfekt sind – Musik, Kunst, Aussehen. Ihre eigenen Kinder.«

Ich wollte wütend verkünden, was das für eine Gemeinheit sei. Dann dachte ich an Menschen und kam zu dem Schluss, dass wir auch nicht viel besser waren.

»Schlaf jetzt, Kleiner«, drängte Blitz. »Harter Tag morgen. Um den Fenriswolf in Fesseln zu halten, brauchen wir die Hilfe eines bestimmten Zwergs … und die wird es nicht umsonst geben. Wir brauchen deine ganze Kraft, wenn wir nach Nidavellir springen.«

»Springen?«, fragte ich. »Wie meinst du das, springen?«

Er sah mich besorgt an, als ob ich bald noch eine Beerdigung bekommen würde. »Morgen früh wirst du versuchen, auf den Weltenbaum zu klettern.«

ENTE GUT, ALLES GUT

36 Ihr könnt mich gern als naiv bezeichnen.

Ich hatte mir unter einem Weltenbaum einen Baum vorgestellt. Und nicht eine Reihe von Bronze-Enten.

»Seht!«, sagte Blitzen. »Der Mittelpunkt des Universums.«

Hearthstone kniete ehrerbietig nieder.

Ich schaute zu Sam hinüber, die sich uns nach einem kühnen Ausbruch aus der ersten Stunde Physik angeschlossen hatte. Sie lachte nicht.

»Also …«, sagte ich. »Ich wollte nur kurz erwähnen, dass das hier das *Macht Platz für die Entlein*-Denkmal ist.«

»Meinst du, das ist ein Zufall?«, fragte Blitzen empört. »Neun Welten? Neun Enten? Dieser Symbolismus schreit doch geradezu *Portal!* Diese Stelle ist der Schnittpunkt der Schöpfung, das Zentrum des Baumes, die nächstliegende Stelle für den Sprung von einer Ente – von einer Welt, meine ich – zur anderen.«

»Wenn du meinst.« Ich war tausendmal an diesen Bronze-Enten vorbeigekommen und hatte sie nie für irgendeine Schnittstelle gehalten. Ich hatte das Kinderbuch nicht gelesen, auf das sie zurückgingen, aber ich glaubte zu wissen, dass es um die Entenmama Mrs Mallard und ihre Jungen ging, die eine Straße in Boston überquerten, und deshalb war ihnen im Park ein Denkmal gesetzt worden.

Im Sommer kletterten kleine Kinder auf Mrs Mallard und ließen sich fotografieren. Zu Weihnachten bekamen die Enten kleine Nikolausmützen. Im Moment waren sie nackt und einsam und bis zum Hals im frisch gefallenen Schnee begraben.

Hearthstone ließ seine Hände über die Statuen wandern, als ob er eine Herdplatte auf Hitze untersuchte.

Er schaute zu Blitz hinüber und schüttelte den Kopf.

»Das habe ich schon befürchtet«, sagte Blitz. »Hearth und ich sind zu viel gereist. Wir können die Enten nicht aktivieren. Magnus, wir brauchen dich.«

Ich wartete auf eine Erklärung, aber Blitz sah sich nur die Skulpturen an. Er probierte an diesem Morgen einen neuen Hut aus – einen Tropenhelm mit einem dunklen Netz, das ihm bis auf die Schultern fiel. Blitz hatte mir gesagt, das mit dem Netz sei seine eigene Erfindung. Es blockierte achtundneunzig Prozent des Sonnenlichts, doch wir konnten sein Gesicht sehen und sein eleganter Anzug wurde nicht verdeckt. Er sah aus wie ein Imker in Trauer.

»Na gut, ich mache mit«, sagte ich. »Wie aktiviere ich Enten?«

Sam sah sich um. Sie wirkte nicht so, als ob sie viel geschlafen hätte. Ihre Augen waren geschwollen und ihre Hände von unserem Angeltörn verschrammt und mit Blasen überzogen. Sie trug einen schwarzen wollenen Trenchcoat, war ansonsten aber so gekleidet wie gestern: grünes Kopftuch, Axt, Schild, Jeans, Winterstiefel – alles, was zu einer modebewussten Walküre a. D. eben dazugehörte.

»Hauptsache, schnell«, sagte sie. »Es gefällt mir nicht, den Toren von Walhalla so nahe zu sein.«

»Aber ich weiß doch nicht, wie«, sagte ich verzweifelt. »Springt ihr eigentlich die ganze Zeit zwischen den Welten hin und her?«

Hearth gebärdete: *Zu oft.*

»Kleiner«, sagte Blitz, »je häufiger du zwischen den Welten reist, umso schwerer wird es. Wie ein Motor, der zu heiß wird. Irgendwann musst du dann anhalten, damit der Motor wieder abkühlen kann. Außerdem ist es ja nicht so, dass wir nach Lust und Laune von einer Welt zur anderen springen. Auf einen Einsatz ausziehen – das ist etwas ganz anderes. Wir wissen ja nicht mal genau, wo wir eigentlich hinmüssen.«

Ich drehte mich zu Sam um. »Was ist mit dir?«

»Wenn ich noch Walküre wäre, wäre das kein Problem. Aber jetzt?« Sie schüttelte den Kopf. »Du bist ein Kind des Frey. Dein Vater ist der Gott des Wachstums und der Fruchtbarkeit. Du müsstest Yggdrasils Zweige nah genug heranlocken können, um hinaufzuspringen. Außerdem ist es ja dein Einsatz. Bei dir ist die Chance am größten, den Weg zu finden. Nimm einfach die Skulptur als Ausgangspunkt. Und such für uns den schnellsten Weg.«

Wahrscheinlich wäre es leichter für sie, mir Infinitesimalrechnung zu erklären.

Ich kam mir blöd vor, aber ich kniete neben der Skulptur nieder und berührte das letzte Entlein in der Reihe. Kälte kroch meinen Arm hoch. Ich spürte Eis, Nebel und Dunkelheit – einen kargen, ungastlichen Ort.

»Das«, entschied ich, »ist der schnellste Weg nach Niflheim.«

»Sehr gut«, sagte Blitz. »Da wollen wir lieber nicht hin.«

Ich streckte gerade die Hand nach der nächsten Ente aus, als eine Stimme schrie: »MAGNUS CHASE!«

Zweihundert Meter weiter, auf der anderen Seite der Charles Street, stand Kommandantin Gunilla, flankiert von zwei anderen Walküren. Hinter ihnen hatte sich eine Reihe von Einherjern aufgebaut. Ich konnte ihre Gesichter nicht erkennen, aber die graue Riesengestalt des Halbtrolls X war unverkennbar. Gunilla hatte meine eigenen Flurgenossen für den Kampf gegen mich rekrutiert.

Meine Finger zuckten vor Wut. Ich hätte gern einen Fleischerhaken gehabt, um mit Gunilla als Köder angeln zu gehen. Ich griff nach meiner Kette.

»Magnus, nein«, sagte Sam. »Konzentrier dich auf die Enten. Wir müssen *jetzt* die Welten wechseln.«

Die Walküren neben Gunilla zogen leuchtende Speere von ihrem Rücken. Sie brüllten die Einherjer an, sie sollten ihre Waffen bereit machen. Gunilla zog zwei der Hämmer aus ihrem Gurt und warf sie in unsere Richtung.

Sam wehrte einen mit ihrem Schild ab, schlug den anderen mit der Axt beiseite und ließ ihn gegen die nächstbeste Weide knallen, wo er bis zum Griff ins Holz einsank. Auf der anderen Straßenseite erhoben sich die drei Walküren in die Luft.

»Ich kann nicht gegen alle kämpfen«, sagte Sam. »Entweder wir hauen jetzt ab oder wir geraten in Gefangenschaft.«

Meine Wut verwandelte sich in Panik. Ich sah die neun Bronze-Enten an, aber meine Konzentration war ruiniert. »Ich – ich brauche mehr Zeit.«

»Wir haben aber keine Zeit!« Sam wehrte einen weiteren Hammer ab. Die Wucht des Aufpralls ließ ihren Schild in der Mitte durchbrechen.

»Hearth!« Blitzen zupfte den Elfen am Ärmel. »Jetzt wäre ein guter Moment.«

Hearthstones Mundwinkel zuckten. Er griff in seinen Beutel und zog einen Runenstein heraus, schloss die Hände darum und murmelte ihm leise etwas zu, als ob er mit einem gefangenen Vogel spräche. Dann warf er den Stein in die Luft.

Der Stein explodierte über uns und wurde zu einer Rune aus loderndem goldenen Licht:

ᚱ

Die Entfernung zwischen uns und Gunillas Jagdgesellschaft schien sich zu vergrößern. Die Walküren flogen in Höchstgeschwindigkeit auf uns zu, meine Flurgenossen zogen die Waffen und griffen an, aber sie kamen nicht von der Stelle.

Das erinnerte mich an die billigen Zeichentrickfilme aus den Siebzigerjahren, wo jemand rennt und rennt, aber der Hintergrund ist immer wieder derselbe. Die Charles Street wirbelte um unsere Verfolger wie ein riesiges Laufrad. Zum ersten Mal begriff ich, was Sam damit gemeint hatte, dass Runen die Wirklichkeit verändern können.

»*Raidho*«, sagte Blitzen beifällig. »Die steht für das Rad, die Reise. Hearthstone hat dir Zeit erkauft.«

Nur Sekunden, gebärdete Hearth. *Beeilt euch.*

Und dann sackte er in Sams Armen in sich zusammen.

Ich ließ meine Hände in aller Eile über die Bronze-Enten wandern. Bei der vierten hielt ich inne. Ich spürte Wärme, Sicherheit ... es fühlte sich einfach richtig an.

»Diese hier«, sagte ich.

»Dann mach sie doch auf!«, brüllte Blitzen.

Ich sprang auf die Füße. Ohne zu wissen, was ich tat, zog ich den Anhänger von der Kette. Das Schwert des Sommers tauchte in meiner Hand auf. Seine Klinge schnurrte wie eine wahnsinnige Katze. Ich tippte damit die Bronze-Ente an und zog das Schwert nach oben.

Die Luft teilte sich wie ein Vorhang. Vor mir erstreckte sich kein Bürgersteig mehr, sondern die endlosen Äste eines Baumes. Der nächstgelegene, so breit wie die Beacon Street, befand sich direkt unter uns, vielleicht neunzig Zentimeter tiefer, über einer grauen Leere. Leider war der Schnitt, den ich in den Stoff von Midgard gehackt hatte, schon wieder dabei, sich zu schließen.

»Beeilt euch«, sagte ich. »Springt!«

Blitzen zögerte nicht. Er sprang durch den Riss.

Gunilla kreischte vor Wut. Sie und ihre Walküren flogen noch immer im Höchsttempo in ihrem Zeichentricklaufrad herum, während die Einherjer hinter ihnen herstolperten.

»Du bist verloren, Magnus Chase!«, brüllte Gunilla. »Wir werden dich verfolgen bis ans Ende …«

Mit einem lauten *POPP* verschwand Hearths Zauber. Die Einherjer fielen mit dem Gesicht nach unten auf die Straße. Die drei Walküren jagten über unsere Köpfe hinweg. Wenn ich vom Klirren der Glasscherben ausgehen konnte, dann waren sie gegen ein Gebäude in der Arlington Street geknallt.

Ich wartete nicht darauf, dass meine alten Flurgenossen wieder zu sich kamen.

Ich packte Hearth am linken Arm, Sam nahm seinen rechten. Gemeinsam sprangen wir in den Weltenbaum.

ICH WERDE VON EINEM EICHHÖRNCHEN RUNTERGEPUTZT

37 Ich bin schon immer gern auf Bäume geklettert.

Meine Mom hatte dafür ziemliches Verständnis. Sie wurde erst nervös, wenn ich über sieben Meter Höhe erreichte. Dann klang ihre Stimme doch ein bisschen angespannt: »He, Kürbis, dieser Ast ist vielleicht nicht stark genug für dich. Könntest du ein bisschen weiter nach unten kommen?«

Am Weltenbaum hätte mich jeder Ast gehalten. Die größten waren breiter als eine Autobahn und die kleinsten so dick wie ein Mammutbaum. Yggdrasils Stamm war so gewaltig, dass es einfach nicht berechnet werden konnte. Jeder Spalt in seiner Oberfläche schien in eine andere Welt zu führen, als ob irgendwer Baumrinde um eine Säule aus Fernsehbildschirmen gewickelt hätte, die gleichzeitig eine Million verschiedene Filme zeigten.

Der Wind toste und riss an meiner neuen Jeansjacke. Hinter dem Saum sah ich nur ein nebliges weißes Leuchten. Unter mir gab es keinen Boden – nur immer mehr Äste, die sich kreuz und quer durch die Leere zogen. Der Baum musste irgendwo verwurzelt sein, aber mir war schwindlig und ich fand keinen Halt – als ob Yggdrasil und alles, was der Baum umfasste, auch meine Welt, einfach so im Urnebel schwebten – im Ginnungagap.

Wenn ich hier abstürzte, würde ich bestenfalls auf einen anderen Ast aufprallen und mir den Hals brechen. Schlimmstenfalls würde ich bis in alle Ewigkeit in das große weiße Nichts hinabstürzen.

Offenbar hatte ich mich vorgebeugt, denn Blitzen packte mich am Arm. »Vorsicht, Kleiner. Beim ersten Mal im Baum wird allen schwindlig.«

»Ja, ist mir auch schon aufgefallen.«

Hearthstone hing noch immer zwischen Sam und mir. Er versuchte, mit den Füßen Halt zu finden, aber seine Knöchel knickten ein und er schwankte in alle Richtungen.

Sam stolperte. Ihr zerbrochener Schild rutschte ihr aus der Hand und schlug auf dem Weg in den Abgrund einen Salto nach dem anderen.

Sie ging in die Hocke, und in ihren Augen flackerte eine nur mit Mühe beherrschte Panik. »Als ich noch fliegen konnte, hat Yggdrasil mir viel besser gefallen.«

»Was ist mit Gunilla und den anderen?«, fragte ich. »Können die uns folgen?«

»Nicht so leicht«, sagte Sam. »Sie können ein anderes Portal öffnen, aber das muss nicht unbedingt zum selben Ast führen. Trotzdem sollten wir machen, dass wir weiterkommen. So ein Aufenthalt auf Yggdrasil ist nicht gut für die geistige Gesundheit.«

Hearthstone konnte jetzt allein stehen. *Mir geht's gut. Gehen wir.* Seine Hände zitterten allerdings so sehr, dass es eher aussah wie *Du bist ein Kaninchenloch.*

Wir wanderten weiter über den Ast.

Das Schwert des Sommers summte in meiner Hand und zog mich weiter, als ob es wüsste, wohin wir wollten. Ich hoffte jedenfalls, dass es das wusste.

Feindselige Winde stießen uns von einer Seite zur anderen. Äste schaukelten und warfen tiefe Schattenpfützen und leuchtende Lichtflecken auf unseren Weg. Ein Blatt von der Größe eines Kanus flatterte vorüber.

»Konzentrier dich«, sagte Blitzen zu mir. »Das Gefühl von vorhin, als du das Portal geöffnet hast, das musst du wieder suchen. Dann kannst du einen Ausgang für uns finden.«

Nachdem wir ungefähr einen halben Kilometer gegangen waren, fanden wir unter unserem einen kleineren Ast, der unseren kreuzte. Mein Schwert summte lauter und zog mich nach rechts.

Ich sah meine Freunde an. »Ich glaube, das ist der richtige Ausgang.«

Ein Wechsel von Ast zu Ast hört sich vielleicht leicht an, aber wir mussten mehr als drei Meter weit von der einen gebogenen Oberfläche auf die andere rutschen, während der Wind heulte und die Äste sich voneinander wegbewegten. Erstaunlicherweise schafften wir es, ohne dass jemand zerquetscht wurde oder ins Nichts fiel.

Uns auf dem schmaleren Ast fortzubewegen, war noch schlimmer. Er bewegte sich viel heftiger unter unseren Füßen. Einmal wurde ich von einem Blatt umgeworfen wie von einer grünen Plane, die aus dem Nirgendwo auf mich herabgefallen war. Dann schaute ich nach unten und entdeckte, dass ich über einem Spalt in der Rinde stand. Mehrere Hundert Meter unter mir konnte ich durch den Ast eine verschneite Gebirgskette sehen, als ob ich in einem Flugzeug mit Glasboden stünde.

Wir suchten uns einen Weg durch ein Labyrinth aus Moosflechten, die aussahen wie Hügel aus angebrannten Marshmallows. Ich machte den Fehler, eine zu berühren. Meine Hand sank bis zum Handgelenk ein und ich hätte sie fast nicht zurückbekommen.

Endlich lösten sich die Flechtenhügel zu kleineren Klumpen auf, die nur noch wie Sofas aus verbrannten Marshmallows aussahen. Wir folgten unserem Ast, bis der sich in ungefähr ein halbes Dutzend unbetretbare Zweige gabelte. Das Schwert des Sommers schien in meiner Hand eingeschlafen zu sein.

»Na?«, fragte Sam.

Ich lugte über den Rand. Ungefähr zehn Meter unter uns schwankte ein größerer Ast hin und her. Mitten auf diesem Ast sandte ein whirlpoolgroßes Astloch sanftes, warmes Licht aus.

»Das ist es«, sagte ich. »Das da ist unser Ausgang.«

Blitzen runzelte die Stirn. »Bist du sicher? Nidavellir ist nicht warm und leuchtet auch nicht.«

»Ich sag ja nur – das Schwert scheint das da für unser Ziel zu halten.«

Sam stieß einen leisen Pfiff aus. »Ziemlicher Sprung. Wenn wir das Loch verfehlen ...«

Hearthstone buchstabierte: *F-L-A-T-S-C-H*.

Ein Windstoß traf uns und Hearth stolperte. Ehe ich ihn packen konnte, stürzte er rückwärts in eine Flechte. Sofort wurden seine Beine von dem Marshmallow-Matsch verschlungen.

»Hearth!« Blitz rannte zu ihm. Er zog an Hearths Armen, aber die tückischen Flechten klammerten sich an seine Beine wie ein verzweifeltes kleines Kind.

»Wir können ihn rausschneiden«, sagte Sam. »Dein Schwert, meine Axt. Das wird dauern. Wir müssen mit seinen Beinen vorsichtig sein. Aber es hätte schlimmer kommen können.«

Natürlich kam es dann noch schlimmer. Von irgendwo über uns ertönte ein explosives *JARK!*

Blitzen duckte sich unter seinem Tropenhelm. »Ratatosk! Dieses verdammte Eichhörnchen muss aber auch immer im ungünstigsten Moment auftauchen. Beeilt euch!«

Sam hieb mit ihrer Axt auf die Flechten ein, doch ihre Klinge blieb stecken. »Das ist so, wie durch schmelzende Gummireifen zu schneiden. Schnell wird das nicht gehen.«

Geht!, signalisierte Hearth. *Lasst mich hier liegen.*

»Kommt nicht in Frage«, sagte ich.

JAAAAARK! Diesmal war es viel lauter. Ein Dutzend Äste über uns huschte ein riesiger Schatten durch die Blätter.

Ich packte mein Schwert. »Dann kämpfen wir mit dem Eichhörnchen. Wir können es doch verjagen, oder?«

Sam sah mich an, als ob sie an meinem Verstand zweifelte. »Ratatosk ist unverletzlich. Gegen den kann man nicht gewinnen. Unsere einzigen Möglichkeiten sind weglaufen, uns verstecken oder sterben.«

»Weglaufen können wir nicht«, sagte ich. »Und ich bin diese Woche schon zweimal gestorben.«

»Dann verstecken wir uns.« Sam nahm ihr Kopftuch ab. »Hearth und ich jedenfalls. Ich kann zwei Personen bedecken, mehr nicht. Du und Blitz, ihr sucht die Zwerge. Wir treffen uns dann später.«

»*Was?*« Ich fragte mich, ob Utgardloki auf irgendeine Weise an ihrem Gehirn herummurkste. »Sam, du kannst dich nicht unter einem grünen Stück Seide verstecken! So blöd kann das Eichhörnchen gar nicht sein ...«

Sie schlug das Tuch aus. Es wurde so groß wie ein Zweipersonenzelt und die Farben änderten sich, bis das Kopftuch das braune, gelbe und weiße Muster der Flechten angenommen hatte.

Sie hat Recht, meinte Hearth. *Los!*

Sam ging neben ihm in die Hocke und zog das Kopftuch über sie beide, und dann waren sie verschwunden. Sie hatten sich den Flechten perfekt angepasst.

»Magnus«, Blitz zog an meinem Arm. »Jetzt oder nie.« Er zeigte auf den Ast unter uns. Das Astloch schloss sich allmählich.

In diesem Moment brach Ratatosk über uns durch das Blattwerk. Wenn ihr euch einen mit rotem Fell überzogenen Panzer vorstellt, der einen Baum hinunterbrettert … na ja, das Eichhörnchen war noch viel furchterregender. Seine Vorderzähne waren zwei Keile aus weißem Emailleterror. Seine Krallen waren Dolche. Seine Augen waren schwefelgelb und loderten vor Zorn.

Jark! Der Schlachtruf des Eichhörnchens zerfetzte mein Trommelfell. Tausend Beleidigungen waren in diesen einen Ton gepackt, und alle drangen in mein Gehirn ein und erstickten jeden vernünftigen Gedanken.

Du bist ein Versager.

Niemand kann dich leiden.

Du bist tot.

Dein Zwerg hat einen albernen Tropenhelm.

Du konntest deine Mutter nicht retten.

Ich fiel auf die Knie. Ein Schluchzen ballte sich in meiner Brust zusammen. Ich wäre vermutlich an Ort und Stelle gestorben, wenn Blitz mich nicht mit seiner gesammelten Zwergenkraft hochgezogen und mir ins Gesicht geschlagen hätte.

Ich konnte ihn nicht hören, aber seine Lippen waren leicht zu lesen: »KOMM, KLEINER!«

Er packte mit rauen, schwieligen Fingern meine Hand, sprang vom Ast und zog mich mit sich in den Wind.

Ich breche in Volkswagen zusammen

38 Ich stand auf einer von der Sonne beschienenen Wiese und konnte mich nicht erinnern, wie ich dorthin gelangt war.

In der Ferne lagen mit Wiesenblumen betupfte grüne Hügel. Die Brise duftete nach Lavendel. Das Licht war warm und köstlich, als ob sich die Luft in Butter verwandelt hätte.

Meine Gedanken bewegten sich träge. Licht … Sonnenlicht war nicht gut für Zwerge. Ich war ziemlich sicher, dass ich mit einem Zwerg unterwegs war – einem, der mir eine gescheuert und mir das Leben gerettet hatte.

»Blitz?«

Er stand links von mir und hielt seinen Tropenhelm in der Hand.

»Blitz, dein Helm!«

Ich hatte Angst, er könnte bereits versteinert sein.

Dann drehte er sich um. Seine Augen schienen in die Ferne zu schauen. »Ist schon gut, Kleiner. Das ist kein normales Sonnenlicht. Wir sind nicht mehr in Midgard.«

Er hörte sich an, als ob er durch Wachspapier spräche. Meine Ohren knisterten noch immer vom Gekreische des Eichhörnchens, und irgendwelche ätzenden Gedanken kullerten durch mein Gehirn.

»Ratatosk …« Ich konnte nicht weiterreden. Schon bei der Erwähnung seines Namens hätte ich mich am liebsten in Embryostellung zusammengerollt.

»Ja«, sagte Blitz. »Aber sein Bellen ist definitiv schlimmer als sein Biss. Er …« Blitz schaute nach unten und blinzelte heftig. »Er ist das gefährlichste Wesen auf dem ganzen Weltenbaum. Er rennt die ganze Zeit den Stamm hoch und runter und überbringt Beleidigungen von dem Adler, der ganz oben lebt, zu Nidhögg, dem Drachen, der zwischen den Wurzeln haust.«

Ich schaute zu den Hügeln hinüber. Leise Musik schien von dort zu kommen, oder es war das Knistern in meinen Ohren. »Warum sollte ein Eichhörnchen so etwas tun?«

»Um dem Baum zu schaden«, antwortete Blitz. »Ratatosk stachelt den Drachen und den Adler immer von neuem gegeneinander auf. Er erzählt ihnen Lügen, Gerüchte, gemeinen Klatsch übereinander. Seine Worte … na ja, du weißt ja, was Worte anrichten können. Der Drache Nidhögg nagt immerzu an den Wurzeln des Weltenbaumes und versucht, ihn zu töten. Der Adler schlägt mit den Flügeln und erzeugt Stürme, die an den Ästen rütteln und überall in den Neun Welten zu Verwüstungen führen. Ratatosk sorgt immer wieder dafür, dass die beiden Monster wütend bleiben und miteinander darum wetteifern, wer von ihnen sein Ende von Yggdrasil schneller zerstören kann.«

»Aber das ist doch … Wahnsinn. Das Eichhörnchen lebt doch in dem Baum!«

Blitz schnitt eine Grimasse. »Das tun wir alle, Kleiner. Und die meisten von uns haben destruktive Impulse. Einige von uns möchten die Welt zerstören, einfach aus Spaß … auch wenn wir dann mit vernichtet werden.«

Ratatosks Gekecker hallte in meinem Kopf wider: *Du bist ein Ver-*

sager. Du konntest deine Mutter nicht retten. Das Eichhörnchen hatte mich zur Verzweiflung getrieben, aber ich konnte verstehen, dass diese Worte auch andere Gefühle aufpeitschen konnten – Hass, Bitterkeit, Selbstverachtung.

»Wie hast du es geschafft, bei Verstand zu bleiben?«, fragte ich Blitz. »Als das Eichhörnchen losgelegt hat, was hast du da gehört?«

Blitz fuhr mit den Fingern über den Rand seines Tropenhelms und fasste den schwarzen Schleier mit den Fingerspitzen. »Nichts, was ich mir nicht selbst die ganze Zeit sage, Kleiner. Wir sollten aufbrechen.«

Er trottete auf die Hügel zu. Trotz seiner kurzen Beine konnte ich nur mühsam mit ihm Schritt halten.

Wir überquerten einen Bach, in dem auf einem Seerosenblatt ein hübscher kleiner Frosch saß. Tauben und Falken kreisten durch die Luft, als ob sie Fangen spielten. Ich wartete fast darauf, dass eine Gruppe von Pelztierchen aus den Wiesenblumen auftauchte und eine Musicalnummer von Disney anstimmte.

»Ich gehe mal davon aus, dass das hier nicht Nidavellir ist«, sagte ich, als wir den Hügel hochstiegen.

Blitzen schnaubte. »Nein. Viel schlimmer.«

»Albenheim?«

»Schlimmer.« Blitzen blieb unmittelbar unter dem Hügelkamm stehen und holte tief Luft. »Komm schon. Bringen wir es hinter uns.«

Oben auf dem Hügel erstarrte ich. »Boah!«

Auf der anderen Seite zogen sich grüne Wiesen bis zum Horizont hin. Auf dem Gras waren überall Picknickdecken ausgebreitet. Überall waren Menschen zu sehen – sie aßen, lachten, plauderten, hörten Musik, ließen Drachen steigen, warfen sich Bälle zu. Es war das größte, lässigste Open-Air-Konzert aller Zeiten, nur ohne Konzert. Einige Leute trugen verschiedene Rüstungsteile. Die meisten hatten Waffen, schienen aber kaum Interesse daran zu haben, sie zu benutzen.

Im Schatten einer Eiche kämpften zwei junge Damen mit Schwertern, doch nachdem sie einige Male die Klingen gekreuzt hatten, ließen sie die Waffen sinken und fingen an zu plaudern. Ein Typ rekelte sich in einem Gartenstuhl und flirtete mit der Frau auf seiner linken Seite, während er nebenbei die Angriffe des Mannes auf seiner rechten abwehrte.

Blitz zeigte auf den nächsten Hügelkamm, der etwas weniger als einen Kilometer entfernt war und wo ein seltsamer Palast funkelte. Er sah aus wie eine umgedrehte Arche Noah aus Gold und Silber.

»Sessrumnir«, sagte Blitzen. »Die Halle der vielen Sitze. Wenn wir Glück haben, ist sie nicht zu Hause.«

»Wer denn?«

Statt zu antworten, watete er in die Menge.

Wir waren noch keine vier Meter weit gekommen, als ein Typ auf einer Picknickdecke rief: »He, Blitzen, was läuft denn so, Mann?«

Blitzen biss so fest die Zähne zusammen, dass ich es knirschen hören konnte. »Hallo, Miles.«

»Mir geht's super!« Miles hob zerstreut sein Schwert, als ein anderer Typ in langer Badehose und einem ärmellosen T-Shirt mit einer Streitaxt auf ihn zugerannt kam.

Der Angreifer schrie: »STIRB! Ha, ha, sollte bloß ein Witz sein.« Dann ging er weiter und mampfte dabei einen Schokoriegel.

»Also, Blitz«, sagte Miles. »Was führt dich in die Casa de Wunderbar?«

»Nett, dich zu sehen.« Blitzen packte meinen Arm und zog mich weiter.

»Bis dann!«, rief Miles hinter uns her. »Melde dich mal!«

»Wer war das denn?«, fragte ich.

»Niemand.«

»Woher kennst du den denn?«

»Ich kenne ihn nicht.«

Als wir auf das umgekehrte Archenhaus zugingen, blieben noch andere stehen, um Blitzen zu begrüßen. Einige wenige begrüßten auch mich und machten mir Komplimente über mein Schwert, meine Haare oder meine Schuhe. Ein Mädchen sagte: »Oh, schöne Ohren«, was nun wirklich keinen Sinn ergab.

»Alle sind so ...«

»Dumm?«, schlug Blitzen vor.

»Ich wollte eigentlich *entspannt* sagen.«

Er grunzte. »Das hier ist Folkwang, die Wiese der Armee ... oder du könntest es auch mit Schlachtfeld des Volkes übersetzen.«

»Das also ist Volkswagen.« Ich sah mich in der Menge um und fragte mich, ob ich irgendwo meine Mutter entdecken würde, aber an so einem Ort konnte ich sie mir nicht vorstellen. Hier wurde zu viel herumgelungert, es passierte nicht genug. Meine Mom hätte diese Krieger auf die Füße gejagt, sie zu einer Wanderung von mindestens fünfzehn Kilometern angetrieben und dann darauf bestanden, dass sie ihr eigenes Lager aufschlugen, wenn sie etwas zu essen haben wollten. »Die sehen aber nicht gerade wie ein Heer aus.«

»Na ja«, sagte Blitz. »Diese Gefallenen sind ebenso mächtig wie die Einherjer, aber sie sehen alles ganz anders. Dieses Reich ist nur eine kleine Unterabteilung von Wanenheim, sozusagen die spiegelverkehrte Version von Walhalla.«

Ich versuchte, mir vorzustellen, wie ich hier die Ewigkeit verbrachte. Walhalla hatte seine guten Seiten, aber soweit ich gesehen hatte, gab es dort weder Picknicks noch Beachball, und als *entspannt* würde ich es nun schon gar nicht beschreiben. Dennoch ... ich war nicht sicher, ob Folkwang mir besser gefiel.

»Die Hälfte der würdigen Toten landet also hier«, erinnerte ich mich, »die andere in Walhalla. Wie werden die ausgesucht, die hierher kommen? Werden da Münzen geworfen?«

»Das wäre sogar sinnvoller.«

»Aber ich wollte uns doch nach Nidavellir bringen. Warum sind wir hier gelandet?«

Blitzen starrte den Palast auf dem Hügel an. »Du hast den Weg gesucht, den wir für unseren Einsatz brauchen. Dieser Weg hat uns durch Folkwang geführt. Leider glaube ich zu wissen, warum. Komm, wir gehen und erweisen unsere Reverenz, ehe ich durchdrehe.«

Als wir uns den Toren näherten, erkannte ich, dass Sessrumnir nicht nur aussehen sollte wie ein auf den Kopf gestelltes Schiff. Es *war* ein auf den Kopf gestelltes Schiff. Die Reihen von hohen schmalen Fenstern waren Ruderscharten. Die gebogenen Wände des Rumpfes waren aus goldenen, mit silbernen Nägeln befestigten Platten hergestellt. Der Haupteingang hatte ein langes Vordach, das umgedreht als Laufplanke dienen könnte.

»Warum ist das ein Boot?«, fragte ich.

»Was?« Blitzen spielte nervös an seiner Nelke herum. »Das kommt häufiger vor. Deine nordischen Ahnen haben für viele Gebäude einfach ihre Schiffe auf den Kopf gestellt. Was Sessrumnir angeht: Wenn der Letzte Tag anbricht, dann werden sie den Palast einfach wieder umdrehen, und *voilà*, schon haben sie ein Schiff, in dem alle Krieger aus Folkwang auf gebührende Weise in den Tod segeln können. Wie wir jetzt.«

Er führte mich ins Haus.

Ich hatte ein düsteres Inneres erwartet, wie den Bauch eines

Schiffes, aber die Halle der vielen Sitze war eher wie eine Kathedrale. Die Decke erstreckte sich immer weiter nach oben bis zum Kiel. Die Ruderschartenfenster ließen Lichtgitter hereinfallen. Das gesamte Innere war offen, es gab keine einzelnen Räume oder Trennwände – nur Gruppen von Sofas, Ruhesessel, Kissen und frei stehende Hängematten, die größtenteils von schnarchenden Kriegern belegt waren. Ich hoffte, dass die halbe Million Einwohner von Folkwang gern Zeit zusammen verbrachte, denn es gab absolut keine Privatsphäre. Und da ich nun mal so war, wie ich war, fragte ich mich vor allem, was sie denn wohl als Toilette nutzten.

In der Mitte der Halle gab es einen mit Perserteppichen ausgelegten Gang, neben dem in Kohlepfannen Kugeln aus goldenem Licht leuchteten. Ganz hinten stand auf einer Art Empore ein Thron.

Blitz marschierte auf den Thron zu und achtete nicht auf die Krieger, die ihn mit »Hey, Kumpel!« und »Zwergenmann!« und »Willkommen daheim!« begrüßten.

Willkommen daheim?

Vor der Empore knisterte ein gemütliches Feuer im Kamin. Hier und da funkelten Haufen von Schmuck und Edelsteinen, als ob jemand sie einfach zusammengefegt hätte, um den Boden freizubekommen. Auf beiden Seiten der Treppe zum Thron lungerte eine mehrfarbig gefleckte Katze von der Größe eines Säbelzahntigers herum.

Der Thron war aus einem Holz geschnitzt, das so weich und butterig war wie das Licht – Lindenholz vielleicht. Über der Rückenlehne hing ein Umhang aus Daunenfedern, wie die vom Bauch eines Falken. Auf dem Thron saß die schönste Frau, die ich je gesehen hatte.

Sie sah aus wie vielleicht zwanzig und war umgeben von einer

Aura aus goldenen Strahlen, die mir klarmachte, was Blitzen vorhin mit seiner Bemerkung gemeint hatte, das Tageslicht hier sei nicht normal. Das gesamte Reich Folkwang war warm und hell, und zwar nicht wegen der Sonne, sondern weil es von der Kraft dieser Frau durchstrahlt wurde.

Ihre blonden Haare fielen ihr in einem einzigen Zopf über die Schulter. Ihr weißes Trägerhemd zeigte ihre braunen Schultern und ihre schmale Taille, und ihr knielanger Rock wurde von einem geflochtenen Goldgürtel gehalten, an dem ein Messer in einer Scheide und ein Schlüsselring hingen. Um den Hals trug sie ein unglaubliches Schmuckstück – einen Spitzenkragen aus Gold und Edelsteinen, wie Rans Netz in Miniatur, nur mit Rubinen und Diamanten statt Matrosenseelen und Radkappen.

Die Frau richtete ihre himmelblauen Augen auf mich. Als sie lächelte, wanderte Hitze von meinen Ohrspitzen bis hinunter in meine Zehen. Ich hätte alles gegeben, damit sie mich weiter anlächelte. Wenn sie mir gesagt hätte, ich sollte vom Weltenbaum ins Nichts springen, hätte ich sofort gehorcht.

Ich erinnerte mich an ihr Bild aus meinem alten Mythologiebuch für Kinder, und mir ging auf, wie lächerlich ihre Schönheit dort untertrieben worden war.

Die Liebesgöttin war sehr hübsch! Sie hatte Katzen!

Ich kniete vor meiner Tante nieder, der Zwillingsschwester meines Vaters. »Freya.«

»Mein lieber Magnus«, sagte sie. »Wie schön, dich kennenzulernen.« Sie wandte sich an Blitzen, der seine Schuhe anstarrte.

»Und wie geht es dir, Blitzen?«, fragte die Göttin.

Blitzen seufzte. »Mir geht's gut, Mom.«

39 FREYA IST HÜBSCH! SIE HAT KATZEN!

Mom?« Ich war so verdutzt, dass ich nicht sicher war, ob ich das laut gesagt hatte. »Moment mal ... du, Blitzen. *Mom?*«

Blitzen trat mir gegen das Schienbein.

Freya lächelte immer weiter. »Ich nehme an, mein Sohn hat es dir nicht gesagt? Er ist so bescheiden. Blitzen, mein Lieber, du siehst sehr nett aus, aber könntest du deinen Kragen gerade rücken?«

Blitzen tat es und murmelte vor sich hin. »War damit beschäftigt, um mein Leben zu rennen.«

»Und, mein Lieber«, sagte Freya. »Bist du dir sicher, was die Weste angeht?«

»Ja, Mom«, sagte Blitzen wütend. »Ich bin mir sicher, was die Weste angeht. Westen sind jetzt wieder in.«

»Na, du weißt das sicher am besten.« Freya zwinkerte mir zu. »Blitzen ist einfach ein Genie, was Stoffe und Mode angeht. Die anderen Zwerge wissen sein Können nicht zu schätzen, aber ich finde es fantastisch. Er plant die Eröffnung seines eigenen ...«

»Zur Sache«, sagte Blitzen ein wenig zu laut. »Es geht um einen Einsatz ...«

Freya klatschte in die Hände. »Ich weiß! Das ist sehr aufregend. Ihr versucht, nach Nidavellir zu gelangen, um mehr über das Seil

Gleipnir in Erfahrung zu bringen. Und da hat der Weltenbaum euch als Erstes natürlich zu mir geführt.«

Eine ihrer Katzen kratzte an dem Perserteppich und zerlegte dabei Knüpfereien im Wert von mehreren Tausend Dollar zu Flauschresten. Ich versuchte, mir nicht vorzustellen, was diese Katze mit mir anstellen könnte.

»Also, edle Freya«, sagte ich. »Kannst du uns helfen?«

»Natürlich«, sagte die Göttin. »Und was noch wichtiger ist, ihr könnt *mir* helfen!«

»Jetzt geht das wieder los«, sagt Blitzen.

»Mein Sohn, deine Manieren! Erst mal, Magnus, wie kommst du mit deinem Schwert zurecht?«

Mein Herz setzte für einen Schlag aus.

Ich glaube, ich betrachtete das Schwert des Sommers noch immer nicht als *meins.* Ich zog den Anhänger ab und die Klinge nahm in meiner Hand Gestalt an. In Freyas Anwesenheit war sie still und stumm, als ob sie sich tot stellte. Vielleicht hatte sie Angst vor Katzen.

»Ich hatte noch keine Zeit, es zu benutzen«, sagte ich. »Habe es gerade erst von Ran zurückgeholt.«

»Ja, ich weiß.« Freya rümpfte mit einer winzigen Andeutung von Ekel die Nase. »Und du hast dafür Utgardloki einen Apfel überlassen. Vielleicht nicht der weiseste Schachzug, aber ich will deine Entscheidungen nicht kritisieren.«

»Das hast du soeben aber getan«, sagte Blitzen.

Die Göttin achtete nicht auf seinen Kommentar. »Wenigstens hast du Utgardloki nicht *mich* versprochen. Riesen wollen sonst meistens Äpfel und dazu noch meine Hand.« Sie schleuderte sich den Zopf über die Schulter. »Ganz schön nervig auf die Dauer.«

Es fiel mir sehr schwer, Freya anzusehen, ohne zu glotzen. Es gab einfach nichts, worauf ich mich gefahrlos konzentrieren konnte – ihre Augen, ihre Lippen, ihren Bauchnabel. In Gedanken rief ich mich zur Ordnung: *Das ist Blitzens Mom! Das ist meine Tante!*

Ich beschloss, mich auf ihre linke Augenbraue zu konzentrieren. Eine linke Augenbraue kann nichts Betörendes haben.

»Ich will damit sagen«, sagte ich, »ich habe noch nicht so richtig etwas mit der Augenbraue getötet – mit dem Schwert, meine ich.«

Freya beugte sich vor. »*Getötet?* Ach, mein Lieber, das ist die geringste seiner Kräfte. Zuerst musst du dich mit dem Schwert anfreunden. Hast du das schon getan?«

Ich stellte mir vor, wie das Schwert und ich nebeneinander im Kino saßen und eine Tüte Popcorn teilten. Ich stellte mir vor, wie ich das Schwert an die Leine nahm und es im Park Gassi führte. »Wie freunde ich mich denn mit einem Schwert an?«

»Ah ... na ja, wenn du das schon fragen musst ...«

»Hör mal, Tante Freya«, sagte ich. »Könnte ich dir das Schwert nicht bis auf weiteres anvertrauen? Es ist eine Wanenwaffe. Du bist Freys Schwester. Du hast mehrere Hunderttausend bewaffnete, lässige Krieger, die es vor Surt beschützen können ...«

»Das geht nicht«, sagte sie traurig. »Das Schwert ist ja schon in deinen Händen, Magnus. Du hast es aus dem Fluss gerufen. Du hast es für dich beansprucht. Wir können höchstens hoffen, dass *Sumarbrander*, das Schwert des Sommers, dir erlauben wird, es zu benutzen. Es vor Surt zu beschützen, ist jetzt *deine* Aufgabe, solange du dich am Leben halten kannst.«

»Ich hasse meinen Job.«

Blitz versetzte mir einen Rippenstoß. »Sag das nicht, Kleiner. Sonst beleidigst du die Klinge.«

Ich schaute die funkelnden Runen in der Schneide an. »Es tut mir leid, langes scharfes Metallstück. Hat das deine Gefühle verletzt? Und wenn du Leuten erst *erlauben musst*, dich zu schwingen, warum erlaubst du es auch einem Feuerriesen? Warum willst du nicht zu Frey zurückkehren, oder wenigstens zu seiner wunderschönen Schwester hier?«

Das Schwert gab keine Antwort.

»Magnus«, sagte die Göttin. »Das ist kein Grund zum Scherzen. Es ist das Schicksal des Schwertes, Surt zu gehören, früher oder später. Das weißt du. Das Schwert kann seinem Geschick so wenig entkommen wie du deinem.«

Ich stellte mir einen kichernden Loki vor, der sich auf Odins Hochsitz rekelte. *Unsere Entscheidungen haben doch Einfluss auf die Details. Auf diese Weise lehnen wir uns gegen das Schicksal auf.*

»Außerdem«, sagte Freya, »würde sich das Schwert niemals von mir benutzen lassen. Sumarbrander macht mich teilweise dafür verantwortlich, dass es verloren gegangen ist. Auf mich ist es fast so sauer wie auf Frey.«

Vielleicht bildete ich mir das nur ein, aber das Schwert schien kälter und schwerer zu werden.

»Aber das ist doch Freys Schwert«, widersprach ich.

Blitzen grunzte. »Das *war* es. Ich habe dir doch gesagt, Kleiner, er hat es aus Liebe weggegeben.«

Die getigerte Katze auf Freyas rechter Seite drehte sich auf dem Rücken um und reckte sich. Ihr gefleckter Bauch war ziemlich niedlich, nur musste ich mir die ganze Zeit vorstellen, wie viele Krieger darin verdaut werden könnten.

»Als Frey sich auf Odins Thron gesetzt hat«, fuhr die Göttin fort, »geschah das um meinetwillen. Es war eine düstere Zeit für mich. Ich streifte trauernd und beraubt durch die Neun Welten. Frey hoffte, mich finden zu können, wenn er sich auf den Thron setzte. Stattdessen zeigte ihm der Thron das Verlangen seines

Herzens – eine Frostriesin, Gerd. Er verliebte sich bis zum Wahnsinn in sie.«

Ich starrte Freyas Augenbraue an. Ihre Geschichte verbesserte meine Meinung über meinen Dad nicht gerade.

»Er verliebte sich auf den ersten Blick ... in eine Frostriesin.«

»Ach, sie war wunderschön«, sagte Freya. »Silbern, wo Frey golden war, kalt, wo er warm war, Winter, wo er Sommer war. Hast du schon mal gehört, dass sich Gegensätze anziehen? Sie passte einfach perfekt zu ihm. Aber sie war eben Riesin. Sie war einfach nicht bereit, einen Wanen zu heiraten. Ihre Familie erlaubte es nicht. Als er das erfuhr, versank Frey in Verzweiflung. Nichts wuchs mehr auf den Feldern. Der Sommer verlor seine Wärme. Am Ende kam Skirnir, Freys Diener und bester Freund, zu ihm und fragte, was denn los sei.«

»Skirnir«, sagte ich. »Der Kerl, der das Schwert bekommen hat.«

Freya runzelte die Stirn. »Ja. Genau der.«

Blitzen trat einen Schritt zurück, als ob er Angst hätte, seine Mom könnte explodieren. Zum ersten Mal ging mir auf, wie beängstigend die Göttin aussehen konnte – zwar schön, aber auch angsteinflößend und mächtig. Ich stellte sie mir bewaffnet mit Schild und Speer vor, wie sie mit den Walküren ritt. Wenn sie mir auf der Walstatt begegnete, würde ich in die Gegenrichtung davonstürzen.

»Skirnir versprach, Gerd innerhalb von neun Tagen zu Frey zu bringen«, fuhr die Göttin fort. »Er verlangte für seine Dienste nur einen geringen Lohn – das Schwert des Sommers. Frey war dermaßen verliebt, dass er keine Fragen stellte. Ich kann mir nur vorstellen, wie dem Schwert zu Mute war, als es von seinem Herrn so verraten wurde. Es ließ sich zwar von Skirnir schwingen, aber nur widerwillig.«

Freya seufzte. »Deshalb wird sich das Schwert nie wieder von

Frey führen lassen. Und deshalb muss Frey bei der Götterdämmerung sterben, weil er seine Waffe nicht hat.«

Ich wusste nicht, was ich sagen sollte. »Schön blöd« schien nicht auszureichen. Ich erinnerte mich daran, wie Loki mich davor gewarnt hatte, mich auf Odins Thron zu setzen und nach dem Verlangen meines Herzens Ausschau zu halten. Wonach würde ich suchen? Nach meiner Mutter. Würde ich ein Schwert geben, um sie zu finden? Natürlich. Würde ich es riskieren, getötet zu werden oder sogar die Götterdämmerung zu beschleunigen? Ja. Also sollte ich meinen Vater vielleicht nicht verurteilen.

Blitz packte meinen Arm. »Mach nicht so ein düsteres Gesicht, Kleiner. Ich glaube an dich.«

Freyas Miene besänftigte sich. »Ja, Magnus. Du wirst wirklich lernen, das Schwert zu benutzen – und ich meine nicht nur, wie ein Wilder damit um dich zu schlagen. Wenn du seine Fähigkeiten erst ganz erkannt hast, wirst du wirklich großartig sein.«

»Aber ich vermute, es liegt keine Gebrauchsanweisung bei?«

Freya lachte leise. »Es tut mir leid, dass du nicht nach Folkwang gekommen bist, Magnus. Du würdest dich unter meinen Anhängern so gut machen. Aber Walhalla hat dich zuerst gerufen. So sollte es sein.«

Ich wollte widersprechen und sagen, dass die Nornen, die Einherjer und die Kommandantin der Walküren das offenbar anders sahen.

Als mir Gunilla einfiel, musste ich auch an unsere Flucht auf den Weltenbaum denken und daran, dass sich Sam und Hearthstone vor einem mörderischen Eichhörnchen unter einem Kopftuch versteckten. »Unsere Freunde ... wir sind auf Yggdrasil von ihnen getrennt worden. Freya, weißt du, ob sie unversehrt hier eingetroffen sind?«

Freya spähte in die Ferne. »In Folkwang sind sie nicht. Ich sehe sie … ja. Warte. Habe sie aus den Augen verloren. Ah!« Sie zuckte zusammen. »Das war um Haaresbreite, aber für den Moment geht es ihnen gut. Die sind nicht auf den Kopf gefallen. Ich spüre aber, dass sie nicht herkommen werden. Ihr müsst weiterziehen und in Nidavellir auf sie warten. Was mich zu eurem Einsatz bringt.«

»Und dazu, wie wir dir helfen können«, sagte Blitz.

»Genau, mein Liebling. Eure Not hat euch hergeführt. *Not* spricht mit lauter Stimme, wenn ihr auf dem Weltenbaum reist. Schließlich ist auf diese Weise mein armer Sohn in Schuldknechtschaft bei Mimir geraten.«

»Diese Diskussion hatten wir doch beendet«, sagte Blitz.

Freya wedelte mit ihren eleganten Händen. »Gut. Also weiter. Wie ihr wisst, haben die Zwerge das Seil Gleipnir hergestellt, mit dem der Fenriswolf gefesselt wurde …«

»Ja, Mom«, sagte Blitz und verdrehte die Augen. »Dieses Gedicht lernen doch alle schon im Kindergarten.«

Ich schielte zu ihm hinüber. »Gedicht?«

»*Gleipnir, Gleipnir, stark und fein / hält den Fenriswolf am Bein*. Lernen Menschen das nicht?«

»Äh … ich glaube nicht.«

»Wie dem auch sei«, sagte die Göttin. »Die Zwerge werden euch mehr darüber erzählen können, wie das Seil hergestellt wurde und wie es vielleicht ersetzt werden kann.«

»Ersetzt?« In Gedanken befahl ich dem Schwert, wieder die Gestalt des Anhängers einzunehmen. Doch als es dann um meinen Hals hing, schien es noch immer hundert Kilo zu wiegen. »Ich dachte, wir sollten verhindern, dass das Seil überhaupt zerschnitten wird.«

»Ah …« Freya berührte ihre Lippen. »Magnus, ich will dich nicht entmutigen, aber ich nehme doch an, es besteht die Möglichkeit, vielleicht sogar zu fünfundsiebzig Prozent, dass Surt es schafft, den Fenriswolf zu befreien – selbst wenn ihr Surt das Schwert vorenthalten könnt. Und dann müsst ihr mit einem Ersatzseil bereitstehen.«

Meine Zunge fühlte sich fast so schwer an wie mein Schwertmedaillon. »Ach, wieso entmutigen? Als der Wolf zuletzt frei war, mussten sich da nicht alle Götter zusammentun, um ihn zu fesseln?«

Freya nickte. »Wir brauchten drei Versuche und eine Menge Tricks. Der arme Tyr verlor seine Hand. Aber mach dir keine Sorgen. Auf die Sache mit der Hand im Mund wird der Wolf nie wieder reinfallen. Wenn es so weit ist, musst du eine andere Möglichkeit finden, um ihn zu fesseln.«

Ich wäre jede Wette eingegangen, dass Miles draußen auf der Volkswalstatt nicht solche Probleme hatte. Ich fragte mich, ob er vielleicht vorübergehend die Plätze tauschen und den Fenriswolf suchen würde, während ich Volleyball spielte. »Freya, kannst du uns wenigstens sagen, wo der Wolf ist?«

»Auf Lyngwi, der Heideinsel.« Die Göttin tippte sich ans Kinn. »Mal überlegen, heute ist Thors Tag, der Sechzehnte.«

»Du meinst Donnerstag?«

»Sag ich doch. Die Insel wird sich in sechs Tagen beim vollen Mond erheben, am Zweiundzwanzigsten, Odins Tag.«

»Mittwoch?«, fragte ich nach kurzem Rechnen.

»Sag ich doch. Also müsstet ihr Zeit genug haben, um meine Ohrringe zu holen, ehe ihr den Wolf aufsucht. Leider ändert sich die Position der Insel jedes Jahr, da Yggdrasils Zweige sich in den Winden der Leere bewegen. Die Zwerge müssten euch aber helfen können, sie zu finden. Blitzens Vater kannte den Weg. Andere wissen ihn vielleicht auch.«

Bei der Erwähnung seines Vaters verdüsterte sich Blitzens Gesicht. Sehr vorsichtig zog er die Nelke aus seiner Weste und warf sie ins Herdfeuer. »Und was möchtest du, Mutter? Welche Rolle spielst du bei dieser Sache?«

»Ach, meine Bedürfnisse sind gering.« Ihre Finger huschten über ihren goldenen Spitzenkragen. »Ich möchte, dass du Ohrringe bestellst, die zu meinem Halsband Brisingamen passen. Hübsche Ohrringe. Nicht zu protzig, aber doch so, dass man sie bemerkt. Blitz, du hast einen hervorragenden Geschmack. Ich verlasse mich da ganz auf dich.«

Blitzen starrte wütend den nächstgelegenen Juwelenhaufen an, in dem Dutzende, vielleicht Hunderte von Ohrringen lagen. »Du weißt, mit wem ich in Nidavellir sprechen muss. Nur ein Zwerg besitzt die Fähigkeit, das Seil Gleipnir zu ersetzen.«

»Ja«, sagte Freya zustimmend. »Zu unserem Glück ist er auch ein hervorragender Goldschmied, also kann er dir in beiden Fällen behilflich sein.«

»Leider«, sagte Blitzen, »möchte gerade dieser Zwerg mich tot sehen.«

Freya tat diesen Einwand mit einer Handbewegung ab. »Ach, das kann nicht sein. Nicht nach dieser langen Zeit.«

»Zwerge haben ein sehr gutes Gedächtnis, Mutter.«

»Na, eine großzügige Bezahlung wird ihn sicher gnädig stimmen. Und dabei kann ich dir behilflich sein.« Sie rief durch die Halle: »Dmitri? Ich brauche dich!«

Von einer der Sofagruppen sprangen drei Typen auf, packten ihre Musikinstrumente und kamen angelaufen. Sie trugen identische Hawaiihemden, Bermudashorts und Sandalen und hatten sich die Haare zu Schmalzlocken gegelt. Der erste Typ hatte eine Gitarre, der zweite Bongos und der dritte eine Triangel.

Der Typ mit der Gitarre verneigte sich vor Freya. »Immer zu Diensten, Herrin.«

Freya lächelte mir verschwörerisch zu, als ob wir ein wunderbares Geheimnis teilten. »Magnus, das sind Dmitri and the Do-Runs, die beste Band, von der du noch nie gehört hast. Sie sind 1963 gestorben, unmittelbar vor ihrem großen Durchbruch. Wie traurig! Sie ließen tapfer ihren Wagen von der Route One abkommen, um einem Bus voller Schulkinder einen entsetzlichen Zusammenstoß zu ersparen. Um sie für ihren selbstlosen Tod zu ehren, habe ich sie hierher nach Folkwang geholt.«

»Und wir sind ja so dankbar, Herrin«, sagte Dmitri. »Deine Hausband zu sein, ist ein einziger wunderbarer Gig.«

»Dmitri, mir kommen die Tränen«, sagte sie. »Könntet ihr bitte das Lied über meinen verlorenen Gatten spielen? Dieses Stück liebe ich.«

»Dieses Stück hasse ich«, murmelte Blitzen ganz leise.

Das Trio summte los. Dmitri zupfte eine Saite an.

Ich flüsterte Blitzen zu: »Warum kommen deiner Mom die Tränen?«

Er drehte sich zu mir um und fuhr sich mit dem Finger über den Hals. »Warte ab. Dann wirst du's sehen.«

Dmitri fing an zu singen:

»Oh, Odur! Od, Od, Odur.
Wo ist dieser Odur, wo ist mein Geliebter?«

Die anderen beiden Musiker sangen zum Refrain die zweite Stimme:

»Od ist weit fort, Od ist verschollen,
wie seltsam es ist, nicht küssen zu sollen
meinen Odur! Meinen süßen Od, Odur!«

Triangel.

Bongo-Solo.

Blitzen flüsterte: »Ihr Göttergatte war ein Ase namens Odur, abgekürzt Od.«

Ich wusste nicht so recht, welchen Namen ich schrecklicher fand.

»Er ist verschwunden?«, vermutete ich.

»Vor zweitausend Jahren«, sagte Blitzen. »Freya hat ihn gesucht und war fast ein ganzes Jahrhundert lang verschwunden. Sie hat ihn niemals gefunden, und das war der eigentliche Grund, aus dem Frey sich auf Odins Thron gesetzt hat – er suchte seine Schwester.«

Die Göttin beugte sich vor und legte den Kopf in die Hände. Sie holte zitternd Atem. Als sie wieder aufblickte, weinte sie – aber ihre Tränen waren kleine Kugeln aus rotem Gold. Sie weinte, bis ihre Hände mit funkelnden Tropfen gefüllt waren.

»Ach, Odur«, schluchzte sie. »Warum hast du mich verlassen? Du fehlst mir noch immer.«

Sie schniefte und nickte den Musikern zu. »Danke, Dmitri. Das reicht.«

Dmitri und seine Freunde verneigten sich abermals. Dann trottete die beste Band, die ich lieber niemals gehört hätte, wieder davon.

Freya hob die noch immer aneinandergelegten Hände. Aus dem Nirgendwo tauchte ein Lederbeutel auf und schwebte über ihrem Schoß. Freya ließ die Tränen in den Beutel fallen.

»Hier, mein Sohn.« Freya reichte Blitzen den Beutel. »Das sollte ausreichen, wenn Eitri junior überhaupt vernünftig ist.«

Blitzen starrte mit düsterer Miene den Tränenbeutel an. »Das Problem ist nur, das ist er eben nicht.«

»Ihr werdet es schaffen!«, sagte Freya. »Das Schicksal meiner Ohrringe liegt in euren Händen.«

Ich kratzte mir den Nacken. »Äh, edle Freya … danke für die Tränen und so, aber kannst du nicht einfach nach Nidavellir gehen und dir deine Ohrringe selbst aussuchen? Ich meine, das Shoppen selbst ist doch das halbe Vergnügen, oder nicht?«

Blitzen warf mir einen warnenden Blick zu.

Freyas blaue Augen wurden einige Grade kälter. Ihre Fingerspitzen fuhren über die Verschlingungen ihres Halsbandes. »Nein, Magnus. Ich kann nicht einfach auf einen Einkaufsbummel nach Nidavellir. Du weißt doch, was passiert ist, als ich den Zwergen Brisingamen abgekauft habe. Soll das denn noch einmal geschehen?«

Ich hatte keine Ahnung, wovon sie redete, aber sie wartete meine Antwort nicht ab.

»Immer, wenn ich nach Nidavellir gehe, kriege ich Probleme«, sagte sie. »Ich kann nichts dafür! Die Zwerge kennen eben meine Schwäche für schönen Schmuck. Glaubt mir, es ist viel besser, wenn ich euch schicke. Und wenn ihr mich jetzt entschuldigt, es wird Zeit für unser Abendpicknick mit Tanz und Zweikampf, falls jemand möchte. Auf Wiedersehen, Magnus. Auf Wiedersehen, mein liebster Blitzen.«

Der Boden unter uns tat sich auf und wir stürzten in die Finsternis.

MEIN FREUND IST ENTSTANDEN AUS EINER ... NEIN. ICH BRINGE ES EINFACH NICHT ÜBER DIE LIPPEN

40

An unsere Landung kann ich mich nicht erinnern. Ich fand mich in kalter, finsterer Nacht in einer dunklen Gasse wieder. Dreistöckige Häuser aus billigen Brettern säumten den Gehweg. Am Ende des Blocks leuchteten die Neongetränkereklamen einer Schenke in verdreckten Fenstern.

»Das ist Southie«, sagte ich. »In der Nähe der D Street.«

Blitzen schüttelte den Kopf. »Das ist Nidavellir, Kleiner. Es sieht aus wie Süd-Boston – oder genauer gesagt, Süd-Boston sieht aus wie Nidavellir. Ich habe dir ja gesagt, Boston ist der Schnittpunkt. Die Neun Welten vermischen sich hier und beeinflussen sich gegenseitig. Southie gibt mir ein absolut zwergisches Gefühl.«

»Ich dachte, Nidavellir liegt unter der Erde. Mit klaustrophobischen Tunneln und ...«

»Kleiner, das über deinem Kopf ist eine Höhlendecke. Die ist nur sehr hoch oben und durch die Luftverschmutzung nicht zu sehen. Wir haben hier kein Tageslicht. Es ist immer dunkel.«

Ich starrte zu den trüben Wolken hoch. Nach Freyas Reich kam mir die Welt der Zwerge bedrückend vor, aber sie wirkte auch vertrauter, irgendwie ... echter. Ich nehme mal an, kein wahrer

Bostoner hätte Vertrauen zu einem Ort, der ununterbrochen sonnig und angenehm ist. Aber eine verdreckte, immer kalte und düstere Wohngegend? Dann noch ein paar Donut-Cafés, und ich fühle mich sofort wie zu Hause.

Blitz wickelte seinen Tropenhelm in den dunklen Schleier. Das Ganze faltete sich zu einem kleinen schwarzen Taschentuch zusammen, das er in seiner Manteltasche verstaute. »Wir sollten machen, dass wir weiterkommen.«

»Wollen wir nicht mal darüber reden, was da oben in Volkswagen passiert ist?«

»Was gibt es denn dazu zu sagen?«

»Zum einen, dass wir Vettern sind.«

Blitz zuckte mit den Schultern. »Ich bin ja gern dein Vetter, Kleiner, aber die Kinder der Götter finden solche Beziehungen nicht weiter wichtig. Die göttlichen Familien sind dermaßen kreuz und quer miteinander verwandt – allein darüber nachzudenken, kann dich schon in den Wahnsinn treiben. Alle sind mit allen verwandt.«

»Aber du bist ein Halbgott«, sagte ich. »Das ist doch gut, oder?«

»Ich hasse das Wort *Halbgott*. Mir ist *mit einer Zielscheibe auf dem Rücken geboren* lieber.«

»Hör doch auf, Blitz. Freya ist deine Mom. Das ist eine wichtige Information, und du hast einfach vergessen, es zu erwähnen.«

»Freya ist meine Mutter«, bestätigte er. »Viele Dunkelalben stammen von Freya ab. Hier unten ist das nicht der Rede wert. Sie hat doch erwähnt, wie sie Brisingamen an sich gebracht hat? Vor einigen Jahrtausenden spazierte sie – aus welchen Gründen auch immer – hier unten durch Nidavellir und begegnete vier Zwergen, die gerade dieses Halsband schmiedeten. Sie war wie besessen davon. Sie musste es haben. Die Zwerge sagten, klar doch, wenn du unseren Preis bezahlst. Freya musste jeden von ihnen heiraten, einen nach dem anderen, jeden für einen Tag.«

»Sie …« Ich wollte schon sagen, *ganz schön krass, sie hat vier Zwerge geheiratet?* Dann fiel mir ein, wer mir hier diese Geschichte erzählte. »Oh.«

»Ja«, Blitz klang elend. »Sie bekam vier Zwergenkinder, aus jeder Ehe eins.«

Ich runzelte die Stirn. »Warte mal. Sie war mit jedem Zwerg einen Tag verheiratet, und eine Schwangerschaft dauert … diese Gleichung geht aber irgendwie nicht auf.«

»Frag mich nicht. Göttinnen leben nach ihren eigenen Gesetzen. Auf jeden Fall bekam sie das Halsband. Sie schämte sich, weil sie sich mit Zwergen eingelassen hatte. Versuchte, das geheim zu halten. Aber es ist nun mal so, dass sie Zwergenschmuck liebt. Deshalb ging sie immer wieder nach Nidavellir, um sich neue Schmuckstücke zu suchen, und jedes Mal …«

»Meine Güte.«

Blitzen ließ die Schultern hängen. »Das ist der Hauptunterschied zwischen Dunkelalben und normalen Zwergen. Die Dunkelalben sind größer und sehen meistens auch besser aus, weil wir Wanenblut haben. Wir stammen von Freya ab. Du sagst, ich bin ein Halbgott, ich sage, ich bin eine Quittung. Mein Dad hat für Freya ein Paar Ohrringe geschmiedet. Dann hat sie ihn für einen Tag geheiratet. Sie konnte seiner Schmiedekunst nicht widerstehen. Er konnte ihrer Schönheit nicht widerstehen. Und jetzt soll ich neue Ohrringe für sie kaufen, weil sie die alten satthat und sie sich nicht noch einen kleinen Blitzen an den Hals holen will.«

Die Bitterkeit in seiner Stimme hätte Eisenbeschläge schmelzen können. Ich hätte ihm gern gesagt, dass ich wusste, wie ihm zu Mute war, aber ich war mir nicht sicher, ob das stimmte. Ich hatte meinen Dad zwar niemals kennengelernt, aber ich hatte meine Mom gehabt. Das war für mich immer genug gewesen. Bei Blitzen war das anders. Ich wusste nicht, was aus seinem Vater geworden war, aber ich erinnerte mich daran, was er mir bei der Lagune gesagt hatte: *Du bist nicht der Einzige, der durch die Wölfe einen Verwandten verloren hat, Kleiner.*

»Komm schon«, sagte er nun. »Wenn wir noch länger hier rumstehen, werden wir wegen dieses Tränenbeutels noch überfallen. Zwerge wittern rotes Gold schon aus einer Meile Entfernung.« Er zeigte auf die Schenke an der Ecke. »Ich gebe dir in Nabbis Kneipe einen aus.«

Nabbis Kneipe stellte mein Zwergenbild wieder her, denn sie war wirklich eine klaustrophobische Höhle. Die Decke war ein tief hängendes Gesundheitsrisiko. Die Wände waren bedeckt mit alten Postern wie DONNER DER ZERSTÖRER GEGEN MINI-MÖRDER, EINMALIGER AUFTRITT!, mit Bildern von muskulösen Zwergen, die die Zähne bleckten und Ringermasken trugen.

Wild zusammengestoppelte Tische und Stühle waren besetzt von einem Dutzend wild zusammengestoppelter Zwerge – einige Dunkelalben wie Blitzen, die leicht als Menschen hätten durchgehen können, und einige viel kleinere Typen, die wie Gartenzwerge aussahen. Einige Gäste schauten kurz zu uns herüber, aber es schien niemanden zu schockieren, dass ich ein Mensch war … falls sie das überhaupt bemerkten. Die Vorstellung, dass ich als Zwerg gelten könnte, war ganz schön verstörend.

Das Ungewöhnlichste an der Bar war, dass aus den Lautsprechern Taylor Swifts »Blank Space« erscholl.

»Mögen Zwerge menschliche Musik?«, fragte ich Blitzen.

»Du meinst, ob Menschen *unsere* Musik mögen.«

»Aber …« Ich sah plötzlich vor mir, wie Taylor Swifts Mom und Freya auf einem Freundinnenabend durch Nidavellir zogen. »Ach, schon gut.«

Als wir zum Tresen gingen, sah ich, dass es nicht einfach Möbel waren, die nicht zueinander passten. Jeder Stuhl und jeder Tisch war ein Einzelstück – offenbar Handarbeit aus allerlei Metallen, mit unterschiedlichen Verzierungen und Polstern. Ein Tisch war geformt wie ein bronzenes Wagenrad mit einer Glasplatte. Ein anderer hatte als Tischplatte ein Schachbrett aus Zinn und Messing. Einige Stühle hatten Räder. Andere hatten verstellbare Sitze. Noch andere hatten hinten Massagevorrichtungen oder Propeller.

An der linken Wand waren drei Zwerge mit Dartwerfen beschäftigt. Die Ringe der Zielscheibe rotierten und dampften. Ein Zwerg warf seinen Pfeil und der brummte wie eine wütende Drohne auf die Zielscheibe zu. Während der Pfeil noch flog, warf ein anderer Zwerg seinen. Der jagte der Drohne hinterher, explodierte und schlug sie aus der Luft.

Der erste Zwerg grunzte: »Netter Wurf.«

Endlich erreichten wir den Tresen aus poliertem Eichenholz, wo Nabbi schon wartete. Ich wusste, dass er es war, weil erstens meine deduktiven Fähigkeiten hoch entwickelt sind, und zweitens, weil auf seiner schmutzigen gelben Schürze stand: HI! ICH BIN NABBI.

Ich hielt ihn für den größten Zwerg, der mir je begegnet war, bis mir aufging, dass er hinter dem Tresen auf einer Laufplanke stand. Nabbi war in Wirklichkeit nur sechzig Zentimeter groß, inklusive des wilden schwarzen Schopfes, der wie eine Seegurke von seinem Schädel aufragte. Sein glatt rasiertes Gesicht machte mir klar, warum ich bärtige Zwerge lieber mochte. Ohne Bart war Nabbi unbeschreiblich hässlich. Er hatte kein nennenswertes Kinn und zog einen verdrossenen Schmollmund.

Er starrte uns verärgert an, als ob wir Schlamm mit hereinschleppten.

»Sei gegrüßt, Blitzen, Sohn der Freya«, sagte er. »Heute keine Explosionen in meiner Bar, hoffe ich.«

Blitzen verbeugte sich. »Sei gegrüßt, Nabbi, Sohn der Loretta. Um fair zu sein, nicht ich hatte die Granaten mitgebracht. Und das ist mein Freund Magnus, Sohn der …«

»Äh. Sohn der Natalie.«

Nabbi nickte mir zu. Seine geschäftigen Augenbrauen waren faszinierend. Sie schienen sich zu bewegen wie Raupen.

Ich streckte die Hand nach einem Barhocker aus, aber Blitzen hielt mich zurück.

»Nabbi«, fragte er überaus höflich. »Dürfte mein Freund diesen Hocker benutzen? Was sind sein Name und seine Geschichte?«

»Dieser Stuhl ist Hinternschoner«, sagte Nabbi. »Geschmiedet von Gonda. Einst beherbergte er das Gesäß des Meisterschmiedes Alwis. Besetze ihn zu deinem Behagen, Magnus, Sohn der Natalie. Und Blitzen, du darfst auf Keisterheim sitzen, berühmt unter den Götterhockern, hergestellt von mir höchstpersönlich. Er hat die große Kneipenschlacht des Jahres 4109 A. M. überlebt.«

»Ich danke.« Blitzen kletterte auf seinen Hocker, der aus polierter Eiche war und einen mit Samt bezogenen Sitz hatte. »Keisterheim ist wahrlich eine Schönheit.«

Nabbi sah mich erwartungsvoll an. Ich testete meinen Hocker, der aus hartem Stahl ohne Polster bestand. Er war keineswegs ein Hinternschoner. Es war eher ein Magnusschinder, aber ich versuchte zu lächeln. »Ja, das ist wirklich ein feiner Hocker.«

Blitzen klopfte mit den Fingerknöcheln auf den Tresen. »Met für mich, Nabbi. Und für meinen Freund …«

»Äh, Limo oder so was?« Ich wusste nicht so recht, ob ich

beschwipst vom Met durch das zwergische Süd-Boston laufen wollte.

Nabbi füllte zwei Becher und stellte sie vor uns hin. Blitzens war innen golden, außen silbern und mit den Bildern tanzender Zwerginnen verziert.

»Das ist der Goldene Kelch«, sagte Nabbi. »Geschmiedet von meinem Vater Darbi. Und der da«, er tippte meinen Zinnbecher an, »ist Bumm Daddy, geschmiedet von mir höchstpersönlich. Bitte immer um Nachschub, ehe du beim Boden angekommen bist. Wenn nicht«, er spreizte die Finger, »dann *bumm, Daddy.*«

Ich hoffte wirklich, dass er Witze machte, aber ich beschloss, nur zu nippen.

Blitz trank seinen Met. »Mmm, ein schöner Becher zum Picheln. Und jetzt, wo wir die Formalitäten erledigt haben, Nabbi ... wir müssen mit Junior sprechen.«

An Nabbis linker Schläfe pochte eine Ader. »Seid ihr lebensmüde?«

Blitz griff in seinen Beutel. Er ließ eine einzelne goldene Träne über den Tresen rollen. »Das ist für dich«, sagte er leise. »Nur fürs Bescheidsagen. Sag Junior, dass wir noch mehr haben. Wir wollen nur ein Tauschgeschäft vorschlagen.«

Nach meiner Erfahrung mit Ran fand ich die Erwähnung von Tauschgeschäften noch unangenehmer als das Sitzen auf Hinternschoner. Nabbis Blicke jagten zwischen Blitzen und der Träne hin und her, seine Miene wechselte zwischen Besorgnis und Gier. Endlich trug die Gier den Sieg davon. Der Gastwirt schnappte sich den goldenen Tropfen.

»Ich sag Bescheid. Genießt eure Drinks.« Er kletterte von seiner Laufplanke und verschwand in der Küche.

Ich drehte mich zu Blitz um. »Ich habe ein paar Fragen.«

Er kicherte. »Nur ein paar?«

»Was bedeutete A. M.? Ist das die Zeitrechnung, oder ...«

»Zwerge zählen die Jahre ab der Entstehung unserer Art«, sagte Blitz. »A. M. bedeutet *Ab den Maden.*«

Ich kam zu dem Schluss, dass mein Gehör durch Ratatosks Gebell noch immer beeinträchtigt sein musste. »Was soll das heißen?«

»Bei der Erschaffung der Welt ... Ach hör auf, die Geschichte kennst du doch. Die Götter töteten Ymir, den allergrößten Riesen, und aus seinem Fleisch machten sie dann Midgard. Nidavellir entwickelte sich *unter* Midgard, wo Maden sich in das tote Fleisch des Riesen hineinfraßen und Tunnel bildeten. Einige dieser Maden wurden dann später, mit ein wenig Hilfe göttlicherseits, zu Zwergen.«

Blitzen schien auf dieses historische Schmankerl sehr stolz zu sein. Ich beschloss, es mit allen Kräften aus meinem Langzeitgedächtnis zu tilgen.

»Andere Frage«, sagte ich. »Warum hat mein Becher einen Namen?«

»Zwerge sind Handwerker«, sagte Blitzen. »Wir nehmen die Dinge ernst, die wir herstellen. Ihr Menschen – ihr macht tausend schrottige Stühle, die alle gleich aussehen und die allesamt nach einem Jahr kaputt sind. Wenn *wir* einen Stuhl machen, dann machen wir einen Stuhl, der ein Leben lang hält, einen Stuhl, wie es auf dieser Welt keinen zweiten gibt. Becher, Möbel, Waffen ... jeder von Hand gemachte Gegenstand hat eine Seele. Etwas, das keinen Namen verdient, kann man auch nicht richtig würdigen.«

Ich musterte meinen Becher, der sorgfältig mit Runen und Wellenmustern verziert war. Ich wünschte, er hätte einen anderen Namen – so etwas wie *Nie im Leben würde ich explodieren* –, aber ich musste zugeben, es war ein schöner Becher.

»Und wieso nennst du Nabbi den Sohn der Loretta? Oder mich den Sohn der Natalie?«

»Zwerge haben ein matrilineares System. Bei unserer Abstammung zählen die Mütter. Das ergibt auch viel mehr Sinn als euer patrilineares System. Schließlich kann man nur von einer einzigen biologischen Mutter geboren werden. Es sei denn, du bist der Gott Heimdall. Der hatte neun biologische Mütter. Aber das ist eine andere Geschichte.«

In meinem Gehirn schmolzen die Synapsen. »Machen wir lieber weiter. Freyas Tränen – Rotgold? Sam hat mir gesagt, das sei die Währung von Asgard.«

»Ja. Aber Freyas Tränen sind zu hundert Prozent reines Gold. Das schönste rote Gold in der ganzen Schöpfung. Die meisten Zwerge würden ihren Augapfel für den Beutel geben, den wir bei uns haben.«

»Und dieser Junior – wird der mit uns verhandeln?«

»Entweder das«, sagte Blitz. »Oder er hackt uns in winzige Stücke. Möchtest du eine Runde Nachos, um uns das Warten zu verkürzen?«

41 BLITZ MACHT EIN SCHLECHTES GESCHÄFT

Eins musste ich Nabbi lassen: Seine Nachos waren köstlich.

Ich hatte meinen Teller voll leckerer Guacamole schon halb leer gegessen, als Junior erschien. Auf den ersten Blick überlegte ich, ob es nicht einfacher wäre, Bumm Daddy zu leeren und *bumm* zu machen, denn unsere Aussichten auf einen Handel mit dem alten Zwerg schienen mir nicht so rosig.

Junior sah aus wie ungefähr zweihundert Jahre alt. Graue Haarbüschel klammerten sich an seinen altersfleckigen Schädel. Sein Bart war über *struppig* schon weit hinaus und seine boshaften braunen Augen huschten durch die Bar, als ob er dächte: *Ich hasse das hier. Ich hasse das hier. Oh, wie sehr hasse ich das hier!* Er selbst war körperlich nicht einschüchternd, wie er da mit seinem vergoldeten Rollator ankam, aber er wurde flankiert von zwei zwergischen Leibwächtern, von denen jeder so stämmig war, dass sie beim Footballtraining als Dummys hätten dienen können.

Die anderen Gäste erhoben sich und verließen still und leise die Kneipe, wie in einer Szene aus einem alten Western. Blitzen und ich standen auf.

»Junior.« Blitz verbeugte sich. »Danke dafür, dass du dich mit uns triffst.«

»Ganz schöne Frechheit«, fauchte Junior.

»Darf ich dir meinen Hocker anbieten?«, fragte Blitzen nun. »Das ist Keisterheim, geschmiedet von …«

»Nein, danke«, sagte Junior. »Ich stehe lieber, meinem Rollator sei Dank, dem Omatrotter, bekannt unter den geriatrischen Produkten, geschmiedet von Schwester Bambi, meiner persönlichen Assistentin.«

Ich biss mir in die Wange. Ich glaubte nicht, dass Lachen hier ein guter diplomatischer Schachzug wäre.

»Das ist Magnus, Sohn der Natalie«, sagte Blitzen.

Der alte Zwerg starrte mich wütend an. »Ich weiß, wer das ist. Hat das Schwert des Sommers gefunden. Konntest wohl nicht bis nach meinem Tod warten? Ich bin zu alt für diesen Götterdämmerungsunfug.«

»Mein Fehler«, sagte ich. »Ich hätte dich um Erlaubnis bitten müssen, ehe ich von Surt angegriffen und nach Walhalla geschickt wurde.«

Blitzen hustete. Die Leibwächter sahen mich beifällig an, als ob ich ihren Tag gerade interessanter gemacht hätte.

Junior gackerte. »Du gefällst mir. Du bist unverschämt. Dann zeig doch mal diese Klinge.«

Ich führte meinen magischen Medaillontrick vor. Im trüben Neonlicht der Kneipe leuchteten die Runen auf der Klinge orange und grün.

Der alte Zwerg saugte an seinen Zähnen. »Das ist tatsächlich Freys Klinge. Gar nicht gut.«

»Dann«, sagte Blitzen, »wärst du vielleicht bereit, uns zu helfen?«

»*Euch zu helfen?*«, röchelte Junior. »Dein Vater war meine Nemesis! *Du* hast meinen Ruf besudelt! Und dann willst du meine

Hilfe. Du hast wirklich stahlharte Nerven, Blitzen, das muss ich dir lassen.«

Die Sehnen an Blitzens Hals schienen jeden Moment seinen gut gestärkten Kragen zu sprengen. »Es geht hier nicht um unsere Familienfehde, Junior. Es geht um das Seil. Es geht darum, den Fenriswolf weiterhin gefangen zu halten.«

»Ach, natürlich, *darum* geht es.« Junior sah wütend seine Leibwächter an. »Die Tatsache, dass *mein Vater*, Eitri senior, als einziger Zwerg begabt genug war, um Gleipnir herzustellen, und dass dein Vater, Bili, sein Leben lang an der Qualität des Seils herumgemäkelt hat – das hat damit natürlich gar nichts zu tun!«

Blitzen umklammerte den Beutel mit den rotgoldenen Tränen. Ich hatte schon Angst, er könnte ihn Junior vor die Birne knallen. »Das Schwert des Sommers ist hier vor unseren Augen. In nur sechs Midgardnächten will Surt den Wolf befreien. Wir werden uns alle Mühe geben, um ihn daran zu hindern. Aber du weißt, dass das Seil Gleipnir sein Verfallsdatum längst überschritten hat. Wir müssen mehr darüber erfahren, wie der Wolf gefesselt ist. Und noch wichtiger ist, dass wir für alle Fälle ein Ersatzseil haben. Nur du besitzt die Fähigkeit, das herzustellen.«

Junior hielt sich die Hand hinter das Ohr. »Sag das bitte noch mal.«

»Du bist begabt, du übellauniger alter …« Blitzen unterbrach sich. »Nur du hast das Talent, ein neues Seil herzustellen.«

»Stimmt.« Junior feixte selbstzufrieden. »Und zufällig habe ich bereits einen Ersatz hergestellt. Nicht, weil es mit Gleipnir irgendwelche Probleme geben könnte, das nun wirklich nicht, oder wegen der skandalösen Lügen über Gleipnirs Qualität, die deine Familie in die Welt gesetzt hat – sondern nur, weil ich gern auf alles vorbereitet bin. Anders als dein Vater, könnte ich hinzufügen, der einfach wie ein Idiot allein losgezogen ist, um nach dem Fenriswolf zu sehen, und sich dann umbringen ließ.«

Ich musste mich vor Blitzen stellen, um zu verhindern, dass er den alten Zwerg angriff.

»Ruhig Blut!«, sagte ich. »Jungs, jetzt ist nicht der richtige Augenblick. Junior, wenn du ein neues Seil hast, super. Dann lass uns über den Preis reden. Und äh, wir brauchen noch ein Paar hübsche Ohrringe.«

Junior wischte sich den Mund. »Natürlich braucht ihr das. Sicher für Blitzens Mutter. Und welche Bezahlung bietet ihr mir dafür?«

»Blitzen«, sagte ich. »Zeig es ihm.«

Blitzens Augen loderten noch immer vor Wut, aber er öffnete den Beutel und kippte sich ein paar Tränen aus rotem Gold auf die Handfläche.

»Hm«, sagte Junior. »Ein akzeptabler Preis ... jedenfalls wäre es das, wenn er nicht von Blitzen käme. Ich verkaufe euch für diesen Tränenbeutel, was immer ihr wollt, aber zuerst muss meine Familienehre wiederhergestellt werden. Es ist Zeit, diese Fehde zu beenden. Was sagst du dazu, Sohn der Freya? Ein Schmiededuell zwischen dir und mir. Die üblichen Regeln, der übliche Wetteinsatz.«

Blitzen wich zurück. Er wand sich dermaßen, dass ich fast glauben konnte, dass er von Maden abstammte. *(LÖSCHEN, ganz schlecht, sofort LÖSCHEN.)*

»Junior«, sagte er, »du weißt, dass ich nicht ... ich könnte doch nie ...«

»Sagen wir, morgen zum Moosglühen?«, fragte Junior. »Die Jury kann einen neutralen Vorsitzenden haben – vielleicht Nabbi, der sicher keinesfalls gerade hinter dem Tresen hockt und lauscht.«

Etwas knallte gegen die Laufplanke. Unter dem Tresen sagte Nabbis erstickte Stimme: »Es wäre mir eine Ehre.«

»Siehst du!« Junior lächelte. »Also, Blitzen? Ich habe dich nach alter Sitte herausgefordert. Wirst du deine Familienehre verteidigen?«

»Ich …«, Blitzen ließ den Kopf hängen. »Wo treffen wir uns?«

»Bei den Schmieden am Kenning Square«, sagte Junior. »Ach, das wird lustig. Los, Jungs. Das muss ich Schwester Bambi erzählen.«

Der alte Zwerg schlurfte hinaus, gefolgt von seinen Leibwächtern. Kaum waren sie verschwunden, da ließ sich Blitzen auf Keisterheim fallen und leerte seinen Goldenen Kelch.

Nabbi tauchte hinter dem Tresen auf. Seine Raupenaugenbrauen wackelten besorgt, als er Blitzen nachschenkte. »Der geht aufs Haus, Blitzen. War nett, dich gekannt zu haben.«

Er ging zurück in die Küche und ließ mich und Blitzen allein zurück, während Taylor Swift »I Know Places« sang. In einer unterirdischen Zwergenwelt bekam der Text eine ganz neue Bedeutung.

»Würdest du mir mal erklären, was da gerade passiert ist?«, fragte ich Blitz. »Was ist das für ein Duell im Moosglühen? Und was ist überhaupt Moosglühen?«

»Moosglühen …« Blitzen starrte in seinen Becher. »Das ist die Zwergenversion der Morgendämmerung, wenn das Moos anfängt zu glühen. Und das Duell …« Er unterdrückte ein Schluchzen. »Das spielt keine Rolle. Ich bin sicher, du kannst deinen Einsatz auch ohne mich zu Ende bringen.«

In diesem Moment wurden die Eingangstüren aufgestoßen. Sam und Hearthstone stolperten herein, als ob sie aus einem fahrenden Wagen gestoßen worden wären.

»Sie leben noch!« Ich sprang auf. »Sieh doch nur, Blitz!«

Hearthstone war so aufgeregt, dass er nicht einmal Gebärden machen konnte. Er rannte zu Blitzen und hätte ihn fast vom Barhocker geworfen.

»He, Kumpel«, Blitz streichelte ihm zerstreut den Rücken. »Ja, freut mich auch, dich zu sehen.«

Sam umarmte mich nicht, brachte aber ein Lächeln zu Stande. Sie war zerkratzt und mit Blättern und Zweigen übersät, aber sie sah unversehrt aus. »Magnus, schön, dass du noch nicht gestorben bist. Das möchte ich mir schließlich nicht entgehen lassen.«

»Danke, al-Abbas. Und was ist euch passiert?«

Sie zuckte mit den Schultern. »Wir haben uns so lange wie möglich unter dem Kopftuch versteckt.«

Es war inzwischen so viel passiert, dass ich die Sache mit dem Kopftuch total vergessen hatte. »Ja, was war das eigentlich? Du hast einen Unsichtbarkeits-Hidschab?«

»Der macht mich nicht unsichtbar. Er dient nur zur Tarnung. Alle Walküren bekommen einen Schwanenumhang, um sich im Notfall verstecken zu können. Ich habe aus meinem nur eben einen Hidschab gemacht.«

»Aber du warst kein Schwan. Du warst Moos und Flechten.«

»Der Hidschab ist da flexibel. Jedenfalls haben wir gewartet, bis das Eichhörnchen wieder weg war. Ich war total fertig von dem Gebell, aber zum Glück hat es Hearth nichts ausgemacht. Wir sind eine Weile an Yggdrasil hochgeklettert ...«

Ein Elch wollte uns fressen, signalisierte Hearth.

»Wie bitte?«, fragte ich. »Ein Elch?«

Hearth grunzte genervt. Er buchstabierte: *H-I-R-S-C-H. Selbes Zeichen für beide Tiere.*

»Das ist natürlich gleich viel besser«, sagte ich. »Ein Hirsch wollte euch fressen?«

»Ja«, sagte Sam. »Dwalin oder vielleicht Duneyr – einer der Hirsche, die auf dem Weltenbaum herumstreifen. Wir sind entkommen, in Albenheim falsch abgebogen …«

Hearthstone schüttelte sich und signalisierte dann ganz einfach *Hass.*

»Und hier sind wir.« Sam musterte Blitzen, dessen Gesicht vor Schock noch immer ausdruckslos war. »Also … was ist hier so los?«

Ich erzählte von unserem Besuch bei Freya und dann von unserer Begegnung mit Junior. Hearthstone stützte sich auf dem Tresen ab. Er buchstabierte mit einer Hand: *W-E-T-T-S-C-H-M-I-E-D-E-N?* Dann schüttelte er heftig den Kopf.

»Was ist dieses Wettschmieden denn nun?«, fragte ich.

»Ein Wettschmieden«, murmelte Blitz in seinen Becher, »ist das Duell der Zwerge. Dabei werden unsere handwerklichen Fähigkeiten auf die Probe gestellt.«

Sam tippte mit den Fingern auf ihre Axt. »Ich gehe mal davon aus, dass du deinen Fähigkeiten nicht traust.«

»Ich bin ein total mieser Handwerker und Schmied«, sagte Blitzen.

Stimmt nicht, widersprach Hearth.

»Hearthstone«, sagte Blitzen. »Selbst, wenn ich ein hervorragender Handwerker wäre, ist Junior noch immer der geschickteste Zwerg unserer Zeit. Er wird mich fertigmachen.«

»Hör doch auf«, sagte ich. »Du wirst das gut machen. Und wenn du verlierst, finden wir eben eine andere Möglichkeit, uns dieses Seil zu besorgen.«

Blitzen sah mich traurig an. »So einfach ist das nicht, Kleiner. Wenn ich verliere, muss ich nach altem Brauch bezahlen: mit meinem Kopf.«

WIR FEIERN EINE VOR-ENTHAUPTUNGS-PARTY MIT FRÜHLINGSROLLEN

42 Dass wir in Blitzens Wohnung übernachteten, war der Höhepunkt dieses Ausflugs. Das will aber nichts heißen. Blitz hatte den dritten Stock eines Reihenhauses gegenüber vom Schwarzalb-Markt gemietet (ja, den gibt's wirklich). Angesichts der Tatsache, dass er am nächsten Tag seinen Kopf verlieren würde, war er kein guter Gastgeber. Er bat um Entschuldigung, weil er nicht sauber gemacht hatte (obwohl die Wohnung in meinen Augen tadellos war), schob ein paar Frühlingsrollen in die Mikrowelle und stellte einen Liter Sergeant Pepper light und sechs Flaschen Fjalars Schäumenden Met auf den Tisch, wobei jede Flasche in einer anderen Glasfarbe handgemacht war.

Die Wohnung war spärlich, aber elegant möbliert: ein L-förmiges Sofa und zwei Designersessel. Sie hatten vermutlich Namen und waren in Wohnzimmermöbelkreisen berühmt, aber Blitzen stellte sie nicht vor. Auf dem Kaffeetisch waren sorgfältig Zeitschriften über Herrenmode und Innenarchitektur arrangiert.

Während Sam und Hearth sich zu Blitz setzten und versuchten, ihn zu trösten, ging ich im Zimmer hin und her. Ich war wütend und fühlte mich schuldig, weil ich Blitzen in diese Notlage gebracht hatte. Er hatte schon genug für mich aufs Spiel gesetzt. Er hatte zwei

Jahre auf der Straße verbracht, um mich zu beschützen, und dabei hätte er es sich hier in seiner Wohnung mit Frühlingsrollen und schäumendem Met gut gehen lassen können. Er hatte versucht, mir das Leben zu retten, und dabei den Herrn der Feuerriesen mit einem Spielzeugschild angegriffen. Jetzt würde er in einem Schmiededuell gegen einen gemeinen Rentner seinen Kopf verlieren.

Außerdem ... die Zwergenphilosophie gab mir arg zu denken. In Midgard waren die meisten Gegenstände zerbrechlicher, ersetzbarer Müll. Ich hatte in den vergangenen zwei Jahren von diesem Müll gelebt – hatte durchgesehen, was andere wegwarfen, und mir die Dinge geschnappt, die ich verwenden oder mit denen ich wenigstens ein Feuer machen konnte.

Ich fragte mich, wie es wohl wäre, in Nidavellir zu leben, wo jeder Gegenstand ein handgemachtes Kunstwerk war, das ein Leben lang hielt – sogar eine Tasse oder ein Stuhl. Es wäre vielleicht nervig, die Heldentaten eurer Schuhe aufsagen zu müssen, ehe ihr sie morgens anzieht, aber ihr wüsstet dann zumindest, dass es umwerfende Schuhe sind.

Ich dachte über das Schwert des Sommers nach. Freya hatte mir geraten, mich damit anzufreunden. Sie hatte angedeutet, die Waffe habe Gedanken und Gefühle.

Jeder von Hand gemachte Gegenstand hat eine Seele, hatte Blitz gesagt.

Vielleicht hatte ich mich nicht angemessen vorgestellt. Vielleicht musste ich das Schwert behandeln wie jeden anderen Gefährten.

»Blitz, du musst doch eine Spezialität haben«, sagte gerade Samirah. »Was war dein Hauptfach auf der Berufsschule?«

»Mode«, schniefte Blitz. »Ich habe mein eigenes Prüfungsprogramm erstellt. Aber Kleiderherstellung wird nicht als Handwerk anerkannt. Die werden erwarten, dass ich geschmolzene Goldbarren hämmere oder irgendwelche Geräte erfinde. Und das liegt mir überhaupt nicht.«

Tut es wohl, signalisierte Hearth.

»Nicht unter Druck«, sagte Blitz.

»Ich versteh das nicht«, sagte ich. »Warum muss der Verlierer sterben? Und wie wird entschieden, wer gewonnen hat?«

Blitzen starrte auf das Titelbild des *Zwergen-Magazins – neue Looks für den Frühling! 100 Tipps für Werwolfsleder!* »Jeder Teilnehmer schmiedet drei Dinge. Egal, welche. Danach bewerten die Preisrichter jedes davon nach Nützlichkeit, Schönheit, Qualität, was auch immer. Sie können ganz nach Belieben Punkte verteilen. Der Teilnehmer mit der höchsten Gesamtzahl an Punkten gewinnt. Der andere stirbt.«

»Ihr habt sicher nicht viele Wettbewerbe«, sagte ich. »Wenn der Verlierer jedes Mal enthauptet wird.«

»Das ist der traditionelle Einsatz«, sagte Blitz. »Die meisten bestehen nicht mehr darauf. Aber Junior ist altmodisch. Und er hasst mich.«

»Hat das irgendwie mit dem Fenriswolf und deinem Dad zu tun?«

Hearth schüttelte den Kopf, um mich zum Schweigen zu bringen, aber Blitzen klopfte ihm aufs Knie. »Ist schon gut, Kumpel. Sie haben ein Recht, es zu erfahren.«

Blitz ließ sich auf dem Sofa zurücksinken. Plötzlich kam er mir gefasster vor, was seinen bevorstehenden Tod anging, und das machte mich sehr nervös. Irgendwie wäre es mir lieber gewesen, wenn er mit den Fäusten auf die Wände eingeschlagen hätte.

»Ich habe euch doch gesagt, dass zwergische Gegenstände fürs ganze Leben halten sollen«, sagte er. »Na ja … das *ganze Leben* kann bei einem Zwerg Hunderte von Jahren dauern.«

Ich sah mir Blitzens Bart an und fragte mich, ob er die grauen Koteletten gefärbt hatte. »Wie alt bist du?«

»Zwanzig«, sagte Blitz. »Aber Junior ... der geht auf die fünfhundert zu. Sein Dad, Eitri, war einer der berühmtesten Schmiede in der Geschichte der Zwerge. Er wurde über tausend Jahre alt und hat einige der wichtigsten Besitztümer der Götter hergestellt.«

Samirah knabberte an einer Frühlingsrolle. »Sogar ich habe von ihm gehört. Der kommt in den alten Sagen vor. Er hat Thors Hammer geschmiedet.«

Blitz nickte. »Und das Seil Gleipnir könntet ihr als sein berühmtestes Produkt bezeichnen, mehr noch als Thors Hammer. Es hindert den Fenriswolf daran, sich loszureißen und das Ende der Welt einzuleiten.«

»Noch kann ich dir folgen«, sagte ich.

»Es ist nur so – bei dem Seil hat er zu schnell gearbeitet. Die Götter schrien um Hilfe. Sie hatten schon versucht, den Fenriswolf mit zwei dicken Ketten zu fesseln, und wussten, dass sie bald keine Chance mehr haben würden. Der Wolf wurde täglich stärker und wilder. Bald würde er nicht mehr zu beherrschen sein ... Also hat Eitri ... na ja, er hat sein Bestes getan. Und das Seil hält ja auch schon eine ganze Weile. Aber tausend Jahre sind eine lange Zeit, sogar für ein Zwergenseil, und besonders dann, wenn der stärkste Wolf im Universum rund um die Uhr daran reißt. Mein Dad, Bili, war ein großer Seiler. Er hat viele Jahre versucht, Junior zu überzeugen, dass Gleipnir ausgetauscht werden müsste. Junior wollte davon nichts hören. Junior sagte, er suche ab und zu die Wolfsinsel auf, um Gleipnir zu überprüfen, und er schwor, alles sei in Ordnung. Er dachte, mein Dad wollte nur den guten Ruf der Familie ruinieren. Und dann hat mein Dad ...«

Blitzens Stimme brach.

Hearthstone gebärdete: *Du brauchst das nicht zu erzählen.*

»Ist schon gut«, Blitzen räusperte sich. »Junior hat all seinen Einfluss benutzt, um die Zwerge gegen meinen Dad aufzuhetzen. Unsere Familie verlor Kundschaft. Niemand wollte mehr etwas bei Bili kaufen. Schließlich ging mein Dad selbst auf die Insel Lyngwi. Er wollte das Seil überprüfen, beweisen, dass es ausgetauscht werden müsste. Er ist niemals zurückgekommen. Einige Monate später fand eine Zwergenpatrouille …« Er schlug die Augen nieder und schüttelte den Kopf.

Hearthstone gebärdete: *Kleider. Zerfetzt. Ans Ufer geschwemmt.*

Entweder lernte Samirah die Gebärdensprache sehr schnell, oder sie hatte sonst irgendwie den Sinn erfasst. Sie legte die Fingerspitzen an den Mund. »Blitz, das tut mir so leid.«

»Na ja«, er zuckte bedrückt mit den Schultern, »jetzt wisst ihr es. Junior ist noch immer wütend auf uns. Der Tod meines Dad war nicht genug. Er will auch mich beschämen und umbringen.«

Ich stellte mein Glas auf den Tisch. »Blitz, ich glaube, ich spreche für uns alle, wenn ich sage, dass sich Junior seinen Omatrotter sonst wohin …«

»Magnus«, sagte Sam warnend.

»Was? Der alte Zwerg muss geköpft werden. Wie können wir Blitz helfen, den Wettbewerb zu gewinnen?«

»Ich weiß das zu schätzen, Kleiner.« Blitz kam mühsam auf die Beine. »Aber das könnt ihr nicht. Ich … wenn ihr mich bitte entschuldigt …«

Er taumelte in sein Schlafzimmer und zog die Tür hinter sich zu.

Samirah spitzte die Lippen. Aus ihrer Jackentasche ragte noch immer ein Zweig von Yggdrasil. »Besteht irgendeine Hoffnung, dass Junior doch nicht so gut ist? Er ist doch schon sehr alt, oder nicht?«

Hearthstone wickelte seinen Schal auseinander und warf ihn

auf das Sofa. Die Dunkelheit von Nidavellir bekam ihm überhaupt nicht. Die grünen Adern an seinem Hals zeichneten sich deutlicher ab als sonst. Seine Haare waren elektrisch geladen und sahen aus wie Pflanzenfortsätze, die das Sonnenlicht suchen.

Junior ist sehr gut. Er machte ein Zeichen, als ob er ein Stück Papier zerriss und die Fetzen wegwarf. *Hoffnungslos.*

Ich hätte gern die Flaschen mit Fjalars Schäumendem Met aus dem Fenster geworfen. »Aber Blitz kann auch Dinge herstellen, oder? Oder wolltest du ihm nur Mut machen?«

Hearth erhob sich. Er ging zu einer Anrichte an der Wand des Esszimmers. Ich hatte nicht weiter auf das Ding geachtet, aber Hearth drückte auf etwas – einen versteckten Schalter, vermute ich – und die Tischplatte öffnete sich wie eine Muschelschale. Die Unterseite der oberen Hälfte war wie eine riesige Lichtplatte. Die Lampen leuchteten flackernd auf, warm und golden.

»Eine Sonnenbank.« Kaum hatte ich das gesagt, da ging mir die Wahrheit auf. »Als du das erste Mal in Nidavellir warst, hat Blitzen dir das Leben gerettet. Und zwar so. Er hat für dich eine Möglichkeit geschaffen, Sonnenlicht zu tanken.«

Hearth nickte. *Hatte zum ersten Mal Runenmagie versucht. War ein Fehler. Bin nach Nidavellir gefallen. Fast gestorben. Blitzen – der kann sein Handwerk. Er ist gütig und klug. Taugt aber nichts unter Druck. Wettbewerbe … nein.*

Sam schlang die Arme um die Knie. »Was machen wir da? Hast du irgendeine Magie, die uns helfen könnte?«

Hearth zögerte. *Ein bisschen. Mach ich vor dem Duell. Nicht genug.*

Ich übersetzte für Sam, und dann fragte ich: »Was kann ich tun?«

Ihn beschützen, signalisierte Hearth. *Junior wird S-A-B-O-T-A-G-E versuchen.*

»Sabotage?«, fragte ich. »Ist das nicht Betrug?«

»Davon habe ich gehört«, sagte Sam. »Bei Zwergenduellen darfst du eigentlich deinem Gegner auf alle möglichen Arten schaden, solange du nicht erwischt wirst. Die Sabotage muss aussehen wie ein Unfall, jedenfalls dürfen die Preisrichter sie nicht zu dir zurückverfolgen können. Aber es klingt so, als brauchte Junior keinen Betrug, um zu gewinnen.«

Er wird betrügen. Hearth machte ein Zeichen wie ein Haken, der sich in eine Öse senkt. *Gemeinheit.*

»Na gut«, sagte ich. »Ich werde Blitz beschützen.«

Reicht aber nicht. Hearth schaute zu Sam hinüber. *Nur eine Möglichkeit zu gewinnen – Junior Ärger machen.*

Als ich Sam übersetzte, was Hearth gebärdet hatte, wurde sie so grau wie ein Zwerg im Sonnenlicht. »Nein.« Sie drohte Hearth mit dem Finger. »Nein. Kommt nicht in Frage. Das habe ich dir doch schon gesagt.«

Blitz wird sterben, signalisierte Hearth. *Du hast es doch schon mal gemacht.*

»Wovon redet er da?«, fragte ich. »Was hast du schon mal gemacht?«

Sam sprang auf. Die Spannung im Raum war plötzlich mit Händen zu greifen. »Hearthstone, du hast gesagt, dass du es nie wieder erwähnen würdest. Das hast du versprochen!« Sie sah mich an und ihr Gesichtsausdruck verbot alle weiteren Fragen. »Entschuldigt mich. Ich brauche frische Luft.«

Sie stürmte aus der Wohnung.

Ich starrte Hearthstone an. »Was war das denn?«

Er ließ die Schultern sinken. Sein Gesicht war leer, ganz ohne Hoffnung. Er signalisierte, *ein Fehler.* Dann stieg er auf seine Sonnenbank, drehte sich dem Licht zu und sein Körper warf einen wölfischen Schatten auf den Boden.

ES MÖGE EIN DEKORATIVER WASSERVOGEL GESCHMIEDET WERDEN

43

Kenning Square sah aus wie ein Basketballplatz ohne Körbe. Ein Maschendrahtzaun zog sich an einem Streifen aus rissigem Asphalt entlang. Auf der einen Seite stand eine Reihe von Säulen, die mit ihren geschnitzten Drachenköpfen, Tausendfüßlern und Trollgesichtern wie Totempfähle aussahen. Auf der anderen Seite drängten sich die Zwerge auf den Zuschauerbänken. Auf dem Spielfeld, wo die Freiwurflinien gewesen wären, waren zwei Freiluftschmieden aufgebaut worden. Jede hatte eine Esse mit einem Blasebalg, um das Feuer zu schüren, eine Auswahl an Ambossen, einige stabile Tische und jede Menge Werkzeug, das aussah wie Folterinstrumente.

Die Menge schien sich auf einen langen Tag eingestellt zu haben und alle hatten Kühltaschen, Decken und Picknickkörbe mitgebracht. Einige geschäftstüchtige Zwerge hatten ihre Imbisswagen in der Nähe abgestellt. Auf dem Schild von IRIS' HAUSGEMACHTE SÜSSIGKEITEN war ein Waffelhörnchen zu sehen, das mit einem dreistöckigen Eiscremepalast gefüllt war. Vor BLUMBURRS FRÜHSTÜCKSBURRITOS standen zwanzig Zwerge Schlange, und ich bedauerte, bei Blitzen muffige Donuts gegessen zu haben.

Als wir uns dem Spielfeld näherten, wurde hier und da für Blitzen applaudiert. Sam war nirgendwo zu sehen. Sie war am Vorabend nicht mehr zurück in die Wohnung gekommen. Ich war nicht sicher, ob ich besorgt oder beleidigt sein sollte.

Junior wartete schon und stützte sich auf seinen vergoldeten Rollator. Seine beiden Leibwächter standen hinter ihm und waren wie ihr Chef in Overalls und Lederhandschuhe gekleidet.

»Blitzen, Blitzen«, der alte Zwerg grinste höhnisch. »Das Moosglühen hat schon vor zehn Minuten eingesetzt. Brauchtest du noch deinen Schönheitsschlaf?«

Blitzen sah aus, als ob er überhaupt nicht geschlafen hätte. Seine Augen waren eingesunken und blutunterlaufen. Er hatte sich die letzte Stunde lang den Kopf darüber zerbrochen, was er anziehen sollte, und sich schließlich für eine graue Hose, ein weißes Hemd, schwarze Hosenträger, spitze schwarze Schuhe und einen Filzhut entschieden. Wenn er schon mit seiner Schmiedekunst keinen Preis holte, würde er zumindest zum bestangezogenen Schmied gekürt werden.

Er schaute sich geistesabwesend um. »Geht's los?«

Die Menge jubelte. Hearthstone begleitete Blitzen an die Esse. Nach der Nacht auf Blitzens Sonnenbank hatte er einen rosa Teint entwickelt, als ob er sich Paprika gespritzt hätte. Ehe wir die Wohnung verlassen hatten, hatte er Blitzen mit einer Rune belegt, damit der sich ausgeruht und konzentriert fühlte, und nun war Hearth erschöpft und unkonzentriert. Trotzdem schürte er das Feuer, während Blitzen sich an seinem Arbeitstisch zu schaffen machte und die Reihen von Werkzeug und die Körbe voller Erze verwirrt anstarrte.

Junior wuselte inzwischen mit seinem Rollator herum und blaffte einen seiner Leibwächter an, damit der ihm einen Klumpen

Eisen und einen Sack voller Knochensplitter holte. Der andere Leibwächter stand Wache und hielt Ausschau nach allem, was seinen Boss bei der Arbeit stören könnte.

Ich versuchte, dasselbe bei Blitz zu tun, glaubte aber nicht, dass ich so einschüchternd wirkte wie ein muskulöser Zwerg im Overall (und ja, das war deprimierend).

Nach ungefähr einer Stunde verflog mein anfänglicher Adrenalinkick. Mir ging langsam auf, warum die Zuschauer Picknickkörbe mitgebracht hatten. Schmieden war kein Sport, bei dem es rasch voranging. Ab und zu klatschte die Menge oder murmelte zustimmend, wenn Junior mit seinem Hammer einen guten Treffer landete oder wenn er ein Stück Metall mit einem befriedigenden Zischen in die Kühlwanne fallen ließ. Nabbi und die beiden anderen Preisrichter wanderten zwischen den beiden Arbeitstischen hin und her und kritzelten Notizen auf ihre Klemmbretter. Für mich bestand dieser Morgen vor allem darin, dass ich mit dem Schwert des Sommers herumstand und versuchte, nicht wie ein Trottel auszusehen.

Einige Male bekam ich etwas zu tun. Einmal kam aus dem Nirgendwo ein Pfeil geschossen, der für Blitzen bestimmt war. Das Schwert des Sommers wurde sofort aktiv. Noch ehe mir überhaupt klar wurde, was hier passierte, hatte die Klinge den Pfeil schon aus der Luft geschlagen. Die Menge applaudierte, was schön gewesen wäre, wenn ich wirklich etwas geleistet hätte.

Kurz darauf griff mich ein hergelaufener Zwerg von der Seitenlinie an, er schwenkte eine Axt und schrie: »BLUT!« Ich verpasste ihm mit dem Schwertgriff einen Schlag auf den Kopf und er brach zusammen. Wieder höflicher Applaus. Zwei Zuschauer zerrten den Zwerg an den Fußknöcheln weg.

Junior hämmerte eifrig einen rot glühenden Eisenzylinder von der Größe eines Gewehrrohrs zurecht. Er hatte bereits ein Dutzend kleinerer Teile hergestellt, die vermutlich auf irgendeine Weise zu dem Zylinder gehörten, aber ich konnte mir nicht vorstellen, wie das fertige Produkt aussehen würde. Der Rollator behinderte den alten Zwerg kein bisschen. Hin und her zu trotten, fiel Junior nicht ganz leicht, aber an einer Stelle zu stehen, war kein Problem. Trotz seines Alters waren seine Armmuskeln gekräftigt von einem langen Leben, in dem er Hämmer über Ambossen geschwungen hatte.

Blitzen beugte sich derweil mit einer Nadelzange über seinen Arbeitstisch und verband gebogene Metallplatten zu einer Art Figur. Hearthstone war in Schweiß gebadet, weil er den Blasebalg bediente.

Ich versuchte, mir keine Sorgen darüber zu machen, wie erschöpft Hearth aussah oder wo Sam stecken mochte oder wie oft Blitz sein Werkzeug fallen ließ und über seinem Projekt in Tränen ausbrach.

Endlich rief Nabbi: »Noch zehn Minuten bis zur Mittmorgen-Pause!«

Blitzen schluchzte. Er befestigte ein weiteres Stück Metall an seinem Produkt, das inzwischen Ähnlichkeit mit einer Ente aufwies.

Die meisten Zuschauer schauten zu der anderen Werkstatt hinüber, wo Junior allerlei Mechanismen an dem Zylinder befestigte. Er humpelte zur Esse und erhitzte seine Konstruktion ein weiteres Mal, bis sie glühend rot war.

Vorsichtig legte er dann den Zylinder auf den Amboss und hielt ihn mit seinen Zangen fest. Er hob den Hammer.

Doch als er zuschlug, ging etwas schief. Junior stieß einen Schrei aus. Der Hammer traf daneben, schlug den Zylinder platt und ließ die daran befestigten Teile in alle Richtungen fliegen. Junior taumelte rückwärts und schlug die Hände vors Gesicht.

Seine Leibwächter stürzten ihm zu Hilfe und riefen: »Was? Was ist los?«

Ich konnte nicht ihren ganzen Wortwechsel hören, aber offenbar hatte irgendein Insekt Junior zwischen die Augen gestochen.

»Hast du es erwischt?«, fragte ein Leibwächter.

»Nein! Die kleine Pest ist abgehauen! Schnell, ehe der Zylinder abkühlt …«

»Pause!«, brüllte Nabbi.

Junior stampfte mit dem Fuß auf und fluchte. Er starrte wütend sein ruiniertes Projekt an und stauchte mit lauter Stimme seine Leibwächter zusammen.

Ich ging zu Blitzen hinüber, der in sich zusammengesunken auf seinem Amboss saß. Er hatte seinen Filzhut nach hinten geschoben und sein linker Hosenträger war gerissen.

»Wie geht's denn, Champ?«, fragte ich.

»Es geht zum Teufel.« Er zeigte auf sein Projekt. »Ich habe eine Ente geschmiedet.«

»Na ja«, ich suchte nach einem Kompliment. »Es ist aber eine richtig schöne Ente. Das da ist der Schnabel, oder? Und das da die Flügel?«

Hearthstone setzte sich neben uns auf den Asphalt. *Enten*, beschwerte er sich. *Immer Enten.*

»Es tut mir leid«, stöhnte Blitz. »Wenn ich gestresst bin, verfalle ich immer auf Schwimmvögel. Ich weiß nicht, warum.«

»Macht doch nichts«, sagte ich. »Junior hat es vermasselt. Sein erstes Projekt ist so ziemlich ruiniert.«

Blitz versuchte, sich die Ascheflocken von seinem weißen Hemd zu wischen. »Das spielt keine Rolle. Juniors erstes Projekt dient immer nur zum Aufwärmen. Er hat noch zwei Gelegenheiten, mich zu vernichten.«

»He, hör auf damit.« Ich durchwühlte unsere Provianttasche und verteilte Wasserflaschen und Cracker mit Erdnussbutter.

Hearthstone langte zu wie ein verhungernder Albe. Dann ließ er sich zurücksinken, leuchtete sich mit einem Scheinwerfer ins Gesicht und versuchte, die Strahlen zu absorbieren. Blitzen nippte nur an seinem Wasser.

»Ich wollte so was doch nie«, murmelte Blitz. »Schmiedewettstreite, magische Gegenstände. Ich wollte immer nur Qualitätsbekleidung entwerfen und zu einem vernünftigen Preis in meinem eigenen Laden verkaufen.«

Ich starrte seinen vom Schweiß gefleckten Kragen an und dachte daran, was Freya gesagt hatte: *Blitzen ist einfach ein Genie, was Stoffe und Mode angeht. Die anderen Zwerge wissen sein Können nicht zu schätzen, aber ich finde es fantastisch.*

»Das ist dein Traum.« Jetzt begriff ich. »Deshalb hast du aus Mimirs Quell getrunken – du wolltest wissen, wie du zu deinem Laden kommen könntest?«

Blitzen runzelte düster die Stirn. »Nicht nur das. Ich wollte meinem Traum folgen. Ich wollte von den anderen Zwergen nicht mehr ausgelacht werden. Ich wollte den Tod meines Vaters rächen und die Familienehre wiederherstellen. Aber das ließ sich nicht alles miteinander vereinbaren. Also habe ich Mimir um Rat gefragt.«

»Und … was hat er gesagt?«

Blitzen zuckte hilflos mit den Schultern. »Vier Jahre Dienst – das war der Preis für einen Trunk aus seinem Quell. Er sagte, der Preis des Wissens sei auch die Antwort. Wenn ich ihm diente, würde ich bekommen, was ich wollte. Nur ist das nicht passiert. Und jetzt werde ich sterben.«

Nein, gebärdete Hearth. *Eines Tages wird sich dein Traum erfüllen.*

»Ach, und wie genau?«, fragte Blitzen. »Wenn man erst geköpft worden ist, ist es gar nicht so einfach, Stoff zuzuschneiden und zu nähen.«

»Das wird nicht passieren«, sagte ich.

In meiner Brust verschmolzen jetzt mehrere Ideen zu einem unbrauchbaren zerlaufenen Goldbarren – falls dieses Gefühl nicht von den Erdnussbuttercrackern kam. Ich dachte an mein Schwert, das sich in einen Anhänger verwandeln konnte, und an Sams Kopftuch, das eine magische Hightech-Tarnanlage war. »Blitz, deine nächsten beiden Projekte werden umwerfend sein.«

»Woher weißt du das? Ich könnte in Panik geraten und noch mehr Enten produzieren!«

»Du willst Kleider machen, oder? Also mach Kleider.«

»Kleiner, das hier ist eine Schmiede und keine Nähstube. Und außerdem gilt Mode nicht als anerkanntes Handwerk.«

»Was ist mit Rüstungen?«

Blitz zögerte. »Na ja, schon, aber …«

»Wie wäre es mit modischer Kleidung, die auch als Rüstung funktioniert?«

Blitz klappte das Kinn herunter. »Bei Baldurs Klunkern … Kleiner, vielleicht bist du auf der richtigen Spur!« Er sprang auf, lief in seiner Werkstatt herum und suchte Werkzeug zusammen.

Hearth strahlte mich an – im wahrsten Sinne des Wortes, denn er hatte noch immer den Scheinwerfer auf sein Gesicht gerichtet. Er tippte sich mit der freien Hand an den Kopf – das Zeichen für *Genie.*

Als Nabbi die Pause für beendet erklärte, übernahm ich den Blasebalg, damit Hearth sich ein wenig erholen konnte. Er hielt Wache. Das Feuer zu schüren, machte ungefähr so viel Spaß, wie auf einem Trainingsfahrrad in einem Backofen zu strampeln.

Nach einer Weile erlöste mich Blitzen vom Blasebalg und ich

musste ihm beim Schmieden assistieren. Dabei war ich hoffnungslos, aber dass er mir ständig Anweisungen erteilen musste, schien Blitzens Selbstvertrauen zu steigern. »Nein, leg das dahin. Nein, die große Zange! Ganz ruhig halten, Kleiner! Das nennst du ruhig?«

Ich wusste nicht mehr, wie viel Zeit schon vergangen war. Ich achtete kaum darauf, was Blitz machte – etwas Kleines, aus Ketten gewebt. Stattdessen dachte ich über das Schwert des Sommers nach, das jetzt wieder in Anhängergestalt um meinen Hals hing.

Ich erinnerte mich daran, wie ich vom Hafen zum Copley Square gegangen war, halb im Delirium vor Hunger und Erschöpfung, und an das Gespräch, das ich in Gedanken mit dem Schwert geführt hatte. Ich dachte darüber nach, dass das Schwert entweder summte oder stumm war, dass es entweder meine Hand führte oder schwer und tatenlos liegen blieb. Wenn es wirklich eine Seele und Gefühle hatte, dann hatte ich nicht genug Rücksicht darauf genommen. Ich hatte es wie einen gefährlichen Gegenstand behandelt. Aber ich musste es wie eine Person behandeln.

»Danke«, sagte ich ganz leise und versuchte, mich nicht lächerlich zu fühlen. »Als du vorhin den Pfeil aus der Luft geholt hast, hast du meinen Freund gerettet. Ich hätte mich schon längst bedanken sollen.«

Der Anhänger schien wärmer und wärmer zu werden, obwohl es schwer zu sagen war, da ich gleich neben der Esse stand.

»Sumarbrander«, sagte ich. »Möchtest du gern so genannt werden? Entschuldige, dass ich dich ignoriert habe.«

Hmmmmm, summte der Anhänger skeptisch.

»Du bist viel mehr als nur ein Schwert«, sagte ich. »Du bist nicht nur dazu da, Dinge in Stücke zu schlagen. Du …«

Auf der anderen Seite des Spielfeldes rief Nabbi: »Noch zehn Minuten bis zur Mittagspause!«

»Oh, Götter«, murmelte Blitzen. »Ich kann nicht ... Kleiner, schnell! Gib mir mal den Prägehammer.«

Seine Hände flogen hin und her, schnappten sich allerlei Werkzeug, nahmen kleinere Veränderungen an seinem Werk vor. Es sah nicht besonders großartig aus – einfach wie ein langes, schmales Stück Kettenpanzer –, aber Blitz arbeitete, als ob sein Leben davon abhinge, was ja auch der Fall war.

Er faltete und presste den Kettenpanzer in seine endgültige Form, dann verlötete er die Naht.

»Ein Schlips!«, ging mir auf. »Blitzen, ich kann tatsächlich erkennen, was du gemacht hast!«

»Danke. Sei still!« Er hob den Lötkolben und verkündete »Fertig«, als bei Juniors Werkstatt ein lauter Knall erscholl.

»AHHHH!«, kreischte der alte Zwerg.

Alle Zuschauer sprangen auf.

Junior saß auf seinem Hintern und hatte die Hände vors Gesicht geschlagen. Auf seinem Arbeitstisch lag ein platt geschlagener, verformter Klumpen aus abkühlendem Eisen.

Seine Leibwächter stürzten zu ihm, um ihm zu helfen.

»Dieses verdammte Insekt!«, heulte Junior. Sein Nasenrücken blutete. Er sah seine Handflächen an, konnte aber offenbar keinen zerquetschten Brummer finden. »Diesmal habe ich es erwischt! Da bin ich sicher! Wo ist das Mistvieh?«

Nabbi und die anderen Preisrichter schauten naserümpfend in unsere Richtung, als ob wir auf irgendeine Weise einen Angriff von Kamikaze-Insekten herbeigeführt haben könnten. Ich vermute, wir sahen verdutzt genug aus, um sie vom Gegenteil zu überzeugen.

»Zeit zum Mittagessen!«, verkündete Nabbi. »Ein weiterer Gegenstand wird dann heute Nachmittag hergestellt werden.«

Wir aßen schnell, denn Blitz wollte unbedingt zurück an die Arbeit.

»Jetzt habe ich den Trick raus«, sagte er. »Ich hab's, Kleiner. Ich stehe tief in deiner Schuld.«

Ich schaute zu Juniors Werkstatt hinüber. Seine Leibwächter starrten mich wütend an und ließen ihre Fingerknöchel knacken.

»Bringen wir einfach das Wettschmieden hinter uns«, sagte ich. »Ich wünschte, Sam wäre hier. Vielleicht müssen wir uns nachher den Weg freikämpfen.«

Hearth warf mir einen seltsamen Blick zu, als ich Sam erwähnte.

»Was ist los?«, fragte ich.

Er schüttelte den Kopf und widmete sich wieder seinem Sandwich mit Brunnenkresse.

Die Nachmittagsschicht ging schnell vorbei. Ich war so mit meinen Wächterpflichten beschäftigt, dass ich kaum zum Denken kam. Junior hatte offenbar einige zusätzliche Saboteure angeheuert, denn so ungefähr alle halbe Stunde musste ich mit einer neuen Bedrohung fertigwerden: ein Speer, der aus dem Publikum geworfen wurde, ein fauler Apfel, mit dem auf Blitzens Kopf gezielt wurde, eine von einer Dampfmaschine betriebene Raubdrohne und zwei Zwerge in grünen Trainingsanzügen aus Elasthan und mit Baseballschlägern in der Hand (mehr sage ich dazu lieber nicht). Jedes Mal führte das Schwert des Sommers meine Hand und schaltete die Bedrohung aus. Und keinmal vergaß ich, mich bei meinem Schwert zu bedanken.

Ich konnte seine Stimme jetzt fast schon hören: *Ja, schon gut. Mmmhm, von mir aus.* Als ob es langsam Sympathien für mich entwickelte und es mir nicht mehr übel nahm, dass ich es ignoriert hatte.

Hearthstone lief in der Werkstatt herum und versorgte Blitz mit

Material und Werkzeug. Blitz webte jetzt ein größeres, komplizierteres Teil aus Metall. Was immer es sein mochte, er machte einen zufriedenen Eindruck.

Endlich ließ er seine Punze sinken und brüllte: »Geschafft!«

In selben Moment erlitt Junior seine aufsehenerregendste Niederlage. Seine Leibwächter hatten sich dicht um ihn gedrängt, um einen weiteren Angriff von Kamikaze-Insekten abzuwehren, aber das half nichts. Als Junior den Hammer zum Meisterschlag hob, kam ein dunkler Fleck vom Himmel geschossen. Die Pferdebremse stach Junior so heftig ins Gesicht, dass er sich durch die Wucht seines Hammerschlags um sich selbst drehte. Heulend und taumelnd schlug er seine beiden Leibwächter bewusstlos, zerstörte alles, was auf den zwei Arbeitstischen gelegen hatte, und fegte seine dritte Erfindung in die Esse. Dann brach er auf dem Asphalt zusammen.

Es war eigentlich nicht komisch – ein alter Zwerg, der dermaßen gedemütigt wurde. Nur war es das eben irgendwie doch. Vermutlich, weil dieser alte Zwerg eine ganz fiese Nummer war.

Mitten in der ganzen Aufregung läutete Nabbi mit einer Glocke. »Der Wettbewerb ist zu Ende«, verkündete er. »Zeit, die Produkte zu bewerten … und den Verlierer zu köpfen!«

44 Junior gewinnt einen Beutel voll Tränen

Diesen Moment suchte Sam sich aus, um aufzutauchen. Sie hatte das Kopftuch tief ins Gesicht gezogen und drängte sich durch die Menge. Ihre Jacke war mit Asche überzogen, als ob sie die Nacht in einem Kamin verbracht hätte.

Ich wollte sie schon anbrüllen, weil sie erst jetzt kam, aber meine Wut verflog, als ich ihr blaues Auge und ihre geschwollene Lippe sah.

»Was ist passiert?«, fragte ich. »Alles in Ordnung?«

»Kleiner Zusammenstoß«, sagte sie. »Keine Sorge. Lass uns mal die Bewertung ansehen.«

Die Zuschauer drängten sich um zwei Tische an der Seitenlinie, wo die Produkte von Junior und Blitzen ausgestellt waren. Blitzen hatte die Hände hinter dem Rücken verschränkt und sah zuversichtlich aus, trotz seines gerissenen Hosenträgers, der Fettflecken auf dem Hemd und seines schweißnassen Filzhutes.

Juniors Gesicht war eine blutige Katastrophe. Er konnte sich mit seinem Rollator nur mit Mühe aufrecht halten. Das mörderische Funkeln in seinen Augen ließ ihn aussehen wie einen von seinem harten Tagewerk ermüdeten Serienmörder.

Nabbi und die anderen Preisrichter umkreisten die Tische,

untersuchten die Schmiedearbeiten und machten sich Notizen auf ihren Klemmbrettern.

Endlich drehte sich Nabbi zu den Zuschauern um. Er hob die wackelnden Augenbrauen und versuchte ein Lächeln.

»Nun gut«, sagte er. »Ich danke euch allen dafür, dass ihr dieses Duell besucht habt, gesponsert von Nabbis Schenke, die unter den Schenken berühmt und das Zuhause von Nabbis Stout ist, dem einzigen Met, den ihr jemals brauchen werdet. Und jetzt werden die beiden Gegner uns ihre ersten Produkte vorstellen. Blitzen, Sohn der Freya.«

Blitzen zeigte auf seine Metallfigur. »Das ist eine Ente.«

Nabbi blinzelte. »Und … wozu dient dieselbe?«

»Wenn ich auf ihren Rücken drücke«, Blitzen führte es vor und die Ente wurde dreimal so groß wie vorher, wie ein verängstigter Kugelfisch, »dann wird sie zu einer größeren Ente.«

Der zweite Richter kratzte sich den Bart. »Und das ist alles?«

»Na ja«, sagte Blitz. »Ich nenne sie die Expando-Ente. Sie ist perfekt, wenn man mal eine kleine Metallente braucht. Oder eine größere Metallente.«

Der dritte Richter wandte sich an seine Kollegen. »Als Gartennippes vielleicht? Zierstück? Lockvogel?«

Nabbi hüstelte. »Ja, danke, Blitzen. Und jetzt du, Eitri junior, Sohn der Edna. Was ist dein erstes Werk?«

Junior wischte sich das Blut aus den Augen. Er hob seinen platt gedrückten Eisenzylinder hoch, an dem mehrere Federn und Riegel baumelten. »Das ist ein selbstgesteuertes Trollsuchgeschoss. Wenn es unversehrt wäre, könnte es jeden Troll in fast einem Kilometer Umkreis vernichten. Und es kann recycelt werden.«

Die Menge murmelte beifällig.

»Äh, aber funktioniert es?«, fragte der zweite Preisrichter.

»Nein!«, sagte Junior. »Es wurde mit dem letzten Hammerschlag ruiniert. Aber wenn es funktionierte …«

»Das tut es aber nicht«, stellte der dritte Preisrichter fest. »Was ist es also im Moment?«

»Es ist ein nutzloser Metallzylinder«, fauchte Junior. »Was nicht meine Schuld ist.«

Die Richter berieten sich untereinander und machten sich Notizen.

»In der ersten Runde also«, fasste Nabbi zusammen, »haben wir eine vergrößerungsfähige Ente gegen einen nutzlosen Metallzylinder. Unsere Duellanten liefern sich da wirklich ein Kopf-an-Kopf-Rennen. Blitzen, was ist dein zweiter Gegenstand?«

Blitzen hob stolz seinen Kettenpanzerschlips hoch. »Der kugelsichere Schlips.«

Die Preisrichter ließen alle im selben Augenblick ihre Klemmbretter sinken.

»Was?«, fragte Nabbi.

»Jetzt tut nicht so.« Blitz wandte sich an das Publikum. »Wie viele von euch waren schon einmal in der peinlichen Lage, eine kugelsichere Weste zu tragen und keinen kugelsicheren Schlips zu haben?«

Ganz hinten in der Menge hob ein Zwerg die Hand.

»Seht ihr!«, sagte Blitz. »Das hier ist nicht nur ein unverzichtbares Modeaccessoire, es hält jedes Geschoss bis zum Kaliber .30–06 auf. Zudem kann es auch als Halsbinde Verwendung finden.«

Die Preisrichter runzelten die Stirn und machten Notizen, aber einige Zuschauer sahen beeindruckt aus. Sie musterten ihre Hemden und dachten vielleicht darüber nach, wie unvollständig angezogen sie sich ohne eine Halsbinde aus Kettenpanzer fühlten.

»Junior?«, fragte Nabbi. »Was ist dein zweites Handwerksstück?«

»Der Kelch der Unendlichkeit!« Junior zeigte auf einen verformten Eisenklumpen. »Er fasst eine unbegrenzte Menge jeglicher Flüssigkeit – wunderbar für Abstecher in wasserlose Wüsten.«

»Äh …« Nabbi zeigte mit seinem Stift darauf. »Er sieht ein bisschen zerquetscht aus.«

»Wieder diese blöde Pferdebremse!«, erklärte Junior. »Die hat mich mitten zwischen die Augen gestochen. Ist doch nicht meine Schuld, wenn ein Kerbtier meine grandiose Erfindung in einen Schrotthaufen verwandelt hat.«

»Schrotthaufen«, wiederholte Nabbi und notierte das auf seinem Klemmbrett. »Und Blitzen, dein letztes Stück?«

Blitzen hob eine glitzernde Bahn aus Metallgewebe hoch. »Die Kettenpanzerweste. Kann zu einem dreiteiligen Kettenpanzeranzug getragen werden. Oder wenn es ein wenig legerer sein soll, kann man sie zu Jeans und einem hübschen Hemd tragen.«

Und einem Schild, schlug Hearthstone vor.

»Ja, und einem Schild«, sagte Blitzen.

Der dritte Preisrichter beugte sich vor und kniff die Augen zusammen. »Ich nehme mal an, ein bisschen Schutz könnte sie schon bieten. Wenn einem jemand in einer Disco einen Dolch in den Rücken stößt, zum Beispiel.«

Der dritte Preisrichter machte eine Notiz. »Hat sie irgendwelche magischen Fähigkeiten?«

»Das nicht«, sagte Blitz. »Aber sie kann von beiden Seiten getragen werden, innen Gold, außen Silber. Es kommt drauf an, welchen Schmuck man dazu anlegen will und welche Farbe die Rüstung …«

»Ich verstehe.« Nabbi machte sich eine Notiz auf seinem Klemmbrett und wandte sich dann an Junior. »Und dein letzter Beitrag?«

Juniors Fäuste zitterten vor Wut. »Das ist unfair! Ich habe noch nie einen Wettbewerb verloren! Ihr alle kennt meine Fähigkeiten. Dieser Wichtigtuer, dieser *Möchtegernschmied* Blitzen hat auf irgendeine Weise die Zerstörung meiner …«

»Eitri junior, Sohn der Edna«, fiel Nabbi ihm ins Wort. »Was ist dein drittes Handwerksstück?«

Junior wies ungeduldig auf die Esse. »Da ist mein drittes Teil! Es spielt keine Rolle, was es war, denn jetzt ist es kochender Schlamm.«

Die Preisrichter traten zusammen und hielten Rat. Die Menge trat unruhig von einem Fuß auf den anderen.

Nabbi drehte sich zum Publikum um. »Die Entscheidung ist uns schwergefallen. Wir haben Juniors kochenden Schlamm, Schrotthaufen und nutzlosen Metallzylinder gegen Kettenpanzerweste, kugelsicheren Schlips und Expando-Ente abgewogen. Es war wirklich Kopf an Kopf. Aber dennoch rufen wir zum Sieger des Duells aus: Blitzen, den Sohn der Freya!«

Einige Zuschauer applaudierten. Andere schnappten ungläubig nach Luft. Eine Zwergin in Schwesterntracht, vermutlich Bambi, die berühmteste aller zwergischen Krankenschwestern, fiel in Ohnmacht.

Hearthstone hüpfte auf der Stelle und ließ die Enden seines Schals die Welle machen. Ich hielt Ausschau nach Sam, aber die hatte sich ganz nach hinten ins Publikum zurückgezogen.

Junior sah wütend seine Fäuste an, als ob er mit dem Gedanken spielte, sich selbst zu verprügeln. »Schön«, knurrte er. »Nehmt meinen Kopf. Ich will nicht in einer Welt leben, in der Blitzen Schmiedewettbewerbe gewinnt!«

»Junior, ich will dich nicht töten«, sagte Blitzen. Trotz seines Sieges klang er nicht stolz oder schadenfroh. Er sah müde aus, vielleicht sogar traurig.

Junior blinzelte. »Das – das willst du nicht?«

»Nein. Gib mir einfach die Ohrringe und das Seil, wie versprochen. Oh, und gib in aller Öffentlichkeit zu, dass mein Vater die ganze Zeit Recht hatte mit Gleipnir. Das Seil hätte schon vor Jahrhunderten ausgetauscht werden müssen.«

»Niemals!«, kreischte Junior. »Du schmähst den guten Namen meines Vaters. Ich kann nicht …«

»Na gut, dann hol ich meine Axt«, sagte Blitzen resigniert. »Ich fürchte, die Schneide ist nicht mehr richtig scharf …«

Junior schluckte und schaute sehnsüchtig zu dem kugelsicheren Schlips hinüber. »Na gut. Vielleicht … vielleicht hatte Bili nicht ganz unrecht. Das Seil hätte ausgetauscht werden müssen.«

»Und es war nicht richtig von dir, ihn in Verruf zu bringen.«

Die Gesichtsmuskeln des alten Zwergs zuckten, aber er brachte die Wörter trotzdem heraus. »Nicht … richtig … von mir. Nein.«

Blitzen schaute in die Dunkelheit hinauf und flüsterte ganz leise etwas. Ich war nicht gut im Lippenlesen, aber ich war ziemlich sicher, dass er sagte: *Ich liebe dich, Dad. Leb wohl.*

Dann konzentrierte er sich wieder auf Junior. »Und jetzt zu den Dingen, die du versprochen hast …«

Junior schnippte mit den Fingern. Einer seiner Leibwächter kam angewatschelt, sein Kopf war nach dem Zusammenstoß mit dem Hammer frisch verbunden. Er reichte Blitzen eine kleine Samtschachtel.

»Ohrringe für deine Mutter«, sagte Junior.

Blitzen öffnete die Schachtel. Sie enthielt zwei winzige Katzen, aus Goldfiligran wie Brisingamen. Sie reckten sich, blinzelten mit ihren Diamantaugen und ließen ihre Diamantschwänze peitschen.

Blitz ließ die Schachtel zuschnappen. »Gut. Und das Seil?«

Der Leibwächter warf ihm eine aufgerollte Drachenschnur zu.

»Das soll wohl ein Witz sein«, sagte ich. »Damit sollen wir den Fenriswolf fesseln?«

Junior sah mich wütend an. »Knabe, deine Ignoranz ist atemberaubend. Gleipnir war genauso dünn und leicht, aber seine paradoxen Bestandteile haben ihm große Kraft gegeben. Diese Schnur ist genauso, nur besser.«

»Paradoxe Bestandteile?«

Blitz hielt ein Ende des Seils hoch und stieß einen beifälligen Pfiff aus. »Er meint Dinge, die es eigentlich gar nicht geben dürfte. Es ist sehr schwer, mit paradoxen Bestandteilen zu arbeiten, sehr gefährlich. Gleipnir enthielt das Stampfen einer Katze, den Speichel eines Vogels, den Atemzug eines Fisches und den Bart einer Frau.«

»Weiß ja nicht, ob das Letzte so paradox ist«, sagte ich. »Die Verrückte Alice in Chinatown hat einen ziemlich überzeugenden Bart.«

Junior schnaubte. »Das Entscheidende ist, dass dieser Strick noch besser hält. Ich nenne ihn Andskoti, den Teufel. Er ist aus den mächtigsten Widersprüchlichkeiten in den Neun Welten geknüpft: Wi-Fi ohne zeitliche Verzögerung, die Ehrlichkeit von Politikern, gesunde frittierte Kost und eine interessante Vorlesung über Grammatik.«

»Stimmt«, gab ich zu. »Das gibt es alles nicht.«

Blitz verstaute die Drachenschnur in seinem Rucksack. Er zog den Beutel mit den Tränen hervor und überreichte ihn dem alten Zwerg. »Danke, Junior, ich betrachte unseren Handel damit als abgeschlossen, aber ich möchte noch eine Frage stellen. Wo ist die Insel des Fenriswolfs?«

Junior drückte seine Bezahlung an sich. »Wenn ich es dir sagen könnte, Blitzen, dann würde ich es tun. Ich würde zu gern zusehen, wenn du vom Wolf zerrissen wirst wie damals dein Vater. Leider weiß ich es nicht.«

»Aber …«

»Ja, ich habe gesagt, dass ich den Strick von Zeit zu Zeit überprüft habe. Das war gelogen! Tatsache ist, nur wenige Zwerge oder Götter wissen, wo die Wolfsinsel sich befindet. Die meisten haben ein Schweigegelübde abgelegt. Wie dein Vater den Weg dorthin gefunden hat, weiß ich wirklich nicht, aber wenn du ihn finden willst, dann fragst du am besten Thor. Der weiß es und er hat eine lose Zunge.«

»Thor«, sagte ich. »Und wo finden wir Thor?«

»Ich habe keine Ahnung«, gab Junior zu.

Hearthstone gebärdete: *Vielleicht Sam. Sie weiß eine Menge über die Götter.*

»Na gut.« Ich drehte mich um. »Sam, komm her. Warum versteckst du dich eigentlich?«

Die Menge teilte sich, um sie durchzulassen.

Sowie Junior sie erblickte, stieß er ein ersticktes Krächzen aus. »Du! Du warst das!«

Sam versuchte, ihre geschwollene Lippe zu verstecken. »Entschuldigung? Kennen wir uns?«

»Ach, spiel hier nicht das Unschuldslamm!« Junior kam mit seinem Rollator angehumpelt, seine rote Kopfhaut ließ seine grauen Haare rosa erscheinen. »Ich habe schon häufiger Werwesen gesehen. Dieses Kopftuch hat dieselbe Farbe wie die Flügel der Pferdebremse. Und dieses blaue Auge habe ich dir verpasst! Du steckst mit Blitzen unter einer Decke! Freunde, Kollegen, ehrsame Zwerge – tötet diese Betrüger!«

Ich war stolz darauf, dass wir vier als Team reagierten. In perfekter Einheit, wie eine gut geölte Kampfmaschine, machten wir auf dem Absatz kehrt und rannten um unser Leben.

ICH LERNE JACK KENNEN

45 Multitasking liegt mir ziemlich gut, deshalb dachte ich, ich könnte voller Panik fliehen und gleichzeitig Fragen stellen.

»Pferdebremse?«, schrie ich zu Sam hinüber. »Du kannst dich in eine Pferdebremse verwandeln?«

Sie zog den Kopf ein, als ein dampfgetriebener Dartpfeil über sie hinwegjagte. »Nicht jetzt!«

»Ach, entschuldige bitte. Dann warte ich eben auf den perfekten Moment für eine Pferdebremsen-Audienz.«

Hearthstone und Blitzen rannten vor uns her. Hinter uns holte ein Mob aus dreißig Zwergen ziemlich schnell auf. Mir gefielen weder ihre mordlustigen Gesichter noch ihre hochwertige Auswahl an handgeschmiedeten Waffen.

»Da lang!«, Blitzen verschwand in einer Seitengasse.

Leider hatte Hearthstone nicht aufgepasst. Der Albe rannte weiter geradeaus.

»Mutter!« Blitz fluchte – immerhin hielt ich es für einen Fluch, bis Sam und ich an der Ecke ankamen und abbremsten.

Einige Schritte weiter war Blitz in einem Netz aus Licht gefangen. Er zappelte und stieß Verwünschungen aus, als das leuchtende Gewebe ihn in die Luft hob. »Das ist meine Mutter!«, wimmerte er. »Sie will diese verdammten Ohrringe. Los! Hinter Hearthstone her! Wir sehen uns dann …«

POPP! Unser Zwerg verschwand mit einem letzten Aufleuchten.

Ich schaute Sam an. »Ist das wirklich passiert?«

»Wir haben gerade andere Sorgen.« Sie zog ihre Axt hervor.

Der Mob hatte uns eingeholt. Die Zwerge formierten sich zu einem Halbkreis aus Bärten, Stirnrunzeln, Baseballschlägern und Schwertern. Ich wusste nicht so recht, worauf sie warteten. Dann hörte ich irgendwo hinter ihnen Juniors Stimme. »Wartet!«, röchelte er. »Ich ...«, pfeifender Atem. »Töte ...«, noch mehr pfeifender Atem. »Als Erster!«

Die Menge teilte sich. Der alte Zwerg, flankiert von seinen Leibwächtern, schob seinen Rollator auf uns zu.

Er sah erst mich an, dann Sam.

»Wo stecken Blitzen und der Albe?«, murmelte Junior. »Na, egal. Die finden wir schon noch. Du, Knabe, bist mir nicht so wichtig. Lauf, dann lass ich dich vielleicht am Leben. Aber das Mädchen ist zweifellos eine Tochter Lokis. Sie hat mich gestochen und meine Werkstücke ruiniert. Sie muss sterben.«

Ich zog meinen Anhänger von der Kette. Das Schwert des Sommers fuhr zu seiner vollen Länge aus. Die Zwerge wichen zurück; ich vermutete, sie erkannten eine gefährliche Klinge auf einen Blick.

»Ich gehe nirgendwohin«, sagte ich. »Da musst du uns schon beide erledigen.«

Das Schwert summte und verlangte Aufmerksamkeit.

»Korrektur«, sagte ich. »Du musst uns alle drei erledigen. Das hier ist Sumarbrander, das Schwert des Sommers, geschmiedet von ... Ich bin mir gar nicht so sicher, aber es ist in Schwertkreisen sehr berühmt und wird euch gleich ziemlich einheizen.«

»Danke«, sagte das Schwert.

Sam stieß ein Quietschgeräusch aus. Die geschockten Gesichter der Zwerge bewiesen, dass ich mir die Stimme des Schwertes nicht eingebildet hatte.

Ich hob die Klinge. »Du kannst sprechen? Ich meine, natürlich kannst du sprechen. Du hast viele, äh, unglaubliche Fähigkeiten.«

»Sag ich doch schon die ganze Zeit.« Die Stimme des Schwertes war eindeutig männlich. Sie kam von den Runen auf der Klinge, die bei jedem Wort vibrierten und leuchteten wie die Anzeige eines Stereo-Klangreglers.

Ich warf den Zwergen einen arroganten Blick zu, nach dem Motto: *Ja, genau, ich habe ein sprechendes Discoschwert und ihr nicht.*

»Sumbarbrander«, sagte ich. »Hast du Lust, mit diesem Mob zu reden?«

»Klar doch«, sagte das Schwert. »Möchtest du die Bande tot oder …«

Der Mob wich verängstigt noch weiter zurück.

»Nö«, entschied ich. »Sorg einfach dafür, dass sie weggehen.«

»Spielverderber«, sagte das Schwert. »Aber von mir aus, lass los.«

Ich zögerte. Ich war nicht besonders scharf darauf, ein leuchtendes, sprechendes, summendes Schwert in der Hand zu halten, aber meine Waffe fallen zu lassen, kam mir nicht gerade vor wie der logische erste Schritt zum Sieg.

Junior hatte mein Zögern offenbar gespürt.

»Wir können ihn fertigmachen!«, schrie er. »Er ist nur ein Junge mit einem Schwert, mit dem er nicht umgehen kann!«

Sam fauchte. »Und eine ehemalige Walküre mit einer Axt, mit der sie nur zu gut umgehen kann!«

»Pah!«, sagte Junior. »Auf sie, Jungs. Omatrotter, Aktivmodus!«

Reihen von Dolchklingen schoben sich vorn aus seinem Rollator. Zwei winzige Raketentriebwerke feuerten nach hinten und trugen

Junior mit einer umwerfenden Geschwindigkeit von mehr als anderthalb Kilometern pro Stunde auf uns zu. Seine Kumpane johlten und griffen ebenfalls an.

Ich ließ mein Schwert los. Es schwebte für den Bruchteil einer Sekunde in der Luft. Dann legte es los. Schneller, als ihr »Sohn der Edna« sagen könntet, waren alle Zwerge entwaffnet. Ihre Waffen waren halbiert, in der Mitte gespalten, zu Boden geschlagen oder in Würfel von der Größe von Appetithäppchen geschnitten. Die Dolche und Raketen wurden von Juniors Rollator rasiert. Die abgetrennten Enden von dreißig Bärten flatterten auf den Bürgersteig und dreißig geschockte Zwerge hatten fünfzig Prozent Gesichtsbehaarung weniger.

Das Schwert des Sommers schwebte zwischen dem Mob und mir.

»Irgendwer noch nicht versorgt?«, fragte das Schwert.

Die Zwerge machten kehrt und ergriffen die Flucht.

Junior humpelte davon, hinter seinen Leibwächtern her, die schon die nächste Straßenecke erreicht hatten, und schrie über seine Schulter: »Das war noch nicht alles, Knabe! Wir kommen mit Verstärkung zurück!«

Sam ließ ihre Axt sinken. »Das war … der Hammer.«

»Ja«, stimmte ich zu. »Danke, Sumarbrander.«

»*De nada*«, sagte das Schwert. »Aber weißt du, Sumarbrander ist ein echt langer Name, und er hat mir noch nie besonders gut gefallen.«

»Na gut.« Ich wusste nicht so recht, wohin ich schauen sollte, wenn ich mit dem Schwert sprach – auf die leuchtenden Runen? Die Spitze der Klinge? »Wie sollen wir dich denn nennen?«

Das Schwert summte nachdenklich. »Wie heißt du denn?«

»Magnus.«

»Das ist ein guter Name. Nennt mich Magnus.«

»Du kannst nicht Magnus heißen. Magnus heiße ich schon.«

»Und wie heißt sie?«

»Sam. Aber Sam kannst du auch nicht heißen, das wäre zu verwirrend.«

Die Klinge schwang hin und her. »Na, was wäre denn ein guter Name? Einer, der zu meiner Persönlichkeit und meinen vielen Talenten passt?«

»Ich kenne dich leider noch nicht gut genug.« Ich sah Samirah an, aber die schüttelte nur den Kopf, wie um zu sagen: *He, das ist dein Discoschwert.*

»Ehrlich«, sagte ich, »das ist doch Jacke wie …«

»Jack!«, rief das Schwert. »Perfekt!«

Das Problem bei sprechenden Schwertern ist, dass man nie so genau weiß, wann sie einen Witz machen. Sie haben keinen Gesichtsausdruck. Und kein Gesicht.

»Also … ich soll dich Jack nennen.«

»Das ist ein edler Name«, sagte das Schwert. »Wie geschaffen für Könige und scharfe Schneideinstrumente.«

»Okay«, sagte ich. »Na dann, Jack, danke fürs Retten. Stört es dich, wenn ich …« Ich streckte die Hand nach dem Griff aus, aber Jack schwebte von mir weg.

»Ich würde damit noch warten«, warnte er. »Der Preis für meine umwerfenden Fähigkeiten: Sobald du mich in die Scheide steckst oder in einen Anhänger verwandelst, wirst du so erschöpft sein, als ob du alles selbst vollbracht hättest.«

Meine Schultermuskeln verspannten sich. Ich stellte mir vor, wie müde ich sein würde, wenn ich alle diese Waffen zerstört und alle diese Bärte abgeschnitten hätte. »Ach. Das war mir noch gar nicht aufgefallen.«

»Weil du noch nichts Aufsehenerregendes mit mir unternommen hast.«

»Stimmt.«

In der Ferne heulte eine Luftschutzsirene. Ich glaubte nicht, dass es in einer unterirdischen Welt besonders viele Luftangriffe gab, also befürchtete ich, dass der Alarm mit uns zu tun hatte.

»Wir müssen los«, drängte Sam. »Wir müssen Hearthstone suchen. Ich glaube nicht, dass Junior das mit der Verstärkung als Witz gemeint hat.«

Hearthstone zu finden, war nicht weiter schwer: Wir rannten ihm zwei Blocks weiter in die Arme. Er war zurückgekommen, um uns zu suchen.

Was zur H-E-L?, fragte er. *Wo ist Blitzen?*

Ich erzählte ihm von Freyas goldenem Netz. »Den finden wir schon noch. Im Moment ruft Junior die zwergische Nationalgarde zusammen.«

Dein Schwert schwebt in der Luft, bemerkte Hearth.

»Dein Albe ist taub«, bemerkte Jack.

Ich drehte mich zu dem Schwert um. »Weiß ich. Entschuldigt, dass ich euch noch nicht vorgestellt habe. Jack, Hearth. Hearth, Jack.«

Kann das sprechen?, gebärdete Hearth. *Ich kann Schwertlippen nicht lesen.*

»Was sagt er?«, fragte Jack. »Ich kann Albenhände nicht lesen.«

»Jungs«, Sam zeigte hinter uns. Einige Blocks weiter bog ein mit Eisenplatten gesichertes Fahrzeug mit Raupenketten und einem Geschützturm langsam in unsere Straße ein.

»Das ist ein Panzer«, sagte ich. »Junior hat einen *Panzer?*«

»Wir sollten gehen«, sagte Jack. »Wenn ich versuche, einen Panzer zu zerstören, könnte dich das umbringen.«

»Ja«, sagte ich zustimmend. »Aber wie kommen wir weg aus Nidavellir?«

Hearthstone klatschte in die Hände, um meine Aufmerksamkeit zu erregen. *Da lang.*

Wir rannten hinter ihm her, jagten im Zickzack durch Gassen und stießen sorgsam handgeschmiedete Mülltonnen um, die vermutlich allesamt Namen und Seelen hatten.

Irgendwo hinter uns ließ ein gewaltiges *BUMM!* Fenster klirren und Kieselsteine regnen.

»Löst der Panzer etwa ein Himmelsbeben aus?«, rief ich. »Das kann doch nicht gesund sein.«

Hearthstone führte uns durch eine weitere Straße mit heruntergekommenen Reihenhäusern. Auf den Vordertreppen saßen Zwerge und klatschten und johlten, als wir vorüberrannten. Einige von ihnen filmten uns mit exquisiten Sammlersmartphones. Unser Fluchtversuch würde im zwergischen Internet, berühmt in Internetkreisen, bestimmt einen neuen Klickrekord aufstellen.

Endlich erreichten wir das, was der südliche Stadtrand Bostons hätte sein können. Auf der anderen Seite der breiten Straße befand sich aber nicht der Strand, sondern der Boden fiel in einen Abgrund ab.

»Na, das ist ja eine große Hilfe«, sagte Sam.

Hinter uns brüllte Juniors Stimme durch die Dunkelheit: »Bazookas, auf die rechte Flanke!«

Hearthstone führte uns an den Rand des Abgrunds. Tief unter uns toste ein Fluss.

Reinspringen!, befahl er.

»Ist das dein Ernst?«, fragte ich.

Blitzen und ich haben das schon mal. Fluss führt aus Nidavellir raus.

»Wohin?«

Kommt drauf an, gebärdete Hearthstone.

»Das ist nicht gerade beruhigend«, sagte Sam.

Hearthstone zeigte zurück auf die Straße. Der Zwergenmob rottete sich zusammen, Panzer und Jeeps und Granatwerfer und eine ganze Bande von wirklich wütenden uralten Zwergen mit Kampfrollatoren.

»Wir springen«, beschloss ich.

Jack das Schwert schwebte neben mir. »Nimm mich jetzt lieber in die Hand, Boss. Sonst könnte ich wieder verloren gehen.«

»Aber du hast gesagt, die Erschöpfung …«

»Kann sein, dass du das Bewusstsein verlierst«, sagte das Schwert zustimmend. »Das Gute ist aber, dass du wahrscheinlich ohnehin sterben musst.«

Das war wirklich messerscharf beobachtet. (Tut mir leid, Kalauer.) Ich nahm das Schwert und brachte es zurück in die Anhängergestalt. Ich konnte es gerade noch an der Kette befestigen, bevor die Beine unter mir nachgaben.

Sam fing mich auf. »Hearthstone! Nimm seinen anderen Arm.«

Vor meinen Augen wurde alles schwarz und Sam und Hearth halfen mir, in den Abgrund zu springen. Wozu hat man schließlich Freunde?

AUF DEM GUTEN ALTEN SCHIFF ZEHENNAGEL

46 Ich wusste sofort, dass ich ein Problem hatte, als ich in einem Traum zu mir kam.

Ich stand neben Loki an Deck eines riesigen Schiffes.

»Das bist du ja«, sagte Loki. »Ich hatte mir schon Gedanken gemacht.«

»Woher …?« Mir fiel seine Kleidung auf. »Was hast du denn da an?«

»Das gefällt dir?« Seine narbigen Lippen verzogen sich zu einem Grinsen. Seine weiße Admiralsjacke funkelte vor Orden, aber Loki trug sie nicht gerade vorschriftsmäßig. Sie war offen und ein schwarzes T-Shirt schaute hervor, auf dem Jack Nicholsons Gesicht aus »Shining« zu sehen war. Darunter stand: *Hier ist Lokiiii!*

»Wo sind wir?«, fragte ich.

Loki polierte seine Orden mit seinem Jackenärmel. »Na ja, wir sind natürlich beide nicht *hier*. Ich bin noch immer an einen Felsbrocken gefesselt und Schlangengift tropft mir ins Gesicht. Du liegst an einem Flussufer in Jotunheim im Sterben.«

»Ich tu was?«

»Ob du überlebst oder nicht, das hier könnte unsere letzte Möglichkeit zu einem Gespräch sein. Ich wollte, dass du das hier siehst – *Naglfari*, das Schiff der Nägel. Es ist fast vollendet!«

Das Schiff war jetzt deutlicher zu sehen – ein wikingisches Langschiff, das größer war als ein Flugzeugträger. Das Hauptdeck hätte Platz genug für den Boston Marathon geboten. Riesige Schilde waren an der Reling befestigt. Vorne und achtern ragten zehn Meter hohe Galionsfiguren in der Gestalt zähnebleckender Wölfe auf. Natürlich mussten es Wölfe sein.

Ich lugte zwischen zwei Schilden hindurch. Dreißig Meter unter mir war das Schiff mit eisernen Seilen an einem Anleger vertäut. Das Meer knirschte vor lauter Eis.

Ich fuhr mit der Hand die Reling entlang. Die Oberfläche war uneben und stachelig – voll überlappender weißer und grauer Kanten, wie Fischschuppen oder Perlmuttsplitter. Auf den ersten Blick hatte ich angenommen, das Deck sei aus Stahl hergestellt worden, aber nun ging mir auf, dass das gesamte Schiff aus diesem seltsamen, durchscheinenden Material bestand – nicht Metall, nicht Holz, sondern etwas seltsam Bekanntes.

»Was ist das?«, fragte ich Loki. »Ich sehe kein Holz und keine Nägel. Warum heißt es Schiff der Nägel?«

Loki kicherte. »Keine *Schreiner*nägel, Magnus. Die Naglfari besteht aus den Finger- und Zehennägeln von Toten.«

Das Deck schien unter mir zu schwanken. Ich war nicht sicher, ob man im Traum kotzen kann, aber ich hatte große Lust dazu. Es war nicht nur die unappetitliche Vorstellung, auf einem aus abgeschnittenen Nägeln gebauten Schiff zu stehen, wovon mir schlecht wurde – es waren die gewaltigen Mengen davon. Wie viele Leichname hatten ihre Nägel hergeben müssen, um ein Schiff von dieser Größe zu bauen?

Als ich endlich wieder regelmäßig atmen konnte, sah ich Loki an. »Warum?«

Trotz der zerfressenen Lippen und des narbigen Gesichts war

Lokis Grinsen so ansteckend, dass ich fast zurückgelächelt hätte – *fast*.

»Ganz schön widerlich, was?«, fragte er. »In den alten Zeiten wussten deine Vorfahren, dass Nägel einen Teil deines Geistes enthalten, deines Wesens … deiner DNA, wie ihr heute sagen würdet. Ihr Leben lang haben Sterbliche sorgfältig ihre abgeschnittenen Nägel verbrannt. Nach ihrem Tod wurden ihnen die Nägel geschnitten und die abgeschnittenen Stücke wurden ebenfalls verbrannt, damit sie kein Material für dieses Schiff lieferten. Aber manchmal«, Loki zuckte mit den Schultern, »wurden nicht die nötigen Vorsichtsmaßnahmen getroffen.«

»Du hast dir ein Schlachtschiff aus Zehennägeln gebaut?«

»Na ja, das Schiff baut sich selbst. Und technisch gesehen gehört die Naglfari Surt und den Feuerriesen, aber wenn die Götterdämmerung kommt, werde ich dieses Schiff aus dem Hafen lotsen. Wir werden eine Armee aus Riesen haben, angeführt von Kapitän Hrym, sowie Hunderttausende von unehrenhaft Gestorbenen aus Helheim – alle, die so unvorsichtig oder vom Pech verfolgt waren, ohne ein Schwert in der Hand, eine anständige Beerdigung und eine passende Maniküre und Pediküre nach dem Tod zu sterben. Wir werden nach Asgard segeln und die Götter vernichten. Das wird großartig!«

Ich schaute nach achtern und rechnete damit, eine Armee zu sehen, die sich am Ufer versammelte, aber der Nebel war so dicht, dass ich nicht einmal das Ende des Anlegers sehen konnte. Obwohl ich eigentlich nicht kälteempfindlich war, sickerte die feuchte Luft in meine Knochen ein und ließ meine Zähne klappern.

»Warum zeigst du mir das?«, fragte ich.

»Weil ich dich mag, Magnus. Du hast Sinn für Humor. Du hast *Pfiff*. Das gibt es selten bei Halbgöttern! Und unter Einherjern noch seltener. Ich bin froh, dass meine Tochter dich gefunden hat.«

»Samirah … deshalb kann sie sich in eine Pferdebremse verwandeln. Wie du ist sie ein Werwesen.«

»Ja, sie ist wirklich ganz die Tochter ihres Papas. Sie gibt es nicht gern zu, aber sie hat viel von mir geerbt, meine Fähigkeiten, mein umwerfend gutes Aussehen, meinen scharfen Verstand. Außerdem hat sie einen Blick für Talent. Schließlich hat sie dich ausgesucht, mein Freund.«

Ich presste mir die Hände auf den Bauch. »Mir ist gar nicht gut.«

»Tja. Du ringst ja auch mit dem Tode. Ich persönlich hoffe natürlich, dass du wieder zu dir kommst, denn wenn du jetzt den Löffel abgibst, dann ist dein Tod ohne Sinn und keine von deinen Taten wird eine Rolle spielen.«

»Danke für die Blumen.«

»Hör mal – ich habe dich hergeholt, um dir eine gewisse Perspektive zu geben. Wenn die Götterdämmerung kommt, werden *alle* Fesseln reißen, nicht nur die Stricke, mit denen der Fenriswolf gefesselt ist. Die Vertäuungen dieses Schiffes – *ratsch!* Die Fesseln, die mich gefangen halten – *ratsch!* Ob du Surt dieses Schwert vorenthalten kannst oder nicht, es ist nur eine Frage der Zeit. Ein Band wird reißen, und dann wird alles sich auflösen, aufribbeln wie ein riesiger Wandbehang.«

»Du willst mich entmutigen? Ich dachte, du willst die Götterdämmerung aufhalten.«

»Klar, will ich doch auch!« Er hob die Hände. Seine Handgelenke waren aufgeschrammt und bluteten, als ob er zu enge Handfesseln getragen hätte. »Ich bin total auf deiner Seite, Magnus. Sieh dir die Galionsfiguren an. Die Wolfsschnauzen sind noch nicht fertig. Gibt es etwas Peinlicheres, als mit unvollendeten Galionsfiguren in den Kampf segeln zu müssen?«

»Was willst du also?«

»Dasselbe wie immer schon«, sagte Loki. »Dir helfen, gegen dein Schicksal zu kämpfen. Welcher andere Gott hat sich denn bemüßigt gefühlt, als Freund und deinesgleichen mit dir zu sprechen?«

Seine Augen sahen aus wie Sams – hell und durchdringend und feuerfarben –, aber Lokis Blick hatte etwas Härteres und Berechnenderes – etwas, das seinem freundlichen Lächeln widersprach. Ich dachte daran, wie Sam ihn beschrieben hatte: *Ein Lügner, ein Dieb, ein Mörder.*

»Wir sind jetzt also Freunde?«, fragte ich. »Ebenbürtig?«

»Das könnten wir sein«, sagte er. »Ich habe übrigens eine Idee. Vergiss die Tour zur Wolfsinsel. Vergiss die Begegnung mit Surt. Ich weiß einen Ort, an dem das Schwert in Sicherheit wäre.«

»Bei dir?«

Loki lachte. »Führe mich nicht in Versuchung, Kleiner. Nein, nein. Ich dachte an deinen Onkel Randolph. Der weiß, wie viel das Schwert wert ist. Er jagt ihm schon sein Leben lang nach, um es zu untersuchen. Du weißt das vielleicht nicht, aber sein Haus ist schwer mit Magie gesichert. Wenn du ihm das Schwert bringst … na ja, der alte Mann kann es selbst nicht benutzen. Aber er würde es sicher verwahren. Es wäre außerhalb von Surts Reichweite. Und darauf kommt es doch an, oder? Es würde uns allen mehr Zeit verschaffen.«

Ich hätte Loki gern ins Gesicht gelacht und gesagt, so nicht. Ich nahm an, dass er versuchte, mich auszutricksen. Aber er lag nicht ganz falsch.

»Du hältst das für eine Falle«, sagte Loki. »Ist mir schon klar. Aber du hast dich doch sicher gefragt, warum Mimir gesagt hast, du sollst das Schwert auf die Wolfsinsel bringen – genau dahin, wo Surt es benutzen will. Was ergibt das denn für einen Sinn? Was, wenn Mimir dich austrickst? Ich meine, denk doch mal nach. Der alte abgehauene Kopf betreibt schließlich einen Haufen von Pachinko-Spielhöllen. Wenn du das Schwert nicht auf die Insel bringst, kann Surt es auch nicht an sich reißen. Warum dieses Risiko eingehen?«

Ich gab mir alle Mühe, klar zu denken. »Du – du bist total überzeugend. Du solltest gebrauchte Autos verkaufen!«

Loki zwinkerte mir zu. »Ich glaube, man sagt dazu heute, *es ist bereits eingefahren.* Du wirst dich bald entscheiden müssen, Magnus. Vielleicht können wir nie wieder miteinander sprechen. Wenn du eine Geste des guten Willens willst, kann ich dir die Entscheidung versüßen. Meine Tochter Hel und ich … wir haben miteinander gesprochen.«

Mein Herz verkrampfte sich. »Gesprochen über …«

»Das soll sie dir selbst sagen. Aber für den Moment …« Er legte den Kopf schräg und lauschte. »Nein, wir haben nicht mehr viel Zeit. Kann sein, dass du gleich zu dir kommst.«

»Warum bist du gefesselt worden?« Die Frage war draußen, ehe mir überhaupt klar geworden war, dass ich sie gedacht hatte. »Ich weiß noch, dass du jemanden getötet hattest …«

Sein Lächeln verhärtete sich. Die wütenden Falten um seine Augen ließen ihn zehn Jahre älter aussehen.

»Du weißt wirklich, wie man ein gutes Gespräch ruiniert«, sagte Loki. »Ich habe Baldur getötet, den Gott des Lichtes – den gut aussehenden, perfekten, *unbeschreiblich* nervigen Sohn von Odin und Frigg.« Er trat einen Schritt auf mich zu und tippte mir bei jedem Wort mit dem Finger auf die Brust. »Und – ich – würde – es – wieder – tun!«

In meinem Hinterkopf schrie mein gesunder Menschenverstand: *THEMAWECHSEL!*, aber wie ihr inzwischen vermutlich schon begriffen habt, höre ich nicht oft auf meinen gesunden Menschenverstand.

»Warum hast du ihn getötet?«

Loki lachte bellend. Sein Atem roch nach Mandeln, wie Blausäure. »Habe ich schon erwähnt, dass er nervig war? Frigg machte sich immer so große Sorgen um ihn. Das arme Herzchen hatte böse Träume über sein eigenes Ende. Willkommen in der Wirklichkeit, Baldur! Wir alle haben böse Träume. Aber Frigg konnte die Vorstellung nicht ertragen, dass ihr kleiner Engel sich sein Füßchen anschrammen könnte. Sie verlangte von allem in der Schöpfung das Versprechen, ihrem wunderbaren Sohn nichts zu tun – von Menschen, Göttern, Bäumen, Felsen ... Kannst du dir vorstellen, wie man einem Felsen ein Versprechen abverlangt? Frigg hat das geschafft. Danach haben die Götter groß gefeiert. Sie fingen an, aus purem Jux Baldur mit Gegenständen zu bewerfen. Mit Pfeilen, Schwertern, Felsbrocken, mit sich gegenseitig ... aber nichts konnte ihm etwas anhaben. Es war, als ob der Blödmann von einem Kraftfeld umgeben wäre. Tut mir wirklich leid, aber bei der Vorstellung, dass Mr Perfekt auch noch Mr. Unverletzlich sein sollte, wurde mir schlecht.«

Ich blinzelte, damit meine Augen nicht so brannten. Lokis Stimme war dermaßen hasserfüllt, dass sie die Luft zum Glühen zu bringen schien. »Du hast eine Möglichkeit gefunden, ihn zu töten.«

»Die Mistel!« Lokis Lächeln wurde noch strahlender. »Kannst du dir das vorstellen? Frigg hatte eine einzige winzig kleine Pflanze vergessen. Ich habe daraus einen Pfeil geschnitzt und ihn Baldurs blindem Bruder gegeben, einem Gott namens Höd. Ich wollte nicht, dass er den Spaß verpasste, Baldur mit tödlichen Gegenständen zu bewerfen, und da habe ich Höds Hand geführt und ... na ja, Friggs schlimmste Befürchtungen bestätigten sich. Baldur hatte es nicht besser verdient!«

»Weil er zu hübsch und beliebt war.«

»Ja!«

»Weil er geliebt wurde.«

»Genau!« Loki beugte sich vor, bis unsere Nasen fast aneinanderstießen. »Erzähl mir nicht, dass du so was noch nie getan hast. Diese Autos, die du geknackt hast, diese Leute, die du bestohlen hast … du hast dir Leute ausgesucht, die du nicht leiden konntest, oder? Du hast dir die schönen, reichen, eingebildeten Schnösel ausgesucht, die dir auf die Nerven gingen!«

Meine Zähne klapperten heftiger. »Ich habe niemanden umgebracht!«

»Ach, bitte.« Loki trat zurück und musterte mich mit enttäuschtem Blick. »Das ist nur eine Frage der Abstufung. Ich habe einen Gott getötet. Na und? Der ging nach Helheim und wurde zu einem geehrten Gast im Palast meiner Tochter. Und *meine* Strafe? Willst du wissen, wie *ich* bestraft wurde?«

»Du wurdest an einen Felsbrocken gefesselt«, sagte ich. »Und das Gift einer Schlange tropft dir ins Gesicht. Das weiß ich.«

»Wirklich?« Loki streifte seine Ärmel zurück und zeigte mir seine geschundenen Handgelenke. »Es hat den Göttern nicht gereicht, mich mit ewiger Qual zu bestrafen. Sie haben ihre Wut außerdem an meinen beiden Lieblingssöhnen ausgelassen – Wali und Narwi. Sie haben Wali in einen Wolf verwandelt und sich darüber amüsiert, wie er seinem Bruder Narwi die Innereien aus dem Leib riss. Dann haben sie den Wolf erschossen und ausgeweidet. Und mit dem Gedärm meiner unschuldigen Söhne haben die Götter …« Lokis Stimme versagte vor Kummer. »Na ja, Magnus Chase, sagen wir einfach, ich wurde nicht mit *Stricken* gefesselt.«

Etwas in meiner Brust krampfte sich zusammen und starb – vermutlich die Hoffnung, dass es im Universum überhaupt irgendeine Art von Gerechtigkeit geben könnte. »Götter!«

Loki nickte. »Ja, Magnus. *Götter.* Denk daran, wenn du vor Thor stehst.«

»Ich werde vor Thor stehen?«

»Ich fürchte, ja. Die Götter tun nicht einmal so, als ob sie sich mit Gut und Böse abgeben, Magnus. Das ist einfach nicht Sitte unter den Asen. Da gilt das Recht des Stärkeren. Also sag mir ... willst du wirklich für sie in den Kampf ziehen?«

Das Schiff bebte unter meinen Füßen. Dichter Nebel wälzte sich über das Deck.

»Du musst jetzt gehen«, sagte Loki. »Vergiss nicht, was ich dir gesagt habe. Ach, und genieß die Mund-zu-Mund-Beatmung durch eine Ziege.«

»Moment – was?«

Loki winkte und seine Augen leuchteten vor Schadenfreude. Dann löste sich das Schiff zu grauem Nichts auf.

47 Ich werde von einer Ziege psychoanalysiert

Wie Loki versprochen hatte, erwachte ich mit einer Ziege in meinem Gesicht.

Zeit für ein Geständnis: Meine einzige frühere Kusserfahrung hatte ich in der siebten Klasse mit Jackie Molotov gemacht, hinter den Sitzreihen auf einem Schulball. Ja, ich weiß, das ist ziemlich armselig, schließlich war ich inzwischen sechzehn. Aber in den vergangenen beiden Jahren war ich ein bisschen zu beschäftigt gewesen, weil ich auf der Straße leben musste und überhaupt. Wie auch immer, ich will Jackie ja nicht beleidigen, aber die Mund-zu-Mund-Beatmung von der Ziege erinnerte mich an sie.

Ich drehte mich auf die andere Seite und kotzte in den passenderweise direkt neben mir platzierten Fluss. Meine Knochen fühlten sich an wie gebrochen und mit Klebeband zusammengeflickt. Mein Mund schmeckte nach wiedergekäutem Gras und alten Kupfermünzen.

»Ach, du lebst noch«, sagte die Ziege. Sie entpuppte sich als Bock, der sich ein wenig enttäuscht anhörte.

Ich setzte mich auf und stöhnte. Seine Hörner waren nach außen gebogen wie die obere Hälfte eines Stundenglases. Kletten hingen in seinem verfilzten braunen Fell.

Jede Menge Fragen wirbelte mir durch den Kopf: *Wo bin ich?*

Warum bist du ein sprechender Ziegenbock? Warum hast du so fürchterlichen Mundgeruch? Hast du Wechselgeld gefressen?

Die erste Frage, die ich von mir gab, war: »Wo sind meine Freunde?«

»Der Albe und das Mädel?«, fragte der Bock. »Ach, die sind tot.«

Mein Herz drohte, mich durch meine Kehle zu verlassen. »Was? Nein!«

Der Bock deutete mit seinen Hörnern nach rechts. Einige Meter neben mir lagen Hearthstone und Sam bewegungslos auf dem steinigen Ufer.

Ich lief hinüber, legte ihnen die Hände auf den Hals und wäre fast abermals in Ohnmacht gefallen, diesmal vor Erleichterung.

»Die sind nicht tot«, sagte ich zu dem Bock. »Ich spüre bei beiden den Puls.«

»Oh«, der Bock seufzte. »Gib ihnen noch ein paar Stunden, dann sind sie wahrscheinlich doch tot.«

»Was ist eigentlich dein Problem?«

»Alles«, sagte der Bock. »Mein ganzes Leben ist ein einziges riesiges …«

»Schon gut«, sagte ich. »Halt einfach die Klappe.«

Der Bock meckerte. »Schon klar, verstanden. Du willst meine Probleme gar nicht hören. Das will niemand. Ich geh nach da drüben und weine oder so. Kümmer dich einfach nicht um mich.«

Ich presste die Hände auf Sams und Hearthstones Halsschlagadern und schickte durch meine Fingerspitzen Wärme in ihren Blutkreislauf.

Sam war leicht zu heilen. Ihr Herz war stark. Sie reagierte fast sofort und ihre Augen öffneten sich mit flatternden Lidern, während ihre Lunge nach Luft verlangte. Sie drehte sich auf die Seite und erbrach sich, was ich als gutes Zeichen auffasste.

Hearthstone dagegen … Mit ihm stimmte irgendwas nicht, außer dem Wasser in der Lunge und ausgekühlten Gliedern. Ein fester Knoten aus dunklen Gefühlen schien ihm seinen Lebenswillen auszusaugen. Der Schmerz war so heftig, dass er mich in die Nacht zurückschleuderte, in der meine Mutter ums Leben gekommen war. Ich erinnerte mich daran, wie meine Hände von der Feuerleiter abgerutscht, wie die Fenster unserer Wohnung über mir explodiert waren.

Hearthstones Kummer war noch schlimmer. Ich wusste nicht genau, was er erlitten hatte, aber seine Verzweiflung überwältigte mich fast. Ich suchte nach einer schönen Erinnerung – wie meine Mom und ich auf dem Hancock Hill Blaubeeren pflückten und die Luft so klar war, dass ich am Horizont die Bucht glitzern sehen konnte. Ich sandte eine Welle der Wärme in Hearthstones Brust.

Er riss die Augen auf.

Zuerst starrte er mich verständnislos an. Dann zeigte er auf mein Gesicht und machte eine schwache Handbewegung. Das Zeichen für Licht.

»Was meinst du?«

Sam stöhnte. Sie stützte sich auf einen Arm und schaute mich aus zusammengekniffenen Augen an. »Magnus – warum leuchtest du?«

Ich sah meine Hände an. Die sahen wirklich aus wie in das Licht von Folkwang getunkt. Die warme butterige Aura verflog jetzt, aber ich konnte spüren, wie Kraftreste die Haare auf meinen Armen zum Prickeln brachten.

»Offenbar«, sagte ich, »fange ich an zu leuchten, wenn ich zu viel auf einmal heile.«

Sam sah verlegen aus. »Na, danke dafür, dass du uns geheilt hast. Aber versuch, nicht in Flammen aufzugehen. Wie geht es Hearth?«

Ich half ihm, sich aufzusetzen. »Wie fühlst du dich, Kumpel?«

Er bildete mit Daumen und Zeigefinger einen Kreis, dann hob er ihn hoch, das Zeichen für *grauenhaft*.

Das war keine Überraschung. Bei der Tiefe von Schmerz, die ich in ihm gefühlt hatte, wunderte es mich, dass er nicht ununterbrochen schrie.

»Hearth«, setzte ich an, »als ich dich geheilt habe, da …«

Er legte seine Hände über meine – die Gebärdensprachenversion von *pst*.

Vielleicht bestand noch ein Rest einer Verbindung durch die Heilmagie, denn als ich Hearthstones Blick erwiderte, wusste ich, was er dachte. Seine Mitteilung war eine fast hörbare Stimme in meinem Kopf – wie bei Jack, als er zum ersten Mal etwas gesagt hatte.

Später, sagte Hearth. *Danke … Bruder.*

Ich war zu verwirrt, um zu antworten.

Der Ziegenbock kam angewandert. »Du solltest wirklich besser auf deinen Alben aufpassen. Die brauchen jede Menge Sonnenschein – nicht dieses schwache Licht von Jotunheim. Und du darfst sie nicht zu sehr wässern, indem du sie in Flüssen ertränkst.«

Hearthstone runzelte die Stirn. *Der Ziegenbock spricht?*

Ich versuchte, klar zu denken. »Äh, ja, tut er.«

»Ich kann auch Gebärdensprache verstehen«, sagte der Bock. »Ich heiße Tanngnjostr, das bedeutet Zähneknirscher, weil … na ja, das ist so eine nervöse Gewohnheit von mir. Aber niemand nennt mich Tanngnjostr. Das ist ein schrecklicher Name. Sagt einfach Otis.«

Sam kam mühsam auf die Füße. Ihr Kopftuch hatte sich gelöst und hing jetzt wie bei einem Cowboy um ihren Hals. »Also, Otis, was führt dich hierher, nach … wo immer wir eben sein mögen?«

Otis seufzte. »Ich habe mich verirrt. Und das ist typisch. Ich habe versucht, den Weg zurück ins Lager zu finden, aber dann habe ich euch entdeckt. Ich vermute, jetzt werdet ihr mich töten und zum Abendessen verzehren.«

Ich sah Sam stirnrunzelnd an. »Hattest du vor, den Ziegenbock zu töten?«

»Nein. Du etwa?«

Ich sah Otis an. »Wir hatten nicht vor, dich zu töten.«

»Ist schon okay, wenn ihr das tut«, sagte Otis. »Ich bin daran gewöhnt. Mein Herr tötet mich dauernd.«

»Er … tötet dich?«, fragte ich.

»Klar. Im Grunde bin ich eine sprechende Mahlzeit auf vier Hufen. Mein Therapeut sagt, dass ich deshalb immer so niedergeschlagen bin, aber ich weiß es nicht. Ich glaube, die wahren Ursachen reichen zurück in meine Zickleinzeit …«

»Entschuldige mal kurz. Wer ist dein Herr?«

Hearthstone buchstabierte. *T-H-O-R. D-U-S-S-E-L.*

»Stimmt«, sagte die Ziege. »Aber sein Nachname ist nicht Dussel. Ihr seid ihm noch nie begegnet, oder?«

»Nein …« Ich dachte an meinen Traum. Ich konnte noch immer den Bittermandelgeruch von Lokis Atem wahrnehmen. *Die Götter tun nicht einmal so, als ob sie sich mit Gut und Böse abgeben, Magnus. Denk daran, wenn du vor Thor stehst.*

Junior hatte uns geraten, Thor aufzusuchen. Der Fluss hatte uns auf irgendeine Weise dahin gebracht, wo wir hinmussten. Nur war ich jetzt nicht mehr so sicher, ob ich überhaupt hier sein wollte.

Sam zog ihr Kopftuch gerade. »Ich bin kein großer Fan von Thor, aber wenn er uns den Weg nach Lyngwi zeigen kann, müssen wir mit ihm reden.«

»Nur hat sich der Bock leider verirrt«, sagte ich. »Wie sollen wir Thor dann finden?«

Hearthstone zeigte auf meinen Anhänger. *Frag Jack.*

Statt den Namen zu buchstabieren, machte er das Zeichen für einen Springteufel, einen Jack-in-the-Box. Es sah aus wie ein Kaninchen aus Fingern, das hinter seiner Hand auftauchte. Manchmal kann Gebärdensprache ein wenig zu bildlich sein.

Ich zog den Anhänger von der Kette. Das Schwert wuchs zu seiner vollen Größe heran und fing an zu summen.

»He«, sagte Jack und die Runen auf seiner Schneide leuchteten auf. »Schön, dass du überlebt hast. Ach, und das ist Otis? Super. Dann kann Thor ja auch nicht weit sein.«

Otis meckerte. »Du hast ein sprechendes Schwert? Ich bin noch nie von einem sprechenden Schwert getötet worden. Sehr schön. Wenn du bitte einen glatten Schnitt durch die Gurgel machen könntest ...«

»Otis!«, sagte Jack. »Kennst du mich nicht mehr? Ich bin Freys Schwert, Sumarbrander. Wir sind uns auf dieser Party in Bilskirnir begegnet – als du mit Loki Tauziehen gemacht hast.«

»Ach ...« Otis schüttelte die Hörner. »Ja. Das war peinlich.«

»Jack«, sagte ich. »Wir wollen zu Thor. Könntest du uns vielleicht den Weg zeigen?«

»Gleich, sagte der Scheich.« Das Schwert zog an meinem Arm. »Ich spüre da hinten eine gewaltige Konzentration von heißer Luft und Donner.«

Sam und ich halfen Hearthstone auf die Füße. Er sah nicht gerade gut aus. Seine Lippen waren blassgrün und er schwankte hin und her, als ob er gerade erst aus einer Schiffsschaukel getaumelt wäre.

»Otis«, sagte Sam. »Kann unser Freund auf dir reiten? Das geht vielleicht schneller.«

»Klar«, sagte der Bock. »Reitet auf mir, tötet mich, was auch immer. Aber ich muss euch warnen, das hier ist Jotunheim. Wenn wir uns verirren, stoßen wir garantiert auf Riesen. Dann werden wir geschlachtet und landen in einem Eintopf.«

»Wir verirren uns aber nicht«, versprach ich. »Oder, Jack?«

»Hmmm?«, fragte das Schwert. »Oh, nein. Vermutlich nicht. Sechzig Prozent Chance, dass wir überleben.«

»Jack …?«

»Sollte nur ein Witz sein«, sagte Jack. »Meine Güte, bist du aber verkrampft.«

Er zeigte flussaufwärts und führte uns durch den nebligen Morgen, mit einem kleinen Schneegestöber hier und da und einer vierzigprozentigen Aussicht zu sterben.

48 HEARTHSTONE KIPPT NOCH DRAMATISCHER UM ALS JASON GRACE (AUCH WENN ICH KEINE AHNUNG HABE, WER DAS SEIN SOLL)

Jotunheim hatte große Ähnlichkeit mit Vermont, nur mit weniger Werbung für Ahornsirup. Die dunklen Berge waren von Schnee bestäubt. Hüfthohe Schneewehen verstopften die Täler. An Kiefern glitzerten Eiszapfen. Jack schwebte vor uns her und führte uns am Fluss entlang, der sich im Zickzack durch Schluchten hinzog, die in eisige Schatten gehüllt waren. Wir kletterten Pfade neben halb gefrorenen Wasserfällen hoch, und mein Schweiß erkaltete sofort auf meiner Haut.

Mit anderen Worten, es war ein Riesenspaß.

Sam und ich blieben in Hearthstones Nähe. Ich hoffte, meine letzten Aurareste aus Frey-Leuchten würden ihm irgendwie guttun, aber er sah noch immer ziemlich schwach aus. Das Einzige, was wir tun konnten, war zu verhindern, dass er vom Ziegenbock rutschte.

»Bleib ganz ruhig«, sagte ich zu ihm.

Er machte ein Zeichen – vielleicht für *tut mir leid* –, aber seine Gebärde war so leblos, dass ich nicht sicher war.

»Ruh dich einfach aus«, sagte ich.

Er grunzte frustriert, wühlte in seinem Runenbeutel, zog eine Rune hervor und drückte sie mir in die Hand. Er zeigte auf den Stein und dann auf sich, wie um zu sagen: *Das bin ich.*

Es war eine Rune, die ich nicht kannte.

ᛈ

Sam runzelte die Stirn, als sie die Rune sah. »Das ist *Perthro.*«

»Was bedeutet die?«, fragte ich.

Sie sah vorsichtig zu Hearth hinüber. »Versuchst du, zu erklären, was dir passiert ist? Soll Magnus das wissen?«

Hearthstone holte tief Luft, als ob er sich auf einen Sprint vorbereitete. *Magnus – spürte – Schmerz.*

Ich schloss die Finger um den Stein. »Ja ... als ich dich geheilt habe, war da etwas Schwarzes ...«

Hearth zeigte abermals auf den Stein. Er sah Sam an.

»Ich soll es ihm erzählen?«, fragte sie. »Du bist sicher?«

Er nickte, lehnte den Kopf an den Ziegenhals und schloss die Augen.

Wir waren schon an die zwanzig Meter weitergewandert, als Sam endlich etwas sagte.

»Als Hearth und ich in Albenheim waren«, fing sie an, »hat er mir einen Teil seiner Geschichte erzählt. Ich kenne nicht alle Details, aber ... seine Eltern ...« Sie suchte mühsam nach Worten.

Otis der Bock meckerte. »Weiter. Ich liebe deprimierende Geschichten.«

»Klappe halten«, befahl Sam.

»Dann halte ich eben die Klappe«, sagte Otis zustimmend.

Ich musterte Hearthstones Gesicht. Im Schlaf sah er so friedlich aus. »Blitzen hat mir ein bisschen was erzählt«, sagte ich. »Hearths Eltern haben ihn niemals akzeptiert, weil er taub ist.«

»Es war noch schlimmer«, sagte Sam. »Sie waren ... sie waren nicht gut zu ihm.«

Etwas von Lokis ätzendem Tonfall stahl sich in ihre Stimme, als ob sie sich vorstellte, wie Hearths Eltern gerade zur Zielscheibe von Mistelpfeilen wurden. »Hearth hatte einen Bruder, Andiron, der sehr jung gestorben ist. Hearth konnte nichts dafür, aber seine Eltern haben ihre Bitterkeit an ihm ausgelassen. Sie haben ihm immer wieder gesagt, der falsche Bruder sei gestorben. Für sie war Hearth eine Enttäuschung, ein behinderter Albe, eine Strafe der Götter. Er konnte ihnen nichts recht machen.«

Ich umklammerte den Runenstein. »Diesen ganzen Schmerz trägt er noch immer mit sich herum. Götter ...«

Sam legte die Hand auf Hearths Knöchel. »Er konnte mir seine Kindheit nicht so genau schildern, aber ich – ich hatte das Gefühl, dass sie schlimmer war, als du dir vorstellen kannst.«

Ich sah die Rune an. »Kein Wunder, dass er immer davon geträumt hat, Magier zu werden. Aber dieses Symbol ...?«

»Perthro symbolisiert den umgestürzten leeren Becher«, sagte Sam. »Es könnte ein vergossenes Getränk sein, oder ein Becher, der gefüllt werden soll, oder ein Würfelbecher, um das Schicksal zu befragen.«

»Ich verstehe das nicht.«

Sam wischte Ziegenhaare von Hearths Hosenbeinen. »Ich glaube ... ich glaube, Perthro ist die Rune, mit der Hearth sich identifiziert. Als er zu Mimir gegangen ist und aus dem Quell getrunken hat, wurde Hearthstone die Wahl zwischen zwei Zukunftsmöglichkeiten gegeben. Wenn er sich für die erste entschiede, würde Mimir ihm Sprache und Gehör schenken und ihn zurück nach

Albenheim schicken, wo er ein normales Leben führen könnte, aber dann müsste er seinen Traum von der Magie aufgeben. Wenn er die andere wählte ...«

»Würde er Magie erlernen«, vermutete ich. »Aber er würde so bleiben, wie er ist, taubstumm, gehasst von seinen eigenen Eltern. Was ist denn das für eine miese Wahl? Ich hätte Mimir ins Gesicht treten sollen, als ich die Gelegenheit dazu hatte.«

Sam schüttelte den Kopf. »Mimir hat nur die Möglichkeiten aufgezeigt. Magie und normales Leben schließen sich gegenseitig aus. Nur, wer großen Schmerz empfunden hat, besitzt die Fähigkeit, Magie zu erlernen. Solche Personen müssen sein wie leere Gefäße. Sogar Odin hat ein Auge hergegeben, um aus Mimirs Quell zu trinken, aber das war nur der Anfang. Um Runenmagie zu lernen, hat Odin eine Schlinge geknüpft und sich für neun Tage an einen Ast des Weltenbaums gehängt.«

Mein Magen sah nach, ob noch etwas zum Auskotzen übrig war. Er begnügte sich dann mit trockenem Würgen.

»Es musste sein«, sagte Sam. »Odin hat sich den eigenen Speer in die Seite gebohrt und hing dann da in seinen Qualen, ohne Essen oder Wasser, bis sich die Runen für ihn öffneten. Der Schmerz hatte ihn hohl gemacht ... ein Gefäß für die Magie.«

Ich sah Hearthstone an. Ich wusste nicht, ob ich ihn umarmen oder aufwecken und ausschimpfen sollte. Wie konnte jemand sich freiwillig für so viel Schmerz entscheiden? Welche Art von Magie könnte diesen Preis denn überhaupt wert sein?

»Ich habe auch magische Dinge getan«, sagte ich. »Heilen, in Flammen schreiten, anderen die Waffen aus der Hand springen lassen. Aber ich habe nie so gelitten wie Hearth.«

Samirah spitzte die Lippen. »Das ist etwas anderes, Magnus. Du wurdest mit deiner Magie geboren – ein Erbe von deinem Vater. Du kannst dir deine Fähigkeiten nicht aussuchen oder sie verändern. Albenseid ist angeboren. Aber es hat auch eine geringere Macht als Runen.«

»Geringer?« Ich wollte nicht darüber diskutieren, wer die beeindruckendere Magie beherrschte, aber das meiste, was ich von Hearthstones gesehen hatte, war eher ... schlicht gewesen.

»Ich habe dir doch schon in Walhalla gesagt«, sagte Sam, »dass die Runen die geheime Sprache des Universums sind. Wenn du sie lernst, kannst du die Wirklichkeit neu entziffern. Die einzigen Grenzen für deine Magie sind deine Kraft und deine Fantasie.«

»Und warum lernen dann nicht viel mehr Leute die Runen?«

»Das sage ich dir doch gerade. Dazu sind unvorstellbare Opfer vonnöten. Die meisten würden sterben, ehe sie auch nur so weit kommen wie Hearth.«

Ich legte Hearthstone den Schal fester um den Hals. Ich begriff jetzt, warum er bereit gewesen war, Runenmagie zu riskieren. Für jemanden mit so schlimmer Vergangenheit musste es ziemlich gut klingen, die Wirklichkeit neu entziffern zu können. Ich dachte auch daran, was er in meine Gedanken geflüstert hatte. Er hatte mich *Bruder* genannt. Nach allem, was Hearthstone nach dem Tod seines eigenen Bruders durchgemacht hatte, konnte das nicht einfach gewesen sein.

»Hearth hat sich also zum leeren Gefäß gemacht«, sagte ich. »Wie Perthro.«

»Und versucht, sich mit der Kraft der Magie zu füllen«, sagte Sam zustimmend. »Ich kenne nicht alle Bedeutungen von Perthro, Magnus. Aber eins weiß ich – Hearthstone hat diese Rune geworfen, als wir von der Felskante in den Fluss gestürzt sind.«

Ich versuchte, mich zu erinnern, aber die Erschöpfung hatte

mich überwältigt, sowie ich mein Schwert angefasst hatte. »Was hat das bewirkt?«

»Es hat uns hergebracht«, sagte Sam. »Und Hearthstone so zurückgelassen.« Sie nickte zu seiner schnarchenden Gestalt hinüber. »Ich bin nicht sicher, aber ich glaube, Perthro ist sein … wie nennen Christen das? Gottesurteil? Er hat die Rune geworfen wie einen Würfel und hat unser Schicksal in die Hände der Götter gelegt.«

Meine Handfläche war jetzt aufgescheuert, weil ich den Stein so fest umklammert hatte. Ich wusste noch immer nicht so recht, warum Hearthstone ihn mir gegeben hatte, aber ich verspürte den starken Drang, ihn davor zu beschützen, und sei es nur vorübergehend. Es war einfach nicht richtig, dass jemand so ein Schicksal allein auf sich nehmen musste. Ich steckte die Rune in meine Tasche.

Wir wanderten eine Weile schweigend weiter durch die Wildnis. Einmal führte Jack uns über einen umgestürzten Baumstamm auf das andere Flussufer. Ich musste erst in allen Richtungen nach Rieseneichhörnchen Ausschau halten, ehe ich mich hinaufwagte.

An manchen Stellen lag der Schnee so hoch, dass wir von einem Felsblock zum anderen springen mussten, während Otis der Ziegenbock darüber spekulierte, wer von uns zuerst ausrutschen, abstürzen und sterben würde.

»Ich wünschte, du wärst still«, murmelte ich. »Und ich wünschte, wir hätten Schneeschuhe.«

»Dazu brauchtet ihr aber Ull«, sagte der Ziegenbock.

»Wen?«

»Den Gott der Schneeschuhe«, sagte Otis. »Er hat sie erfunden. Und Bogenschützen und … ich weiß nicht, jede Menge Kram.«

Ich hatte noch nie von einem Schneeschuhgott gehört. Aber ich hätte gutes Geld bezahlt, wenn der Gott der Schneemobile aus den Wäldern gedröhnt wäre und uns mitgenommen hätte.

Wir trotteten immer weiter.

Einmal sahen wir auf einer Anhöhe ein Haus. Das graue Licht und die Berge spielten meinen Augen Streiche und ich wusste nicht, ob das Haus klein und in der Nähe war oder riesig und weit weg. Ich erinnerte mich daran, was meine Freunde mir über Riesen erzählt hatten – dass Illusionen ihr Leib und Leben seien.

»Siehst du das Haus da?«, fragte Jack. »Da gehen wir lieber nicht hin.«

Ich widersprach nicht.

Es war schwer, die Zeit einzuschätzen, aber irgendwann am späten Nachmittag war der Fluss zum reißenden Strom geworden. Felswände ragten am anderen Ufer auf. In der Ferne, durch die Bäume, hörte ich das Tosen eines Wasserfalls.

»Ja, richtig«, sagte Otis. »Jetzt weiß ich es wieder.«

»Was weißt du wieder?«

»Warum ich losgegangen bin. Um Hilfe für meinen Herrn zu holen.«

Sam wischte sich einen Schneeklumpen von der Schulter. »Warum sollte Thor Hilfe brauchen?«

»Die Stromschnellen«, sagte Otis. »Ich glaube, wir sollten uns lieber beeilen. Ich sollte schnell zurückkommen, aber ich habe euch dann fast einen ganzen Tag lang beobachtet.«

Ich zuckte zusammen. »Moment mal ... wir waren einen ganzen Tag lang bewusstlos?«

»Mindestens«, sagte Otis.

»Er hat Recht«, sagte Jack. »Nach meiner inneren Uhr ist es Sonntag, der Neunzehnte. Ich habe dich ja gewarnt, wenn du mich erst anfasst ... wir haben am Freitag mit diesen Zwergen gekämpft. Ihr habt den ganzen Samstag verschlafen.«

Sam schnitt eine Grimasse. »Wir haben wertvolle Zeit verloren.

In drei Tagen wird die Wolfsinsel auftauchen, und wir wissen nicht einmal, wo Blitzen steckt.«

»Vermutlich meine Schuld«, sagte Otis entgegenkommend. »Ich hätte euch früher retten sollen, aber die Mund-zu-Mund-Beatmung ... Ich musste mich erst seelisch darauf vorbereiten. Mein Therapeut hat mir einige Atemübungen beigebracht ...«

»Leute«, unterbrach ihn Jack das Schwert. »Wir sind bald da. Diesmal wirklich.« Er schwebte durch den Wald davon.

Wir folgten dem schwebenden Schwert bis zu der Stelle, wo sich der Wald lichtete. Vor uns erstreckte sich ein Ufer aus gezackten schwarzen Felsen und Eisklumpen. Auf der anderen Seite ragten kahle Felswände in die Luft. Der Fluss wurde hier zu fünf erstklassigen Stromschnellen – eine Kampfzone aus Schaum und halb überfluteten Felsblöcken. Flussaufwärts wurde das Wasser zwischen zwei wolkenkratzerhohen Steinsäulen hindurchgepresst – ich konnte nicht sehen, ob die von Natur aus so waren oder ob irgendwer sie zurechtgehauen hatte. Ihre Spitzen verloren sich in den Wolken. Aus dem Spalt zwischen ihnen schoss das Wasser als senkrechte Fläche – es wirkte weniger wie ein Wasserfall als wie ein in der Mitte berstender Staudamm.

Plötzlich kam Jotunheim mir nicht mehr vor wie Vermont, sondern wie der Himalaya – ein Ort, der nicht für Sterbliche geschaffen war. Es war schwer, sich auf etwas anderes zu konzentrieren als das tosende Wasser, aber endlich bemerkte ich am Ufer ein kleines Lager – ein Zelt, eine Feuerstätte und eine zweite Ziege mit dunklem Fell, die nervös am Ufer hin und her lief. Als sie uns entdeckte, kam sie angaloppiert.

Otis drehte sich zu uns um und brüllte durch das Tosen des Flusses: »Das ist Marvin! Er ist mein Bruder! In Wirklichkeit heißt er Tanngrisnir – Zähneblecker, aber ...«

»Otis!«, schrie Marvin. »Wo hast du dich denn bloß so lange herumgetrieben?«

»Ich hatte vergessen, was ich tun sollte«, sagte Otis.

Marvin meckerte verzweifelt. Seine Lippen kräuselten sich zu einem permanenten Zähneblecken, was ihm vielleicht – aber was weiß denn ich – den Namen Zähneblecker eingetragen hatte.

»Und das ist alles, was du an Hilfe gefunden hast?« Marvin richtete seine gelben Augen auf mich. »Zwei mickerige Menschenwesen und einen toten Alben?«

»Er ist nicht tot!«, schrie ich. »Wo ist Thor?«

»Im Fluss!« Marvin zeigte mit seinen Hörnern auf ihn. »Der Donnergott ist kurz vor dem Ertrinken, und wenn ihr keine Möglichkeit findet, ihm zu helfen, dann bringe ich euch um. Und übrigens, nett, euch kennenzulernen.«

TJA, DEIN PROBLEM IST: DU HAST EIN SCHWERT IN DER NASE

49 Ich konnte es nicht vermeiden.

Als ich den Namen Thor hörte, musste ich an den Typen aus Büchern und Comics denken – einen riesigen Superhelden aus dem Weltall, mit leuchtender Synthetik-Strumpfhose, einem roten Umhang, Goldlöckchen und vielleicht noch einem Helm mit Taubenflügelchen.

Im echten Leben war Thor beängstigender. Und ängstlicher. Und schlammiger.

Und er fluchte wie ein sehr fantasievoller betrunkener Seemann.

»Verpickter Schweißkasten!«, schrie er (oder so etwas Ähnliches. Es kann sein, dass mein Gehirn den genauen Wortlaut ausgesiebt hat, weil sonst meine Ohren geblutet hätten). »Wo bleibt meine Rettung?«

Er stand kurz vor dem anderen Ufer bis zur Brust im Fluss und klammerte sich an einen mageren Strauch, der vom Felsen herunterhing. Der Felsen war so glitschig, dass es keinen anderen Halt gab, und der Busch sah aus, als ob jederzeit seine Wurzeln ausreißen könnten. Jeden Augenblick könnte Thor flussab geschwemmt werden, wo Reihen von spitzen Felsen die Strömung in mehrere Stromschnellen aufteilten, perfekt zur Herstellung eines Thorsmoothies.

Aus dieser Entfernung und durch die Gischt aus Nebel und Wasser konnte ich von dem Gott nicht viel sehen: schulterlange rote Haare, einen lockigen roten Bart und Bodybuilder-Arme, die aus einem ärmellosen Lederwams ragten. Er trug dunkle Eisenhandschuhe, die mich an Roboterhände erinnerten, und ein Kettenhemd, das Blitzen sicher sehr trendy gefunden hätte.

»Bartverbrennender Sohn eines Drecksliebhabers«, brüllte der Gott. »Otis, bist du das? Wo ist meine Artillerie? Meine Luftunterstützung? Wo bei Hel bleibt meine Kavallerie?«

»Ich bin hier, Boss«, rief Otis. »Ich habe ... zwei Kinder und einen toten Alben mitgebracht.«

»Der ist nicht tot«, sagte ich wieder.

»Einen halb toten Alben«, korrigierte sich Otis.

»Wozu soll das denn gut sein?«, brüllte Thor. »Diese Riesin muss umgebracht werden, und zwar SOFORT!«

»Riesin?«, fragte ich.

Marvin stieß mich mit dem Kopf an. »Die da, du Dussel.«

Er nickte zum Wasserfall hinüber. Einen Moment lang lichtete sich oben auf den Felsen der Nebel und ich sah das Problem.

Neben mir stieß Sam ein ersticktes Geräusch aus. »Heiliger Heimdall!«

Diese wolkenkratzerartigen Felssäulen waren nämlich Beine – gewaltige Beine, so grau und grobschlächtig, dass sie perfekt zu den sie umgebenden Felsen passten. Der Rest der Frau war so riesig, dass Godzilla neben ihr ausgesehen hätte wie ein Spielzeugpudel. Ihr bis zu ihren Oberschenkeln reichendes Kleid war aus so vielen Tierfellen zusammengenäht, dass es sicher für die Ausrottung von mehreren Dutzend Arten verantwortlich war. Ihr Gesicht, irgendwo oben in der Stratosphäre, war so steinig und grimmig wie das eines Präsidenten vom Mount Rushmore und umgeben von einem Hurrikan aus langen dunklen Haaren. Sie hatte die Felsen auf beiden Ufern gepackt, als ob die Strömung sogar ihr Probleme machte.

Sie sah nach unten und lächelte grausam auf den kleinen Tupfen von Donnergott hinunter, der in der Strömung gefangen war, dann drückte sie ihre Beine fester zusammen. Das Wasser brach als senkrechter Hochdruckvorhang aus flüssiger Kraft zwischen ihren Schienbeinen hervor.

Thor versuchte zu brüllen, fing sich aber einen Mundvoll Fluss ein. Sein Kopf tauchte unter. Der Busch, an den er sich klammerte, neigte sich zur Seite und die Wurzeln lösten sich eine nach der anderen.

»Sie wird ihn ins Nichts spülen«, sagte Marvin. »Tut doch was, Menschen!«

Was denn zum Beispiel?, dachte ich.

»Er ist ein Gott«, sagte ich. »Kann er nicht fliegen? Kann er sie nicht mit einem Blitz einäschern – oder was ist eigentlich mit seinem Hammer? Hat er denn keinen Hammer?«

Marvin bleckte die Zähne. Er war ein hervorragender Zähneblecker. »Meine Güte, wieso sind wir da nicht selbst drauf gekommen? Wenn Thor das könnte, ohne loszulassen und in den sofortigen Tod zu stürzen, glaubst du nicht, er hätte es inzwischen getan?«

Ich wollte fragen, wie ein Gott sterben konnte, da Götter doch angeblich unsterblich waren. Dann dachte ich an Mimir, der in alle Ewigkeit als abgehackter Kopf existieren musste, und an Baldur, der von einem Mistelpfeil getötet worden war und die Ewigkeit unten in der Welt der Hel verbringen musste.

Ich sah Sam an.

Sie zuckte hilflos mit den Schultern. »Gegen eine dermaßen riesige Riesin habe ich auch kein Patentrezept.«

Hearthstone murmelte im Schlaf. Seine Augenlider zitterten jetzt ein wenig, aber für Magie war er eindeutig zu schwach.

Mir blieb nur ein Freund, den ich um Hilfe bitten könnte.

»Jack.«

Das Schwert schwebte neben mir. »Ja?«

»Siehst du diese gewaltige Riesin, die den Fluss blockiert?«

»Technisch gesehen«, sagte Jack, »kann ich gar nichts sehen, da ich keine Augen habe. Aber ja, ich sehe die Riesin.«

»Glaubst du, du könntest hochfliegen und sie, ich weiß auch nicht, töten?«

Jack summte empört. »Ich soll eine siebenhundert Meter große Riesin töten?«

»Ja.«

»Okay, das geht so. Du musst mich packen und mich werfen, wie du in deinem ganzen Leben noch nichts geworfen hast. Du musst wirklich glauben, dass es eine sinnvolle Tat ist, diese Riesin zu töten. Und du musst darauf vorbereitet sein, was passiert, wenn du mich dann wieder in die Hand nimmst. Wie viel Energie würde es dich kosten, auf diese siebenhundert Meter hohe Riesin zu klettern und sie zu töten?«

Die Anstrengung würde mich wahrscheinlich umbringen, dachte ich. Aber ich sah eigentlich keine andere Möglichkeit.

Wir brauchten Auskünfte von Thor. Sam und Hearthstone und zwei unsoziale sprechende Ziegenböcke waren auf mich angewiesen.

»Dann los.« Ich packte das Schwert.

Ich versuchte, mich zu konzentrieren. Es war mir eigentlich nicht so wichtig, Thor zu retten, ich kannte den Kerl ja nicht mal.

Und es war mir auch ziemlich egal, warum eine siebenhundert Meter hohe Riesin es komisch fand, in einem Fluss zu stehen und zwischen ihren Schienbeinen einen Wasserfall zu erzeugen.

Aber Sam, Blitzen und Hearthstone waren mir wichtig. Sie hatten ihr Leben aufs Spiel gesetzt, um mich so weit zu bringen. Egal, was Loki versprochen hatte, ich musste eine Möglichkeit finden, Surt aufzuhalten und Fenris' Befreiung zu verhindern. Mimir hatte gesagt, der Fenriswolf habe seine beiden Kinder ausgesandt ... und die sollten *mich* umbringen. Meine Mom hatte ihr Leben geopfert, um meins zu retten. Ich musste ihrem Opfer einen Sinn geben!

Die gewaltige graue Riesin stand für alles, was mich aufhielt. Sie musste weg.

Mit aller Kraft, die ich überhaupt nur aufwenden konnte, schleuderte ich das Schwert.

Jack schoss nach oben wie ein Bumerang mit Raketenantrieb.

Was dann passierte ... also, ich war nicht sicher, ob ich meinen Augen trauen durfte. Es war so weit weg. Aber es sah aus, als sei Jack in das linke Nasenloch der Riesin geflogen.

Die Riesin krümmte den Rücken. Sie machte ein Gesicht, als ob sie gleich niesen müsste. Ihre Hände rutschten von den Felsspitzen ab. Jack flog aus ihrem rechten Nasenloch wieder heraus, als die Knie der Riesin unter ihr nachgaben und sie auf uns zufiel.

»Baum fällt!«, schrie Jack und jagte in Spiralen zurück zu mir.

»WEG!«, brüllte ich.

Zu spät. Die Riesin knallte mit einem gewaltigen *FLUMM* mit dem Gesicht zuerst auf den Fluss auf.

Ich kann mich nicht an die Wand aus Wasser erinnern, die mich in einen Baum schleuderte, zusammen mit Sam, einem halb schlafenden Hearthstone und den beiden verwirrten Ziegenböcken. Aber so muss es gewesen sein. Aus purem Glück hatten wir alle überlebt.

Der Körper der Riesin hatte die Landschaft total verändert. Wo vorher ein Fluss gewesen war, lag jetzt eine weite, vereiste Marsch, und das Wasser um die Insel aus toter Dame herum gurgelte und spritzte, während es versuchte, neue Wege flussabwärts zu finden. Das Ufer war überflutet, Thors Zeltlager war verschwunden. Der Gott selbst war nirgendwo zu sehen.

»Du hast Thor getötet!«, meckerte Otis. »Du hast eine Riesin auf ihn fallen lassen!«

Der rechte Arm der Riesin zuckte. Ich wäre fast aus dem Baum gefallen. Ich hatte Angst, Jack könnte sie nur betäubt haben, aber dann kämpfte Thor sich unter erheblichem Grunzen und Fluchen aus ihrer rechten Achselhöhle frei.

Sam und ich halfen Hearthstone aus dem Baum, während der Donnergott über den Rücken der Riesin stapfte, heruntersprang und auf uns zuwatete. Seine Augen waren blau und rot gerändert. Seine Miene war so wütend, selbst wilde Keiler wären zu ihren Mamas gerannt.

Jack das Schwert tauchte an meiner Seite auf und glitzerte von dem Schleim, den man so in Riesennasenlöchern findet.

»Na, was sagst du jetzt, *Señor?*« Seine Runen leuchteten. »Stolz auf mich?«

»Das sage ich dir, wenn ich die nächsten beiden Minuten überlebe.«

Der wütende Gott blieb vor mir stehen. Wasser tropfte von seinem roten Bart auf seine riesige Brust. Seine lammkeulengroßen Fäuste waren in ihren Eisenhandschuhen geballt.

»Das«, er grinste, »war umwerfend!«

Er haute mir dermaßen schwungvoll auf die Schulter, dass er mehrere Gelenke auskugelte. »Bleibt doch zum Essen! Wir können Otis und Marvin schlachten!«

DIE SERIE ÜBER THOR HÄNGT DER WIRKLICHKEIT GANZ SCHÖN HINTERHER – ABER ICH WILL JA NICHT SPOILERN

50

Jawohl, wir haben die Ziegen geschlachtet.

Thor versprach, sie würden am nächsten Morgen so gut wie neu auferstehen, solange wir ihnen keine Knochen brächen. Otis versicherte mir, ein häufiger Tod sei gut für seine Konfrontationstherapie. Marvin knurrte mich an, ich sollte jetzt mal loslegen und nicht so ein schlaffes Weichei sein.

Es war viel leichter, Marvin zu töten.

Nach zwei Jahren auf der Straße hatte ich geglaubt zu wissen, wie schwer es ist, mich zu ernähren, aber ich kann euch sagen: Ein Tier für mein eigenes Abendessen zu töten und zu zerlegen, war eine ganz neue Erfahrung. Ihr findet es krass, ein halb gegessenes Sandwich aus einer Mülltonne zu fischen? Dann häutet mal eine Ziege, schneidet sie in Stücke, macht ein Feuer und bratet das Fleisch dann am Spieß, während ihr versucht, die Ziegenköpfe zu ignorieren, die euch vom Müllhaufen her anstarren.

Man könnte vermuten, dass diese Erfahrung mich zum Vegetarier gemacht hätte. Weit gefehlt. Sowie ich das Fleisch über dem Feuer roch, war mein Hunger stärker. Ich vergaß die ganzen Schrecken des Schlachtfests. Dieses Otis-Kebab war so ungefähr das Beste, was ich jemals gegessen hatte.

Beim Essen plauderte Thor über Riesen, Jotunheim und die Fernsehserien auf Midgard-TV, die er aus irgendeinem Grund mit religiöser Inbrunst verfolgte (kann man eigentlich sagen, dass ein Gott etwas mit religiöser Inbrunst tut?).

»Riesen!« Er schüttelte angeekelt den Kopf. »Nach all den Jahrhunderten sollte man doch annehmen, sie würden endlich aufhören, in Midgard einzudringen. Aber nein! Sie sind wie die ... wie heißen die noch gleich? Die ›Liga der Assassinen‹ in *Arrow*. Sie kommen einfach immer wieder. Als ob ich zulassen würde, dass den Menschen irgendetwas passiert! Ihr seid meine liebste Gattung.«

Er streichelte meine Wange. Zum Glück hatte er seine Eisenhandschuhe abgelegt, sonst hätte er mir den Wangenknochen gebrochen. Leider hatte er sich nach dem Ausweiden der Ziegen nicht die Hände gewaschen.

Hearthstone saß am Feuer und knabberte an einem Stück Marvin-Lende. Er wurde langsam wieder kräftiger, aber immer, wenn ich ihn ansah, musste ich mich gewaltig zusammennehmen, um nicht aufzuschluchzen. Ich hätte den armen Typen gern umarmt, ihm eine Runde Plätzchen gebacken und ihm gesagt, wie leid mir seine schreckliche Kindheit tat, aber ich wusste, dass er kein Mitleid wollte. Er würde nicht wollen, dass ich ihn anders behandelte als sonst.

Trotzdem ... der Runenstein mit dem leeren Becher darauf lag schwer in meiner Jackentasche.

Sam saß auf der Seite des Feuers, so weit von Thor entfernt wie überhaupt nur möglich. Sie sagte kaum etwas und machte keine abrupten Bewegungen, was bedeutete, dass Thor sich vor allem auf mich konzentrierte.

Alles, was der Donnergott unternahm, unternahm er mit Begeisterung. Er fand es wunderbar, seine Ziegen zu braten. Er fand es wunderbar, viel zu essen und Met zu trinken. Er fand es wunderbar, Geschichten zu erzählen. Und er fand es wunderbar zu furzen. Mann, fand er es wunderbar zu furzen! Wenn er sich aufregte, stoben elektrische Funken auf, von seinen Händen, seinen Ohren und ... na ja, stellt euch den Rest einfach vor.

Anders als im Film war Thor, sagen wir mal, eher ungepflegt. Sein Gesicht sah auf eine ramponierte Weise gut aus, als ob er Jahre im Boxring verbracht hätte. Sein Kettenpanzer war verdreckt. Sein Lederwams und seine Hose hatten inzwischen die Farbe von schmutzigem Schnee angenommen. Tattoos bedeckten seine muskulösen Arme. Auf seinem linken Bizeps stand in einem Herzen der Name SIF. Eine stilisierte Midgardschlange wand sich um seinen rechten Unterarm. Auf den Fingerknöcheln beider Hände standen in Blockbuchstaben die Namen MAGNI und MODI. Zuerst machte mich der Name Magni nervös, weil er so ähnlich klang wie Magnus – und ich wollte auf keinen Fall, dass mein Name die Faust des Donnergottes zierte –, aber Sam versicherte mir leise, dass es sich um einen ganz anderen Namen handelte.

Thor unterhielt mich mit seinen Theorien über einen möglichen Kampf auf Leben und Tod zwischen Daryl aus *The Walking Dead* und Mike aus *Breaking Bad*. Als ich mich noch in den Straßen von Boston herumtrieb, hätte ich zu gern stundenlang über Fernsehsendungen geredet, aber jetzt stand mir mein Einsatz bevor. Wir hatten durch Bewusstlosigkeit einen ganzen Tag verloren. Spekulationen über die Besetzung der nächsten Staffel würden keine große Bedeutung mehr haben, wenn in drei Tagen die Welt in Flammen aufging.

Dennoch. Es machte Thor solchen Spaß, dass es schwer war, das Thema zu wechseln.

»Was meinst du?«, fragte er. »Bester Schurke in einer laufenden Serie?«

»Äh ... hm, schwierige Frage.« Ich zeigte auf seine Fingerknöchel. »Wer sind Magni und Modi?«

»Meine Söhne!« Thor strahlte. Da er Ziegenfett im Bart hatte und von seinen Fingern immer wieder elektrische Funken aufstoben, hatte ich Angst, er könnte sich selbst anzünden. »Ich habe natürlich eine Menge Söhne, aber die beiden sind meine Lieblinge.«

»Ach?«, fragte ich. »Wie alt sind sie?«

Er runzelte die Stirn. »Äh, das ist jetzt peinlich, aber ich bin nicht sicher. Vielleicht sind sie noch gar nicht geboren.«

»Wie ...?«

»Magnus«, schaltete sich Sam ein, »es ist Thors zwei Söhnen Magni und Modi vorherbestimmt, die Götterdämmerung zu überleben. Ihre Namen sind in den Weissagungen der Nornen genannt worden.«

»Stimmt!« Thor beugte sich zu Sam vor. »Wer bist du gleich noch mal?«

»Äh ... Sam, hoher Gott.«

»Deine Aura kommt mir bekannt vor, Kleine.« Der Gott zog seine roten Augenbrauen zusammen. »Wie ist das möglich?«

»Ich war mal Walküre ...« Sam rutschte rückwärts.

»Ach. Das kann es sein.« Thor zuckte mit den Schultern. »Du musst mich entschuldigen. Ich war nacheinander bei dreitausendfünfhundertsechs Einsätzen an der Ostfront, um die Riesen in Schach zu halten. Da kommt meine Erinnerung manchmal ein bisschen durcheinander.«

Hearthstone gebärdete: *Und deine Darmtätigkeit auch.*

Thor rülpste. »Was hat der Albe gesagt? Gebärdensprache kann ich nicht.«

»Äh, er wollte wissen, wie du dich fernsehmäßig auf dem Laufenden hältst«, sagte ich. »Wo du doch so viel auf der Walstatt sein musst.«

Thor lachte. »Irgendwas muss ich doch tun, um nicht den Verstand zu verlieren.«

Und, funktioniert das?, fragte Hearthstone.

»Der Albe sieht das auch so!«, vermutete Thor. »Ich kann die Sendungen überall sehen, jedenfalls konnte ich das. Neben seinen anderen Fähigkeiten hatte mein Hammer Mjöllnir vollen Empfang und HD-Auflösung in allen Neun Welten.«

»Hatte, also Vergangenheit?«, fragte Sam.

Thor räusperte sich lärmend. »Aber genug über Fernsehen geredet. Wie schmeckt das Ziegenfleisch? Ihr habt doch keine Knochen gebrochen, oder?«

Sam und ich wechselten einen Blick. Es war mir gleich seltsam vorgekommen, dass Thor seinen Hammer nicht bei sich hatte. Der war doch sozusagen sein Markenzeichen. Ich hatte gedacht, dass der Hammer einfach eine Tarngestalt angenommen hatte, wie mein Schwert. Jetzt war ich da nicht mehr so sicher. Thors bohrender, blutunterlaufener Blick aber sagte mir, es könnte gefährlich sein, danach zu fragen.

»Äh, nein, Sir«, sagte ich. »Wir haben keine Knochen gebrochen. Rein theoretisch, was wäre dann passiert?«

»Die Ziegen würden mit diesem Schaden auferstehen«, sagte er. »Und es würde lange dauern, bis der verheilt wäre, und das wäre überaus lästig. Und ich würde euch entweder töten oder auf ewig zu meinen Sklaven machen müssen.«

Hearthstone seufzte. *Dieser Gott ist nicht normal!*

»Da hast du Recht, Mr Albe!«, sagte Thor. »Das wäre eine faire und gerechte Strafe. So bin ich auch an meinen Leibdiener Thjalfi gekommen.« Thor schüttelte den Kopf. »Armer Junge. Diese Einsätze fingen an, ihm zuzusetzen. Ich musste ihm eine Weile dienstfrei geben. Ich könnte wirklich einen neuen Sklaven brauchen …« Er musterte mich abschätzend.

»Also …« Ich legte mein Ziegenfleisch zur Seite. »Wie bist du in den Fluss geraten, und warum wollte dich diese Riesin ertränken?«

»Ach, die.« Thor warf einen wütenden Blick auf den stadtviertelgroßen Leichnam mitten in der eisigen Marsch. »Das ist die Tochter von Geirröd, einem meiner alten Feinde. Ich hasse den Kerl. Immer schickt er seine Töchter, um mich umzubringen.« Er zeigte auf die Felsen. »Ich war unterwegs zu seiner Festung, um nachzusehen, ob … ach, egal. Danke für die Hilfe. Das war Freys Schwert, oder?«

»Ja. Jack ist irgendwo hier in der Nähe.« Ich stieß einen Pfiff aus. Jack kam angeschwebt.

»Hallo, Thor«, sagte das Schwert. »Lange nicht mehr gesehen.«

»Ha!« Der Gott klatschte begeistert in die Hände. »Ich wusste doch, dass ich dich erkannt hatte. Aber heißt du nicht Sumarbrander? Warum hat der Mensch dich Jorvik genannt?«

»Jack«, korrigierte das Schwert.

»Yak?«

»Nein«, sagte das Schwert geduldig. »Jack, mit dem englischen *Jay*-Laut.«

»Na gut, von mir aus. Na, das war gute Arbeit mit der Riesin.«

»Du weißt ja, je größer sie sind, umso leichter kann man in ihre Nasenlöcher fliegen.« Jack klang überaus zufrieden mit sich selbst.

»Stimmt«, sagte Thor. »Aber ich dachte, du seist verschollen. Wie bist du an diese seltsamen Leute geraten?«

Der nennt uns seltsam, beschwerte sich Hearthstone.

»Edler Thor«, sagte Sam. »Wir waren eigentlich auf der Suche nach dir. Wir brauchen deine Hilfe. Magnus wird dir das erklären.«

Sie starrte mich an und schien zu denken, *wenn er weiß, was gut für ihn ist*.

Ich erzählte Thor von der Weissagung der Nornen – eh neun Tage nach Osten die Sonne, Surt lässt alles in die Luft hüpfen, Fenriswolf, fiese Zähne, frisst Welt und so weiter.

Thor geriet in Erregung. Von seinen Ellbogen stoben Funken auf. Er sprang auf, lief um das Feuer herum und boxte ab und zu gegen in der Nähe stehende Bäume.

»Ich soll euch sagen, wo die Insel ist«, folgerte er.

»Das wäre super«, sagte ich.

»Aber das darf ich nicht«, murmelte Thor vor sich hin. »Ich darf keine Sterblichen auf Wolf-Watching-Tour schicken. Zu gefährlich. Aber die Götterdämmerung ... noch nicht bereit. Nein. Es sei denn ...« Er erstarrte, dann drehte er sich mit funkelnden Augen zu uns um. »Vielleicht seid ihr deshalb hergekommen!«

Das gefällt mir nicht, gebärdete Hearth.

Thor nickte. »Der Albe sieht das auch so. Ihr wollt mich unterstützen.«

»Genau«, sagte Jack und summte vor Aufregung. »Machen wir es, was immer es sein mag.«

Ich verspürte das plötzliche Verlangen, mich hinter den Ziegenkadavern zu verstecken. Was immer der Donnergott und das Sommerschwert hier verabredeten, ich wollte damit nichts zu tun haben.

Sam stellte die Axt neben sich, als ob sie davon ausging, dass sie die bald benötigen würde. »Lass mich raten, edler Thor: Du hast schon wieder deinen Hammer verloren!«

»Das habe ich *nicht* gesagt!« Thor drohte ihr mit dem Finger. »Von mir hast du das nicht gehört. Denn wenn es stimmte, also ganz theoretisch, und wenn es sich herumspräche, dann würden die Riesen sofort in Midgard einmarschieren. Ihr Sterblichen wisst doch gar nicht, wie oft ich euch beschütze. Mein Ruf allein sorgt dafür, dass sich die meisten Riesen zu sehr fürchten, um unsere Welt anzugreifen.«

»Noch mal von vorne«, sagte ich. »Was hat Sam mit *schon wieder* gemeint? Du hast deinen Hammer schon häufiger verloren?«

»Einmal«, sagte Thor. »Na ja, zweimal. Dreimal, wenn du diesmal mitzählst, was du aber nicht tun solltest, da ich nicht zugebe, dass der Hammer verschwunden ist.«

»In Ordnung«, sagte ich. »Aber wie hast du ihn verloren?«

»Ich weiß nicht!« Thor lief jetzt wieder hin und her und seine langen roten Haare sprühten Funken und knisterten. »Es war einfach ... *Wusch!* Ich habe versucht, den gleichen Weg zurückzugehen, ich habe die Finde-meinen-Hammer-App ausprobiert, aber es funktioniert nicht.«

»Ist dein Hammer denn nicht die mächtigste Waffe im ganzen Universum?«, fragte ich.

»Doch!«

»Und ich dachte, er sei so schwer, dass niemand außer dir ihn hochheben kann.«

»Stimmt. Selbst ich brauche meine eisernen Krafthandschuhe, um es zu schaffen. Aber bei Riesen weiß man nie. Sie sind groß und stark und haben Magie. Bei denen sind viele unmögliche Dinge möglich.«

Ich dachte an den Adler, der sich »der Große« nannte, und daran, wie leicht er mich ausgetrickst hatte. »Verstehe. Warst du deshalb auf dem Weg zu diesem Gerhard?«

»Geirröd«, korrigierte Thor. »Ja. Er ist ein naheliegender Verdächtiger. Und wenn er ihn selbst nicht hat, weiß er vielleicht, wer ihn haben könnte. Außerdem kann ich ohne meinen Hammer nicht meine Serien sehen. Ich bin bei *Sherlock* eine Staffel im Rückstand und das bringt mich fast um! Ich wollte eigentlich selbst zu Geirröds Festung gehen, aber jetzt bin ich froh, dass ihr angeboten habt, mir das abzunehmen.«

Was haben wir?, fragte Hearthstone.

»Das ist die richtige Einstellung, Mr Albe. Ich freue mich, dass du bereit bist, für meine Sache zu sterben.«

Ganz und gar nicht, gebärdete Hearth.

»Geht einfach zu Geirröds Festung und seht euch nach meinem Hammer um. Natürlich dürft ihr auf keinen Fall verraten, dass er verschwunden ist. Wenn Geirröd ihn doch nicht hat, dann soll er lieber nicht erfahren, dass ich ihn auch nicht habe. Aber, schon klar, wenn er ihn nicht hat, dann müsst ihr ihn natürlich fragen, wer ihn hat, ohne zuzugeben, dass er verschwunden ist.«

Samirah presste sich die Finger an die Schläfen. »Ich bekomme Kopfschmerzen. Edler Thor, wie sollen wir deinen Hammer finden, wenn wir nicht erwähnen dürfen …«

»Da wird euch schon was einfallen«, sagte er. »Ihr Menschen seid doch so eine raffinierte Bande. Und wenn ihr dann die Wahrheit in Erfahrung gebracht habt, dann weiß ich, dass ihr würdig seid, dem Fenriswolf gegenüberzutreten. Dann werde ich euch die Position seiner Insel nennen und ihr könnt die Götterdämmerung aufhalten. Ihr helft mir, ich helfe euch.«

Das klang eher wie: *Ihr helft mir, und dann helft ihr mir noch mal*, aber ich ging davon aus, dass ich nicht höflich ablehnen konnte, ohne dass er mir einen Eisenhandschuh zwischen die Zähne rammte.

Sam dachte offenbar das Gleiche. Ihr Gesicht nahm ungefähr den Grünton ihres Kopftuchs an. »Edler Thor«, sagte sie, »zu dritt in die Festung eines Riesen einzudringen, wäre …«

Selbstmord, meinte Hearthstone. *Töricht.*

»Schwierig«, sagte Sam.

In diesem Moment erbebte eine in der Nähe stehende Fichte. Blitzen fiel aus den Zweigen und landete bis zur Hüfte in einem Schlammhaufen.

Hearthstone lief hinüber und half ihm auf die Beine.

»Danke, Kumpel«, sagte Blitz. »Blöde Baumreise. Wo …?«

»Ist das ein Freund von euch?« Thor hob eine mit Eisen umhüllte Faust. »Oder soll ich …«

»Nein! Ich meine, ja, er ist ein Freund. Blitzen, Thor. Thor, Blitzen.«

»*Der* Thor?« Blitzen machte eine so tiefe Verbeugung, dass es aussah, als wollte er einem Geschoss ausweichen. »Große Ehre. Wirklich. Hallo. Mannomann.«

»Na also!« Der Donnergott grinste. »Jetzt könnt ihr die Zitadelle des Riesen zu *viert* stürmen! Freund Zwerg, mein Ziegenfleisch und mein Feuer seien dein. Ich dagegen werde früh zu Bett gehen, nachdem ich so lange im Fluss festgesessen habe. Morgen früh könnt ihr euch dann auf die Suche nach meinem Hammer machen, der natürlich offiziell überhaupt nicht verschwunden ist.«

Thor trampelte zu seinem Lager aus Fellen, ließ sich fallen und fing an, mit ebenso großer Begeisterung zu schnarchen, wie er bisher gefurzt hatte.

Blitzen sah mich stirnrunzelnd an. »Wo hast du uns denn da reingeritten?«

»Lange Geschichte«, sagte ich. »Hier, nimm eine Portion Marvin.«

DAS GROẞE GESPRÄCH ZUM THEMA »WIE VERWANDELE ICH MICH IN EINE PFERDEBREMSE«

51 Hearthstone ging als Erster schlafen, vor allem, weil er der Einzige war, der trotz Thors Schnarchen überhaupt schlafen konnte. Da der Gott im Freien übernachtete, übernahm Hearthstone das Zweipersonenzelt. Er kroch hinein und war sofort eingeschlafen.

Wir anderen blieben am Lagerfeuer sitzen und redeten. Zuerst hatte ich Angst, wir könnten Thor wecken, aber wir hätten um seinen Kopf herum steppen, auf Gongs einschlagen, seinen Namen brüllen und gewaltige Explosionen auslösen können, und er hätte trotzdem weitergeschlafen.

Ich fragte mich, ob er deshalb seinen Hammer verloren hatte. Die Riesen hatten vielleicht gewartet, bis er eingeschlafen war, einige Baukräne aufgefahren und die Sache durchgezogen.

Als es dunkel wurde, war ich dankbar für das Feuer. Die Dunkelheit war undurchdringlicher als selbst in der tiefsten Wildnis, in der meine Mom und ich jemals gezeltet hatten. Wölfe heulten im Wald und ich brach in schreckliches Zittern aus. Wind jammerte in den Schluchten wie ein Chor von Zombies.

Ich erwähnte das Blitzen gegenüber, aber der klärte mich auf.

»Nein, Kleiner«, sagte er. »Nordische Zombies werden *Draugen* genannt. Sie bewegen sich lautlos. Du hörst nie, wenn sie kommen.«

»Danke«, sagte ich. »Das tröstet mich ungeheuer.«

Blitzen rührte in seinem Becher mit Ziegenragout herum, schien aber nichts davon essen zu wollen. Er trug jetzt einen blauen Wollanzug und einen sahnefarbenen Trenchcoat, vielleicht, um so elegant wie nur möglich mit dem Schnee von Jotunheim verschmelzen zu können. Er hatte zudem für alle neue Rucksäcke mitgebracht, gefüllt mit sauberer Winterkleidung, wobei er selbstverständlich in jedem Fall die richtige Größe erraten hatte. Manchmal lohnt es sich, einen totalen Modefreak zum Freund zu haben.

Blitz erzählte, wie er seiner Mutter die Ohrringe gebracht hatte und dann auf Grund seiner Verpflichtungen als Freyas Stellvertreter in Folkwang aufgehalten worden war: Er war Preisrichter bei einem Austernwettbraten, Schiedsrichter bei einem Volleyballspiel und Ehrengast beim 678sten alljährlichen Ukulelefestival gewesen.

»Es war mörderisch«, sagte er. »Mom haben die Ohrringe gefallen. Sie hat nicht gefragt, wie ich sie an mich gebracht habe. Wollte auch nichts über das Wettschmieden mit Junior hören. Sie sagte nur: ›Ach, wünschst du dir nicht manchmal, du könntest auch so etwas vollbringen, Blitzen?‹« Er zog die Schnur Andskoti aus der Tasche. Der Seidenball leuchtete silbern wie ein Miniaturmond. »Ich hoffe, das war es wert.«

»He«, sagte ich. »Ich habe noch nie irgendjemanden so hart arbeiten sehen wie dich beim Wettschmieden. Du hast dein Herz und deine Seele in die Expando-Ente gelegt. Und der kugelsichere Schlips erst! Das Hemd aus Kettenpanzer! Warte nur ab. Wir beschaffen dir einen Exklusivvertrag mit Thor, und dann wirst du einen Modetrend starten.«

»Magnus hat Recht«, sagte Sam. »Na ja, vielleicht nicht, was den Vertrag mit Thor angeht, aber du hast wirklich Talent, Blitzen. Wenn Freya und die anderen Zwerge das nicht begreifen, ist das ihr Problem. Ohne dich wären wir niemals so weit gekommen.«

»Du meinst, du wärst nicht bei den Walküren rausgeflogen, Magnus wäre nicht gestorben, es wäre nicht die Hälfte der Götter sauer auf uns, Feuerriesen und Einherjer hätten es nicht auf unser Leben abgesehen und wir würden nicht mit einem schnarchenden Gott im wilden Jotunheim sitzen?«

»Genau«, sagte Sam. »Das Leben ist super.«

Blitzen schnaubte, aber es freute mich, in seinen Augen einen Funken von Humor zu sehen. »Meinetwegen, aber ich gehe jetzt schlafen. Ich muss mich ausruhen, wenn wir morgen eine Riesenfestung stürmen sollen.«

Er kroch ins Zelt und murmelte Hearthstone zu: »Mach mal Platz, du Zeltschwein!« Dann legte er seinen Mantel über den Alben, und das fand ich ganz schön süß.

Sam saß in ihren Jeans und einer neuen Daunenjacke im Schneidersitz und hatte sich die Kapuze über das Kopftuch gezogen. Es schneite – dicke fluffige Flocken, die in den Flammen zischten.

»Wo wir gerade von dem Duell im Zwergenland sprechen«, sagte ich, »wir sind noch gar nicht dazu gekommen, über die Pferdebremse …«

»Pst«, Sam schaute besorgt zu Thor hinüber. »Manche Leute sind auf meinen Vater oder die Kinder meines Vaters nicht gerade gut zu sprechen.«

»Manche Leute schnarchen wie eine Kettensäge.«

»Trotzdem …« Sie musterte ihre Hand, als ob sie sichergehen wollte, dass die sich nicht zwischenzeitlich verändert hatte. »Ich habe mir geschworen, mich nicht mehr zu verwandeln, aber in der vergangenen Woche habe ich es gleich zweimal gemacht. Das erste Mal, auf dem Weltenbaum, war der Hirsch hinter uns her. Da habe ich mich in ein Reh verwandelt, um ihn abzulenken, damit Hearthstone entkommen konnte. Mir blieb nichts anderes übrig.«

Ich nickte. »Und beim zweiten Mal hast du dich in die Pferdebremse verwandelt, um Blitzen zu helfen. Das sind beides hervorragende Gründe. Und außerdem ist es eine fantastische Fähigkeit, die Gestalt wechseln zu können. Warum willst du sie nicht nutzen?«

Im Feuerschein wirkte ihre Iris fast so rot wie die von Surt. »Magnus, die Gestalt zu ändern, ist nicht so leicht, wie mich mit meinem Kopftuch zu tarnen. Das ändert nicht nur dein Aussehen. Es ändert *dich*. Und wenn ich das mache, dann fühle ich ... dann fühle ich, wie mich immer mehr vom Wesen meines Vaters erfasst. Er ist nicht vertrauenswürdig, unberechenbar ... Ich will nicht so sein.«

Ich zeigte zu Thor hinüber. »Du hättest auch den da als Dad haben können – einen furzenden Riesen mit Ziegenfett im Bart und Tattoos auf den Fingerknöcheln. Dann würde ganz Walhalla dich lieben.«

Sie versuchte, nicht zu grinsen. »Du bist wirklich respektlos. Thor ist ein sehr wichtiger Gott.«

»Zweifellos. Angeblich ist Frey das auch, aber ich bin ihm nie begegnet. Dein Dad ist wenigstens irgendwie sympathisch und hat Sinn für Humor. Er ist vielleicht ein Soziopath, aber ...«

»Moment mal«, Sams Stimme klang angespannt. »Das hört sich an, als ob du ihm schon mal begegnet wärst.«

»Ich ... jetzt habe ich mich wohl verraten, was? Es stimmt, er ist in einigen meiner Nahtod-Erfahrungen aufgetaucht.«

Ich erzählte Sam von meinen Träumen: von Lokis Warnungen, seinen Versprechungen, seinem Vorschlag, das Schwert zu meinem

Onkel Randolph zu bringen und nicht mehr an meinen Einsatz zu denken.

Sam hörte zu. Ich war nicht sicher, ob sie wütend oder schockiert war oder beides.

»Und all das«, sagte sie, »hast du mir nicht gesagt, weil du mir nicht vertraut hast.«

»Vielleicht zu Anfang. Später wusste ich einfach nicht, was ich tun sollte. Dein Dad ist ganz schön beunruhigend.«

Sie warf einen Zweig ins Feuer und sah zu, wie er verbrannte. »Du darfst nicht tun, was mein Dad vorschlägt, egal, was er dir verspricht. Wir müssen Surt gegenübertreten. Wir brauchen das Schwert.«

Ich dachte an meinen Traum von dem brennenden Thron – das dunkle Gesicht, das im Rauch schwebte, die Stimme, heiß wie ein Flammenwerfer: *DU WIRST MIT DEINEN FREUNDEN MEIN BRENNHOLZ ABGEBEN, IHR WERDET DAS FEUER NÄHREN, DAS DIE NEUN WELTEN VERZEHREN WIRD.*

Ich hielt Ausschau nach Jack, konnte ihn aber nicht sehen. Er hatte angeboten, um unser Lager zu fliegen, »auf Streife«, wie er das genannt hatte. Er meinte, ich solle möglichst lange warten, bis ich ihn zu mir rief, denn dann würde ich sofort ohnmächtig werden nach der Anstrengung des Nasenmordes.

Es schneite immer weiter und der Schnee verdampfte auf den Steinen um die Feuerstätte. Ich dachte an unser Fast-Essen im Busbahnhof, daran, wie nervös Sam sich in Amirs Anwesenheit verhalten hatte. Es schien tausend Jahre her zu sein.

»Als wir auf Haralds Boot waren«, sagte ich dann, »hast du erwähnt, dass deine Familie eine lange gemeinsame Geschichte mit den nordischen Göttern hat. Wie das? Du hast doch erzählt, dass deine Großeltern aus dem Irak stammen …«

Sie warf einen weiteren Zweig in die Flammen. »Die Wikinger waren Händler, Magnus. Sie sind durch die ganze Welt gereist. Sie waren sogar in Amerika. Da wird es dich ja wohl nicht überraschen, dass sie auch den Mittleren Osten bereist haben. In Norwegen sind arabische Münzen gefunden worden. Die besten Wikingerschwerte waren Nachahmungen von Damaszener Klingen.«

»Aber deine Familie ... ihr habt eine persönlichere Beziehung zu ihnen?«

Sie nickte. »Im Mittelalter hat sich ein Wikingerstamm in Russland niedergelassen. Sie nannten sich Rus. Nach ihnen wurde dann das Land benannt. Der Kalif – der König von Bagdad – hat einen Botschafter nach Norden geschickt, um mehr über die Wikinger zu erfahren, Handelsrouten festzulegen, solche Dinge. Und dieser Botschafter hieß Ahmed ibn Fadlan ibn al-Abbas.«

»Fadlan wie in Fadlans Falafel. Al-Abbas wie ...«

»Genau. Wie ich. Al-Abbas bedeutet vom Löwen. Das ist mein Zweig der Sippe. Wie auch immer«, sie zog einen Schlafsack aus ihrem Rucksack, »dieser ibn Fadlan hat über seine Zeit bei den Wikingern Tagebuch geführt. Das ist eine der wenigen schriftlichen Quellen. Und seither hatte meine Familie immer wieder mit Wikingern zu tun. Im Laufe der Jahrhunderte hatten meine Vorfahren viele seltsame Begegnungen mit ... übernatürlichen Wesen. Vielleicht war meine Mutter deshalb nicht so sonderlich überrascht, als ihr klar wurde, wer mein Dad wirklich war.« Sie breitete ihren Schlafsack neben dem Feuer aus. »Und deshalb kann Samirah al-Abbas niemals ein normales Leben führen. Ende der Geschichte.«

»*Ein normales Leben*«, wiederholte ich nachdenklich. »Ich weiß nicht mal mehr, was das bedeutet.«

Sie sah mich an, als ob sie etwas sagen wollte und sich die Sache dann anders überlegte. »Ich muss jetzt schlafen.«

Ich hatte eine seltsame Vision von unseren Vorfahren, einem mittelalterlichen Chase und einer mittelalterlichen al-Abbas, die vor zwölfhundert Jahren in Russland um ein Lagerfeuer saßen und ihre Notizen darüber verglichen, wie die nordischen Götter ihr Leben durcheinandergebracht hatten, während Thor in der Nähe auf einem Lager aus Fellen schnarchte. Okay, Sams Familie hatte mit den Göttern zu tun, aber als meine Walküre hatte Sam auch mit *meiner* Familie zu tun.

»Wir finden schon eine Lösung«, versprach ich. »Ich habe eigentlich keine Ahnung, was *normal* ist, aber ich werde alles tun, um dir zu dem zu verhelfen, was du dir wünschst – wieder ein Platz bei den Walküren, deine Hochzeit mit Amir, ein Pilotenschein. Egal, was.«

Sie starrte mich an, als ob sie Wörter aus einer fremden Sprache verarbeiten müsste.

»Was ist los?«, fragte ich. »Habe ich Ziegenblut im Gesicht?«

»Nein. Na ja, das heißt, du hast schon Ziegenblut im Gesicht, aber das ist es nicht ... Ich versuche nur, mich zu erinnern, wann mir jemand zuletzt so etwas Nettes gesagt hat.«

»Wenn du willst, kann ich dich ab morgen wieder beschimpfen«, sagte ich. »Aber jetzt schlaf eine Runde. Träum süß.«

Sam rollte sich am Feuer zusammen. Schneeflocken rieselten auf ihren Jackenärmel. »Danke, Magnus. Aber bitte, keine Träume. Ich will in Jotunheim nicht träumen.«

ICH HABE EIN PFERD DABEI. ES HEIßT STANLEY

52 Thor schnarchte noch immer wie eine defekte Häckselmaschine, als wir am nächsten Morgen aufbruchsbereit waren. Und das wollte wirklich etwas heißen, denn ich hatte ewig geschlafen. Jack das Schwert hatte nicht übertrieben, als er von der Wirkung eines Riesinnenmordes gesprochen hatte. Kaum hatte ich Jack zu mir gerufen, schon war ich im Tiefschlaf versunken.

Aber wenigstens hatte ich diesmal keine vierundzwanzig Stunden verloren. Da der Fenriswolf schon in zwei Tagen auftauchen würde, konnte ich mir kein langes Nickerchen mehr leisten. Ich fragte mich, ob ich vielleicht, ganz vielleicht, widerstandsfähiger wurde, je mehr ich mich mit dem Schwert anfreundete. Ich hoffte es, aber ich kam mir trotzdem vor, als ob ich die ganze Nacht unter einer Teigrolle verbracht hätte.

Wir packten unsere Sachen zusammen und verzehrten ein kaltes Frühstück: Energieriegel der Marke MORGEN, MADE! aus Blitzens Vorratstaschen (lecker!). Dann legte Hearthstone die Köpfe der noch immer toten Ziegenböcke wie Teddybären in Thors Arme. Niemand soll behaupten, Alben hätten keinen Sinn für Humor.

Ich schaute auf die Spucke hinunter, die in Thors Bart zu Eis erstarrt war. »Allein die Vorstellung, dass die Verteidigung der Neun Welten von diesem Gott abhängt!«

»Gehen wir lieber«, murmelte Blitzen. »Ich will nicht dabei sein, wenn er mit Otis und Marvin aufwacht.«

Die tote Riesin erwies sich als große Hilfe. Wir benutzten sie als Steg durch den vereisten Sumpf. Dann stellten wir fest, dass wir ihren linken Fuß erklimmen konnten, um das erste Felssims in der Felswand zu erreichen.

Als wir bis dahin gekommen waren, starrte ich an den restlichen fünfhundert Metern aus vereistem Felsen hoch. »Na super. Jetzt fängt der Spaß erst richtig an.«

»Ich wünschte, ich könnte fliegen«, murmelte Sam.

Wahrscheinlich könnte sie durchaus fliegen, wenn sie ihre Gestalt ein wenig veränderte, aber nach unserem Gespräch vom vergangenen Abend beschloss ich, das nicht zu erwähnen.

Blitz reichte Hearthstone seinen Rucksack und wackelte dann mit seinen Stummelfingern. »Macht euch keine Sorgen, Kinder. Heute klettert ihr mit einem Zwerg.«

Ich runzelte die Stirn. »Bist du auch Bergsteiger und nicht nur Modezar?«

»Ich habe dir doch gesagt, Kleiner, die Zwerge stammen von Maden ab, die sich durch Ymirs Fleisch gefressen haben.«

»Und du scheinst seltsamerweise stolz darauf zu sein.«

»Fels ist für uns wie ... Na ja, nicht wie Fels eben.« Er versetzte der Felswand einen Boxhieb. Statt sich das Handgelenk zu brechen, hinterließ er eine Vertiefung, die gerade ausreichte, um sich festzuhalten. »Ich sage nicht, dass es schnell geht oder leicht sein wird. Ich muss mich gewaltig anstrengen, um Felsen zu verformen. Aber wir können es schaffen.«

Ich schaute zu Sam hinüber. »Hast du gewusst, dass Zwerge Stein durchschlagen können?«

»Nein. Das ist mir neu.«

Hearthstone wandte ein: *Sollen wir das magische Seil nehmen? Lieber nicht in den Tod stürzen.*

Mir schauderte. Ich konnte nicht an die Schnur Andskoti denken, ohne auch an den Wolf zu denken, und an den Wolf dachte ich nur ungern. »Wir brauchen dieses Seil für den Fenriswolf, oder? Ich will nichts damit machen, das seine Kraft schwächen könnte.«

»Keine Sorge, Kleiner.« Blitz zog Andskoti hervor. »Diese Schnur kann nicht geschwächt werden. Und Hearthstone hat Recht. Wir sollten uns sicherheitshalber aneinanderbinden.«

»Und wenn wir dann abstürzen«, sagte Sam, »dann stürzen wir zusammen.«

»Ich bin dabei«, sagte ich und versuchte, meine Besorgnis zurückzudrängen. »Ich sterbe zu gern mit meinen Freunden.«

Wir seilten uns an und folgten unserem furchtlosen, felsenformenden, modebewussten Bergführer den Hang des Mount Das-soll-wohl-ein-Witz-sein hoch.

Ich hatte Erzählungen von obdachlosen Kriegsveteranen gehört, die den Krieg als fünfundneunzig Prozent Langeweile und fünf Prozent Horror beschrieben hatten. Die Felswand hochzuklettern, war dagegen eher fünf Prozent Horror und fünfundneunzig Prozent unerträgliche Schmerzen. Meine Arme zitterten. Meine Beine gaben unter mir nach. Immer, wenn ich nach unten schaute, hätte ich weinen oder mich übergeben mögen.

Trotz der Hand- und Fußgriffe, die Blitzen formte, hätte mich der Wind mehrere Male fast von der Wand gerissen. Ich konnte nichts anderes tun, als weiterzuklettern.

Ich wusste genau, dass meine von Walhalla verstärkte Kraft das Einzige war, was mich am Leben hielt. Magnus 1.0 wäre in den Tod gestürzt. Ich begriff nicht, wie Hearthstone es schaffte, das Ende des Seils mit hochzubringen, aber er schaffte es. Und Sam ... Halbgöttin oder nicht, sie hatte nicht den Vorteil, Einherje zu sein. Aber sie klagte nicht, schwankte nicht und glitt nicht ab – was gut war, da sie dicht über mir kletterte.

Endlich, als der Himmel schon dunkel wurde, kamen wir oben an. Der Leichnam der Riesin unten in der Schlucht war so klein, dass sie aussah wie ein normaler Mensch. Der Fluss glitzerte im Zwielicht. Wenn Thors Lager noch dort war, dann konnte ich es zumindest nicht entdecken.

In der anderen Richtung erstreckte sich Jotunheim wie eine elektronenmikroskopisch kleine Landschaft – unvorstellbar gezackte Gipfel, kristalline Felsen, Schluchten, gefüllt mit länglichen Wolken wie schwebende Bakterien.

Die gute Nachricht war: Ich konnte die Festung des Riesen sehen. Auf der anderen Seite eines kilometerbreiten Abgrunds leuchteten Fenster in einem Berghang rot auf. Türme erhoben sich vom Gipfel, als wären sie auf Zwergenweise aus dem Fels geformt und nicht erbaut worden.

Die schlechte Nachricht war: Habe ich schon den kilometerbreiten Abgrund erwähnt? Der Felsgipfel, aus dem wir standen, war nur ein schmales Plateau. Der Hang auf der anderen Seite war ebenso steil wie der, den wir soeben bezwungen hatten.

Da wir den ganzen Tag gebraucht hatten, um bis hier zu kommen, schätzte ich, dass wir die Festung mit Leichtigkeit innerhalb von sechs Monaten erreichen könnten. Leider war es Montagabend und die Wolfsinsel sollte am Mittwoch auftauchen.

»Wir schlagen heute Abend hier unser Lager auf«, sagte Blitzen. »Vielleicht finden wir morgen früh eine Möglichkeit, nach drüben zu gelangen.«

Trotz unserer Zeitnot widersprach niemand. Wir waren alle so erschöpft, dass wir einfach zusammenbrachen.

Wie es so oft der Fall ist: Im klaren Licht des Morgens kam uns unsere Lage noch viel schlimmer vor.

Es gab keine Treppen, keine hilfreichen Seilbahnen, keinen Direktflug zu Geirröds Festung. Ich wollte schon eine Axt im Gesicht riskieren und vorschlagen, dass Sam sich verwandeln könnte, um uns hinüberzutragen – vielleicht in einen riesigen Kurzkopfgleitbeutler –, als Hearthstone gebärdete: *Habe eine Idee.*

Er zog einen Runenstein hervor:

ᛖ

»M«, sagte ich.

Er schüttelte den Kopf und buchstabierte dann: *E-H-W-A-Z.*

»Richtig«, sagte ich. »M wäre ja auch viel zu einfach.«

Sam nahm den Stein aus Hearths Handfläche. »Den kenne ich. Der symbolisiert ein Pferd, oder? Er ist wie ein Sattel geformt.«

Ich schaute die Rune aus zusammengekniffenen Augen an. Der Wind war so kalt und scharf, dass es mir schwerfiel, auch nur die geringste Fantasie aufzubringen, und für mich sah das Zeichen weiterhin aus wie ein M. »Und wieso hilft uns das weiter?«

Bedeutet Pferd, Transport. Vielleicht Möglichkeit. Hearth zeigte zu der Festung hoch.

Blitzen zupfte sich am Bart. »Klingt wie machtvolle Magie. Hast du das schon mal probiert?«

Hearthstone schüttelte den Kopf. *Keine Sorge. Das schaffe ich.*

»Das weiß ich«, sagte Blitz. »Aber du hast dich schon mehrmals bis an die Grenzen deiner Kraft angestrengt.«

Wird schon gut gehen, beharrte Hearth.

»Wir haben keine große Wahl«, sagte ich. »Da sich niemand von uns Flügel wachsen lassen kann.«

»Ich schubs dich gleich von diesem Berg«, warnte Sam.

»Alles klar«, entschied Blitzen. »Dann machen wir einen Versuch. Ich meine, mit der Rune, nicht, Magnus vom Berg zu schubsen. Vielleicht kann Hearth einen Hubschrauber herbeirufen.«

»Geirröd würde einen Hubschrauber hören«, sagte ich. »Und uns wahrscheinlich mit Felsen bewerfen. Und uns umbringen.«

»Na dann«, sagte Blitzen. »Vielleicht ein Tarnkappenhubschrauber. Hearthstone, tu, was du nicht lassen kannst.«

Sam gab den Stein zurück. Hearth schwenkte die Hand darüber hin und her und bewegte seine Lippen, als ob er sich vorstellte, wie diese Silben wohl klingen mochten.

Der Runenstein zerfiel zu Staub. Hearthstone starrte das weiße Pulver an, das durch seine Finger rieselte.

»Ich nehme mal an, das war nicht der Sinn der Sache?«, fragte ich.

»Leute«, Sams Stimme war so leise, dass sie sich im Wind fast verlor.

Sie zeigte nach oben, wo eine graue Gestalt aus den Wolken schoss. Die Gestalt bewegte sich so schnell und verschwamm so perfekt mit dem Himmel, dass ich das Wesen erst erkannte, als es sich fast über unseren Köpfen befand – es war ein Hengst, doppelt so groß wie ein normales Pferd. Sein Fell riffelte sich wie flüssiger Stahl, seine weiße Mähne blähte sich, seine Augen waren von funkelndem Schwarz.

Der Hengst hatte keine Flügel, aber er galoppierte mit solcher Leichtigkeit durch die Luft, als ob er eine sanfte Böschung hinunterliefe. Erst, als er neben uns landete, sah ich, dass er vier, fünf, sechs … *acht* Beine hatte – ein Paar an jeder Stelle, wo ein normales Pferd eins gehabt hätte, wie die Doppelreifen an einem Pick-up-Truck.

Ich drehte mich zu Hearthstone um. »Meine Güte, wenn du schon mal ein Pferd herbeirufst, dann aber richtig.«

Hearthstone grinste. Dann verdrehte er die Augen und kippte vornüber. Ich konnte ihn gerade noch auffangen und behutsam auf den Boden legen, während Blitzen und Sam vorsichtig den Hengst umkreisten.

»Das ... das kann doch nicht sein«, stammelte Blitzen.

»Ein Spross von Sleipnir?«, überlegte Sam. »Götter, was für ein prachtvolles Tier.«

Das Pferd legte ihr das Maul in die Hand und war offenbar sehr erfreut über dieses Kompliment.

Ich ging auf den Hengst zu, fasziniert von seiner Intelligenz und seiner königlichen Haltung. Er gab der Bezeichnung »Pferdestärke« eine ganz neue Bedeutung. Er strahlte Kraft aus.

»Würde mich mal jemand vorstellen?«, fragte ich.

Sam riss sich aus ihrem stummen Staunen. »Ich ... ich weiß nicht, wer er ist. Er sieht aus wie Sleipnir, Odins Hengst, aber das kann nicht sein. Nur Odin kann den herbeirufen. Ich vermute, das ist einer von Sleipnirs Söhnen.«

»Na, jedenfalls ist er umwerfend.« Ich streckte die Hand aus. Das Pferd streifte ganz leicht meine Finger mit seinen Lippen. »Er ist freundlich. Und er ist eindeutig groß genug, um uns alle über den Abgrund zu tragen. Wärst du dazu bereit, Kumpel?«

Das Pferd wieherte, als wolle es sagen *Klar, Mann, dazu bin ich doch hergekommen.*

»Diese acht Beine sind ...« Ich wollte schon »komisch« sagen, überlegte mir das dann aber noch mal anders. »Umwerfend. Wie ist das passiert?«

Blitzen sah Sam an. »Sleipnir ist ein Kind des Loki. Die sind meistens ... interessant.«

Ich lächelte. »Dann ist das Pferd also dein Neffe, Sam?«

Sam starrte mich wütend an. »Lass uns nicht weiter darüber reden.«

»Wie ist Loki denn zum Vater eines Pferdes geworden?«

Blitzen hüstelte. »Eigentlich war Loki Sleipnirs Mutter.«

»Wie …?«

»Kein Wort mehr darüber«, sagte Sam drohend.

Ich beschloss, der Sache später nachzugehen. »Na gut, Mr Ross, da wir deinen Namen nicht kennen, werde ich dich Stanley nennen. Du siehst aus wie ein Stanley. Ist dir das recht?«

Das Pferd schien mit den Schultern zu zucken, was mir reichte.

Wir legten Hearthstone wie einen Sack voller Albenkartoffeln über Stanleys überlangen Rücken und stiegen auf.

»Wir wollen zu der Festung da drüben, Stanley«, sagte ich zu dem Hengst. »Wir möchten unauffällig da rein. Ist das in Ordnung für dich?«

Das Pferd wieherte. Ich war ziemlich sicher, dass es mir einschärfte, mich festzuhalten.

Ich überlegte, wo genau ich mich denn festhalten sollte, denn es gab keine Zügel und keinen Sattel. Dann scharrte der Hengst mit seinen vier Vorderhufen, sprang von der Felswand und ließ sich in den Abgrund fallen.

Und dann starben wir alle.

DER GUTE BENIMM BEIM RIESENTÖTEN

53

Diesmal sollte es nur ein Witz sein.

Es fühlte sich nur so an, als ob wir sterben müssten.

Das Pferd genoss offenbar das Gefühl des freien Falls. Ich nicht. Ich packte seinen Hals und schrie vor Entsetzen (was nicht gerade unauffällig war). Blitzen umklammerte meine Taille und hinter ihm schaffte Sam es irgendwie, an Bord zu bleiben und gleichzeitig Hearthstone daran zu hindern, ins Nichts zu gleiten.

Der Sturz schien Stunden zu dauern, aber es waren wohl nur ein oder zwei Sekunden. In dieser Zeit überlegte ich mir weitere klangvolle Namen für Stanley. Endlich setzte er seine acht Beine in Bewegung, wie Lokomotivräder. Wir stürzten nicht mehr, sondern gewannen langsam an Höhe.

Stanley durchstieß eine Wolke, flog im Zickzack vor der Bergwand umher und landete auf einem Fenstersims ziemlich weit oben in der Festung. Ich stieg mit zitternden Beinen ab und half dann den anderen mit Hearthstone.

Das Sims war so breit, dass wir zu viert zusammen mit Stanley in unserer Ecke nicht größer aussehen konnten als Mäuse. Das Fenster hatte keine Glasscheibe (vermutlich, weil es auf der ganzen Welt nicht so viel Glas gab), aber Stanley war vor geschlossenen Vorhängen gelandet, so dass uns niemand von drinnen hätte sehen können, auch wenn er aus irgendeinem Grund das Fenster nach Mäusen abgesucht hätte.

»Danke, Kumpel«, sagte ich zu Stanley. »Das war grauenhaft. Ich meine, großartig.«

Stanley wieherte. Er biss mich freundschaftlich und verschwand in einem Staubwirbel. Da, wo er gestanden hatte, lag der Ehwaz-Runenstein.

»Der konnte mich ziemlich gut leiden«, sagte ich.

Blitzen ließ sich neben Hearthstone gleiten und sagte: »Jip.«

Nur Sam wirkte total unbeeindruckt. Ihre Augen funkelten, und sie lächelte ununterbrochen. Ich vermutete, dass sie einfach ungeheuer gern flog, auch wenn es Nahtod im freien Fall auf einem achtbeinigen Pferd war.

»Natürlich konnte Stanley dich leiden.« Sie hob den Runenstein auf. »Pferde gehören zu den heiligen Tieren Freys.«

»Hm.« Ich dachte an meine Erfahrungen mit der berittenen Polizei, die im Park Streife ritt. Die Pferde wirkten immer freundlich, die Reiter weniger. Einmal, als ein berittener Polizist angefangen hatte, mich auszufragen, war sein Pferd plötzlich losgelaufen und auf den nächsten tief hängenden Ast zugeprescht.

»Ich habe Pferde immer schon gemocht«, sagte ich.

»In Freys Tempeln gab es eigene Herden«, erzählte Sam. »Kein Sterblicher durfte ohne Erlaubnis des Gottes darauf reiten.«

»Na, ich wünschte, Stanley hätte mich um Erlaubnis gefragt, ehe er abgehauen ist«, sagte ich. »Wir haben keine Rückzugsstrategie, und Hearthstone sieht nicht aus, als ob er in nächster Zukunft wieder zaubern könnte.«

Der Albe war jetzt wieder bei Bewusstsein – jedenfalls so halbwegs. Er lehnte sich an Blitz, kicherte leise und machte wild durcheinander Gebärden wie *Schmetterling*, *Pop*, *Yippieh*. Blitzen hielt sich den Bauch und starrte ins Leere, als dächte er an verschiedene interessante Arten zu sterben.

Sam und ich schlichen uns an den Vorhang heran. Wir lugten durch einen Spalt und stellten fest, dass wir uns an der Decke eines Raumes von Stadiongröße befanden. Im Kamin brannte ein Feuer von der Größe einer Straßenschlacht. Der einzige Ausgang war eine verschlossene Holztür auf der anderen Seite. Mitten im Raum saßen zwei Riesinnen an einem steinernen Tisch beim Abendessen und zerfetzten einen Kadaver, der mich an das gebratene Riesentier in der Speisehalle von Walhalla erinnerte.

Die Riesinnen sahen nicht so groß aus wie die Tote im Fluss, aber genau konnten wir das nicht sehen. In Jotunheim ergaben Proportionen keinen Sinn. Meine Augen hatten das Gefühl, sich ununterbrochen an neue Zerrspiegel gewöhnen zu müssen.

Sam stieß meinen Arm an. »Schau mal.«

Sie zeigte auf einen Vogelkäfig, der unter der Decke hing, genau auf unserer Augenhöhe. Auf dem Stroh im Käfig watschelte ein elend aussehender weißer Schwan hin und her.

»Das ist eine Walküre«, sagte Sam.

»Woher willst du das wissen?«

»Das weiß ich eben. Und nicht nur das ... ich bin ziemlich sicher, dass es Gunilla ist.«

»Und ... lassen wir sie hier?«

»Damit die Riesen sie auffressen? Natürlich nicht.«

»Sie hat dich ins Messer laufen lassen. Sie hat dafür gesorgt, dass du bei den Walküren gefeuert worden bist.«

»Sie ist noch immer meine Kommandantin«, sagte Sam. »Sie ... na ja, sie hat ihre Gründe, mir zu misstrauen. Vor einigen Jahrhunderten ist ein Sohn Lokis nach Walhalla gelangt.«

»Und er und Gunilla haben sich ineinander verliebt«, vermutete ich. »Ich hatte schon so eine Ahnung, als sie mich durch das Hotel geführt hat.«

Sam nickte. »Lokis Sohn hat sie verraten. Hat sich als Spion für meinen Dad entpuppt. Hat ihr das Herz gebrochen. Na ja ... du kannst es dir vorstellen. Jedenfalls lasse ich sie hier nicht zum Sterben zurück.«

Ich seufzte. »Na gut.«

Ich zog meinen Anhänger von der Kette.

Jack das Schwert erwachte summend zum Leben.

»Wird aber auch Zeit«, sagte er. »Was habe ich gestern verpasst?«

»Jede Menge Kraxelei«, antwortete ich. »Und jetzt haben wir zwei weitere Riesinnen vor uns. Hast du vielleicht Lust, denen in die Nasenlöcher zu fliegen?«

Das Schwert zog an meiner Hand und seine Klinge zeigte auf die Ecke des Vorhangs. »Dussel, wir stehen auf ihrem Fenstersims. Rein technisch gesehen haben wir die Schwelle ihres Hauses überschritten.«

»Und?«

»Dann muss man sich an die Regeln halten! Es wäre unhöflich, sie ohne Provokation in ihrem eigenen Haus umzubringen.«

»Ach so«, sagte ich. »Wir wollen natürlich niemanden auf unhöfliche Weise töten.«

»He, *Señor*, Gastrecht und Gastgeberrecht sind wichtige Punkte im magischen Knigge. Auf diese Weise können Situationen nicht eskalieren.«

Blitzen stöhnte in der Ecke. »Das Schwert hat Recht, Kleiner. Wir sollten reingehen, das Gastrecht geltend machen und um das verhandeln, was wir brauchen. Wenn die Riesen versuchen, uns zu töten, dann dürfen wir angreifen.«

Hearthstone musste aufstoßen, dann grinste er und gebärdete: *Waschmaschine.*

Sam schüttelte den Kopf. »Ihr beide geht in diesem Zustand nirgendwohin. Blitz, bleib hier und pass auf Hearthstone auf. Magnus und ich suchen Thors Hammer und befreien Gunilla. Wenn etwas schiefgeht, müsst ihr zwei eine Möglichkeit finden, uns zu retten.«

»Aber ...« Blitzen presste sich die Faust auf den Mund und unterdrückte ein *Ürp.* »Ja ... alles klar. Und wie wollt ihr da runterkommen?«

Sam zeigte über die Kante des Fenstersimses. »Wir werden uns an unserer magischen Schnur zum Boden abseilen. Und dann gehen wir zu den Riesinnen und stellen uns vor.«

»Was für ein entsetzlicher Plan«, sagte ich. »Also los.«

WARUM MAN EIN STEAKMESSER NICHT ALS SPRUNGBRETT BENUTZEN SOLLTE

54

Uns an der Wand abzuseilen, war noch einfach.

Als wir dann unten standen, kamen mir jedoch ernsthafte Zweifel. Sicher, die Riesinnen waren um einiges kleiner als ihre tote Kollegin – jede vielleicht fünfzehn Meter groß. Wenn ich mit einem ihrer dicken Zehen hätte ringen müssen, hätte ich problemlos siegen können. Aber ansonsten schätzte ich meine Chancen nicht gerade toll ein.

»Ich komme mir vor wie Jack vor der Bohnenstange«, murmelte ich.

Sam lachte ganz leise. »Was glaubst du wohl, woher diese Geschichte kommt? Das ist eine kulturelle Erinnerung – eine verwässerte Darstellung davon, was passiert, wenn Menschen in Jotunheim herumrennen.«

»Super.«

Das Schwert summte in meiner Hand. »Du kannst aber gar nicht Jack sein. Ich bin Jack.«

Dieser Logik konnte ich nicht widersprechen.

Wir suchten uns einen Weg über den Steinboden, durch eine Wildnis aus Wollmäusen, Essensresten und Fettlachen.

Der Kamin war so heiß, dass meine Kleider dampften Und meine Haare knisterten. Der Körpergeruch der Riesinnen – eine Mischung aus feuchtem Lehm und saurem Fleisch – war fast so tödlich wie ein Schwert im Nasenloch.

Wir gelangten auf Brüllweite an den Esstisch heran, aber die beiden Riesinnen hatten uns noch immer nicht bemerkt. Beide trugen Sandalen, Lederkleider Größe 120 und Halsbänder aus polierten Feuersteinbrocken. Ihre strähnigen schwarzen Haare waren zu Zöpfchen geflochten und ihre grauen Gesichter waren grell mit Rouge und Lippenstift geschminkt. Mein Modeberater Blitzen war zwar nicht da, aber ich vermutete, die beiden Schwestern hatten sich für einen netten Abend aufgebrezelt, obwohl kaum Mittagszeit war.

»Bist du so weit?«, fragte Sam.

Die Antwort war nein, aber ich holte tief Luft und brüllte: »Hallo!«

Die riesigen Damen erstarrten. Sie suchten mit Blicken den Raum ab. Endlich sah die Linke uns. Sie prustete los und spuckte Fleisch und Met aus. »Noch mehr Menschen! Ich glaub es nicht!«

Die andere Riesin beugte sich vor. »Ist das noch eine Walküre? Und …« Sie schnupperte in der Luft. »Der Junge ist ein Einherje. Perfekt! Ich hatte gerade schon überlegt, was es zum Nachtisch geben könnte.«

»Wir machen Gastrechte geltend!«, schrie ich.

Die Riesin auf der linken Seite verzog verärgert das Gesicht. »War das denn nun unbedingt nötig?«

»Wir wollen einen Handel vorschlagen.« Ich zeigte auf den Vogelkäfig, der jetzt so hoch über uns hing, dass ich nur seinen rostigen Boden über uns schweben sehen konnte, wie den Mond. »Wir wollen Freiheit für diesen Schwan. Und auch … möglicherweise, wisst ihr, irgendwelche gestohlenen Waffen, die hier herumliegen könnten. Zum Beispiel, was weiß denn ich, ein Hammer oder so.«

»Raffiniert«, murmelte Sam.

Die Riesinnen sahen einander an, als ob sie versuchten, nicht zu kichern. Offenbar hatten sie schon reichlich tief ins Metglas geschaut.

»Na gut«, sagte die Riesin auf der linken Seite. »Ich bin Gjalp, das ist meine Schwester Greip. Wir sind bereit, euch als Gäste zu akzeptieren, solange wir verhandeln. Wie heißt ihr?«

»Ich bin Magnus, Sohn der Natalie«, sagte ich. »Und das ist ...«

»Samirah, Tochter der Ayesha«, sagte Sam.

»Ihr seid im Hause unseres Vaters Geirröd willkommen«, sagte Gjalp. »Aber da unten kann ich euch kaum hören. Habt ihr etwas dagegen, wenn ich euch auf einen Stuhl setze?«

»Okay«, sagte ich.

Die andere Schwester, Greip, hob uns hoch wie Spielzeug und setzte uns auf einen leeren Stuhl von der Größe eines Wohnzimmers. Die Tischplatte war noch immer an die eins fünfzig über meinem Kopf.

»Du meine Güte«, sagte Greip. »Das ist noch immer zu weit unten. Darf ich den Stuhl für euch höher machen?«

Sam sagte: »Magnus ...«

»Klar doch«, platzte es mir heraus.

Mit einem schadenfrohen Kreischen packte Greip unseren Stuhl und hob ihn mit einem Ruck über ihren Kopf. Ohne die Rückenlehne wären Sam und ich an der Decke zerquetscht worden. So wurden wir immerhin umgeworfen und mit Gips überrieselt.

Greip stellte den Stuhl wieder ab. Es dauerte einen Moment, bis meine Augäpfel nicht mehr rollten. Dann sah ich die verstimmten Gesichter der Riesinnen über uns aufragen.

»Der Trick hat nicht geklappt«, sagte Greip mit offenkundiger Enttäuschung.

»Natürlich hat der Trick nicht geklappt«, knurrte Gjalp. »Du machst das ja auch nie richtig. Ich habe dir doch gesagt, es muss etwas ohne Rückenlehne sein, ein Hocker zum Beispiel. Und wir hätten an der Decke Spikes anbringen müssen.«

»Ihr wolltet uns umbringen«, sagte ich. »Das gehört sich ganz und gar nicht für gute Gastgeberinnen.«

»Euch umbringen?« Gjalp machte ein beleidigtes Gesicht. »Das ist eine durch und durch haltlose Beschuldigung. Meine Schwester ist nur eurem Wunsch nachgekommen. Sie hat um eure Erlaubnis gebeten, den Stuhl höher zu machen.«

»Du hast eben noch gesagt, dass das ein Trick war.«

»Ach ja?« Gjalp blinzelte. Aus der Nähe sahen ihre dick mit Mascara beschmierten Wimpern aus wie ein Hindernisparcours durch eine Schlammwüste. »Das habe ich nicht.«

Ich sah das Schwert des Sommers an, das ich noch immer in der Hand hielt. »Jack, haben sie schon gegen die Regeln verstoßen? So ein Mordversuch scheint mir doch hart an der Grenze zu sein.«

»Nur, wenn sie ihre Absicht zugeben«, sagte Jack. »Aber sie sagen, dass es ein Versehen war.«

Die Riesinnen richteten sich gerade auf.

»Ein sprechendes Schwert?«, sagte Gjalp. »Na, das ist aber mal interessant.«

»Bist du sicher, dass ich euren Stuhl nicht höher machen soll?«, fragte Greip. »Ich könnte in die Küche laufen und einen Hocker holen. Das wäre gar keine Mühe.«

»Verehrte Gastgeberinnen«, sagte Sam mit zitternder Stimme. Die Riesin stellte uns neben ihr Messer und ihre Gabel, die ungefähr meine Größe hatten. Ihr Becher hätte einen schönen Wasserturm für eine Kleinstadt abgegeben. Ich hoffte nur, dass er nicht Bumm Daddy hieß.

»Also …« Greip ließ sich wieder auf ihren Stuhl fallen. »Ihr wollt, dass wir den Schwan freilassen? Da müsst ihr warten, bis unser Vater nach Hause kommt, um über die Bedingungen zu verhandeln. Die Schwanenfrau ist seine Gefangene, nicht unsere.«

»Sie ist natürlich eine Walküre«, fügte Gjalp hinzu. »Ist uns vorige Nacht ins Fenster geflogen. Sie weigert sich, ihre wahre Gestalt zu zeigen. Glaubt, sie könnte uns in diesem albernen Schwanenkostüm an der Nase herumführen, aber Dad ist zu gescheit für sie.«

»Pech gehabt«, sagte ich. »Na, wir haben es versucht.«

»Magnus!«, sagte Sam vorwurfsvoll. »Gnädige Gastgeberinnen, würdet ihr uns denn wenigstens zusagen, den Schwan erst zu töten, wenn wir die Möglichkeit gehabt haben, mit Geirröd zu sprechen?«

Gjalp zuckte mit den Schultern. »Wie gesagt, was mit ihr geschieht, ist Dads Entscheidung. Er lässt sie vielleicht laufen, wenn ihr euch dafür ergebt, aber das weiß ich nicht. Wir brauchten etwas Würziges für den Eintopf.«

»Die Suppe werden wir euch aber versalzen«, sagte ich.

»Was nur eine Redensart ist«, warf Sam eilig ein. »Mein Freund hat nicht vor, irgendein Gericht an eurer Tafel zu versalzen, das kann ich euch versichern.«

»Gute Reaktion«, sagte ich zu ihr.

Sam warf mir einen *Du bist aber auch ein Idiot*-Blick zu. Inzwischen hatte ich mich an diese Blicke gewöhnt.

Gjalp schlug die Arme übereinander und formte eine neue Hochebene vor ihrem Busen. »Du hast gesagt, ihr wolltet auch noch wegen einer gestohlenen Waffe verhandeln?«

»Ja«, sagte ich. »Etwas Donnergöttisches, falls ihr so was habt –

nicht dass dieser besondere Donnergott eine besondere Waffe vermisste.«

Greip gackerte los. »Ach, so etwas haben wir ... etwas, das Thor persönlich gehört.«

Da Thor nicht hier war, um einem kreativen Fluch auszustoßen, nahm Sam ihm das ab und murmelte einige Kommentare, die ihre Großeltern ganz sicher nicht gebilligt hätten.

»Das sind nur Redensarten«, fügte ich eilig hinzu. »Meine Freundin wollte euch keinesfalls auffordern, ihren groben und fantasievollen Vorschlägen nachzukommen. Würdet ihr mit uns über den Ha... über die soeben erwähnte Waffe verhandeln?«

»Natürlich.« Gjalp grinste. »Ich würde diese Verhandlungen auch gern schnell hinter mich bringen, da meine Schwester und ich eine Verabredung haben.«

»Mit heißen Frostriesenzwillingen«, sagte Greip.

»Und deshalb machen wir euch ein faires Angebot«, sagte nun Gjalp. »Wir geben euch Thors Waffe im Austausch gegen dieses hübsche sprechende Schwert. Und wir lassen den Schwan frei, im Austausch gegen euch selbst. Ich bin ziemlich sicher, dass Dad damit einverstanden sein wird. Ein besseres Angebot können wir euch nicht machen.«

»Das kann man ja wohl nicht Angebot nennen«, sagte Sam verärgert.

»Ihr könnt ja ablehnen«, sagte Greip. »Und in Frieden weiterziehen. Uns ist das egal.«

Jack summte beleidigt und seine Runen glühten. »Magnus, du würdest mich doch niemals hergeben, oder? Wir sind doch Freunde! Du bist nicht wie dein Dad und wirfst mich weg, sobald du etwas siehst, das dir besser gefällt, oder?«

Ich dachte an Lokis Vorschlag, das Schwert bei meinem Onkel

Randolph zu lassen. Im ersten Moment war ich wirklich in Versuchung gewesen. Jetzt erschien mir diese Vorstellung unmöglich – und nicht nur deshalb, weil die Riesinnen uns in einen Käfig stecken und zum Essen servieren wollten. Jack hatte uns mindestens zweimal das Leben gerettet, und ich mochte ihn gut leiden, obwohl er mich manchmal *Señor* nannte.

Mir kam eine andere Idee. Eine schlechte Idee zwar, aber doch besser als das Angebot der Riesinnen.

»Jack«, sagte ich. »Mal so ganz theoretisch, wenn ich diesen Riesinnen erzählte, wie wir ihre Schwester umgebracht haben, wäre das gegen die Benimmregeln für Gäste?«

»*Was?*«, schrie Gjalp.

Jacks Runen leuchteten jetzt in einem fröhlicheren Rot. »Das ist kein Problem, mein Freund, denn es ist passiert, als wir noch nicht hier zu Gast waren.«

»Okay.« Ich lächelte die Riesinnen an. »Wir haben eure Schwester getötet – diese riesige hässliche Dame, die den Fluss blockieren und Thor ertränken wollte. Also, die lebt nicht mehr.«

»LÜGE!« Gjalp sprang auf. »Miese kleine Menschen! Ihr könnt unsere Schwester nie im Leben umgebracht haben!«

»Doch, mein Schwert ist in ihre Nase geflogen und hat ihr Gehirn zerrührt.«

Greip heulte vor Wut auf. »Ich hätte euch zerquetschen sollen wie Insekten! Verflucht seien das Fehlen des Hockers und der strategisch angebrachten Deckenspikes!«

Ich gebe zu, dass zwei Riesinnen über mir aufragten und Todesdrohungen brüllten, war nicht gerade angenehm.

Aber Sam blieb gelassen.

Sie zeigte anklagend mit der Axt auf Greip. »Ihr wolltet uns vorhin also umbringen?«

»Ja, natürlich, du blöde Nuss.«

»Was gegen die Benimmregeln für Gastgeberinnen verstößt.«

»Wen interessiert das?«, rief Greip.

»Magnus' Schwert, zum Beispiel«, sagte Sam. »Jack, hast du das gehört?«

»Aber sicher doch. Ich möchte aber darauf hinweisen, dass die Anstrengung, diese beiden Riesinnen zu töten, vielleicht doch zu …«

»Mach schon!« Ich schleuderte das Schwert.

Jack schoss in Spiralen aufwärts, voll in Greips rechtes Nasenloch und aus ihrem linken wieder hinaus. Die Riesin brach zusammen und ließ den Raum mit einer Stärke von 6,8 auf der Richterskala erbeben.

Gjalp unterdrückte einen Schrei. Sie hielt sich die Hand vor Nase und Mund und taumelte durch das Zimmer. Jack versuchte vergeblich, sich einen Weg durch ihre Finger freizustechen.

»Uah, die hier ist gar nicht so blöd«, schrie Jack. »Gibt's vielleicht ein bisschen Hilfe von da unten?«

»Magnus!« Sam schob das Steakmesser der Riesin an die Tischkante, bis die Klinge wie ein Sprungbrett hervorragte.

Ich begriff, was sie von mir wollte. Es war der pure Wahnsinn, aber ich ließ mir keine Zeit zum Überlegen. Ich rannte so schnell ich konnte auf das Messer zu und sprang auf das Ende der Klinge.

Sam schrie: »Warte!«

Aber ich war schon in der Luft. Ich landete auf dem Messer, das nach oben schnellte, als ich auf der Klinge aufsetzte. Mein Plan funktionierte also irgendwie. Ich landete auf dem leeren Stuhl, was nicht ganz tief genug war, um mein Tod zu sein, aber ausreichte, um mir das Bein zu brechen. Hurra! Der Schmerz schoss wie ein heißer Nagel an meinem Rückgrat hoch.

Gjalp erging es noch schlimmer – das wirbelnde Messer traf sie an der Brust. Es spießte sie nicht auf und zerschnitt nicht einmal ihr Kleid, aber der Stoß reichte aus, um sie aufschreien zu lassen. Sie ließ die Hände sinken, fasste sich instinktiv an die Brust, und Jack hatte freien Zugang zu ihrer Nase.

Eine Sekunde später lag Gjalp tot neben ihrer Schwester auf dem Boden.

»Magnus!« Sam ließ sich vom Tisch herab und landete neben mir auf dem Stuhl. »Du Idiot! Du solltest mir helfen, einen Salzstreuer auf die Klinge zu werfen. Ich hatte nicht damit gerechnet, dass du selbst springen würdest.«

»War mir doch ein Vergnügen.« Ich schnitt eine Grimasse. »Und *au.*«

»Ist es gebrochen?«

»Ja. Mach dir keine Sorgen. Bei mir heilt alles schnell. Gib mir eine Stunde …«

»Ich glaube, wir haben keine …«, fing Sam an.

Aus dem Nebenzimmer dröhnte eine tiefe Stimme: »Mädels, da bin ich wieder!«

55 Ich werde vom ersten zwergischen Luftgeschwader in den Kampf getragen

Für einen Riesendaddy gibt es einfach keinen richtigen Zeitpunkt, um nach Hause zu kommen.

Aber wenn ihr mit gebrochenem Bein in seinem Esszimmer sitzt und neben euch seine beiden toten Töchter herumliegen ... dann ist das ein ganz besonders schlechter Zeitpunkt. Sam und ich starrten einander an, als die Schritte des Riesen im Nebenzimmer immer lauter und lauter wurden.

Sams Miene sagte: *Mir fällt nichts mehr ein.*

Und mir fiel auch nichts mehr ein.

Was genau die Art von Augenblick ist, in der ihr euch freut, wenn ein Zwerg, ein Albe und ein Schwan mit einem Fallschirm auf eurem Stuhl landen. Blitzen und Hearth waren nebeneinander angeschirrt und Gunilla der Wasservogel ruhte in Hearthstones Armen. Blitzen zog an der Steuerleine und legte eine perfekte Landung hin. Hinter ihm blähte sich der Fallschirm auf – ein Schwan aus türkiser Seide, die perfekt zu Blitzens Anzug passte. Das war das Einzige an seinem Auftritt, was mich nicht überraschte.

»Wie ...?«, fragte ich.

Blitzen schnaubte. »Warum machst du so ein erstauntes Gesicht? Du hast diese Riesinnen lange genug abgelenkt. Ich wäre doch eine Fehlbesetzung als Zwerg, wenn ich in der Zeit nicht einen Haken schmieden, eine Wurfleine vom Fenster zum Vogelbauer schleudern, hinüberklettern, den Schwan befreien und mit meinem Notfallschirm nach unten fliegen könnte.«

Sam runzelte die Stirn. »Du hast die ganze Zeit einen Notfallschirm gehabt?«

»Frag nicht so blöd«, sagte Blitzen. »Zwerge haben immer einen Notfallschirm bei sich. Du nicht?«

»Wir reden später darüber«, sagte ich. »Im Moment ...«

»Mädels?«, rief der Riese aus dem Nebenzimmer. Er sprach ein wenig undeutlich. »W-wo steckt ihr?«

Ich schnippte mit den Fingern. »Los, Leute, Vorschläge. Sam, könnt Gunilla und du uns tarnen?«

»Mein Kopftuch reicht nur für zwei«, sagte Sam. »Und Gunilla ... die Tatsache, dass sie noch immer ein Schwan ist, könnte bedeuten, dass sie zu schwach ist, um ihre normale Gestalt wieder anzunehmen.«

Der Schwan stieß einen Schrei aus.

»Ich deute das als ja«, sagte Sam. »Es könnte noch einige Stunden dauern.«

»Die wir nicht haben.« Ich sah Hearth an. »Runensteine?«

Keine Kraft, gebärdete er, obwohl er mir das wohl kaum zu sagen brauchte. Er stand zwar aufrecht und war bei Bewusstsein, sah aber immer noch aus wie von einem achtfüßigen Pferd platt getreten.

»Jack!«, rief ich. »Wo steckt Jack?«

Auf dem Tisch über uns rief das Schwert: »Was denn, du Dussel? Ich wasche mich gerade im Kelch. Lass mir doch ein bisschen Privatsphäre, ja?«

»Magnus«, sagte Sam. »Du kannst nicht verlangen, dass er drei so riesige Wesen hintereinander tötet. Diese Anstrengung würde dich umbringen.«

Die Schritte im Nachbarzimmer wurden immer lauter. Der Riese schien zu stolpern. »Gjalp? Greip? Ich schwöre – HICK! –, wenn ihr schon wieder SMS an diese Frostriesenknaben schreibt, dann drehe ich euch den Hals um.«

»Auf den Boden«, entschied ich. »Bringt mich auf den Boden.«

Blitzen hob mich hoch, und ich wäre vor Schmerz fast ohnmächtig geworden. Er schrie: »Festhalten«, sprang vom Stuhl und schaffte es irgendwie, mich im sanften Gleitflug nach unten zu bringen. Als ich wieder zu mir kam, standen Sam, Hearth und dessen neuer Kuschelschwan neben uns und hatten offenbar das Stuhlbein als Rutschstange benutzt.

Ich zitterte, weil mir so schlecht war. Mein Gesicht war klebrig vor Schweiß und mein gebrochenes Bein fühlte sich an wie eine riesige offene Blase, aber wir hatten jetzt keine Zeit für kleine Unannehmlichkeiten wie unerträgliche Schmerzen. Hinter der Türschwelle des Esszimmers kam der Schatten der Riesenfüße immer näher und wurde immer dunkler, schien dabei aber hin und her zu irren.

»Blitzen, trag mich unter der Tür durch«, sagte ich. »Wir müssen Geirröd abfangen.«

»Wie bitte?«, fragte der Zwerg.

»Du bist stark! Du hast mich ja sowieso schon auf dem Arm.«

Murrend lief er auf die Tür zu und bei jedem Schritt jagte ein stechender Schmerz in meine Schädelbasis. Der Fallschirm schleifte hinter uns her. Sam und Hearth folgten und der Schwan schrie verzweifelt in Hearths Armen.

Nun drehte sich der Türknauf. Wir duckten uns unter der Tür durch und rannten auf die andere Seite, zwischen den Beinen des Riesen hindurch.

Ich schrie: »HALLO! WIE GEHT'S DENN SO?«

Geirröd taumelte rückwärts. Wahrscheinlich hatte er nicht erwartet, einen zwergenhaften Fallschirmspringer mit einem Menschen auf dem Arm zu sehen, gefolgt von einem weiteren Menschen und einem Alben mit Schwan.

Ich war allerdings auch nicht auf den Anblick vorbereitet, der sich mir jetzt bot.

Zum einen war das Zimmer nur halb so groß wie das, das wir soeben verlassen hatten. In einem anderen Kontext könnte man diese Eingangshalle gewaltig nennen. Der schwarze Marmorboden glänzte, Reihen von Steinsäulen wechselten mit eisernen Kohlepfannen, die loderten wie Barbecuegrills. Sogar die Tür war auf dieser Seite kleiner, obwohl das keinen Sinn ergab.

Es wäre unmöglich gewesen, uns wieder unter der Tür durchzuquetschen. Ich konnte mir sowieso nicht vorstellen, wie Gjalp oder Greip durch diese Tür passen sollten, solange sie nicht ihre Gestalt änderten, wenn sie von einem Zimmer ins andere gingen.

Aber das taten sie ja vielleicht. Riesen waren Werwesen. Magie und Illusion waren ihre zweite Natur. Wenn ich noch viel länger hier blieb, hätte ich einen riesigen Vorrat an Pillen gegen Seekrankheit und eine 3-D-Brille mitbringen müssen.

Vor uns taumelte Geirröd noch immer herum und schüttete sich mit Met aus seinem Trinkhorn voll.

»Wer seidn ihr?«, nuschelte er.

»Gäste«, rief ich. »Wir haben Gastrechte geltend gemacht.«

Ich glaubte nicht so recht, dass die noch Gültigkeit besaßen, da wir schließlich unsere Gastgeberinnen getötet hatten, aber mein benimmversessenes Schwert war noch immer im Nebenzimmer und wusch sich die Popel von der Klinge, also erhob auch niemand Einspruch.

Geirröd runzelte die Stirn. Er sah aus, als ob er gerade von einer wilden Party im heißesten Schuppen von Jotunheim kam, was seltsam war, so früh am Tag. Offenbar machten Riesen rund um die Uhr Party.

Er trug ein zerknittertes hellviolettes Jackett, ein aus der Hose gerutschtes schwarzes Hemd und Schuhe, für deren Herstellung viele Lackledertiere ihr Leben gelassen hatten. Seine dunklen Haare waren mit Gel nach hinten geklatscht worden, richteten sich aber gerade wieder zu Schmalzlocken auf. Er hatte einen Dreitagebart und stank nach vergorenem Honig. Mein Gesamteindruck war weniger »modebewusster Discogänger« als »gut angezogener Quartalssäufer«.

Das Seltsamste an ihm war seine Größe. Knapp unter sieben Meter ist immer noch gut, wenn ihr jemanden sucht, der beim Basketball im Angriff spielen oder eine schwer zu erreichende Glühbirne auswechseln kann. Aber im Vergleich zu seinen Töchtern, die nun allerdings tot waren, war dieser Kerl winzig.

Geirröd rülpste. Sein Gesicht sah aus, als ob er sich wahnsinnig anstrengte, einen klaren Gedanken zu fassen. »Wenn ihr Gäste seid … warum habt ihr meinen Schwan? Und wo sind meine Töchter?«

Sam rang sich ein Lachen ab. »Ach, diese verrückten Hühner? Wir haben deinen Schwan mit ihnen getauscht.«

»Ja«, sagte ich. »Sie liegen im Nebenzimmer auf dem Boden. Sie sehen nicht gerade gut aus.« Ich mimte das Trinken aus einer Flasche, was Hearthstone sicher verwirrte, denn es sah aus wie die Gebärde für *ich liebe dich.*

Geirröd schien zu begreifen. Seine Schultern entspannten sich, als sei es kein Grund zur Besorgnis, dass seine Töchter sturzbetrunken im Nebenzimmer auf dem Boden lagen.

»Na dann«, sagte er. »Solange sie nicht schon wieder diese – HICK! – Frostriesenknaben zu Besuch hatten!«

»Nein, nur uns«, versicherte ich.

Blitzen grunzte und verlagerte mein Gewicht in seinen Armen. »Schwer.«

Hearthstone, der versuchte, das Gespräch am Laufen zu halten, gebärdete *ich liebe dich* in Richtung Riese.

»Also, großer Geirröd«, sagte Sam. »Wir sind eigentlich hergekommen, um über Thors Waffe zu verhandeln. Deine Töchter haben uns gesagt, dass du sie hast.«

Geirröd schaute nach rechts. Hinten an der Wand, fast versteckt hinter einer Säule, befand sich eine menschengroße Eisentür.

»Und die Waffe befindet sich hinter dieser Tür«, vermutete ich.

Geirröd riss die Augen auf. »Was ist das für Zauberwerk? Wie konntest du das wissen?«

»Wir möchten über die Waffe verhandeln«, wiederholte ich.

Gunilla schrie gereizt in Hearthstones Armen.

»Und über die Freiheit dieses Schwans«, fügte Sam hinzu.

»Ha!« Geirröd pichelte noch mehr Met aus seinem Trinkhorn. »Ich brauche – HICK! – nichts, was ihr mir anbieten könntet. Aber vielleicht könntet ihr – HICK! – euch die Waffe und die goldene Gans verdienen.«

»Den Schwan«, korrigierte ich.

»Von mir aus«, sagte der Riese.

Blitzen wimmerte: »Sehr, sehr schwer.«

Durch die Schmerzen in meinem Bein konnte ich kaum denken. Bei jeder Bewegung Blitzens hätte ich schreien mögen, versuchte aber, einen klaren Kopf zu behalten.

»Woran denkst du denn so?«, fragte ich den Riesen.

»Unterhaltet mich! Spielt ein Spiel mit mir!«

»Zum Beispiel ... Stadt, Land, Fluss?«

»Was? Nein. Fangen!« Er schaute verachtungsvoll zum Esszimmer hinüber. »Ich habe nur Töchter. Die wollen nie mit mir Fangen spielen. Ich spiele so gern Fangen. Spielt Fangen mit mir.«

Ich sah zu Sam hinüber. »Ich glaube, der will Fangen spielen.«

»Schlechte Idee«, murmelte sie.

»Ihr müsst nur zehn Minuten überleben«, sagte Geirröd. »Mehr verlange ich nicht. Dann bin ich – HICK! – glücklich.«

»Überleben?«, fragte ich. »Beim Fangenspielen?«

»Gut, du machst mit!« Er taumelte zur nächsten Kohlepfanne und schnappte sich ein rot glühendes Stück Kohle von der Größe eines Sofakissens. »Gib alles!«

SAG NIE ZU EINEM ZWERG: »GIB ALLES!«

56 »Lauf!«, sagte ich zu Blitzen. »Los, los, los!«

Blitzen, der noch immer den Fallschirm hinter sich herzog, schaffte nur ein unsicheres Stolpern. »Sehr, sehr schwer«, keuchte er.

Wir hatten noch keine sieben Meter hinter uns gebracht, als Geirröd schrie: »FANG!«

Wir vier duckten uns hinter eine Säule, als eine Kohlenkanonenkugel dagegenknallte, ein Loch in den Stein schlug und unsere Köpfe mit Asche und Funken überrieselte. Die Säule stöhnte. Bis hoch zur Decke tauchten Risse auf.

»Weiterlaufen!«, wimmerte Sam.

Wir schleppten uns durch die Halle, während Geirröd mit entsetzlicher Treffsicherheit Kohlestücke schleuderte. Wenn er nicht betrunken gewesen wäre, hätten wir ein ganz schönes Problem gehabt.

Die nächste Salve zündete Blitzens Fallschirm an. Sam konnte die Fallschirmleinen mit der Axt kappen, aber wir verloren kostbare Zeit. Ein weiterer Klumpen aus flammender Apokalypse brannte neben uns einen Krater in den Boden und versengte Gunillas Flügel und Hearthstones Schal. Blitzen flogen Funken in die Augen.

»Ich bin blind«, jammerte er.

»Ich sag dir den Weg«, brüllte ich. »Links. Links! Das andere Links!«

Auf der anderen Seite der Halle amüsierte sich Geirröd derweil königlich, er sang auf Jotunesisch, taumelte von Kohlepfanne zu Kohlepfanne und übergoss sich zwischendurch mit Met. »Kommt schon, ihr kleinen Gäste! So spielt man doch nicht! Ihr müsst die Kohlen auffangen und zurückwerfen!«

Ich hielt verzweifelt Ausschau nach einem Ausgang. Es gab eine andere Tür, in der dem Esszimmer gegenüberliegenden Wand, aber sie war zu klein, um darunter hindurchzukriechen, und zu groß, um sie mit Gewalt zu öffnen, ganz zu schweigen davon, dass sie mit einem Baumstamm und Eisenriegeln verbarrikadiert war.

Zum ersten Mal in meiner Zeit als Einherje ärgerte ich mich, weil mein superschneller Heilprozess nicht superschnell genug verlief. Wenn wir schon sterben mussten, wollte ich dabei wenigstens auf eigenen Beinen stehen.

Ich schaute zur Decke hoch. Über der letzten Säule, die Geirröd getroffen hatte, zogen sich jetzt Risse durch die Decke. Die Säule neigte sich und könnte jeden Augenblick zusammenbrechen. Ich dachte an das erste Mal, als meine Mom von mir verlangt hatte, unser Zelt ganz allein aufzubauen. Das mit den Zeltstangen war ein Albtraum gewesen. Es war genau das richtige Spannungsmoment nötig gewesen, damit sie das Zeltdach trugen. Aber alles zum Einsturz zu bringen – das war einfach.

»Ich habe eine Idee«, sagte ich. »Blitzen, du musst mich noch ein bisschen länger tragen, falls Sam nicht …«

»Äh, nein«, sagte Sam.

»Kein Problem«, jammerte Blitzen. »Mir geht's großartig. Ich kann fast schon wieder sehen.«

»Gut, Leute«, sagte ich. »Wir rennen jetzt auf den Riesen zu.«

Ich brauchte keine Gebärdensprache zu verstehen, um Hearths Miene zu deuten: *Hast du den Verstand verloren?* Der Blick des Schwans sagte dasselbe.

»Tut einfach, was ich euch sage«, bat ich. »Das wird lustig!«

»Bitte«, flehte Sam. »Lass das ja nicht meine Grabinschrift werden.«

Ich schrie dem Riesen zu: »He, Geirröd, du wirfst wie jemand aus Folkwang!«

»Was? PAH!« Geirröd drehte sich um, um noch ein Stück Kohle aufzuheben.

»Genau auf ihn zu«, sagte ich zu meinen Freunden. »Los!«

Als der Riese sich für den Wurf bereit machte, sagte ich zu Blitzen: »Und jetzt rechts. Rechts!«

Wir duckten uns alle hinter die nächste Säule. Geirröds Kohle fraß sich hindurch, ließ Funken und Asche regnen und schickte weitere Risse zur Decke hoch.

»Und jetzt links«, sagte ich zu meinen Freunden. »Auf ihn zu und dann zur nächsten Säule.«

»Was hast du …« Sams Augen wurden groß, als sie begriff. »Oh, Götter, du hast wirklich den Verstand verloren!«

»Besseren Vorschlag?«

»Leider nein.«

Wir rannten durch Geirröds Blickfeld.

»Deine Töchter sind nicht betrunken«, brüllte ich. »Sie sind tot!«

»WAS? NEIN!«

Eine weitere Kohlekanonenkugel kam auf uns zu und knallte so energisch gegen eine Säule, dass die zu einem riesigen Haufen steinerner Hustenbonbons zerfiel.

Die Decke stöhnte. Die Risse breiteten sich aus. Wir rannten den Mittelgang entlang und ich schrie: »WIEDER DANEBEN!«

Geirröd heulte vor Wut. Er schleuderte sein Trinkhorn weg, um mit beiden Händen nach Kohle grapschen zu können. Zu unserem Glück machten seine Wut und sein beidhändiges Werfen ihm das Zielen fast unmöglich. Wir rannten um ihn herum, suchten hinter einer Säule nach der anderen Schutz, während er überall Kohle verstreute, über Kohlepfannen stolperte und Säulen zerbrach.

Ich schmähte Geirröds Anzug, seine Frisur, seine Lackschuhe. Am Ende schleuderte der Riese eine ganze Kohlenpfanne auf uns und riss damit die letzte tragende Säule auf seiner Seite des Raumes ein.

»Zurück!«, rief ich Blitzen zu. »LOS!«

Der arme Blitzen keuchte und röchelte. Wir rannten zur entgegengesetzten Wand, während Geirröd brüllte: »Feiglinge! Ich bringe euch alle um!«

Er hätte uns natürlich leicht selbst verfolgen und umbringen können, aber in seinem besoffenen Kopf dachte der Riese noch immer nur an Wurfgeschosse. Er suchte nach weiteren Kohlen, während die Decke über ihm zusammenbrach.

Zu spät begriff Geirröd, was da passierte. Er schaute hoch und schrie, als der halbe Raum auf ihn fiel und ihn unter tausend Tonnen Gestein begrub.

Als Nächstes merkte ich, dass ich in einer Wolke aus Staub und Schutt auf dem Boden lag und mir die Lunge aus dem Leib hustete.

Langsam klärte sich die Luft. Einige Meter weiter saß Sam im Schneidersitz, sie würgte und keuchte ebenfalls und sah aus, als ob sie sich in Mehl gewälzt hatte.

»Blitzen?«, rief ich. »Hearth?«

Ich machte mir solche Sorgen um die beiden, dass ich mein gebrochenes Bein ganz vergaß. Ich versuchte aufzustehen, und ich staunte, als ich merkte, dass mir das gelang. Mein Bein hämmerte noch immer vor Schmerz, trug nun aber mein Gewicht.

Blitzen kam aus einer Staubwolke getaumelt. »Zur Stelle«, krächzte er. Sein Anzug war ruiniert. Seine Haare und sein Bart waren durch den Gipsstaub vorzeitig ergraut.

Ich riss ihn an mich. »Du bist der stärkste, umwerfendste Zwerg aller Zeiten.«

»Schon gut, Kleiner, schon gut.« Er streichelte meinen Arm. »Wo steckt Hearthstone? Hearth?«

In solchen Augenblicken vergaßen wir immer wieder, dass es nicht viel brachte, Hearthstones Namen zu brüllen.

»Hier ist er«, rief Sam und wischte Schutt von dem zu Boden gestürzten Alben.

»Odin sei Dank!« Blitz lief los, wäre aber fast gestürzt.

»He!« Ich lehnte ihn an eine der verbliebenen Säulen. »Ruh dich mal kurz aus. Ich bin gleich wieder da.«

Ich lief zu Sam hinüber und half ihr, Hearthstone aus den Trümmern zu ziehen.

Seine Haare schwelten, aber ansonsten sah er unversehrt aus. Wir zogen ihn auf die Füße. Sofort fing er an, mich in Gebärdensprache zur Schnecke zu machen: *Verstand verloren? Uns umbringen wollen?*

Ich brauchte eine Sekunde, um zu merken, dass er den Schwan nicht mehr auf dem Arm hatte.

»Moment mal«, sagte ich. »Wo ist Gunilla?«

Hinter mir jammerte Blitzen. Ich fuhr herum und stellte fest, dass soeben eine Geiselnahme stattgefunden hatte.

»Hier bin ich!«, fauchte Gunilla. Sie hatte wieder ihre menschliche Gestalt, stand hinter Blitzen und drückte ihm die Spitze ihres lodernden Speers an die Kehle. »Und ihr vier kommt jetzt als meine Gefangenen mit zurück nach Walhalla.«

57 SAM KNALLT AUF DEN EJECT-KNOPF

Gunilla stupste mit ihrem Speer gegen Blitzens Kehlkopf. »Keinen Schritt weiter«, warnte sie. »Ihr seid allesamt Verbrecher und Lügner. Ihr habt Midgard und Asgard in Gefahr gebracht, habt die Riesen geweckt, in allen Reichen Chaos ausgelöst …«

»Und wir haben dich aus einem Vogelbauer gerettet«, fügte ich hinzu.

»Nachdem ihr mich vorher hergelockt hattet.«

»Niemand hat dich hergelockt«, sagte ich. »Niemand hat dich gebeten, Jagd auf uns zu machen.«

»Gunilla.« Sam stellte ihre Axt auf den Boden. »Lass den Zwerg los, bitte.«

»Urgh«, sagte Blitzen zustimmend.

Die Walkürenkommandantin schaute zu Hearthstone hinüber. »Du, Albe – das kannst du gleich vergessen. Leg deinen Beutel mit den Runensteinen auf den Boden, oder ich mach Asche aus dir.«

Mir war gar nicht klar gewesen, dass Hearthstone zu einer Bewegung angesetzt hatte. Er sah aus, als hätte er Gunilla gern etwas viel Schlimmeres angetan, als sie in ein magisches Hamsterrad zu stecken.

Sam hob die Handflächen. »Wir werden keinen Widerstand leisten. Bitte, lass den Zwerg los. Wir wissen alle, was ein Walkürenspeer anrichten kann.«

Ich wusste es ehrlich gesagt nicht, aber ich versuchte, so brav und harmlos auszusehen wie möglich. So erschöpft, wie ich mich fühlte, fiel mir das auch nicht schwer.

Gunilla sah mich an. »Wo ist dein Schwert, Magnus?«

Ich zeigte auf die verschüttete Seite der Halle. »Als ich es zuletzt gesehen habe, nahm es gerade ein Bad in einem Kelch.«

Gunilla überlegte kurz. Das war die Art von Bemerkung, die nur in der wahnwitzigen Wikingerwelt von Walhalla einen Sinn ergab. »Na gut.« Sie stieß Blitzen auf uns zu.

Dann streckte sie die Hand mit dem Speer aus, um uns alle jederzeit damit erreichen zu können. Das Licht der Waffe war so grell, dass ich das Gefühl hatte, meine Haut werde gebraten.

»Wir werden nach Asgard zurückkehren, sowie ich wieder im Vollbesitz meiner Kräfte bin«, sagte Gunilla. »Bis dahin könnt ihr erklären, warum ihr die Riesinnen nach Thors Waffe gefragt habt.«

»Äh …« Mir fiel ein, dass Thor ziemlich deutlich gesagt hatte, dass wir niemandem vom Verschwinden seines Hammers erzählen dürften. »Na ja …«

»Das war ein Trick«, fiel Sam mir ins Wort. »Um die Riesinnen zu verwirren.«

Gunilla kniff die Augen zusammen. »Ein gefährlicher Trick. Wenn die Riesen glauben, dass Thor seinen Hammer verloren hat … das könnte unabsehbare Folgen haben.«

»Wo wir gerade von unabsehbar sprechen«, sagte ich. »Morgen Nacht wird Surt den Fenriswolf freilassen.«

»Heute Nacht«, korrigierte Sam.

Mein Magen wurde zu Stein. »Ist denn heute nicht Dienstag? Freya hat gesagt, Vollmond sei am Mittwoch.«

»Der streng genommen am Dienstagabend bei Sonnenuntergang anfängt«, sagte Sam. »Der Vollmond geht heute Nacht auf.«

»Na, das ist ja wunderbar«, sagte ich. »Warum hast du das nicht gleich gesagt?«

»Ich dachte, das wüsstest du.«

»Seid jetzt mal beide still«, befahl Gunilla. »Magnus Chase, du bist auf die Lügen dieser Tochter des Loki hereingefallen.«

»Du meinst, heute Nacht ist gar kein Vollmond?«

»Doch, der ist heute Nacht. Was ich meine, ist ...« Gunilla runzelte wütend die Stirn. »Jetzt verwirr mich doch nicht dauernd.«

Blitzen wimmerte, als sie ihm den Lichtspeer von neuem gegen die Kehle drückte. Hearthstone neben mir zitterte vor Wut und ballte die Fäuste.

Ich hob die Hände. »Gunilla, ich sage doch bloß, wenn du uns nicht gehen lässt, damit wir Surt aufhalten können ...«

»Ich habe dich gewarnt«, sagte Gunilla. »Auf Samirah zu hören, wird die Götterdämmerung nur beschleunigen. Du kannst dich glücklich schätzen, dass *ich* dich gefunden habe, und nicht die anderen Walküren, die dir auf den Fersen sind, oder deine ehemaligen Flurgenossen. Die würden ihre Treue zu Walhalla zu gern dadurch unter Beweis stellen, dass sie dich umbringen. Ich werde wenigstens dafür sorgen, dass du eine faire Verhandlung bekommst, ehe die Thane deine Seele in den Ginnungagap stoßen.«

Samirah und ich wechselten einen Blick. Wir hatten keine Zeit, uns fangen und zurück nach Asgard schleppen zu lassen. Und ich hatte schon gar keine Zeit, meine Seele in einen Ort stoßen zu lassen, dessen Namen ich nur mit Mühe aussprechen konnte.

Hearthstone rettete uns. Sein Gesicht erstarrte vor Entsetzen. Er zeigte hinter Gunilla, als ob sich dort Geirröd aus dem Schutt erhöbe. Es war der älteste Trick in den Neun Welten, und er funktionierte.

Gunilla sah sich um. Sam sprang mit Blitzgeschwindigkeit vor. Doch anstatt die Walkürenkommandantin anzugreifen, berührte sie einfach nur die goldene Spange um Gunillas Arm.

Die Luft summte, als ob jemand einen gewaltigen Staubsauger eingeschaltet hätte.

Gunilla schrie auf. Sie starrte Sam entsetzt an. »Was hast du …«

Die Walküre implodierte. Sie zog sich zu einem nadeldünnen Lichtpunkt zusammen und verschwand.

»Sam?« Ich konnte nicht begreifen, was passiert war. »Du … du hast sie umgebracht?«

»Natürlich nicht!« Sam schlug mir auf den Arm. (Zum Glück implodierte ich nicht.) »Ich habe sie nur nach Walhalla zurückgerufen.«

»Die Armspange?«, fragte Blitzen.

Sam lächelte bescheiden. »Ich wusste nicht, ob es funktionieren würde. Ich nehme an, meine Fingerabdrücke sind noch nicht aus der walkürischen Datenbank gelöscht worden.«

Hearthstone verdrehte die Augen. *Erklärung!*

»Walkürenarmreifen haben eine Notevakuierungsfunktion«, sagte Sam. »Wenn eine Walküre im Kampf verwundet wird und sofort medizinische Versorgung braucht, dann kann eine andere Walküre sie in die Halle der Heilung schicken, indem sie ihren Armreifen berührt. Sie wird dann sofort zurückgeholt, aber es ist eine mächtige Magie. Bei jeder Verwendung schmilzt der Armreifen dahin.«

Ich blinzelte. »Gunilla ist also nach Walhalla geschickt worden.«

»Genau. Aber ich habe nicht viel Zeit für uns rausgeschlagen. Sie wird zurückkommen, sowie sie ihre Kraft wiedererlangt hat. Ich schätze, dass sie dann auch Verstärkung mitbringen wird.«

»Thors Hammer«, sagte ich. »Im Abstellraum.«

Wir rannten auf die kleine Eisentür zu. Ich würde gern sagen, ich hätte den Einsturz der Decke sorgsam geplant, um sicherzugehen, dass die Tür nicht mit verschüttet würde. Aber ehrlich gesagt hatte ich bloß Glück.

Sams Axt durchteilte das Schloss mit einem Hieb. Hearthstone riss die Tür auf. Dahinter befand sich ein kleiner Abstellraum, der leer war, bis auf einen an der Wand lehnenden Eisenstab in Größe eines Besenstiels.

»Hm«, sagte ich. »Irgendwie enttäuschend.«

Blitzen musterte den Eisenstab. »Ich weiß nicht, Kleiner. Siehst du diese Runenarbeiten? Das ist zwar nicht Mjöllnir, aber dieser Stab wurde mit mächtiger Magie geschmiedet.«

Sam sah unglaublich enttäuscht aus. »Oh ... Thors Waffe. Nur nicht die richtige Waffe.«

»Mmm.« Blitzen nickte weise.

»Mmm«, sagte ich zustimmend. »Würde mir vielleicht jemand erzählen, wovon ihr redet?«

»Kleiner, das ist Thors Ersatzwaffe«, erklärte Blitz. »Der Stab war ein Geschenk von einer Freundin – der Riesin Grid.«

»Drei Fragen«, sagte ich. »Erstens: Thor ist mit einer Riesin befreundet?«

»Ja«, sagte Blitz. »Nicht alle Riesen sind schrecklich.«

»Zweitens: Haben alle Riesinnen Namen, die mit G anfangen?«

»Nein.«

»Dritte Frage: Ist Thor Kampfsportler? Hat er auch, zum Beispiel, Ersatz-Nunchakus?«

»He, Kleiner, nichts gegen den Stab. Der ist vielleicht kein Zwergenwerk wie der Hammer, aber von Riesen gewirktes Eisen ist auch ganz schön mächtig. Ich hoffe, wir können ihn hochheben und zu Thor zurückbringen. Bestimmt ist er schwer mit Beschwörungen gesichert.«

»Da brauchst du dir keine Sorgen zu machen«, brüllte eine Stimme von oben.

Durch eins der hohen Fenster kam der Gott des Donners in einem von Marvin und Otis gezogenen Wagen in den Raum gefegt. Mein Schwert Jack schwebte neben ihnen.

Thor landete in all seiner verdreckten Pracht vor uns. »Gute Arbeit, Sterbliche!« Er grinste. »Ihr habt den Stab gefunden. Das ist besser als nichts.«

»Hey Mann!«, sagte Jack. »Ich nehme kurz ein Bad. Dann drehe ich mich wieder um, und ihr habt nicht nur den Raum verlassen, sondern auch noch den Ausgang zugeschüttet. Was soll ein Schwert denn von so was halten?«

Ich schluckte eine Bemerkung hinunter. »Stimmt. Tut mir leid, Jack.«

Thor streckte die Hand in die Abstellkammer. Der Eisenstab flog hinein. Thor führte einige Schläge, Stöße und Wirbel damit aus. »Ja, das wird gehen, bis ich den … äh, diese andere Waffe gefunden habe, die offiziell gar nicht verschwunden ist. Danke.«

Ich kämpfte mit dem Drang, ihm eine zu scheuern. »Du hast einen fliegenden Wagen?«

»Natürlich!« Er lachte. »Thor ohne seinen fliegenden Wagen wäre wie ein Zwerg ohne einen Notfallfallschirm.«

»Vielen Dank«, sagte Blitz verärgert.

»Du hättest uns doch herfliegen können«, stellte ich fest. »Du hättest uns anderthalb Tage und mehrere Nahtod-Erfahrungen ersparen können. Stattdessen mussten wir diese Felswand hochklettern und über diesen Abgrund gelangen und …«

»Ich würde euch doch niemals die Möglichkeit nehmen, euren Heldenmut unter Beweis zu stellen«, sagte der Donnergott.

Blitzen wimmerte.

Hearthstone gebärdete: *Ich hasse diesen Gott.*

»Genau, Mr Albe«, sagte Thor. »Ich habe dir die Möglichkeit gegeben, zu zeigen, was du taugst. War mir ein Vergnügen.«

Otis meckerte und ließ seine Hufe klappern. »Außerdem könnte sich der Boss ohne seinen Hammer nicht hier sehen lassen, schon gar nicht, solange seine Tochter noch in dem Vogelbauer steckte.«

Sam zuckte zusammen. »Das hast du gewusst?«

Thor sah die Ziege wütend an. »Otis, wir müssen mal wieder darüber reden, dass du die Schnauze zu halten hast.«

»Entschuldigung«, sagte Otis. »Bitte sehr, bring mich nur um. Ist ja sowieso alles egal.«

Marvin schnappte nach ihm. »Halt doch mal die Klappe. Immer, wenn du getötet wirst, werde ich auch getötet!«

Thor verdrehte die Augen. »Was für Tiere sollen deinen Wagen ziehen, hat mein Dad mich gefragt. Ziegen, sagte ich. Fliegende, recyclingfähige Ziegen wären gut. Ich hätte mir Drachen oder Löwen wünschen können, aber neeeein!« Dann sah er Sam an. »Um deine Frage zu beantworten, ja, ich habe gespürt, dass Gunilla hier war. Ich weiß es meistens, wenn eins meiner Kinder in der Nähe ist. Ich dachte mir, wenn ihr sie retten könntet, wäre das eine nette Zugabe. Aber sie sollte besser auch nicht erfahren, dass mein Hammer verschwunden ist. Das ist eine ziemlich gefährliche Information. Du solltest dich geehrt fühlen, dass ich *dir* überhaupt davon erzählt habe, Tochter des Loki.«

Sam wich zurück. »Das weißt du? Hör mal, edler Thor …«

»Mädchen, nun nenn mich doch nicht immer *edler Thor*. Ich bin ein Gott der einfachen Leute, nichts Edles. Und keine Sorge, ich bringe dich nicht um. Nicht alle Abkömmlinge Lokis sind schlecht. Nicht einmal Loki selbst …« Er seufzte tief. »Der Typ fehlt mir irgendwie.«

Sam sah ihn von der Seite an. »Wirklich?«

»Sicher doch.« Thor kratzte sich den roten Bart. »Meistens wollte ich ihn allerdings umbringen, zum Beispiel, als er meiner Frau alle Haare abgeschnitten hat oder als er mich überredet hat, ein Brautkleid anzuziehen.«

»Was?«, fragte ich.

»Aber Loki hat das Leben interessant gemacht«, Thor redete einfach weiter. »Viele hielten uns für Brüder, was aber nicht stimmt. Er war Odins Blutsbruder. Trotzdem kann ich verstehen, wie die Gerüchte in die Welt gekommen sind. Ich gebe das ja ungern zu, aber Loki und ich waren ein gutes Team.«

»Wie Marvin und ich«, sagte Otis. »Mein Therapeut sagt …«

»Halt die Fresse, du Blödmann«, sagte Marvin.

Thor ließ seinen Eisenstab herumwirbeln. »Aber egal, danke erst mal. Das wird mir helfen, bis ich diesen anderen Gegenstand finden kann. Ihr dürft meinen Verlust niemandem gegenüber erwähnen! Nicht einmal meinen Kindern gegenüber. Denen gegenüber schon gar nicht! Sonst müsste ich euch umbringen, und das wäre mir vielleicht doch nicht so angenehm!«

»Aber was willst du ohne Mjöllnir anfangen?«, fragte Sam. »Wie willst du …«

»Fernsehen?«, Thor zuckte mit den Schultern. »Ich weiß … der Bildschirm und die Auflösung an diesem Stab sind jämmerlich, aber damit muss ich mich eben solange abfinden. Aber los – die Insel Lyngwi wird sich heute Nacht aus den Wellen erheben. Ihr müsst euch beeilen! Auf Wiedersehen, Sterbliche, und …«

»Moment!«, sagte ich. »Wir müssen noch wissen, wo diese Insel sich befindet.«

Thor runzelte die Stirn. »Ach ja. Das sollte ich euch sagen. Also, ihr braucht nur zu den Zwergenbrüdern von der Long Wharf in Boston zu gehen. Die bringen euch zu den Inseln. Ihr Boot fährt normalweise bei Sonnenuntergang los.«

»Aha, Zwerge.« Blitzen nickte beifällig. »Und denen können wir also vertrauen?«

»Auf keinen Fall«, sagte Thor. »Die werden bei der ersten Gelegenheit versuchen, euch umzubringen, aber sie kennen eben den Weg zu der Insel.«

»Edler Th – ich meine, Thor«, sagte Sam. »Kannst du uns nicht begleiten? Das ist ein wichtiger Kampf – der Feuerriese Surt, der Fenriswolf. Das geht dich doch auch an.«

Thors rechtes Auge zuckte. »Das ist ein schönes Angebot. Ich würde ja auch gern, aber leider bin anderweitig verpflichtet …«

»*Game of Thrones*«, erklärte Marvin.

»Halt die Fresse!« Thor hob seinen Stab über unsere Köpfe. »Nutzt eure Zeit, Helden! Macht euch bereit für den Kampf und seid bei Sonnenuntergang an der Long Wharf.«

Der Raum fing an, sich zu drehen. Jack das Schwert flog in meine Hand und flutete mich mit Erschöpfung.

Ich sank gegen die nächststehende Säule. »Thor, wohin schickst du uns?«

Der Donnergott kicherte. »Wo immer ihr jeweils hinmüsst.«

Jotunheim zerfiel um mich herum wie ein Zelt, das über meinem Kopf zusammenbrach.

WAS ZUR HEL?

58 Ich stand allein in einem Schneesturm auf dem Bunker Hill.

Meine Erschöpfung war verflogen. Jack hing wieder als Anhänger um meinen Hals. Das alles ergab keinen Sinn, aber ich schien nicht zu träumen.

Ich hatte das Gefühl, mich wirklich in Charlestown zu befinden, auf dem anderen Flussufer gegenüber von Boston, wo uns in der vierten Klasse bei einem Schulausflug der Bus abgesetzt hatte. Dünne Vorhänge aus Schnee fegten über die Ziegelsteine. Der Park war nichts als eine weiße, mit kahlen Bäumen gesprenkelte Fläche. In der Mitte ragte ein grauer Obelisk in den Winterhimmel. Nach meinem Aufenthalt in Geirröds Festung sah das Denkmal klein und traurig aus.

Thor hatte gesagt, ich würde dahin geschickt werden, wo ich hinmüsste. Warum musste ich hier sein, und wo waren meine Freunde?

Eine Stimme an meiner Schulter fragte: »Tragisch, was?«

Ich zuckte nicht einmal mehr richtig zusammen. Ich war inzwischen wohl daran gewöhnt, dass seltsame nordische Geschöpfe viel zu dicht neben mir auftauchten.

Neben mir stand eine junge Frau mit albenbleicher Haut und langen dunklen Haaren und schaute zum Denkmal hinüber. Im Profil sah sie herzzerreißend schön aus. Ihr Hermelinumhang schimmerte wie ein Schneegestöber im Wind.

Dann drehte sie sich zu mir um und meine Lunge wurde gegen die Rückwand meines Brustkorbs gepresst.

Die rechte Seite ihres Gesichts war ein Albtraum – verwelkte Haut, blaues Eis, das stellenweise verwestes Fleisch bedeckte, hauchdünne Lippen über fauligen Zähnen, ein milchiges weißes Auge und Büschel aus vertrockneten Haaren, wie schwarzes Spinngewebe.

Ich versuchte, mir einzureden, *ach, so schlimm ist das auch wieder nicht. Sie ist nur wie dieser zweigesichtige Typ aus Batman.* Aber der war mir immer eher komisch vorgekommen, schließlich konnte doch kein Mensch mit so krassen Gesichtsverletzungen überhaupt noch am Leben sein.

Die Frau vor mir war überaus real. Sie sah aus wie eine Person, die in einer Tür stecken geblieben war, als von einer Seite ein furchtbarer Blizzard über sie hereinbrach. Oder schlimmer noch ... wie ein furchtbares Gespenst, das versucht hatte, menschliche Gestalt anzunehmen, und dann mitten im Verwandlungsprozess unterbrochen worden war.

»Du bist Hel.« Meine Stimme klang, als ob ich wieder fünf Jahre alt wäre.

Sie hob ihre knochige rechte Hand und strich sich ein Haarbüschel hinters Ohr ... oder besser, hinter den Stummel aus frostzerfressenem Fleisch, der früher vielleicht einmal ein Ohr gewesen war.

»Ich bin Hel«, sagte sie zustimmend. »Manchmal auch Hela genannt, oder Frau Holle, aber die meisten Sterblichen wagen erst gar nicht, meinen Namen auszusprechen. Willst du keinen Witz machen, Magnus Chase? *Ohne Hel und Tadel? Hel, die Hehlerin der Toten?* Ich hätte ja mehr Mut erwartet.«

Mir war der Mut gerade ausgegangen. Ich schaffte es gerade

noch, nicht schreiend davonzustürzen. Wind toste um Hel herum, hob einige Fetzen schwarzer Haut von ihrem Zombieunterarm und ließ sie durch den Schnee wirbeln.

»Was willst du?«, fragte ich. »Ich bin schon tot. Ich bin ein Einherje.«

»Das weiß ich, junger Held. Ich will deine Seele nicht. Seelen habe ich wirklich genug. Ich habe dich zum Reden hergerufen.«

»*Du* hast mich hergerufen? Ich dachte, Thor …«

»Thor!« Die Göttin schnaubte. »Wenn du jemanden willst, der den Überblick über hundert Unterhaltungssender hat, dann geh zu Thor. Aber wenn du jemanden brauchst, der Leute zuverlässig durch die Neun Welten schicken kann, dann ist er nicht der Richtige.«

»Also …«

»Also dachte ich, es wird höchste Zeit, dass wir mal miteinander reden. Mein Vater hat erwähnt, dass ich mich melden würde, oder? Er hat dir auch eine Rückzugsstrategie genannt, Magnus: Überlass das Schwert deinem Onkel. Nimm es aus dem Spiel. Das hier ist deine letzte Chance. Vielleicht kannst du aus diesem Ort hier eine Lehre ziehen.«

»Aus Bunker Hill?«

Sie drehte sich zu dem Denkmal um, so dass nur ihre sterbliche Seite zu sehen war. »Traurig und sinnlos. Noch so eine hoffnungslose Schlacht, wie die, auf die du dich vorbereitest …«

Ich musste ja zugeben, dass meine Kenntnisse in amerikanischer Geschichte ein bisschen eingerostet waren, aber ich war ziemlich sicher, dass an den Schauplätzen trauriger und sinnloser Ereignisse keine Denkmäler errichtet werden.

»War Bunker Hill denn kein Sieg? Wo die Amerikaner die Briten oben auf der Anhöhe zurückgeschlagen haben? Schießt erst, wenn ihr …«

Sie starrte mich mit ihrem milchigen Zombieblick an, und ich brachte es nicht über mich »das Weiße in ihren Augen« zu sagen.

»Für jeden Helden gibt es tausend Feiglinge«, sagte Hel. »Für jeden tapferen Tod tausend sinnlose. Für jeden Einherje … tausend Seelen, die in *mein* Reich kommen.«

Sie zeigte mit ihrer verwitterten Hand über das Feld. »Dort drüben ist ein junger Brite in deinem Alter hinter einem Heuballen gestorben, während er nach seiner Mutter weinte. Er war der Jüngste im Regiment. Seine eigenen Kameraden haben ihn erschossen, weil sie ihn für einen Feigling hielten. Glaubst du, er weiß dieses prachtvolle Denkmal zu schätzen? Und dort, oben auf dem Hügel, haben deine Vorfahren, als ihnen die Munition ausgegangen war, die Briten mit Steinen beworfen, haben um sich geschlagen wie die Höhlenmenschen. Einige sind geflohen. Andere sind geblieben und wurden mit Bajonetten abgeschlachtet. Was war die klügere Entscheidung?«

Sie lächelte. Ich war nicht sicher, welche Seite ihres Mundes schrecklicher war – der lebende Zombie oder die schöne Frau, die Massaker amüsant fand.

»Niemand hier hat je die Parole ausgegeben, dass man erst feuern sollte, wenn man *das Weiße in den Augen des Feindes sieht*«, sagte sie nun. »Das ist ein Mythos, der erst Jahre später aufgekommen ist. Und er bezog sich auf Breed's Hill, nicht auf Bunker Hill. Und obwohl die Schlacht den Briten herbe Verluste gebracht hat, war es eine Niederlage für die Amerikaner, und kein Sieg. So ist die Erinnerung der Menschen … Ihr vergesst die Wahrheit und glaubt das, was euch angenehmer ist.«

An meinem Hals schmolz Schnee und machte meinen Kragen feucht. »Worauf willst du hinaus? Dass ich nicht kämpfen soll? Dass ich Surt einfach deinen Bruder, den großen bösen Wolf, befreien lassen soll?«

»Ich zeige nur deine Möglichkeiten auf«, sagte Hel. »Hat Bunker Hill das Resultat eurer Revolution wirklich beeinflusst? Wenn du heute Nacht Surt gegenübertrittst, wirst du dann die Götterdämmerung beschleunigen oder verlangsamen? Ein Held würde sich in den Kampf stürzen – so einer, der in Walhalla endet. Aber was ist mit den Millionen von Seelen, die vorsichtiger gelebt haben und dann in hohem Alter friedlich im Bett starben? Die kamen in mein Reich. Waren die denn nicht klüger? Gehörst du wirklich nach Walhalla, Magnus?«

Die Worte der Nornen tanzten in der Kälte um mich herum. *Zu Unrecht gewählt, zu Unrecht erschlagen, ein Held, den Walhalla nicht kann ertragen.*

Ich dachte an meinen Flurgenossen T. J., der noch immer sein Gewehr und seinen Waffenrock aus dem Bürgerkrieg trug und der Tag für Tag in einer Serie von endlosen Schlachten Hügel stürmte und auf seinen endgültigen Tod in der Götterdämmerung wartete. Ich dachte an Halbgeboren Gunderson, der versuchte, bei Verstand zu bleiben, indem er in Literatur promovierte, wenn er nicht gerade zum Berserker wurde und Schädel einschlug. Gehörte ich wirklich zu diesen Typen?

»Bring das Schwert zu deinem Onkel«, sagte Hel drängend. »Lass die Ereignisse ohne dich ihren Gang gehen. Das ist der sicherere Weg. Wenn du das tust … für den Fall hat mein Vater Loki mich gebeten, dich zu belohnen.«

Die Haut in meinem Gesicht brannte. Ich verspürte die irrationale Angst, ich könnte vom Frostbrand zerfressen werden und enden wie Hel. »Mich belohnen?«

»Helheim ist gar nicht so schlecht«, sagte die Göttin. »In meiner

Halle gibt es viele schöne Zimmer für meine Lieblingsgäste. Es ließe sich wohl auch ein Wiedersehen in die Wege leiten.«

»Ein Wiedersehen …?« Meine Stimme versagte fast. »Mit meiner Mutter? Du hast sie bei dir?«

Die Göttin schien über diese Frage nachzudenken, sie drehte ihr Gesicht von der lebenden Seite zur toten. »Ich *könnte* sie bei mir haben. Der Status ihrer Seele, von allem, was sie war, ist noch in der Schwebe.«

»Wie …? Ich verstehe nicht …?«

»Die Gebete und Wünsche der Lebenden haben oft einen Einfluss auf die Toten, Magnus. Sterbliche haben das immer schon gewusst.« Sie bleckte ihre Zähne – verfault auf der einen, makellos weiß auf der anderen Seite. »Ich kann Natalie Chase nicht ins Leben zurückschicken, aber ich kann euch beide in Helheim zusammenbringen, wenn du willst. Ich kann eure Seelen dort binden, so dass ihr nie wieder getrennt werdet. Ihr könntet wieder eine Familie sein.«

Ich versuchte, mir das vorzustellen. Meine Zunge gefror in meinem Mund.

»Du brauchst nichts zu sagen«, sagte Hel. »Gib mir einfach ein Zeichen. Ruf nach deiner Mutter. Lass deine Tränen fließen, dann weiß ich, dass du das Angebot annimmst. Aber du musst dich jetzt entscheiden. Wenn du mein Angebot ablehnst, wenn du darauf bestehst, heute Nacht deine eigene Schlacht von Bunker Hill auszufechten, dann verspreche ich dir, dass du deine Mutter niemals wiedersehen wirst, weder in diesem Leben noch in irgendeinem anderen.«

Ich dachte an meine Mutter und daran, wie wir am See Steinchen springen ließen und wie ihre grünen Augen vor guter Laune funkelten. Sie breitete im Sonnenlicht die Arme aus und versuchte zu erklären, wie mein Vater gewesen war. *Deshalb komme ich ja mit dir her, Magnus. Spürst du das nicht? Er ist überall hier um uns herum.*

Dann stellte ich mir meine Mutter in einem kalten, finsteren Palast vor, wo ihre Seele für alle Ewigkeit gebunden war. Ich dachte an meinen eigenen Leichnam im Bestattungsunternehmen – ein einbalsamierter Überrest, hübsch angekleidet, um zur Schau gestellt zu werden. Ich dachte an die Gesichter der ertrunkenen Seelen, die sich in Rans Netz drängten.

»Du weinst«, stellte Hel befriedigt fest. »Dann sind wir uns einig?«

»Du verstehst das nicht.« Ich sah die Göttin an. »Ich weine, weil ich weiß, was meine Mutter wollen würde. Sie würde wollen, dass ich mich so an sie erinnere, wie sie war. Das ist das einzige Denkmal, das sie braucht. Sie würde nicht in ein kaltes Lager in der Unterwelt wollen, gefangen, aufbewahrt und zu einem Dasein als Geist gezwungen.«

Hel runzelte die Stirn und ihre rechte Gesichtshälfte bekam tiefe Risse. »Wie kannst du es wagen?«

»Du willst Mut?« Ich zog meinen Anhänger von der Kette. Jack das Schwert streckte sich zu seiner vollen Länge aus, und seine Klinge dampfte in der Kälte. »Lass mich in Ruhe. Sag Loki, dass wir uns nicht einig werden konnten. Wenn ich dich wiedersehe, zerspalte ich dich genau in der Mitte.«

Ich hob das Schwert.

Die Göttin löste sich zu Schnee auf. Meine Umgebung verblasste. Plötzlich fand ich mich am Rand eines Daches wieder, wo ich fünf Stockwerke über einem Streifen Asphalt balancierte.

DER WAHRE TERROR HEIẞT MITTELSCHULE

59 Ehe ich in den Tod stürzen konnte, wurde ich von jemandem gepackt und zurückgerissen.

»Immer mal langsam, Cowboy«, sagte Sam.

Sie trug eine neue Matrosenjacke – diesmal war sie marineblau – und dazu dunkle Jeans und Stiefel. Blau war nicht gerade meine Lieblingsfarbe, aber sie sah darin würdevoll und ernst aus, wie ein Offizier der Luftwaffe. Ihr Kopftuch war vom Schnee getupft. Sie hatte die Axt nicht an der Seite hängen; ich vermutete, die steckte in ihrem Rucksack.

Sam wirkte überhaupt nicht überrascht, mich zu sehen. Aber ihre Miene war besorgt, und sie starrte auf irgendeinen Punkt in der Ferne.

Ich fand langsam wieder zu mir. Ich hielt noch immer Jack in der Hand. Aus irgendeinem Grund war ich überhaupt nicht erschöpft, obwohl er doch gerade erst die Riesenschwestern erschlagen hatte.

Der Asphaltstreifen unter uns sollte vielleicht ein Spielplatz sein, war aber eher ein Aufenthaltsbereich zwischen zwei Schulgebäuden. Hinter dem Maschendrahtzaun drängten sich einige Dutzend Schüler in kleinen Gruppen, plauderten in den Eingängen oder schubsten sich gegenseitig über den vereisten Boden. Sie sahen nach siebter Klasse aus, aber da alle dunkle Wintermäntel trugen, war das schwer zu sagen.

Ich verwandelte mein Schwert zurück in seine Anhängergestalt und hängte es an die Kette. Ich hielt es nicht für angebracht, mit einem Schwert über das Dach einer Schule zu spazieren.

»Wo sind wir?«, fragte ich Sam.

»Meine alten Jagdgründe.« Ihre Stimme hatte einen bitteren Beiklang. »Die Malcolm X Middle School.«

Ich versuchte, mir Sam unten auf dem Schulhof vorzustellen, wie sie sich unter die anderen Mädchen mischte, ihr Kopftuch der einzige Farbtupfer in der Menge.

»Warum hat Thor dich auf die Mittelschule zurückgeschickt?«, fragte ich. »Das kommt mir besonders grausam vor.«

Sie grinste. »Eigentlich hat er mich nach Hause geschickt. Ich bin in meinem Schlafzimmer aufgetaucht, als Jid und Bibi gerade hereinplatzten und wissen wollten, wo ich gewesen war. Dieses Gespräch war schlimmer als die ganze Mittelschule.«

Mein Herz wurde schwer. Ich war total auf meine eigenen Probleme konzentriert gewesen und hatte ganz vergessen, dass Sam zu allem Überfluss auch noch ein normales Leben im Griff behalten musste. »Was hast du ihnen gesagt?«

»Dass ich bei Bekannten gewesen sei. Sie glauben dann immer, dass ich Marianne Shaw meine.«

»Und nicht drei fremde Typen.«

Sie schlang sich die Arme um den Leib. »Ich habe Bibi gesagt, ich hätte versucht, ihr eine SMS zu schicken, und das stimmt sogar. Dann nimmt sie an, dass es ihre Schuld ist. Bibi ist hoffnungslos, was Handys angeht. Aber in Jotunheim gibt es tatsächlich kein Netz. Ich … ich versuche immer, nicht direkt zu lügen, aber ich finde es schrecklich, sie in die Irre zu leiten. Nach allem, was sie für mich getan haben, machen sie sich jetzt auch noch Sorgen, ich könnte so enden wie meine Mom.«

»Du meinst, als erfolgreiche Ärztin, die versucht, Menschen zu helfen? Meine Güte, das wäre wirklich entsetzlich.«

Sie verdrehte die Augen. »Du weißt, was ich meine – eine Rebellin, ein Schandfleck. Sie haben mich eingesperrt und gesagt, ich hätte Hausarrest bis zum Ende der Welt, und ich habe es nicht übers Herz gebracht, ihnen zu sagen, dass das heute Nacht sein wird.«

Der Wind wurde stärker und drehte die alten Lüftungsklappen aus Metall, als wären sie Windmühlen aus Papier.

»Und wie bist du rausgeschlichen?«, fragte ich.

»Gar nicht. Ich bin hier einfach aufgetaucht.« Sie schaute auf den Schulhof hinunter. »Vielleicht brauchte ich eine Erinnerung daran, wie alles angefangen hat.«

Mein Gehirn fühlte sich so rostig an wie die Lüftungsklappen, aber ein Gedanke gewann an Zugkraft und fing an zu rotieren. »Hier bist du zur Walküre geworden.«

Sam nickte. »Ein Frostriese war auf irgendeine Weise in die Schule gelangt. Vielleicht suchte er mich, vielleicht war er auch auf Jagd nach irgendeinem anderen Halbgott. Er hat einige Klassenzimmer verwüstet, Panik brach aus. Es schien ihm egal zu sein, ob er dabei jemanden umbrachte. Die Schule wurde abgeriegelt. Sie wussten nicht, womit sie es zu tun hatten. Sie dachten, irgendein verrückter Mensch sei durchgedreht, und riefen die Polizei, aber es war zu spät …«

Sie schob die Hände in die Jackentaschen. »Ich habe den Riesen herausgefordert – habe seine Mom beleidigt, solche Sachen. Ich habe ihn hierher aufs Dach gelockt und dann …« Sie schaute nach unten. »Der Riese konnte nicht fliegen. Er landete da unten auf dem Asphalt und zerbrach in eine Million Eissplitter.«

Sie hörte sich seltsam verlegen an.

»Du hast es ganz allein mit einem Riesen aufgenommen«, sagte ich. »Du hast deine Schule gerettet.«

»Irgendwie schon«, sagte sie. »Die Lehrer, die Polizei, die haben alle nie begriffen, was da passiert ist. Sie dachten, der Typ sei einfach geflohen. In der ganzen Aufregung hat niemand bemerkt, was ich getan hatte ... außer Odin. Als der Riese tot war, erschien der Allvater vor mir, genau hier, wo du jetzt stehst. Er bot mir einen Posten als Walküre an. Ich habe angenommen.«

Nach meinem Gespräch mit Hel hätte ich nicht gedacht, dass ich mich noch elender fühlen könnte. Der Verlust meiner Mutter tat noch immer so weh wie in der Nacht ihres Todes. Aber Sams Geschichte machte mir auf andere Weise zu schaffen. Sam hatte mich nach Walhalla geholt. Sie hatte ihren Platz unter den Walküren verloren, weil sie mich für einen Helden hielt – für so heldenhaft wie sie. Und trotz allem schien sie mir keine Vorwürfe zu machen.

»Bereust du es?«, fragte ich. »Dass du meine Seele geholt hast, als ich gefallen bin?«

Sie lachte ganz leise. »Du verstehst das nicht, Magnus. Mir ist befohlen worden, ich sollte dich nach Walhalla bringen. Und zwar nicht von Loki. Von Odin persönlich.«

Mein Anhänger wurde an meinem Schlüsselbein ganz heiß. Einen Augenblick lang roch ich warme Rosen und Erdbeeren, als ob ich durch ein Stück Sommer gegangen wäre.

»Odin«, sagte ich. »Ich dachte, der sei verschollen ... habe sich nicht mehr sehen lassen, seit du zur Walküre geworden bist.«

»Er hat mir gesagt, ich soll nichts verraten.« Sam zitterte. »Und in der Sache habe ich wohl auch versagt. In der Nacht vor deinem Kampf mit Surt tauchte Odin vor dem Haus meiner Großeltern auf. Er hatte sich als Obdachloser verkleidet – verdreckter Bart, alter blauer Mantel, breitkrempiger Hut. Aber ich wusste, wer er war. Die Augenklappe, die Stimme … Er sagte, ich sollte nach dir Ausschau halten und dich nach Walhalla bringen, wenn du einen guten Kampf lieferst.«

Unten auf dem Schulhof klingelte es. Die Schüler liefen ins Haus, rempelten sich gegenseitig an und lachten. Für sie war es ein normaler Schultag – die Sorte Tag, an die ich mich kaum erinnern konnte.

»Ich wurde *zu Unrecht gewählt*«, sagte ich. »Die Nornen haben mir gesagt, dass ich gar nicht nach Walhalla gehörte.«

»Das stimmt aber nicht«, sagte Sam. »Odin hat es vorausgesehen. Ich weiß nicht, woher dieser Widerspruch stammt, aber wir müssen diesen Einsatz zu Ende bringen. Wir müssen heute Nacht auf diese Insel gelangen.«

Ich sah zu, wie der Schnee die Fußspuren auf dem leeren Schulhof zudeckte. Bald würde es von den Schülern genauso wenig Spuren geben wie von dem Frostriesen zwei Jahre zuvor.

Ich war nicht sicher, was ich davon halten sollte, dass Odin mich für Walhalla auserwählt hatte. Ich sollte mich wohl geehrt fühlen. Der Allvater persönlich hielt mich für wichtig. Er hatte mich auserwählt, egal, was die Nornen sagten. Aber wenn das stimmte, warum hatte Odin sich nicht dazu herabgelassen, mich selbst zu treffen? Loki war für alle Ewigkeit an einen Felsen gefesselt. Dennoch hatte er eine Möglichkeit gefunden, mit mir zu reden. Mimir war ein abgehackter Kopf. Er hatte es auch geschafft. Aber der Allvater, der große Zauberer, der angeblich nur eine Rune zu nennen brauchte, um die Wirklichkeit zu verbiegen – der hatte keine Zeit für ein kurzes Hallo?

Hels Stimme hallte in meinem Kopf wider: *Gehörst du wirklich nach Walhalla, Magnus?*

»Ich war eben auf dem Bunker Hill«, sagte ich zu Sam. »Hel hat mir ein Wiedersehen mit meiner Mutter angeboten.«

Ich schaffte es, ihr alles zu erzählen.

Samirah streckte die Hand aus, als wolle sie meinen Arm berühren, dann schien sie sich die Sache anders zu überlegen. »Es tut mir so leid, Magnus. Aber Hel lügt. Du darfst ihr nicht vertrauen. Sie ist genau wie mein Vater, nur kälter. Du hast die richtige Entscheidung getroffen.«

»Ja … aber dennoch. Tust du auch manchmal das Richtige und weißt, dass es das Richtige ist, fühlst dich aber trotzdem total übel?«

»Damit beschreibst du ziemlich gut mein Leben.« Sam streifte ihre Kapuze über. »Ich bin noch immer nicht sicher, warum ich es mit diesem Frostriesen aufgenommen habe, als ich Walküre geworden bin. Die Kinder in der Schule waren schrecklich zu mir. Der übliche Müll, sie fragten, ob ich Terroristin sei. Sie rissen mir das Kopftuch runter. Sie steckten mir gemeine Nachrichten und Bilder ins Schließfach. Als dann der Riese kam, da hätte ich so tun können, als wäre ich eine normale Sterbliche, und hätte mich in Sicherheit bringen können. Aber ich bin nicht einmal auf den Gedanken gekommen, wegzulaufen. Warum habe ich für diese Leute mein Leben aufs Spiel gesetzt?«

Ich lächelte.

»Was ist?«, wollte sie wissen.

»Jemand hat mir mal erzählt, der Mut eines Helden muss ungeplant sein – eine ehrliche Reaktion auf eine Krise. Die muss von Herzen kommen, ohne irgendeinen Gedanken an Belohnung.«

Sam schnaubte. »Dieser Jemand klingt aber ganz schön selbstzufrieden.«

»Vielleicht musstest gar nicht du herkommen«, überlegte ich.

»Sondern ich. Um zu begreifen, warum wir so ein gutes Team sind.«

»Ach?« Sie hob eine Augenbraue. »Sind wir neuerdings ein gutes Team?«

»Das werden wir bald herausfinden.« Ich starrte nach Norden in den Schneesturm. Irgendwo in dieser Richtung lagen die Bostoner Innenstadt und die Long Wharf. »Lass uns Blitzen und Hearthstone suchen. Wir müssen einen Feuerriesen löschen.«

60 Ein idyllisches Himmelfahrtskommando bei Sonnenuntergang

Blitz und Hearth warteten vor dem New England Aquarium auf uns.

Blitz hatte sich natürlich schon wieder neu eingekleidet: olivgrüne Militärhose, gelbe Krawatte und ein dazu passender gelber Tropenhelm mit gelbem sonnenundurchlässigen Schleier. »Meine Wolfsjägerkluft«, wie er uns fröhlich mitteilte.

Er erklärte, dass Thors Magie ihn dahin gebracht hatte, wo er am dringendsten hinwollte: ins beste Kaufhaus von Nidavellir. Er hatte seine Dunkelalben-Kreditkarte benutzt, um sich allerlei Ausrüstung für die Expedition zu besorgen, unter anderem mehrere Anzüge zum Wechseln und eine ausfahrbare Harpune aus Knochenstahl.

»Und nicht nur das«, sagte er dann. »Stellt euch vor, dieser Skandal beim Duell mit Junior ist auf den alten Wurm zurückgefallen. Es hat sich herumgesprochen, wie sehr er versagt hat. Niemand macht mir oder der Pferdebremse oder sonst wem noch Vorwürfe! Die Leute fingen an, stattdessen über meine modischen Rüstungsentwürfe zu reden, und jetzt schreien sie nach mehr. Wenn ich heute Nacht überlebe, kann ich vielleicht doch meine eigene Kollektion starten!«

Sam und ich gratulierten ihm beide, obwohl es ja noch sehr die Frage war, ob irgendwer diese Nacht überleben würde. Aber Blitz war so glücklich, dass ich ihm nicht die Laune verderben wollte. Er sang leise »So ein Zwerg, so wunderschön wie heute« und wippte im Takt. Hearth dagegen war auf einer anderen Einkaufstour gewesen. Er hielt jetzt einen polierten Stab aus weißem Eichenholz in der Hand. Oben gabelte er sich zu einem Y, wie bei einer Schleuder. Ich hatte irgendwie das Gefühl, dass zwischen den beiden Zinken etwas fehlte.

Mit dem Stab in der Hand sah Hearth aus wie ein echter Zauber-Albe – nur trug er noch immer schwarze Jeans, eine Lederjacke über einem *House of Blues*-T-Shirt und einen Schal mit bonbonfarbenen Streifen.

Hearth legte sich den Stab in die Armbeuge und erklärte in Gebärdensprache, dass er zu Mimirs Quell gezappt worden war. Der Capo hatte ihn zum vollgültigen Meister des Albenseid ausgerufen, mit der Lizenz zum Tragen eines Zauberstabs.

»Ist das nicht umwerfend?« Blitzen klopfte ihm auf den Rücken. »Ich habe gewusst, dass er das schafft.«

Hearthstone verzog den Mund. *Ich komme mir gar nicht vor wie ein Meister.*

»Ich habe etwas, das vielleicht helfen kann.« Ich griff in meine Tasche und zog den Runenstein Perthro heraus. »Vor zwei Stunden habe ich mit Hel gesprochen. Sie hat mich an alles erinnert, was ich verloren habe.«

Ich erzählte ihnen, was die untote Göttin mir angeboten hatte.

»Ach, Kleiner …« Blitzen schüttelte den Kopf. »Da verbreite ich mich über meine neue Kleiderkollektion, und du musstest mit so was fertigwerden!«

»Ist schon gut«, sagte ich. Seltsamerweise stimmte das sogar. »Es ist nur so, als ich auf Bunker Hill aufgetaucht bin, hatte ich gerade erst mein Schwert benutzt, um zwei Riesinnen zu töten. Ich hätte also in Ohnmacht fallen oder vor Erschöpfung sterben müssen. Bin ich aber nicht. Und ich glaube, ich weiß, warum.«

Ich drehte den Runenstein zwischen den Fingern. »Je länger ich mit euch zusammen bin, Leute, umso einfacher ist es, mein Schwert zu benutzen oder zu heilen oder überhaupt irgendetwas zu tun. Ich kenne mich mit Magie ja nicht aus, aber ich glaube … auf irgendeine Weise teilen wir uns die Anstrengung.«

Ich hielt Hearthstone die Rune hin. »Ich weiß, wie es ist, sich wie ein leerer Becher vorzukommen, alles verloren zu haben. Aber du bist nicht allein. Egal, wie viel Magie du benutzen musst, es ist okay. Wir sind bei dir. Wir sind deine Familie.«

Hearths Augen trübten sich vor grünem Wasser. Er machte eine Gebärde, und diesmal glaubte ich, dass er wirklich *ich liebe euch* meinte und nicht *die Riesinnen sind betrunken.*

Er nahm die Rune und klemmte sie zwischen die Zinken seines neuen Stabes. Der Stein fand so selbstverständlich seinen Platz wie der Anhänger an meiner Kette. Das Symbol Perthro leuchtete mit einem sanften gelben Licht.

Mein Zeichen, teilte Hearth mit. *Das Zeichen meiner Familie.*

Blitzen schniefte. »Das gefällt mir. Eine Familie aus vier leeren Bechern.«

Sam wischte sich die Augen. »Plötzlich habe ich ganz schön Durst.«

»Al-Abbas«, sagte ich. »Ich nominiere dich für den Posten der nervigen Schwester.«

»Halt die Klappe, Magnus.« Sie zog ihre Jacke gerade, setzte den Rucksack auf und holte tief Atem. »Alles klar. Wenn wir jetzt mit der Familiengründung fertig sind – ich vermute, ihr wisst nicht zufällig, wo wir zwei Zwerge mit einem Boot finden können?«

»Doch, ich weiß das«, Blitzen schob seine Krawatte nach oben. »Hearth und ich haben uns schon mal umgesehen, ehe wir hergekommen sind. Kommt mit!«

Er führte uns den Anleger hinunter. Ich glaube, er wollte uns vor allem zeigen, wie gut er mit seinem neuen Tropenhelm aussah.

Am Ende der Long Wharf, gegenüber dem für den Winter geschlossenen Kiosk, wo die Tickets für die Whale-Watching-Ausflüge verkauft wurden, war aus Holzresten und Pappkartons eine Bude zusammengeschustert worden. Über dem Verkaufsfenster stand in schlampiger Handschrift auf einem Plakat: WOLF-WATCHING. NUR HEUTE! EIN STÜCK ROTGOLD PRO PERSON! KINDER UNTER 5 GRATIS!

Im Kiosk saß ein Zwerg, der eindeutig weniger Dunkelalbe und mehr Made war. Er war an die sechzig Zentimeter groß und hatte so viele Haare im Gesicht, dass nur schwer zu sagen war, ob er Augen oder einen Mund besaß. Er trug eine gelbe Regenjacke und einen Südwester, der ihn gleichzeitig vor dem trüben Tageslicht beschützte und aussehen ließ wie das Maskottchen einer Kette von Hummerrestaurants für Gnomen.

»Hallo, ihr«, sagte der Zwerg. »Fjalar, zu euren Diensten. Lust auf einen Ausflug? Wunderbares Wolfswetter.«

»Fjalar?« Blitzen verzog besorgt das Gesicht. »Du hast nicht zufällig einen Bruder namens Galar?«

»Gleich hier drüben.«

Ich war nicht sicher, wie ich das hatte übersehen können, aber nur wenige Meter weiter lag ein Wikingerlangschiff mit Außenbordmotor. Im Heck saß ein weiterer Zwerg und kaute auf einem Stück Trockenfleisch herum. Er sah genauso aus wie Fjalar, nur trug er einen Overall mit Fettflecken und einen Schlapphut aus Filz.

»Ich sehe, ihr habt von unserem außergewöhnlichen Service

gehört«, sagte nun Fjalar. »Kann ich euch vier Tickets ausstellen? Die Gelegenheit gibt's nur einmal im Jahr!«

»Entschuldige uns kurz.« Blitzen führte uns außer Hörweite. »Das sind Fjalar und Galar«, flüsterte er. »Die sind berüchtigt.«

»Thor hat uns gewarnt«, sagte Sam. »Aber wir haben keine Wahl.«

»Ich weiß, aber …«, Blitzen rang die Hände. »Fjalar und Galar? Die rauben und morden seit über einem Jahrtausend. Sie werden versuchen, uns umzubringen, wenn wir ihnen nur die kleinste Chance geben!«

»Im Grunde«, fasste ich die Lage zusammen, »sind sie also mehr oder weniger wie alle anderen, die uns bisher begegnet sind.«

»Sie werden uns einen Dolch in den Rücken stoßen«, jammerte Blitz. »Oder uns auf einer einsamen Insel aussetzen oder uns über Bord in den Rachen eines Haifisches werfen.«

Hearth zeigte auf sich selbst und tippte sich dann mit dem Finger auf die Handfläche. *Da kann ich nicht widerstehen.*

Wir marschierten zurück zum Kiosk.

Ich lächelte das mordlustige Maskottchen an. »Dann vier Mal, bitte.«

HEIDEKRAUT IST DIE BLUME, DIE ICH AM ALLERWENIGSTEN MAG

61 Ich hätte nicht gedacht, dass irgendetwas schlimmer sein könnte als unser Angeltörn mit Harald. Aber da hatte ich mich geirrt.

Sowie wir den Hafen verlassen hatten, verdüsterte sich der Himmel. Das Wasser wurde so schwarz wie Tintenfischtinte. Im Schneegestöber verwandelte sich die Skyline von Boston in etwas Urtümliches – so hatte es hier vielleicht ausgesehen, als Skirnirs Nachkommen zum ersten Mal mit ihrem Langschiff den Charles hochgesegelt waren.

Die Innenstadt war zu einigen grauen Hügeln zusammengeschrumpft. Die Startbahnen des Flughafens hatten sich in Eisschollen verwandelt, die auf dem offenen Wasser trieben. Um uns herum tauchten Inseln auf und versanken wieder, wie in einem Zeitraffervideo über die vergangenen zwei Jahrtausende.

Ich überlegte mir, ob ich vielleicht die Zukunft sah und gar nicht die Vergangenheit – so würde Boston nach der Götterdämmerung aussehen. Ich beschloss, diese Überlegung für mich zu behalten.

In der stillen Bucht machte Galars Außenbordmotor geradezu unanständig viel Krach – er klapperte, knurrte und rülpste Rauch aus, während unser Boot durch das Wasser schnitt. Jedes Monster im Umkreis von fünf Meilen würde uns problemlos finden können.

Fjalar hielt am Bug Ausschau, und ab und zu rief er seinem Bruder Warnungen zu: »Felsen backbords! Eisberg steuerbords! Kraken auf zwei Uhr!«

Nichts davon konnte meine Nerven beruhigen. Surt hatte versprochen, dass wir uns in dieser Nacht begegnen würden. Er wollte meine Freunde und mich bei lebendigem Leib verbrennen und die Neun Welten zerstören. Aber irgendwo in meinem Hinterkopf lag eine noch größere Furcht auf der Lauer. Ich würde dem Wolf begegnen. Diese Erkenntnis ließ alle Albträume, die ich je über leuchtende blaue Augen, weiße Hauzähne und wildes Fauchen in der Dunkelheit gehabt hatte, wieder in mir aufsteigen.

Sam saß neben mir und hatte sich die Axt über die Knie gelegt, wo die Zwerge sie sehen konnten. Blitzen machte sich an seiner gelben Krawatte zu schaffen, als könnte er unsere Gastgeber mit seiner Garderobe einschüchtern. Hearthstone übte, seinen neuen Stab auftauchen und wieder verschwinden zu lassen. Wenn es klappte, schoss der Stab aus dem Nirgendwo in seine Hand, wie ein Blumenstrauß, der aus dem Ärmel eines Zauberers springt. Wenn nicht, stach er Blitzen in den Hintern oder schlug mir gegen den Hinterkopf.

Nach einigen Stunden und einem Dutzend vom Stab verursachten Gehirnerschütterungen geriet das Boot ins Schlingern, als ob wir auf eine Gegenströmung gestoßen wären. Vom Bug her verkündete Fjalar: »Jetzt dauert es nicht mehr lange. Wir haben schon Amsvartnir erreicht – die Pechschwarze Bucht.«

»Na so was«, ich sah die tintenfinsteren Wellen an, »wieso die wohl so heißt?«

Die Wolken rissen auf. Der Vollmond, bleich und silbrig, lugte aus einer sternenlosen Leere zu uns herunter. Vor uns verschmolzen Nebel und Mondlicht miteinander und bildeten die Umrisse einer Küste. Nie hatte ich den Vollmond so sehr gehasst.

»Lyngwi«, teilte Fjalar mit. »Die Heidekrautinsel und der Kerker des Wolfs.«

Die Insel sah aus wie der Einsturzkrater eines uralten Vulkans – ein abgeflachter Kegel, der sich vielleicht zwanzig Meter über den Meeresspiegel erhob. Ich hatte mir Heidekraut immer lila vorgestellt, aber die Felshänge waren von gespenstischen weißen Blüten übersät.

»Ist das Heidekraut?«, fragte ich. »Das ist ja ganz schön viel.«

Fjalar gackerte. »Das ist eine magische Pflanze, mein Freund – sie wird benutzt, um Böses abzuwehren und Gespenster in Schach zu halten. Welches bessere Gefängnis könnte es für den Fenriswolf geben als eine Insel, die ganz und gar davon bewachsen ist?«

Sam erhob sich. »Wenn der Fenriswolf so groß ist, wie ich gehört habe, müssten wir ihn inzwischen nicht sehen können?«

»Nein, nein«, sagte Fjalar. »Dazu müsst ihr an Land gehen. Der Fenriswolf liegt gefesselt in der Mitte der Insel, wie ein Runenstein in einer Schüssel.«

Ich schaute zu Hearthstone hinüber. Ich glaubte eigentlich nicht, dass er Fjalars Lippen hinter dem buschigen Bart sehen konnte, aber die Bemerkung mit dem Runenstein in der Schüssel gefiel mir überhaupt nicht. Ich dachte an die andere Bedeutung von Perthro: Würfelbecher. Ich wollte nicht blindlings in den Krater laufen und auf eine Partie Yatzy hoffen.

Als wir noch ungefähr drei Meter vom Strand entfernt waren, scharrte das Boot über eine Sandbank. Das Geräusch erinnerte mich unangenehm an die Nacht, in der meine Mutter gestorben war – an unsere Wohnungstür, die ächzte, ehe sie aufgebrochen wurde.

»Runter mit euch!«, sagte Fjalar fröhlich. »Genießt euren Spaziergang. Es ist gleich hinter der Anhöhe dahinten. Sicher werdet ihr finden, dass sich der Weg gelohnt hat!«

Vielleicht bildete ich mir das ja nur ein, aber meine Nasenlöcher füllten sich mit dem Geruch von Rauch und feuchtem Tierfell. Mein neues Einherjerherz versuchte herauszufinden, wie schnell es klopfen konnte.

Wenn meine Freunde nicht gewesen wären, dann weiß ich nicht, ob ich genug Mut gehabt hätte, um das Boot zu verlassen. Hearthstone sprang als Erster über die Reling. Sam und Blitzen folgten. Ich wollte auf keinen Fall allein mit Hummerzwerg und seinem Dörrfleisch fressenden Bruder auf dem Schiff bleiben, deshalb schwang ich meine Beine über Bord. Das Wasser reichte mir bis an die Hüfte und war so kalt, dass ich glaubte, für den Rest der Woche Sopran singen zu müssen.

Ich schleppte mich an Land, und das Geheul eines Wolfs drohte, mein Trommelfell zu zerfetzen.

Na ja … ich hatte ja mit einem Wolf gerechnet. Schon seit meiner Kindheit hatten Wölfe mir Angst gemacht, und deshalb hatte ich versucht, all meinen Mut zusammenzunehmen. Aber das Geheul des Fenriswolfs war anders als alles, was ich je gehört hatte – ein Ruf voll von purem Zorn, so hasserfüllt, dass es mich zu zerreißen schien und meine Moleküle zu eisigen Absonderungen des Ginnungagap umgruppierte.

Die beiden sicher in ihrem Boot sitzenden Zwerge gackerten schadenfroh.

»Ich hätte erwähnen sollen«, rief Fjalar uns zu, »dass die Rückfahrt etwas mehr kostet. All eure Wertgegenstände, bitte. Legt sie in einen eurer Rucksäcke und werft ihn mir zu. Sonst lassen wir euch hier zurück.«

Blitzen fluchte. »Die lassen uns sowieso hier zurück. Das machen sie immer so.«

In diesem Moment stand es ganz unten auf meiner Wunschliste, mich ins Inselinnere zu begeben und dem Fenriswolf gegenüberzutreten. Ganz oben auf der Liste stand: *Losheulen und die tückischen Zwerge anflehen, mich nach Boston zurückzubringen.*

Meine Stimme bebte, aber ich versuchte, mutiger zu wirken, als ich mich fühlte.

»Verschwindet«, sagte ich den Zwergen. »Wir brauchen euch nicht mehr.«

Fjalar und Galar wechselten einen Blick. Schon jetzt trieb ihr Boot vom Ufer weg.

»Hast du den Wolf nicht gehört?« Fjalar sprach jetzt langsamer, als ob er bisher meine Intelligenz überschätzt hätte. »Ihr sitzt auf dieser Insel fest. Mit dem Fenriswolf. Das ist überhaupt nicht gut.«

»Ja, wissen wir«, sagte ich.

»Der Wolf wird euch fressen!«, rief Fjalar. »Gefesselt oder nicht, er wird euch auf jeden Fall fressen. In der Morgendämmerung wird die Insel mit euch verschwinden!«

»Danke fürs Bringen«, sagte ich. »Schöne Heimreise.«

Fjalar warf die Hände in die Luft. »Idioten! Na, wie ihr wollt. Wir werden nächstes Jahr eure Wertsachen von euren Skeletten pflücken. Na los, Galar, zurück zum Hafen. Vielleicht schaffen wir noch eine Runde Touristen.«

Galar ließ den Motor aufdröhnen. Das Langschiff wendete und verschwand in der Finsternis.

Ich sah meine Freunde an. Ich hatte das Gefühl, dass sie nichts gegen eine aufbauende Ansprache einzuwenden hätten – nach dem Motto: *Wir sind eine Familie aus leeren Bechern und wir werden siegen!*

»Kommt schon«, sagte ich. »Nachdem wir vor einer Armee aus

Zwergen weggerannt sind, einem Monstereichhörnchen gegenübertreten mussten, drei Riesenschwestern getötet und zwei sprechende Ziegen geschlachtet haben – wie schlimm kann der Fenriswolf da noch sein?«

»Sehr schlimm«, sagten Sam und Blitz wie aus einem Munde.

Hearthstone machte zwei *Okay*-Zeichen, überkreuzte die Handgelenke und riss sie dann auseinander – das Zeichen für *grauenhaft*.

»Na gut.« Ich zog mein Schwert von der Kette. Das Leuchten der Klinge ließ das Heidekraut noch bleicher und gespenstischer aussehen. »Jack, bist du startklar?«

»Dussel«, sagte das Schwert. »Ich bin *startklar* geschmiedet worden. Aber ich habe das Gefühl, dass wir hier in eine Falle tappen.«

»Abstimmung per Handzeichen«, sagte ich zu meinen Freunden. »Überrascht das irgendwen?«

Niemand meldete sich.

»Okay«, sagte Jack. »Wenn euch klar ist, dass ihr vermutlich allesamt qualvoll sterben und die Götterdämmerung lostreten werdet, bin ich dabei. Also los. Tun wir's.«

DER KLEINE BÖSE WOLF

62 Ich weiß noch, wie ich zum ersten Mal den Plymouth Rock gesehen habe.

Meine Reaktion war: »Das soll alles sein?«

So ging es mir auch mit der Liberty Bell in Philadelphia und dem Empire State Building in New York – aus der Nähe und mit eigenen Augen betrachtet kamen sie mir viel kleiner vor, als ich erwartet hatte, und der ganzen Aufregung gar nicht wert.

So war es auch, als ich den Fenriswolf sah.

Ich hatte so viele schreckliche Geschichten über ihn gehört: Die Götter hatten zu große Angst, um ihn zu füttern, er konnte die stärksten Ketten sprengen, er hatte Tyr die Hand abgebissen; er würde am Letzten Tag die Sonne verschlingen, er würde Odin mit einem einzigen Bissen verzehren. Ich hatte mit einem Wolf gerechnet, der größer war als King Kong, mit einem Atemhauch wie ein Flammenwerfer, Todesstrahlenaugen und Lasernasenlöchern.

Was ich sah, war ein Wolf von Wolfsgröße.

Wir standen oben auf der Felskuppe und schauten hinab in das Tal, wo der Fenriswolf gelassen auf seinen Hinterbeinen saß. Er war größer als ein durchschnittlicher Labrador Retriever, aber auf keinen Fall größer als ich. Seine Beine waren stark und muskulös, zum Rennen gebaut. Sein zottiges graues Fell wies schwarze Haarbüschel auf. Niemand hätte ihn als »niedlich« bezeichnet – nicht mit den leuchtend weißen Hauzähnen oder den Knochen, die um seine Pfoten herum auf dem Boden lagen –, aber er war ein prachtvolles Tier.

Ich hatte gehofft, dass der Wolf auf der Seite liegen würde, verschnürt wie ein Stück Schlachtvieh und mit Nägeln, Klammern, Klebeband und Vierkomponentenkleber am Boden befestigt. Stattdessen behinderte das Seil Gleipnir ihn eher so wie die eisernen Fußfesseln, in denen Kriminelle transportiert werden. Das leuchtende Seil war um seine Beine geschlungen und ließ ihm genug Platz, um ein wenig umherzutrotten. Ein Teil des Seils war offenbar irgendwann wie ein Maulkorb um die Schnauze des Wolfs gebunden gewesen und fiel ihm jetzt als lockere Schlinge auf die Brust. Das Seil schien nicht einmal am Boden befestigt zu sein. Ich wusste nicht, wieso der Fenriswolf die Insel nicht verließ, falls es nicht so einen unsichtbaren Hundezaun um die ganze Insel herum gab.

Wie dem auch sei, wenn ich der Gott Tyr gewesen wäre, dessen Hand abgebissen worden war, damit die anderen Götter Zeit hatten, den Wolf zu fesseln, wäre ich über diese schlampige Arbeit ganz schön sauer gewesen. Hatten die Asen denn nicht einen einzigen anständigen Knotengott?

Ich schaute zu meinen Freunden hinüber. »Wo ist der echte Fenriswolf? Das hier muss doch irgendeine Tarnung sein, oder?«

»Nein.« Sams Fingerknöchel wurden auf ihrem Axtgriff weiß. »Das ist er. Das spüre ich.«

Der Wolf drehte sich in die Richtung unserer Stimmen um. Seine Augen leuchteten in einem mir bekannten blauen Licht, das mein Rückgrat zittern ließ wie ein Xylofon.

»Sieh an«, sagte er. Seine Stimme war klangvoll und tief. Seine schwarzen Lippen verzogen sich zu einem überaus menschlichen schadenfrohen Grinsen. »Wen haben wir denn hier? Schicken die Götter mir einen kleinen Imbiss?«

Ich änderte meine Meinung über diesen Wolf. Er mochte von normaler Größe sein. Er mochte keine Laserstrahlen niesen. Aber seine Augen waren kälter und intelligenter als die aller Raubwesen, die mir je begegnet waren, ob Mensch oder Tier. Seine Schnauze zitterte, als ob er die Angst in meinem Atem wittern könnte. Und seine Stimme ... seine Stimme floss über mich dahin wie Sirup, gefährlich weich und süß. Ich dachte an mein erstes Fest in Walhalla, als die Thane nicht gewollt hatten, dass Sam sich verteidigte, weil sie die silberne Zunge von Lokis Kindern fürchteten. Jetzt begriff ich.

Das Letzte, was ich wollte, war, mich dem Wolf zu nähern. Aber sein Tonfall sagte: *Kommt doch runter. Hier sind wir alle Freunde.*

Der gesamte Kraterkessel hatte einen Durchmesser von vielleicht hundert Metern, was bedeutete, dass der Wolf viel näher war, als ich gut fand. Der Boden fiel sanft ab, aber das Heidekraut war glitschig unter meinen Füßen. Ich hatte furchtbar Angst, auszurutschen und zwischen die Pfoten des Wolfs zu schlittern.

»Ich bin Magnus Chase.« Meine Stimme war nicht so weich wie Sirup. Ich zwang mich, den Blick des Fenriswolfs zu erwidern. »Wir haben eine Verabredung.«

Der Wolf bleckte die Zähne. »Allerdings, Sohn des Frey. Wanenbrut hat so einen interessanten Geruch. Normalerweise darf ich nur die Kinder des Thor oder die meines alten Freundes Odin verschlingen.«

»Es tut mir leid, dich zu enttäuschen.«

»Ach, das ist doch keine Enttäuschung.« Der Wolf lief hin und her, das Seil leuchtete zwischen seinen Beinen und konnte seinen Schritt kaum verlangsamen. »Mir gefällt das sehr gut. Ich warte schon lange auf diese Gelegenheit.«

Auf meiner Linken schlug Hearth mit seinem weißen Eichenstab gegen die Felsen. Das Heidekraut leuchtete heller auf, und ein feiner silbriger Nebel stieg davon auf, wie aus einem System von Rasensprengern. Mit seiner freien Hand gebärdete er: *Die Blumen sind das Gefängnis. Bleib hier vorn.*

Der Fenriswolf kicherte. »Der Albe ist weise. Nicht mächtig genug – bei weitem nicht mächtig genug, um es mit mir aufzunehmen, aber was das Heidekraut betrifft, so hat er Recht. Ich kann das Zeug nicht ausstehen. Trotzdem seltsam, wie viele tapfere Sterbliche diese Sicherheit verlassen und in meine Reichweite kommen. Sie wollen ihre Kraft mit meiner messen, oder sie wollen sich einfach davon überzeugen, dass ich noch immer gefesselt bin.« Der Wolf sah Blitzen höhnisch an. »Dein Vater war so einer. Ein edler Zwerg mit den besten Absichten. Er kam zu mir. Er starb. Seine Knochen liegen irgendwo hier herum.«

Blitzen stieß einen kehligen Schrei aus. Sam und ich mussten ihn festhalten, damit er den Wolf nicht mit seiner neuen Harpune angriff.

»Wirklich traurig«, sagte der Wolf nachdenklich. »Bili, hieß er nicht so? Er hatte natürlich Recht. Dieses alberne Seil gibt seit Ewigkeiten immer mehr nach. Früher konnte ich nicht einmal laufen. Nach einigen Jahrhunderten fing ich an zu hoppeln. Ich kann noch immer das Heidekraut nicht durchqueren. Je weiter ich mich von der Inselmitte entferne, umso fester wird das Seil und umso schlimmere Schmerzen muss ich ertragen. Aber es ist ein Fortschritt! Der richtige Durchbruch kam ... vor etwas mehr als zwei Jahren, als ich endlich diesen verdammten Maulkorb abschütteln konnte!«

Sam fragte zögernd: »Vor zwei Jahren ...?«

Der Wolf legte den Kopf schräg. »Richtig, Schwesterchen. Das hast du doch sicher gewusst. Ich habe angefangen, in Odins Träumen zu flüstern – was es für eine schöne Idee wäre, dich, die Tochter des Loki, zur Walküre zu machen! Was für eine schöne Art, einen möglichen Feind zu einem wertvollen Freund zu machen.«

»Nein«, sagte Sam. »Odin würde niemals auf dich hören.«

»Ach nein?« Der Wolf bleckte glücklich seine Zähne. »Das ist das Schöne an euch sogenannten *guten* Wesen. Ihr hört, was ihr glauben wollt. Ihr glaubt, dass euer Gewissen euch etwas zuflüstert, aber in Wirklichkeit ist es vielleicht der Wolf. Du hast gute Arbeit geleistet, Schwesterchen, du hast mir Magnus gebracht ...«

»Ich habe ihn dir nicht gebracht!«, brüllte Sam. »Und ich bin nicht dein Schwesterchen!«

»Nein? Ich rieche das Wechselbalgblut in deinen Adern. Du könntest mächtig sein. Du könntest unseren Vater stolz machen. Warum wehrst du dich dagegen?«

Die Zähne des Wolfs waren so scharf wie eh und je, sein Feixen ebenso gemein, seine Stimme aber war erfüllt von Mitgefühl, Enttäuschung, Trauer. Sein Tonfall sagte: *Ich könnte dir helfen. Ich bin dein Bruder.*

Sam trat einen Schritt vor. Ich packte ihren Arm.

»Fenris«, sagte ich. »Du hast diese anderen Wölfe geschickt ... in der Nacht, als meine Mutter gestorben ist.«

»Natürlich.«

»Du wolltest mich töten.«

»Nein, warum sollte ich?« Seine blauen Augen waren schlimmer als Spiegel. Sie schienen all mein Versagen zu mir zurückzuwerfen – meine Feigheit, meine Schwäche, meine Selbstsucht –, als ich weggelaufen war, obwohl meine Mutter mich mehr gebraucht hätte denn je. »Du warst wertvoll für mich, Magnus. Aber du brauchtest ... Reife. Mühsal ist wunderbar, um Kraft heranzuziehen. Und siehe da! Du hast es geschafft – das erste Kind des Frey, das stark genug ist, um das Schwert des Sommers zu finden. Du hast mir endlich das Werkzeug gebracht, das mich von meinen Fesseln befreien kann.«

Die Welt drehte sich unter mir. Ich hatte das Gefühl, wieder auf Stanley dem Ross zu sitzen und ohne Zügel, ohne Sattel, ohne Kontrolle in den Abgrund zu stürzen. Die ganze Zeit hatte ich angenommen, dass der Fenriswolf meinen Tod wollte. Dass seine Wölfe deshalb unsere Wohnung überfallen hatten. Aber in Wirklichkeit war es ihm um meine Mutter gegangen. Er hatte sie getötet, um mich zu treffen. Das war noch schlimmer als die Vorstellung, dass meine Mom gestorben war, um mich zu beschützen. Sie war gestorben, damit dieses Monster mich zu seinem Herold heranzüchten konnte – zu einem Halbgott, der das Schwert des Sommers erlangen konnte.

Ich war so wütend, dass ich nicht mehr klar sehen konnte.

Das Schwert in meiner Hand fing an zu summen. Mir ging auf, wie lange Jack schon schwieg. Er zog an meinem Arm und drängte vorwärts.

»Jack«, murmelte ich. »Jack, was machst du ...«

Der Wolf lachte. »Siehst du? Das Schwert des Sommers will diese Fesseln unbedingt durchschlagen. Du kannst es nicht daran hindern. Die Kinder des Frey waren noch nie Kämpfer, Magnus Chase. Du brauchst gar nicht erst zu hoffen, die Klinge lenken oder gar damit kämpfen zu können. Du hast deine Aufgabe jetzt erfüllt. Bald wird Surt eintreffen. Das Schwert wird in seine Hände fliegen.«

»Fehler ...«, murmelte Jack und versuchte, sich aus meinem Zugriff zu befreien. »Es war ein Fehler, mit mir herzukommen.«

»Ja«, säuselte der Wolf. »Ja, das war ein Fehler, meine feine Klinge. Surt hält das alles für seine Idee, verstehst du? Er ist ein fehlerhaftes Werkzeug. Wie die meisten Feuerriesen ist er vor allem heiße Luft, mehr Getöse als Gehirn, aber er wird seine Aufgabe erfüllen. Er wird sehr glücklich sein, wenn er Besitz von dir ergreifen kann.«

»Jack, du bist jetzt mein Schwert«, sagte ich, obwohl ich ihn auch mit beiden Händen kaum noch halten konnte.

»Hau das Seil durch«, summte Jack dringlich. »Hau das Seil durch.«

»Mach schon, Magnus Chase«, sagte der Fenriswolf. »Warum auf Surt warten? Schneide mich freiwillig los, und ich werde dir dankbar sein. Vielleicht werde ich dich und deine Freunde sogar verschonen.«

Blitzen knurrte noch wütender als der Wolf. Er zog die neue Schnur Andskoti aus dem Rucksack. »Ich wollte diesen Köter ja eigentlich fesseln. Aber jetzt glaube ich, ich sollte ihn lieber erwürgen.«

»Seh ich auch so«, sagte Sam. »Er muss sterben.«

Ich wollte nichts so sehr, wie mich ihnen anzuschließen. Ich wollte die Bestie angreifen und ihm das Schwert durch den Leib jagen. Das Schwert des Sommers war angeblich die schärfste Klinge in den Neun Welten. Bestimmt könnte es Wolfshaut durchstoßen.

Ich glaube, wir hätten es auch getan, aber nun bewegte Hearthstone seinen Stab vor uns. Der Runenstein Perthro loderte golden auf.

Schaut her! Dieser Befehl war eher ein Zittern als ein Geräusch. Ich fuhr herum und starrte Hearthstone überrascht an.

Die Knochen. Hearthstone benutzte keine Gebärdensprache. Er sagte nichts. Sein Gedanke war einfach *da*, und er klärte meine Gedanken wie Wind, der durch Nebel fährt.

Wieder sah ich die auf dem Boden liegenden Skelette an. Sie alle waren Helden gewesen – Kinder von Odin, Thor oder Tyr. Zwerge, Menschen, Alben. Sie alle waren vom Fenriswolf in die Falle gelockt, herausgefordert, bezaubert worden. Sie alle waren gestorben.

Hearthstone war der Einzige unter uns, der die Stimme des Wolfs nicht hören konnte. Er war der Einzige, der klar dachte.

Plötzlich fiel es mir leichter, das Schwert unter Kontrolle zu behalten. Es wehrte sich noch immer gegen mich, aber ich spürte, dass die Waage ein wenig zu meinen Gunsten kippte.

»Ich werde dich nicht freilassen«, sagte ich zu dem Wolf. »Und ich brauche nicht gegen dich zu kämpfen. Wir werden auf Surt warten. Und dann werden wir ihm das Handwerk legen.«

Der Wolf schnupperte in der Luft herum. »Oh ... zu spät. Und du brauchst nicht gegen mich zu kämpfen? Armer Sterblicher ... Ich brauche auch nicht gegen dich zu kämpfen. Das tun andere für mich. Wie gesagt, gute Menschen sind so leicht zu manipulieren, und dann erledigen sie meine Arbeit für mich. Hier sind schon welche!«

Auf der anderen Seite der Insel schrie eine Stimme: »HALT!«

Uns gegenüber am Kraterrand stand unsere alte Freundin Gunilla, auf jeder Seite von einer Walküre flankiert. Daneben hatten sich in Fächerformation meine alten Flurgenossen aufgestellt: T. J., Halbgeboren, Mallory und der Halbtroll X.

»Ertappt beim Versuch, dem Feind zu Hilfe zu kommen«, sagte Gunilla. »Damit habt ihr eure eigenen Todesurteile unterschrieben.«

63 ICH HASSE ES, MEIN EIGENES TODESURTEIL ZU UNTERSCHREIBEN

»Wie hübsch«, sagte der Wolf. »Seit der Party, als ich gefesselt wurde, habe ich nicht mehr so viel Gesellschaft gehabt.«

Gunilla packte ihren Speer fester. Sie sah den Wolf noch immer nicht an, als ob er verschwinden würde, wenn sie ihn ignorierte.

»Thomas Jefferson junior«, sagte sie. »Du und deine Flurgenossen, ihr nehmt sie gefangen. Geht dazu am Kraterrand entlang. Langsam und vorsichtig.«

T. J. sah nicht gerade glücklich aus, nickte aber. Sein Waffenrock war bis oben zugeknöpft und sein Bajonett funkelte im Mondlicht. Mallory Keen warf mir einen vernichtenden Blick zu, aber das war vielleicht auch ihre Version einer überschwänglichen Begrüßung. Dann gingen die beiden nach links und suchten sich einen Weg am Kraterrand entlang, während die drei Walküren weiterhin ihre Speere auf den Fenriswolf richteten.

X trottete nach rechts, gefolgt von Halbgeboren, der seine Streitäxte wirbeln ließ und leise vor sich hin pfiff, wie auf einem netten Spaziergang durch ein Schlachtfeld voller gefallener Feinde.

»Sam«, murmelte ich, »wenn wir in Gefangenschaft geraten …«

»Ich weiß.«

»Dann wird niemand Surt aufhalten können.«

»Ich weiß.«

»Wir können sie besiegen«, sagte Blitz. »Sie tragen keine Rüstung, geschweige denn eine modische Rüstung.«

»Nein«, sagte ich. »Das sind meine Schildbrü – meine Schildgeschwister. Lasst mich versuchen, mit ihnen zu reden.«

Hearth signalisierte: *Verrückt. Du?*

Die Schönheiten der Gebärdensprache. Er konnte gemeint haben, *bist du verrückt*, aber auch: *Ich bin genauso verrückt wie du!* Ich beschloss, es als Unterstützung zu interpretieren.

Der Fenriswolf saß auf seinen Hinterbeinen und versuchte, sich am Ohr zu kratzen, was er nicht schaffte, da seine Beine ja angebunden waren.

Er schnupperte in der Luft und grinste mich an. »Du kennst ja die seltsamsten Leute, Magnus Chase. Irgendwer hat sich hier versteckt, aber ich kann ihn riechen. Wer mag das wohl sein? Vielleicht krieg ich heute ja doch noch ein Festmahl!«

Ich schaute Sam an. Sie sah genauso verwirrt aus, wie ich war.

»Tut mir leid, Fusselkugel«, sagte ich. »Keine Ahnung, wovon du da redest.«

Der Fenriswolf lachte. »Wir werden ja sehen. Ich bin gespannt, ob er wagen wird, sein wahres Gesicht zu zeigen.«

»Chase!« Gunilla zog einen Hammer aus ihrem Patronengurt. »Sprich ja nicht noch mal mit dem Wolf, sonst kostet dich das den Kopf.«

»Gunilla«, sagte ich. »Ich finde es ja auch toll, dich wiederzusehen. Surt ist schon unterwegs hierher. Wir haben keine Zeit für diesen Unsinn.«

»Ach so? Hast du dich jetzt mit dem Feuerherrn zusammengerottet, der dich getötet hat? Oder das war von Anfang an der Sinn der Sache – um dich in Walhalla einzuschmuggeln.«

Sam seufzte. »Für ein Kind Thors denkst du viel zu viel.«

»Und du, Tochter Lokis, hörst zu wenig zu. Jefferson, beeil dich.«

Meine Flurgenossen hatten uns jetzt von beiden Seiten erreicht.

Mallory schnalzte missbilligend mit der Zunge. »Du hast uns wirklich in Atem gehalten«, sagte sie und grinste.

X, der neben ihr stand, wischte sich grüne Schweißperlen von der Stirn. »Wolfsseil ist lose. Ist nicht gut.«

Auf der anderen Kraterseite schrie Gunilla: »Kein Fraternisieren. Ich will sie in Ketten sehen!«

T. J. ließ vier Paar Handschellen von seinen Fingern baumeln. »Also, die Sache ist die, Magnus. Gunilla hat klargestellt, dass wir die nächsten hundert Jahre mit Kohleschaufeln im Heizungskeller verbringen werden, wenn wir nicht unsere Treue zu Walhalla zeigen, indem wir dich festnehmen. Also betrachte dich als unser Gefangener, bla, bla, bla.«

Halbgeboren grinste. »Aber andererseits sind wir Wikinger. Befehle zu befolgen, liegt uns gar nicht. Also betrachte dich nun wieder als frei.«

T. J. ließ die Handschellen von seinem Finger rutschen. »Huch.«

Meine Stimmung hob sich. »Soll das heißen …«

»Das soll heißen, du Idiot«, sagte Mallory, »dass wir hier sind, um dir zu helfen.«

»Ich liebe euch alle!«

»Was sollen wir tun?«, fragte T. J.

Sam nickte zu Blitzen hinüber. »Unser Zwerg hat eine Schnur, um den Wolf wieder zu fesseln. Wenn wir …«

»Das reicht!«, brüllte Gunilla. Die Walküren auf ihren Seiten hoben ihre Speere. »Wenn es sein muss, bringe ich euch *alle* in Ketten zurück!«

Der Fenriswolf heulte vor Vergnügen. »Das wäre ein entzückender Anblick. Leider bist du zu langsam, Walküre. Meine anderen Freunde sind eingetroffen, und die machen keine Gefangenen.«

X starrte nach Süden, und seine Halsmuskeln spannten sich an. »Da.«

Im selben Moment zeigte Hearthstone mit seinem Stab in die Richtung, und das weiße Eichenholz brannte plötzlich der Länge nach mit goldenem Feuer.

Auf der rechten Seite des Kraterrandes, zwischen den Walküren und uns, marschierte ein Dutzend Feuerriesen auf. Jeder war an die drei Meter groß. Sie trugen Lederpanzer und pflugscharengroße Schwerter, und an ihren Gürteln hingen allerlei Äxte und Messer. Ihre Gesichter boten eine reiche Auswahl an Vulkanfarben – Asche, Lava, Bimsstein, Obsidian. Das Heidekraut war vielleicht für den Wolf schädlich, aber den Feuerriesen schien das Gift nichts auszumachen. Wo immer sie hintraten, brannten die Pflanzen.

In der Mitte stand Satans Modeberater persönlich, der Feuerherr Surt, in einem eng geschnittenen dreiteiligen Anzug aus Kettenpanzer, einem Schlips und einem Hemd, das offenbar aus Flammen gewebt war, und als elegantes Accessoire hielt er ein brennendes Krummschwert in der Hand. Er sah ziemlich gut aus, trotz der Tatsache, dass seine Nase noch immer abgeschnitten war. Und zumindest diese Tatsache machte mich glücklich.

Blitzen knirschte mit den Zähnen. »Das ist mein Entwurf! Er hat meinen Entwurf gestohlen!«

»Magnus Chase!« Surts Stimme dröhnte. »Ich sehe, du hast mein neues Schwert mitgebracht. Hervorragend.«

Jack wäre mir fast aus den Händen gesprungen. Ich sah sicher idiotisch aus bei meinem Versuch, ihn festzuhalten, wie ein Feuerwehrmann, der mit einem Hochdruckschlauch ringt.

»Mein Herr …«, sagte Jack. »Er soll mein Herr sein.«

Surt lachte. »Gib das Schwert her, dann töte ich dich ganz schnell.« Er grinste Gunilla und ihre beiden Adjutantinnen an. »Aber was Odins Mädels angeht, da verspreche ich nichts.«

Der Fenriswolf stand auf und streckte sich. »Herr Surt, ich liebe ja große Posen und Drohungen, aber könnten wir die Sache wohl ein bisschen beschleunigen? Das Mondlicht nimmt schon wieder ab.«

»T. J.«, sagte ich.

»Ja?«

»Du hast gefragt, wie du helfen kannst. Meine Freunde und ich müssen den Fenriswolf wieder fesseln. Kannst du solange die Feuerriesen beschäftigen?«

T. J. lächelte. »Ich habe im Bürgerkrieg gegen siebzehnhundert konföderierte Soldaten einen Hügel gestürmt. Ich glaube, da werde ich mit einem Dutzend Feuerriesen wohl fertig.«

Er rief quer über den Krater: »Kommandantin Gunilla, bist du auf unserer Seite? Ich würde nämlich nicht so gern noch einen Bürgerkrieg ausfechten müssen.«

Gunilla ließ ihren Blick an der Armee der Feuerriesen entlangwandern. Ihre Miene verzog sich, als fände sie die noch widerlicher als mich. Sie hob den Speer. »Tod dem Surt! Tod den Feinden Asgards!«

Sie und ihre Adjutantinnen stürmten auf die Riesen zu.

»Das sollte wohl eine Zusage sein«, sagte T. J. »Pflanzt die Bajonette auf.«

WER IST NUR AUF DIE IDEE GEKOMMEN, DIESEN WOLF UNTÖTBAR ZU MACHEN?

64 Walhallas tägliches Kampftraining ergab für mich nun endlich einen Sinn. Nach dem Terror und dem Kriegschaos auf dem Kampfplatz des Hotels war ich zumindest ansatzweise darauf vorbereitet, mich dem Fenriswolf und den Feuerriesen zu stellen, auch wenn sie keine Kalaschnikows oder die Worte KOMM SCHON, BRUDER auf der Brust hatten.

Es fiel mir aber noch immer schwer, das Schwert festzuhalten. Das Einzige, was half, war: Jack schien jetzt zu schwanken, ob er in Surts Hände oder zum Wolf hinüberfliegen sollte. Zu meinem Glück musste ich in Richtung Wolf.

Sam schlug die Axt eines Riesen aus der Luft. »Den Fenriswolf wieder fesseln – hast du irgendeinen Vorschlag, wie wir das machen sollen?«

»Ja«, sagte ich. »Vielleicht. Eigentlich nicht.«

Ein Feuerriese kam auf uns zugestürmt. Blitzen war so wütend, weil der Wolf sich über den Tod von Blitzens Dad lustig gemacht und weil Surt ihm seine Modeideen gestohlen hatte, dass er heulte wie die Verrückte Alice in Chinatown und dem Riesen seine Harpune voll in den Bauch rammte. Der Feuerriese rülpste Flammen, taumelte davon und riss die Harpune mit sich.

Hearthstone zeigte auf den Wolf. *Idee*, signalisierte er. *Mir nach.*

»Ich dachte, wir müssten im Heidekraut bleiben«, sagte ich.

Hearthstone hob seinen Stab. Zu seinen Füßen breitete sich eine Rune aus wie ein Schatten:

ᛉ

Um die Rune herum blühte das Heidekraut und schlug neue Wurzeln.

»*Algiz*«, sagte Sam überrascht. »Die Schutzrune. Ich habe noch nie gesehen, wie die verwendet worden ist.«

Ich hatte das Gefühl, Hearthstone zum ersten Mal zu sehen. Er stolperte nicht. Er fiel nicht in Ohnmacht. Er schritt voller Selbstsicherheit vorwärts und die Blumen breiteten sich vor ihm aus wie ein Teppich, der ausgerollt wird. Hearth war nicht nur immun der Wolfsstimme gegenüber, seine Runenmagie setzte dem Fenriswolf noch dazu ganz neue Grenzen.

Wir gingen langsam hinter Hearthstone her in die Senke hinunter. Auf der rechten Inselseite hatten meine Einherjerfreunde jetzt Surts Truppen erreicht. Halbgeboren Gunderson schlug seine Axt in den Brustpanzer eines Riesen. X hob einen anderen Feuerspeier hoch und schleuderte ihn vom Kraterrand. Mallory und T. J. kämpften Rücken an Rücken – sie stachen und stießen zu und wichen Flammenstößen aus.

Gunilla und ihre beiden Adjutantinnen kämpften gegen Surt. Der Kampf zwischen den leuchtend weißen Speeren und dem flammenden Schwert war fast zu grell, um zuzusehen.

Meine Freunde kämpften tapfer, aber sie waren zwei zu eins in der Minderheit. Die Feuerriesen wollten nicht sterben. Selbst der von Blitzen harpunierte taumelte noch immer umher und versuchte, die Einherjer mit seinem Atem abzufackeln.

»Wir müssen uns beeilen«, sagte ich.

»Schlag was vor, Kleiner«, sagte Blitzen.

Der Fenriswolf lief erwartungsvoll hin und her. Es schien ihn nicht weiter zu beunruhigen, dass wir auf einem Heidekrautteppich auf ihn zukamen und immerhin mit einer Axt, einem leuchtenden weißen Stab, einem widerspenstigen Schwert und einem Schnurknäuel bewaffnet waren.

»Jetzt kommt doch endlich nach unten«, sagte er. »Bringt die Klinge zu mir.«

Blitzen schnaubte. »Ich fessele ihn. Hearth kann mich dabei decken. Und Magnus und Sam – ihr sorgt ein paar Minuten dafür, dass er mir nicht den Kopf abbeißt.«

»Furchtbare Idee«, sagte Sam.

»Hast du eine bessere?«, fragte Blitz.

»Ich schon!« Der Fenriswolf sprang los. Er hätte mir die Kehle zerfetzen können, aber das hatte er gar nicht vor. Seine Vorderpfoten jagten an beiden Seiten meines Schwertes vorbei. Jack war ihm nur zu gern zu Diensten und zerschnitt das Seil in zwei Teile.

Sam zielte mit der Axt zwischen die Ohren des Wolfs, aber der Fenriswolf sprang zur Seite. Seine Hinterbeine waren noch immer gefesselt, aber seine Vorderpfoten waren frei. Sein Fell dampfte nach der Berührung mit dem Heidekraut. Überall an seinen Beinen tauchten Blasen auf, aber er schien zu glücklich, um sich darum zu kümmern.

»Ach, ist das schön!«, krähte er. »Jetzt bitte noch die Hinterbeine. Dann kann es losgehen mit der Götterdämmerung!«

Alle Wut, die sich im Laufe von zwei Jahren in mir angestaut hatte, brodelte an die Oberfläche.

»Blitz«, sagte ich. »Tu, was du tun musst. Ich schlag dem Köter die Zähne aus.«

Ich rannte auf den Wolf zu – vermutlich die schlechteste Idee meines Lebens. Sam griff neben mir an.

Der Fenriswolf war zwar nur so groß wie ein normaler Wolf, aber selbst mit angehobbelten Hinterbeinen entwickelte er unerreichbare Schnelligkeit und Stärke.

Kaum trat ich über den Rand des Heidekrauts hinweg, da wurde er zu einem Gewirr aus Zähnen und Krallen. Ich stolperte und stürzte, und eine Reihe von tiefen Kratzern zog sich über meine Brust. Der Fenriswolf hätte mich zerfleischt, wenn Sams Axt ihn nicht zur Seite geschlagen hätte.

Der Wolf bleckte die Zähne. »Ihr könnt mir nichts tun. Nicht einmal die Götter konnten mir etwas anhaben. Glaubt ihr nicht, sie hätten mir die Kehle durchgeschnitten, wenn sie das gekonnt hätten? Mein Schicksal steht fest. Bis zur Götterdämmerung bin ich untötbar.«

»Muss schön sein.« Ich kam mühsam auf die Füße. »Aber versuchen werde ich's trotzdem.«

Leider war Jack mir überhaupt keine Hilfe. Immer, wenn ich angreifen wollte, drehte und wendete sich das Schwert und gab sich alle Mühe, die Beinfesseln des Wolfs zu zerschneiden. Mein Kampf mit dem Wolf wurde mehr zu einem Versuch, nicht in seine Nähe zu kommen.

Blitzen sprang vor, nachdem er am Ende von Andskoti eine Schlinge geknüpft hatte. Er versuchte, den hinteren Teil des Wolfs einzufangen, aber er hätte sich genauso gut in Zeitlupe bewegen können. Der Fenriswolf sprang zur Seite und wich einem weiteren

Hieb mit Sams Axt aus. Dann fuhr er Blitzen mit der Kralle über den Hals, und der Zwerg fiel mit dem Gesicht nach unten zu Boden. Das Schnurknäuel kullerte davon.

»NEIN!«, schrie ich.

Ich lief auf Blitzen zu, aber Hearthstone war schneller.

Er knallte dem Fenriswolf seinen Stab auf den Schädel. Goldenes Feuer loderte auf. Der Wolf taumelte zur Seite und heulte vor Schmerz. Auf seiner Stirn war jetzt ein dampfendes Runenzeichen zu sehen – ein schlichter Pfeil, der in das graue Fell eingebrannt war:

↑

»*Tiwaz?*«, fauchte der Wolf. »Du wagst es, mich mit der Rune des Tyr anzugreifen?« Er sprang auf Hearthstone zu, schien aber gegen eine unsichtbare Wand zu stoßen. Er stolperte und heulte.

Sam tauchte neben mir auf. Ihre Axt war verschwunden, ihr linkes Auge zugeschwollen und ihr Kopftuch zerfetzt. »Hearth hat die Opferrune benutzt«, sagte sie mit zitternder Stimme. »Um Blitz zu retten.«

»Was bedeutet das?«, fragte ich.

Hearth fiel auf die Knie und lehnte sich gegen seinen Stab. Aber noch immer schaffte er es, zwischen Zwerg und Wolf zu stehen.

»Du opferst deine Kraft, um einen Freund zu retten?« Der Wolf lachte. »Schön. Genieß deine Zauberei. Der Zwerg ist schon tot. Deine eigene Runenmagie wird dir zum Verhängnis. Du kannst zusehen, während ich meine restliche leckere Beute erledige.«

Er bleckte seine Hauzähne und sah uns an.

Auf der anderen Seite des Kraters lief der Kampf auch nicht gut.

Eine von Gunillas Walküren lag leblos auf den Felsen. Die andere stürzte, ihre Rüstung war von Surts Schwert angesteckt worden.

Gunilla stand dem Feuerherrn allein gegenüber, sie schwenkte ihren Speer wie eine Peitsche aus Licht, aber sie würde nicht lange durchhalten können. Ihre Kleidung schwelte. Ihr Schild war angesengt und an vielen Stellen zerbrochen.

Die Einherjer waren umzingelt. Halbgeboren hatte eine seiner Äxte verloren. Er war von so vielen Brand- und Hiebwunden übersät, dass ich nicht begriff, wie er noch immer am Leben sein konnte, aber er kämpfte weiter und lachte, während er die Riesen angriff. Mallory war auf ein Knie gesunken und fluchte, während sie die Angriffe von drei Riesen zugleich abwehrte. T. J. schwenkte sein Gewehr wie ein Wilder. Sogar X sah winzig aus im Vergleich zu den Feinden, die jetzt über ihm aufragten.

Mein Schädel dröhnte. Ich konnte spüren, wie meine Einherjerkräfte arbeiteten und versuchten, die Wunden auf meiner Brust zu schließen, aber ich wusste, dass der Fenriswolf mich schneller töten könnte, als ich mit dem Heilen hinterherkam.

Der Wolf schnüffelte, zweifellos witterte er meine Schwäche.

»Tja«, er kicherte. »Netter Versuch, Magnus, aber die Söhne des Frey waren noch nie Kämpfer. Und jetzt brauche ich meine Feinde nur noch zu verschlingen. Diesen Teil liebe ich.«

ICH HASSE DIESEN TEIL

65 Die seltsamsten Dinge können euch das Leben retten. Löwen zum Beispiel. Oder kugelsichere Schlipse.

Der Fenriswolf schlug nach meinem Gesicht. Ich entzog mich diesem Angriff sehr raffiniert, indem ich auf den Hintern fiel. Eine verschwommene Gestalt stürzte sich auf den Wolf und stieß ihn zur Seite.

Zwei Tiere wälzten sich in einem Wirbel aus Zähnen und Klauen über die Knochenstätte. Als sie sich trennten, sah ich, dass der Fenriswolf einer Löwin mit einem zugeschwollenen Auge gegenüberstand.

»Sam?«, wimmerte ich.

»Hol die Schnur!« Sie ließ den Feind nicht aus den Augen. »Ich muss mal kurz mit meinem Bruder reden.«

Dass sie in Löwinnengestalt überhaupt sprechen konnte, machte mich noch mehr fertig als die Tatsache, dass sie Löwinnengestalt hatte. Ihre Lippen bewegten sich auf sehr menschliche Weise. Ihre Augenfarbe war unverändert. Die Stimme war noch immer Sams Stimme.

Dem Fenriswolf sträubte sich das Nackenfell. »Du nimmst dein Geburtsrecht also so kurz vor dem Tod doch noch an, Schwesterchen?«

»Ich nehme mich als die an, die ich bin«, sagte Samirah. »Aber nicht so, wie du das meinst. Ich bin Samirah al-Abbas. Samirah von den Löwen.« Sie sprang den Wolf an, und die beiden Tiere kratzten, bissen und heulten. Ich hatte schon oft den Ausdruck gehört, dass »die Fetzen fliegen«, aber mir war nie klar gewesen, wie entsetzlich das aussehen kann. Die beiden Bestien versuchten im wahrsten Sinne des Wortes, sich gegenseitig zu zerreißen. Und eine von ihnen war meine Freundin Sam.

Mein erster Impuls war, mich ins Gefecht zu stürzen. Aber das hätte nichts gebracht.

Freya hatte mir gesagt, dass Töten die geringste Fähigkeit des Schwertes war.

Die Söhne des Frey waren noch nie Kämpfer, hatte der Wolf gesagt.

Aber was war ich denn dann?

Blitzen drehte sich stöhnend um. Hektisch untersuchte Hearthstone den Hals des Zwerges.

Der Schlips glitzerte. Auf irgendeine Weise hatte er sich aus gelber Seide in gewebtes Metall verwandelt und dadurch Blitzens Hals gerettet. Es war, bei Frigg, eine kugelsichere Halsbinde.

Ich musste grinsen. Blitz lebte noch. Er hatte seine wahre Stärke genutzt.

Er war kein Kämpfer. Und ich war auch keiner. Aber es gab andere Möglichkeiten, eine Schlacht zu gewinnen.

Ich schnappte mir das Schnurknäuel. Es fühlte sich an wie gewebter Schnee – unvorstellbar weich und kalt. Das Schwert in meiner anderen Hand hielt plötzlich ganz still.

»Was machen wir jetzt?«, fragte Jack.

»Eine Lösung finden.«

»Cool.« Die Klinge zitterte, als ob sie sich nach einem Nickerchen reckte. »Und, wie läuft's damit?«

»Besser.« Ich rammte das Schwert mit der Spitze in den Boden. Jack machte keinen Fluchtversuch. »Vielleicht kriegt Surt dich eines Tages«, sagte ich. »Aber er versteht deine Kraft nicht. Ich inzwischen schon. Wir sind ein Team.«

Ich legte die Schlinge um Jacks Griff und zog sie fest. Der Kampf um mich herum schien zu verblassen. Ich dachte nicht mehr darüber nach, wie ich den Wolf besiegen sollte. Er konnte nicht getötet werden – jedenfalls nicht jetzt, nicht von mir.

Stattdessen konzentrierte ich mich auf die Wärme, die ich immer dann verspürte, wenn ich jemanden heilte: die Kraft von Wachstum und Leben – die Kraft des Frey. Vor neun Tagen hatten die Nornen es gesagt: *Neun Tage nach Osten die Sonne geht.*

Hier auf der Insel ging es nur um Nacht, Winter und silbriges Mondlicht. Ich musste die Sommersonne sein.

Der Fenriswolf bemerkte die Veränderung der Luft. Er versetzte Sam einen Hieb und sie taumelte. Seine Schnauze war von Krallenspuren zerkratzt. Die Rune des Tyr funkelte hässlich und schwarz auf seiner Stirn.

»Was hast du vor, Magnus? Hör auf damit!« Er holte aus, doch ehe er mich erreichen konnte, stürzte er heulend und vor Schmerz schreiend zu Boden.

Licht umhüllte mich – die gleiche goldene Aura wie in Jotunheim, als ich Sam und Hearthstone geheilt hatte. Es war nicht heiß wie die Feuer von Muspellsheim. Es war nicht besonders hell, aber offenbar fügte es dem Wolf Schmerzen zu. Er fauchte und lief hin und her und kniff die Augen zusammen, als ob ich mich in einen Scheinwerfer verwandelt hätte.

»Aufhören!«, heulte er. »Willst du mich zu Tode nerven?«

Sam die Löwin kam mühsam auf die Beine. Sie hatte eine tiefe Wunde an der Seite. Ihr Gesicht sah aus, als ob sie mit dem Ende eines Sattelschleppers zusammengestoßen wäre. »Magnus, was machst du da?«

»Den Sommer herholen.«

Die Wunden auf meiner Brust verheilten. Meine Kraft kehrte zurück. Mein Vater war der Gott des Lichtes und der Wärme. Wölfe waren Wesen der Finsternis. Die Macht des Frey konnte den Fenriswolf ebenso zurückdrängen, wie sie die Extreme von Feuer und Eis zurückdrängte.

Jack, der aus dem Boden aufragte, summte zufrieden. »Sommer. Ja. An den Sommer kann ich mich erinnern.«

Ich rollte Andskoti aus, bis es wie eine Drachenschnur hinter Jack auf dem Boden lag.

Dann sah ich den Wolf an. »Mir hat einmal ein alter Zwerg gesagt, dass Widersprüche das mächtigste Handwerksmaterial darstellen. Diese Schnur ist daraus hergestellt. Aber ich habe noch einen – den letzten Widerspruch, der dich fesseln wird: das Schwert des Sommers, eine Waffe, die nicht als Waffe gedacht war, eine Klinge, die man am besten einsetzt, indem man sie loslässt.«

Ich befahl Jack in Gedanken, loszufliegen, und verließ mich darauf, dass er den Rest erledigen würde.

Er hätte die letzten Fesseln des Wolfs zerschneiden können. Er hätte über den Kampfplatz geradewegs in Surts Hände fliegen können, aber das tat er nicht. Er schoss unter dem Bauch des Wolfs hindurch, wickelte schneller, als der Fenriswolf reagieren konnte, die Schnur Andskoti um dessen Beine, fesselte ihn und stieß ihn um.

Das Geheul des Fenriswolfs brachte die Insel zum Beben. »Nein! Ich lasse mich nicht ...«

Das Schwert jagte um die Wolfsschnauze herum. Jack verknotete die Schnur in einer luftigen Pirouette, dann schwebte er zu mir zurück und seine Klinge strahlte vor Stolz. »Wie habe ich das gemacht, Boss?«

»Jack«, sagte ich. »Du bist ein umwerfendes Schwert.«

»Na ja, weiß ich doch«, sagte er. »Ich meine, was für eine Seilarbeit! Das ist doch ein perfekter Kreuzknoten, und ich habe nicht einmal Hände.«

Sam kam auf uns zugestolpert. »Ihr habt es geschafft! Ihr – urg!«

Ihre Löwengestalt wurde wieder zur vertrauten alten Sam – schwer verletzt, das Gesicht zerschlagen, ihre Seite blutverschmiert. Ehe sie stürzen konnte, packte ich sie und zog sie vom Wolf weg. Selbst in Fesseln warf er sich noch hin und her und hatte Schaum vorm Maul. Ich wollte nicht näher an ihn heran, als unbedingt sein musste.

Hearthstone taumelte hinter mir her und stützte Blitzen. Alle vier fielen wir auf ein Bett aus Heidekraut.

»Wir leben«, sagte ich. »Damit hätte ich nicht gerechnet.«

Unser Augenblick des Triumphs dauerte ... na ja, ungefähr einen Augenblick.

Dann wurden die Kampfgeräusche lauter und deutlicher, als ob ein Vorhang weggerissen wurde. Hearthstones Magie hatte uns nicht nur einen besonderen Schutz vor dem Wolf geschenkt, sondern auch von dem Kampf mit den Feuerriesen abgeriegelt ... und es stand gar nicht gut für meine Freunde.

»Zur Walküre!«, brüllte T. J. »Schnell!«

Er taumelte den Kraterrand entlang, stieß einem Feuerriesen das Bajonett in den Leib und versuchte, zu Gunilla zu gelangen. Die ganze Zeit, während wir mit dem Wolf beschäftigt gewesen waren, hatte die Walkürenkommandantin versucht, Surt abzuwehren. Jetzt lag sie am Boden und konnte nur noch müde den Speer heben, während Surt mit seinem Krummschwert zum Hieb ansetzte.

Mallory taumelte entwaffnet umher, zu weit entfernt und zu sehr blutverschmiert, um zu helfen. X versuchte, sich unter einem

Haufen aus Riesenleichen hervorzugraben. Halbgeboren Gunderson lehnte blutend und bewegungslos an einem Felsbrocken.

Ich verarbeitete das alles im Bruchteil einer Sekunde. Ebenso schnell begriff ich, dass Hearth, Blitz, Sam und ich nicht schnell genug drüben sein könnten, um etwas auszurichten.

Dennoch packte ich mein Schwert, stand auf und taumelte auf Gunilla zu. Unsere Augen begegneten sich über dem Kampfplatz, und ihr letzter Blick zeigte Ergebenheit und Zorn: *Sorg dafür, dass es nicht umsonst war.*

Der Feuerherr schlug mit dem Krummschwert zu.

66

OPFER

Ich weiß nicht, warum mich das so schrecklich traf. Ich konnte Gunilla ja nicht einmal leiden. Aber als ich Surt über ihrem leblosen Körper stehen sah, während seine Augen vor Triumph glühten, wäre ich am liebsten auf den Knochenhaufen gefallen und bis zur Götterdämmerung dort liegen geblieben.

Gunilla war tot. Ihre Adjutantinnen waren tot. Ich kannte nicht einmal ihre Namen, aber sie hatten ihr Leben gegeben, um mir Zeit zu erkaufen. Halbgeboren war tot oder lag im Sterben. Bei den anderen Einherjern sah es nicht viel besser aus. Sam und Blitz und Hearth waren nicht mehr kampftüchtig.

Surt aber stand noch immer aufrecht, stark wie eh und je, sein brennendes Schwert erhoben. Auch drei seiner Feuerriesen waren noch am Leben und im Besitz ihrer Waffen.

Nach allem, was wir durchgemacht hatten, könnte der Feuerherr mich noch immer töten, dann mein Schwert nehmen und den Wolf befreien.

Surts Lächeln verriet, dass er genau das vorhatte.

»Ich bin beeindruckt«, gab er zu. »Der Wolf hat mir gesagt, du hättest Potenzial. Aber ich glaube, nicht einmal er hat erwartet, dass du deine Sache so gut machen würdest.«

Der Fenriswolf kämpfte gegen seine neuen magischen Fesseln an.

Ein kleines Stück vom Feuerherrn entfernt kauerte T. J. angriffsbereit, sah mich an und wartete auf ein Zeichen. Ich wusste, dass er einen letzten Angriff versuchen würde, um die Riesen abzulenken, wenn mir das half, aber ich konnte nicht noch jemanden sterben lassen.

»Geh jetzt«, sagte ich zu Surt. »Geh zurück nach Muspellsheim.«

Der Feuerherr warf den Kopf in den Nacken und lachte. »Mutig bis zuletzt! Ich glaube nicht, Magnus Chase. Ich glaube, du wirst brennen.«

Er hob die Hand. Eine Feuersäule schoss auf mich zu.

Ich blieb stehen.

Ich stellte mir vor, mit meiner Mom in den Blue Hills zu sein, am ersten Frühlingstag, wenn das Sonnenlicht meine Haut wärmte und langsam drei Monate der Kälte und der Finsternis aus meinem System hinaustaute.

Meine Mom drehte sich mit strahlendem Lächeln zu mir um: *Hier bin ich, Magnus. In diesem Moment. Hier bei dir.*

Mich überkam ein Gefühl der Gelassenheit. Ich dachte daran, dass meine Mom mir einmal erzählt hatte, die Häuser in Back Bay – wie das unserer Familie – seien auf aufgeschütteter Erde errichtet worden. Immer wieder müssten Ingenieure neue Stützpfosten in den Boden einlassen, damit die Häuser nicht einstürzten. Ich hatte das Gefühl, meine Stützpfosten seien soeben verstärkt worden. Ich war unerschütterlich.

Surts Flammen spülten über mich hinweg. Sie verloren ihre Intensität und waren nur noch ein gespenstisches Flackern von warmoranger Farbe, so harmlos wie Schmetterlinge.

Zu meinen Füßen fing das Heidekraut an zu blühen – weiße Blüten verteilten sich überall und eroberten die zertrampelten und versengten Stellen zurück, wo Surts Krieger entlanggelaufen waren;

sie saugten das Blut auf und bedeckten die Leichname der gefallenen Riesen.

»Der Kampf ist zu Ende«, verkündete ich. »Ich weihe diesen Boden im Namen des Frey.«

Meine Worte sandten Schockwellen in alle Richtungen. Schwerter, Dolche und Äxte flogen aus den Händen der Riesen. T. J.s Gewehr wirbelte aus seinen Fingern. Sogar die Waffen, die auf dem Boden gelegen hatten, wurden von der Insel geschleudert und wie Schrotkugeln in die Finsternis gejagt.

Der Einzige, der noch eine Waffe in der Hand hielt, war ich.

Ohne sein flammendes Krummschwert sah Surt nicht mehr ganz so zuversichtlich aus. »Tricks und kindische Magie«, fauchte er. »Du kannst mich nicht besiegen, Magnus Chase. Das Schwert wird mir gehören.«

»Heute nicht.«

Ich schleuderte die Klinge. Sie wirbelte auf Surt zu und flog über seinen Kopf hinweg. Surt griff danach und verfehlte sie.

»Was war das denn?«, der Riese lachte. »Ein Angriff ?«

»Nein«, sagte ich. »Das war dein Abgang.«

Hinter Surt zerfetzte Jack die Luft und zerriss den Vorhang zwischen den Welten. Eine Zickzacklinie aus Feuer brannte auf dem Kraterrand. In meinen Ohren knackte es. Als ob jemand das Fenster einer Flugzeugkabine zerschossen hätte, wurden Surt und die andere Feuerriesen schreiend in den Riss gesaugt, der sich hinter ihnen schloss.

»Tschüss!«, rief Jack. »Ich fang euch schon noch!«

Abgesehen von dem wütenden Fauchen des Wolfs war es ganz still auf der Insel.

Ich taumelte über den Kampfplatz und fiel vor Gunilla auf die Knie. Ich wusste sofort, dass die Kommandantin der Walküren tot war. Ihre blauen Augen starrten ins Leere. Ihr Patronengurt wies keinen Hammer mehr auf und ihr weißer Speer lag zerbrochen über ihrer Brust.

Meine Augen brannten. »Es tut mir leid.«

Sie war fünfhundert Jahre in Walhalla gewesen und hatte die Seelen der Toten dorthin geholt, um sie auf das letzte Gefecht vorzubereiten. Ich erinnerte mich daran, wie sie mich ausgescholten hatte: *Nicht einmal im Angesicht von Asgard hast du ein Minimum an Respekt.*

Im Tod schien ihr Gesicht von Staunen erfüllt zu sein. Ich hoffte, dass sie jetzt Asgard sah, so, wie sie es sich wünschte – voller Asen, mit brennenden Lichtern im Palast ihres Vaters.

»Magnus«, rief T. J. »Wir müssen los.«

Er und Mallory versuchten mühsam, Halbgeboren Gunderson zu tragen. X hatte sich unter dem Haufen aus gefallenen Feuerriesen hervorwühlen können und trug jetzt die beiden anderen gefallenen Walküren. Blitz und Hearthstone stolperten nebeneinanderher, dicht gefolgt von Sam.

Ich hob den Körper der Walkürenkommandantin hoch. Sie war nicht leicht, und meine Kraft schwand jetzt wieder.

»Wir müssen uns beeilen«, sagte T. J., so sanft er konnte, aber ich hörte die Dringlichkeit in seinem Tonfall.

Der Boden veränderte sich unter meinen Füßen. Mir ging auf, dass meine leuchtende Aura mehr bewirkt hatte, als nur den Wolf zu blenden. Das Sonnenlicht hatte die Beschaffenheit der Insel beeinflusst. Sie sollte bei Tagesanbruch verschwinden Und meine Magie hatte diesen Prozess beschleunigt: Der Boden unter mir löste sich zu schwammigem Nebel auf.

»Nur noch Sekunden«, keuchte Sam. »Los.«

Das Allerletzte, wozu ich mich im Stande fühlte, war ein Sprint, aber auf irgendeine Weise folgte ich T. J. mit Gunilla in den Armen zum Ufer.

NOCH EINMAL FÜR EINEN FREUND

67

»Wir haben ein Frey-Boot«, schrie T. J.

Ich hatte keine Ahnung, was ein Frey-Boot sein könnte. Ich sah überhaupt kein Boot hier am Ufer, aber ich war zu verdutzt und erschöpft, um Fragen zu stellen. Ich hatte das Gefühl, dass sich die Extreme von Hitze und Kälte, denen ich mein ganzes Leben lang widerstanden hatte, sich jetzt rächten. Meine Stirn glühte. Meine Augen standen kurz vor dem Kochen. Meine Brust fühlte sich an wie ein Eisblock.

Ich schleppte mich weiter. Der Boden wurde weicher unter meinen Füßen. Der Strand fiel ab. Die Wellen rauschten. Meine Armmuskeln schrien unter dem Gewicht der Walkürenkommandantin.

Ich fing an zu schwanken. Sam packte mich am Arm. »Nur ein kleines Stück noch, Magnus. Halt dich an mir fest.«

Wir erreichten das Ufer. T. J. zog eine Art Taschentuch heraus und warf es in die Brandung. Sofort dehnte sich das Taschentuch aus und faltete sich auseinander. Als ich bis zehn gezählt hatte, dümpelte ein ausgewachsenes wikingisches Kriegsschiff auf dem Wasser. Es hatte zwei riesige Ruder, einen wilden Keiler als Galionsfigur und ein grünes Segel mit dem Logo von Hotel Walhalla. Am Bug stand in weißen Buchstaben: WALHALLA GÄSTE-SERVICE.

»Rein!« T. J. sprang als Erster an Bord und streckte die Arme aus, um mir Gunilla abzunehmen.

Der feuchte Sand zog an meinen Füßen, aber irgendwie schaffte ich es, über die Reling zu klettern. Sam sorgte dafür, dass auch alle anderen sich in Sicherheit bringen konnten. Dann stieg auch sie an Bord.

Ein tiefes Summen ließ die Heidekrautinsel vibrieren, wie ein voll aufgedrehter Bassverstärker, und sie versank in den schwarzen Wellen. Die Ruder setzten sich in Bewegung und das Schiff wandte sich nach Westen.

Blitzen und Hearthstone ließen sich am Bug zu Boden fallen. Sie fingen an, sich darüber zu streiten, welcher von beiden die unsinnigeren Risiken eingegangen war, aber sie waren so müde, dass ihr Streit zu einer halbherzigen Stichelei verkam, wie bei zwei Zweitklässlern.

Sam kniete sich neben Gunilla. Sie verschränkte die Arme der Walkürenkommandantin über deren Brust und drückte ihr sanft die Augen zu.

»Was ist mit den anderen?«, fragte ich.

X senkte den Kopf.

Er hatte die beiden Walküren ans Heck gesetzt, aber es war deutlich zu sehen, dass sie tot waren. Er verschränkte ihre Arme wie Gunillas. »Tapfere Kriegerinnen.« Er berührte sanft ihre Stirnen.

»Ich habe sie nicht gekannt«, sagte ich.

»Margaret und Irene.« Sams Stimme zitterte. »Sie … sie konnten mich eigentlich nie leiden, aber … sie waren gute Walküren.«

»Magnus«, rief T. J. mittschiffs. »Wir brauchen dich.«

Er und Mallory knieten neben Halbgeboren Gunderson, dessen Berserkerkräfte ihn schließlich doch im Stich gelassen hatten. Seine Brust war ein albtraumhaftes Flickwerk aus Schnitt- und Brandwunden. Sein linker Arm hing in einem unnatürlichen Winkel herab. Sein Bart und seine Haare waren durchsetzt mit Blutspritzern und kleinen Heidekrautzweigen.

»Guter … Kampf«, röchelte er.

»Nicht reden, du Riesenross!«, schluchzte Mallory. »Wie kannst du es wagen, dich so schlimm verletzen zu lassen?«

Er grinste töricht. »Tut mir leid … Mutter.«

»Ganz ruhig bleiben«, sagte T. J. »Wir können dich nach Walhalla zurückbringen. Und wenn … wenn dann irgendwas passiert, kannst du wiedergeboren werden.«

Ich legte Halbgeboren die Hand auf die Schulter. Ich spürte so schlimme Verletzungen, dass ich fast zurückgezuckt wäre. Es war, als müsste ich eine Schüssel voll Glasscherben untersuchen.

»Die Zeit reicht nicht«, sagte ich. »Wir werden ihn verlieren.«

Mallory erstickte fast an ihren Tränen. »Das kommt nicht in Frage. Nein. Halbgeboren Gunderson, ich hasse dich so sehr.«

Er hustete. Blut trat auf seine Lippen. »Ich hasse dich auch, Mallory Keen.«

»Sorgt dafür, dass er stillhält«, sagte ich. »Ich tue, was ich kann.«

»Kleiner, überleg dir das gut«, sagte Blitz. »Du bist so schon schwach genug.«

»Ich muss.« Ich fuhr meine Sinne aus, nahm Halbgeborens gebrochene Knochen, seine inneren Blutungen, seine verletzten Organe in mich auf. Angst flutete über mich hinweg. Es war zu viel, zu dicht beim Tod. Ich brauchte Hilfe.

»Jack«, rief ich.

Das Schwert schwebte neben mich. »Boss?«

»Halbgeboren liegt im Sterben. Ich brauche deine Kraft, um ihn zu heilen. Geht das?«

Das Schwert summte nervös. »Klar. Aber Boss, in der Sekunde, in der du mich anfasst …«

»Ich weiß. Dann bin ich noch erschöpfter.«

»Ich habe nicht nur den Wolf gefesselt«, warnte Jack. »Ich habe auch bei der Aura aus goldenem Licht geholfen, was ganz schön cool war, wenn ich das selbst mal sagen darf. Und dann war da noch der Friede des Frey.«

»Der Friede …« Mir ging auf, dass er die Schockwelle meinte, die alle entwaffnet hatte, aber ich hatte keine Zeit, mir darüber den Kopf zu zerbrechen. »Schön. Egal. Wir müssen jetzt was tun.«

Ich packte das Schwert. Vor meinen Augen trübte sich alles. Wenn ich nicht schon gesessen hätte, wäre ich zusammengebrochen. Ich kämpfte gegen Schwindel und Übelkeit an und legte das Schwert mit der flachen Seite auf Halbgeborens Brust.

Wärme durchflutete mich. Licht verwandelte Halbgeborens Bart in rotes Gold. Ich ließ meine letzten Kraftreserven durch seine Adern strömen, ließ Verletzungen heilen, verschloss Risse.

Das Nächste, woran ich mich erinnere, ist, dass ich mit dem Gesicht nach oben an Deck lag und ein grünes, im Wind geblähtes grünes Segel anstarrte, während meine Freunde mich schüttelten und meinen Namen brüllten.

Dann stand ich auf einer von der Sonne beschienenen Wiese am Ufer eines Sees, und über mir war blauer Himmel. Eine warme Brise strich mir durch die Haare.

Irgendwo hinter mir sagte eine Männerstimme: »Willkommen.«

DEIN JÄMMERLICHER HERR PAPA, DER VERRÄTER

68

Er sah aus wie ein Hollywood-Wikinger, sogar mehr wie der Thor aus dem Film als Thor selbst.

Blonde Haare fielen ihm auf die Schultern. Sein braunes Gesicht, seine Adlernase und sein Stoppelbart hätten sich auch auf dem roten Teppich oder an den Stränden von Malibu gut gemacht.

Er saß zurückgelehnt auf einem Thron aus lebenden Ästen, der mit Wildfellen bedeckt war. Auf seinen Knien lag eine Art Zepter – ein Hirschgeweih mit ledernem Griff.

Als er lächelte, sah ich mein eigenes verlegenes Grinsen in seinem Gesicht, und das gleiche gebogene Kinn. Er hatte sogar so einen Wirbel über dem rechten Ohr wie ich.

Ich begriff, warum sich meine Mom in ihn verliebt hatte. Nicht nur, weil er gut aussah oder weil seine verwaschene Jeans, sein Flanellhemd und seine Wanderstiefel genau ihr Stil waren. Er strahlte Wärme und Ruhe aus. Immer, wenn ich jemanden heilte, immer, wenn ich die Kraft des Frey anrief, hatte ich ein bisschen von seiner Aura genutzt.

»Dad«, sagte ich.

»Magnus.« Frey erhob sich. Seine Augen funkelten, aber er schien nicht so recht zu wissen, was er mit seinen Armen anfangen sollte. »Ich freue mich so, dich endlich zu sehen. Ich … ich würde dich ja umarmen, aber ich fürchte, das wäre dir nicht willkommen. Mir ist schon klar, dass du mehr Zeit brauchst …«

Ich stürzte einfach auf ihn zu und verpasste ihm eine Bärenumarmung.

Das sah mir gar nicht ähnlich. Ich stehe sonst nicht auf Umarmungen, schon gar nicht bei fremden Leuten.

Aber er war kein Fremder. Ich kannte ihn so gut wie meine Mutter. Zum ersten Mal begriff ich, warum meine Mom immer darauf bestanden hatte, mit mir wandern und zelten zu gehen. Immer, wenn wir an einem Sommertag im Wald gewesen waren, immer, wenn die Sonne hinter den Wolken hervorgekommen war, war Frey in der Nähe gewesen.

Vielleicht hätte ich sauer auf ihn sein sollen, aber das war ich nicht. Seit ich meine Mutter verloren hatte, sah ich keinen Sinn mehr darin, nachtragend zu sein. Meine Jahre auf der Straße hatten mir klargemacht, dass es nichts brachte, über das zu stöhnen und zu jammern, was man nicht haben konnte, was man verdient hätte, was fair wäre. Ich war einfach glücklich, weil ich diesen Augenblick erleben durfte.

Er legte sanft seine Hand um meinen Hinterkopf. Er roch nach Lagerfeuer, Kiefernnadeln und getoasteten Marshmallows. Gab es überhaupt so was in Wanenheim?

Mir fiel ein, warum ich hier war. Ich war tot. Oder lag abermals im Sterben.

Ich wich zurück. »Meine Freunde …«

»Sind in Sicherheit«, beteuerte Frey. »Du hast dich selbst fast umgebracht, als du den Berserker geheilt hast, aber er wird überleben. Und du auch. Du hast deine Sache gut gemacht, Magnus.«

Bei seinem Lob fühlte ich mich gar nicht wohl in meiner Haut.

»Drei Walküren sind gestorben. Ich habe fast jeden Freund verloren, den ich jemals hatte. Alles, was ich getan habe, war, den Wolf mit einer neuen Schnur zu fesseln und Surt zurück nach Muspellsheim zu schicken – aber das alles hat eigentlich Jack erledigt. Und es ändert auch nichts.«

Frey lachte. »Magnus, du hast *alles* geändert. Du, der Schwertschwinger, bestimmst das Geschick der Neun Welten. Und was den Tod der Walküren angeht – das war ein Opfer, das sie bereitwillig gebracht haben. Du darfst sie nicht durch Schuldgefühle entehren. Du kannst nicht jeden Tod verhindern, genauso wenig, wie ich jeden Sommer daran hindern kann, zum Herbst zu werden … oder mein *eigenes* Schicksal bei der Götterdämmerung verhindern kann.«

»Dein Schicksal …« Ich schloss die Finger um den Runenstein, der jetzt wieder an seiner Kette hing. »Ich habe dein Schwert. Könntest du nicht …«

Frey schüttelte den Kopf. »Nein, mein Sohn. Wie deine Tante Freya schon gesagt hat, kann ich das Schwert des Sommers nie wieder schwingen. Frag das Schwert, wenn du es genau wissen willst.«

Ich zog den Anhänger von der Kette. Jack erwachte zum Leben und spie eine Tirade voller Beleidigungen aus, die ich beim besten Willen nicht wiederholen kann.

»Und noch was!«, schrie er. »Mich weggeben, damit du eine Riesin heiraten kannst? Du Blödmann, wozu sollte das denn gut sein? Schwert statt Herd, wie ich immer sage!«

Frey lächelte traurig. »Hallo, alter Freund.«

»Ach, jetzt sind wir wieder Freunde?«, fragte das Schwert erbost. »Nö. Nix da. Wir sind geschiedene Leute.« Jack legte eine Pause ein. »Dein Sohn ist allerdings in Ordnung. Den mag ich. Solange er nicht vorhat, mich gegen die Hand einer Riesin einzutauschen.«

»Das steht nicht auf meiner Liste«, versprach ich.

»Dann ist ja gut. Aber was deinen jämmerlichen Herrn Papa angeht, diesen Verräter …«

Ich befahl das Schwert zurück in seine Anhängergestalt.

Frey zuckte mit den Schultern. »Ich habe vor langer Zeit meine Entscheidung getroffen. Ich habe die Klinge um der Liebe willen aufgegeben.«

»Und deshalb wirst du bei der Götterdämmerung sterben.«

Er hob das Hirschgeweih hoch. »Ich werde hiermit kämpfen.«

»Mit einem Tiergeweih?«

»Dein Schicksal zu kennen, ist das eine. Es anzunehmen, ist etwas ganz anderes. Ich werde meine Pflicht tun. Mit diesem Geweih werde ich viele Riesen erschlagen, sogar Beli, einen ihrer großen Generäle. Aber du hast Recht. Es wird nicht ausreichen, um Surt zu besiegen. Am Ende werde ich sterben.«

»Wie kannst du da so gelassen sein?«

»Magnus … nicht einmal Götter können ewig leben. Ich verschwende meine Energie nicht bei dem Versuch, den Wechsel der Jahreszeiten zu verhindern. Ich konzentriere mich darauf, dafür zu sorgen, dass die Tage, die ich habe, und die Jahreszeit, die mir unterstellt ist, so fröhlich, reich und ertragreich sind wie überhaupt nur möglich.« Er berührte mein Gesicht. »Aber das hast du schon begriffen. Kein Kind des Thor oder Odin oder sogar des edlen Tyr hätte Hels Versprechen widerstehen können. Oder Lokis silbernen Worten. Dir ist das gelungen. Nur ein Sohn des Frey, mit dem Schwert des Sommers, konnte sich so entscheiden wie du.«

»Loszulassen … meine Mom …«

»Ja.« Frey zog etwas aus seinem Thron – ein verschlossenes, herzförmiges Tongefäß. Er legte es in meine Hände. »Du weißt, was sie sich wünschen würde?«

Ich konnte nichts sagen. Ich nickte und hoffte, mein Gesichtsausdruck würde Frey zeigen, wie dankbar ich war.

»Du, mein Sohn, wirst den Neun Welten Hoffnung bringen. Du kennst doch den Begriff *Indian Summer*? Du wirst unsere letzte Jahreszeit dieser Art sein – das letzte bisschen Wärme, Licht und Wachstum vor dem langen Fimbulwinter.«

»Aber …« Ich räusperte mich. »Nur kein Druck.«

Frey lächelte und zeigte dabei seine blendend weißen Zähne. »Natürlich nicht. Viel ist zu tun. Die Asen und Wanen sind in alle Welten verstreut. Loki wird stärker. Sogar in Ketten hat er uns gegeneinander ausgespielt, uns abgelenkt und dazu gebracht, unser Ziel aus den Augen zu verlieren. Auch ich habe mich ablenken lassen, das muss ich zugeben. Ich war zu lange von der Welt der Menschen entfernt. Nur deine Mutter konnte …« Er schaute das Gefäß in meinen Händen an. »Und das nach meiner langen Rede darüber, dass man die Vergangenheit loslassen soll …« Er lächelte reuevoll. »Sie war eine strahlende Seele. Sie wäre stolz auf dich.«

»Dad«, ich wusste nicht, was ich noch sagen sollte. Vielleicht wollte ich dieses Wort einfach noch einmal ausprobieren. Damit hatte ich ja noch nicht besonders viel Erfahrung. »Ich weiß nicht, ob ich das schaffe.«

Er zog aus der Tasche seines Flanellhemdes ein zerfetztes Blatt Papier – den »VERMISST«-Flyer, den Annabeth und ihr Dad am Tag meines Todes verteilt hatten. Frey reichte ihn mir. »Du bist nicht allein. Jetzt ruh dich aus, mein Sohn. Ich verspreche dir, dass es bis zu unserer nächsten Begegnung nicht wieder sechzehn Jahre dauern wird. Und in der Zwischenzeit solltest du deine Cousine anrufen. Ihr müsst miteinander reden. Bis all das hinter uns liegt, wirst du ihre Hilfe brauchen.«

Das klang bedrohlich, aber ich hatte keine Gelegenheit mehr, weitere Fragen zu stellen. Ich blinzelte und Frey war verschwunden. Ich saß wieder im Langschiff und hatte den Flyer und das Tongefäß in der Hand. Neben mir saß Halbgeboren Gunderson und nippte an einem Becher voll Met.

»Na?«, er grinste mich blutig an. Die meisten seiner Wunden waren schon vernarbt. »Du hast mir das Leben gerettet. Wie wäre es, wenn ich dich dafür zum Essen einlade?«

Ich blinzelte abermals und sah mich um. Unser Schiff hatte in Walhalla angelegt, auf einem der Flüsse, die durch das Hotelfoyer strömten. Ich hatte keine Ahnung, wie wir dorthin gelangt waren. Meine Freunde standen oben auf dem Anleger und sprachen mit Helgi, dem Hotelmanager – düstere Gesichter überall in der Runde, als sie sich die drei toten Walküren ansahen, die bereits an Land gebracht worden waren.

»Was ist denn los?«, fragte ich.

Halbgeboren leerte seinen Becher. »Wir sind in die Festhalle bestellt worden, um uns vor den Thanen und den Einherjern zu erklären. Ich hoffe, sie lassen uns essen, ehe sie uns wieder umbringen. Ich bin am Verhungern.«

69 ACH … DEN HAT DER FENRISWOLF ALSO IN KAPITEL 63 GEROCHEN

Wir hatten auf der Rückkehr nach Walhalla offenbar einen ganzen Tag verloren, denn in der Festhalle der Erschlagenen wurde bereits das Abendessen serviert. Walküren flogen mit Metkrügen umher. Einherjer bewarfen sich gegenseitig mit Brot und gebratenem Sährimnir. Kleine Bands spielten überall im Saal.

Langsam wurde es leiser, als wir vor den Tisch der Thane zogen. Eine Ehrengarde aus Walküren trug Gunilla, Irene und Margaret, die mit weißen Leinentüchern bedeckt auf Bahren lagen. Ich hatte gehofft, sie würden beim Eintreffen in Walhalla wieder zum Leben erwachen. Konnten Walküren denn nicht zu Einherjern werden? Aber das passierte nicht.

Mallory, X, T. J. und Halbgeboren folgten den Bahren. Sam, Blitzen, Hearth und ich bildeten die Nachhut.

Krieger starrten uns wütend an, als wir vorübergingen. Die Mienen der Walküren waren noch schlimmer. Es überraschte mich, dass wir überhaupt lebend bei den Thanen ankamen. Ich nehme an, die Menge wollte sehen, wie wir in aller Öffentlichkeit gedemütigt wurden. Sie wussten nicht, was wir getan hatten. Sie wussten nur, dass wir entlaufene Verbrecher waren, die jetzt einer gerechten

Strafe zugeführt werden sollten. Wir waren nicht gefesselt, aber ich schleppte mich trotzdem dahin, als ob die Schnur Andskoti um meine Knöchel gewickelt wäre. Ich hielt das Tongefäß in der Armbeuge. Was immer passierte, ich durfte es nicht verlieren.

Wir blieben vor dem Tisch der Thane stehen. Erik, Helgi, Leif und alle anderen Eriks schauten grimmig drein. Sogar mein alter Kumpel Hunding der Hotelpage starrte mich geschockt und enttäuscht an, als ob ich ihm seine Schokolade weggenommen hätte.

Endlich sagte Helgi: »Erklärt euch.«

Ich sah keinen Grund, irgendetwas zu verschweigen. Ich sprach nicht laut, aber meine Worte hallten in der ganzen Halle wider. Als ich zu dem Kampf mit dem Fenriswolf kam, versagte meine Stimme und Sam erzählte weiter.

Als sie fertig war, schwiegen die Thane. Ich konnte ihre Stimmung nicht erraten. Vielleicht waren sie eher unentschlossen als wütend, aber das spielte keine Rolle. Trotz meines Gesprächs mit meinem Vater war ich nicht gerade stolz auf unsere Leistungen. Ich lebte nur noch, weil die drei Walküren, die vor mir lagen, die Feuerriesen abgelenkt hatten, während wir den Wolf fesselten. Keine Bestrafung durch die Thane könnte diese Last von meinem Gewissen nehmen.

Endlich erhob sich Helgi. »Das ist die ernsthafteste Angelegenheit, die seit vielen Jahren an diesem Tisch vorgebracht worden ist. Wenn ihr die Wahrheit sprecht, dann habt ihr Taten begangen, die wahrer Krieger würdig sind. Ihr habt den Fenriswolf am Ausbruch gehindert. Ihr habt Surt zurück nach Muspellsheim geschickt. Aber ihr habt euch benommen wie die Wilden – ohne Erlaubnis der Thane und in … fragwürdiger Gesellschaft.« Er schaute Hearth, Blitz und Sam voller Abscheu an. »Loyalität, Magnus Chase … Loyalität Walhalla gegenüber ist alles. Die Thane müssen die Angelegenheit unter sich diskutieren, ehe sie ihr Urteil fällen, es sei denn, Odin wünscht einzugreifen.«

Er schaute zu dem verlassenen Holzthron hinüber, der natürlich leer blieb. Die auf der Rückenlehne hockenden Raben starrten mich mit ihren funkelnden schwarzen Augen an.

»Wohlan«, seufzte Helgi. »Wir ...«

Links neben mir sagte eine dröhnende Stimme: »Odin wünscht in der Tat einzugreifen.«

Nervöses Gemurmel jagte durch die Festhalle. X hob sein steingraues Gesicht zu den Thanen.

»X«, flüsterte T. J. »Das ist jetzt kein Augenblick für Scherze.«

»Odin wünscht einzugreifen«, sagte der Halbtroll starrsinnig.

Sein Aussehen änderte sich. Seine gewaltige Trollgestalt verschwand wie ein Tarngewand. An Stelle von X stand ein Mann vor uns, der wie ein Heeresausbilder im Ruhestand aussah. Er hatte eine breite Brust und kräftige Arme in einem kurzärmligen Polohemd mit dem Hotel-Walhalla-Logo und einen viereckig geschnittenen Bart, der sein hartes, verwittertes Gesicht betonte. Eine schwarze Klappe verdeckte sein rechtes Auge. Sein linkes Auge war dunkelblau, wie Adern unter der Haut. An seiner Seite hing ein dermaßen riesiges Schwert, dass Jack an seiner Kette in Zittern ausbrach.

Auf dem Namensschild des Mannes stand: ODIN, ALLVATER, EIGNER UND GRÜNDER.

»Odin«, Sam fiel auf ein Knie.

Der Gott lächelte zu ihr hinunter. Mir blinzelte er verschwörerisch zu. So kam es mir jedenfalls vor; es war schwer zu sagen, da er ja nur ein Auge hatte.

Sein Name lief wie eine Welle durch die Festhalle. Die Einherjer sprangen auf. Die Thane erhoben sich und machten tiefe Verbeugungen.

Odin, ehemals bekannt als Halbtroll X, marschierte um den Tisch herum und nahm seinen Platz auf dem Thron ein. Die beiden Raben flogen auf seine Schultern und pickten liebevoll an seinen Ohren herum.

»Also«, dröhnte Odins Stimme. »Wo kann ein Gott denn hier in der Gegend einen anständigen Becher Met kriegen?«

WIR WERDEN DER POWERPOINT-PRÄSENTATION DER VERDAMMNIS UNTERWORFEN

70

Odin bekam sein Getränk, brachte einige Trinksprüche aus, lief vor seinem Thron hin und her und erzählte, wo er in den vergangenen Jahrzehnten gewesen war und was er dort so unternommen hatte. Ich war viel zu geschockt, um richtig zuzuhören. Ich glaube, den meisten Einherjern ging es nicht anders.

Der Saal erwachte erst wieder richtig zum Leben, als Odin die leuchtenden Bildschirme von Walkürenvision herbeirief. Die Einherjer blinzelten und sahen aus, als ob sie sich aus einer Hypnose losrissen.

»Ich bin ein Wissenssucher!«, verkündete Odin. »Das war schon immer so. Neun Tage und neun Nächte hing ich am Weltenbaum, zerrissen von Qualen, um das Geheimnis der Runen zu entdecken. Sechs Tage stand ich in einem Blizzard Schlange, um die Hexerei des Smartphones zu ergründen.«

»Was?«, murmelte ich.

Blitzen hüstelte. »Nimm es einfach so hin.«

»Und erst kürzlich«, teilte Odin mit, »ertrug ich sieben Wochen Motivationsrednertraining in einem Hotel in Peoria, um … dies hier zu entdecken!«

Eine Fernbedienung tauchte in seiner Hand auf. Auf allen magischen Bildschirmen erschien die Anfangsfolie einer PowerPoint-Präsentation, mit einem wirbelnden Textemblem: ODINS PLAN: WIE SICHERE ICH MIR EIN ÜBERAUS ERFOLGREICHES NACHLEBEN.

»Was soll denn das jetzt?«, flüsterte ich Sam zu.

»Odin probiert immer alles Mögliche aus«, sagte sie. »Sucht neue Orte auf, um Wissen zu erwerben. Er ist sehr weise, aber ...«

Hearthstone gebärdete so diskret wie möglich: *Deshalb arbeite ich für Mimir.*

»Ihr werdet sehen«, sagte jetzt Odin, der noch immer hin und her lief, während die Raben mit den Flügeln schlugen, um nicht aus dem Gleichgewicht zu geraten, »alles, was diese Helden getan haben, haben sie mit meinem Wissen und meiner Erlaubnis getan. Ich war die ganze Zeit bei ihnen – entweder persönlich oder im Geiste.«

Das Bild auf den Schirmen änderte sich. Odin begann mit seinem Vortrag. Meine Augen wurden glasig, während er erzählte, warum er sich als Halbtroll X in Walhalla versteckt hatte.

»Ich wollte sehen, wie ihr einen solchen Krieger aufnehmen würdet und wie ihr euren Pflichten nachkommt, wenn ihr glaubt, dass ich euch nicht auf die Finger schauen kann. Ihr alle müsst an eurer positiven Einstellung und euer Flexibilität arbeiten.«

Er erklärte, warum er Samirah al-Abbas zur Walküre auserwählt hatte.

»Wenn die Tochter des Loki solchen Mut zeigen kann, warum können wir das nicht alle? Samirah hat die sieben heldenhaften Eigenschaften unter Beweis gestellt, auf die ich in meinem sehr bald erscheinenden Buch, *Sieben heldenhafte Eigenschaften*, genauer eingehen werde. Das Buch wird im Andenkenladen hier in Walhalla erhältlich sein.«

Er erklärte, wieso die Weissagung der Nornen nicht das bedeutete, was wir vermutet hatten.

»Zu Unrecht gewählt, zu Unrecht erschlagen«, zitierte er. »Magnus Chase wurde zu Unrecht von Loki erwählt – er glaubte, dieser Junge sei leicht zu beeinflussen. Stattdessen hat sich Magnus Chase als echter Held erwiesen!«

Trotz dieses Kompliments hatte Odin mir als schweigsamer Halbtroll besser gefallen denn als Motivationsredner. Die Essensgäste in der Halle wussten offenbar auch nicht so recht, was sie von ihm halten sollten, auch wenn einige der Thane sich pflichtbewusst Notizen machten.

»Und das bringt mich zu den Anfeuerungssätzen dieser Präsentation.« Odin klickte weiter. Ein Foto von Blitzen tauchte auf. Es war offenbar während des Schmiedewettstreites mit Junior aufgenommen worden. Schweiß strömte über sein Gesicht. Es war qualvoll verzogen, als ob soeben ein Hammer auf seinen Fuß gefallen wäre.

»Blitzen, Sohn der Freya!«, sagte Odin. »Dieser edle Zwerg hat die Schnur Andskoti errungen, mit welcher der Fenriswolf abermals gebunden wurde. Er ist seinem Herzen gefolgt, hat seine Ängste bezwungen und meinem alten Freund Mimir treu gedient. Für deinen Heldenmut, Blitzen, wirst du aus Mimirs Diensten entlassen und mit ausreichend Mitteln belohnt, um den Laden aufzumachen, den du dir schon immer gewünscht hast. Denn ich muss sagen …« Odin ließ die Hand über seinem Polohemd mit dem Hotel-Logo kreisen. Plötzlich trug er ein Kettenhemd. »Ich habe dein Werkstück nach dem Duell aufgehoben und es setzt wirklich einen wunderbaren modischen Akzent. Jeder Krieger wäre gut beraten, sich so eins zuzulegen.«

Die Einherjer murmelten zustimmend. Einige riefen *Oooh* oder *Aaah*.

Blitzen verbeugte sich tief. »Danke, Herr Odin. Ich bin ... ich weiß nicht, wie ich Euch ... könnte ich diese Aussage als Verkaufsslogan benutzen?«

Odin lächelte wohlwollend. »Natürlich. Und nun kommt Hearthstone der Albe!«

Auf den Bildschirmen war jetzt ein Foto von Hearth zu sehen. Er saß in sich zusammengesunken im Fenster von Geirröds Palast, grinste albern und machte mit den Händen das Zeichen für *Waschmaschine.*

»Dieses edle Wesen hat alles aufs Spiel gesetzt, um die Runenmagie neu zu entdecken. Er ist der erste wahre Magier, der seit Jahrhunderten aus der sterblichen Welt hervorgegangen ist. Ohne ihn wäre der Versuch, den Wolf neu zu fesseln, an vielen Punkten gescheitert.« Odin lächelte auf den Alben hinunter. »Mein Freund, auch du wirst aus Mimirs Diensten entlassen. Ich werde dich persönlich nach Asgard bringen, wo ich dich in einer neunzig Minuten langen, persönlichen Gratis-Einführung die Runen lehren werde, und dazu bekommst du eine DVD und ein signiertes Exemplar meines Buches *Runenmagie mit dem Allvater.*«

Höflicher Applaus.

Hearthstone machte ein verdutztes Gesicht. Er schaffte es, *danke* zu gebärden.

Das Bild änderte sich. Auf dem nächsten Foto stand Sam nervös am Tresen von Fadlans Falafel, hatte das Gesicht zur Seite gedreht und wurde furchtbar rot, als Amir sich grinsend zu ihr vorbeugte.

»Oooooh«, heulte die Menge aus Einherjern, und reichlich hämisches Gekicher folgte.

»Bring mich um«, murmelte Sam. »Bitte.«

»Samirah al-Abbas«, sagte Odin. »Ich habe dich persönlich zur Walküre gekürt, auf Grund deines Mutes, deiner Widerstandskraft, deiner potenziellen Größe. Viele hier haben dir misstraut, aber du hast die Herausforderung angenommen. Du hast meine Befehle befolgt. Du hast deine Pflicht getan, selbst dann noch, als du verleumdet und verbannt worden warst. Und ich stelle dich vor eine Wahl.«

Odin musterte die gefallenen Walküren, die vor dem Tisch der Thane lagen. Er wartete, bis sich respektvolle Stille über den Saal gesenkt hatte.

»Gunilla, Margaret, Irene – sie kannten die Gefahren, die mit dem Dasein einer Walküre verbunden sind. Sie alle haben ihr Leben gegeben, um den heutigen Sieg zu ermöglichen. Am Ende haben sie deinen wahren Wert erkannt und an deiner Seite gekämpft. Ich glaube, sie wären auch der Ansicht, dass du wieder zur Walküre ernannt werden solltest.«

Sams Knie hätten fast nachgegeben. Sie musste sich auf Mallory Keen stützen, um nicht umzufallen.

»Ich biete dir die Wahl zwischen zwei Posten an«, fuhr Odin fort. »Ich brauche eine neue Kommandantin für meine Walküren. Ich könnte mir keine bessere denken als dich. Du hättest dann mehr Zeit, dich in der Welt der Sterblichen aufzuhalten und dich nach diesem anstrengenden Einsatz auszuruhen. *Oder*«, sein blaues Auge funkelte, »du könntest dich für eine viel gefährlichere Stellung entscheiden und je nach Bedarf direkt für mich arbeiten – bei, sagen wir, Missionen mit hohem Risiko und hohem Lohn.«

Sam verbeugte sich. »Allvater, Ihr ehrt mich. Ich könnte Gunilla niemals ersetzen. Ich bitte nur um eine Möglichkeit, mich beweisen zu dürfen, sooft wie nötig, bis niemand hier mehr an meiner Treue zu Walhalla zweifelt. Ich nehme die gefährlichere Stellung. Gebt mir eine Aufgabe, und ich werde Euch nicht enttäuschen.«

Das kam bei der Menge ganz schön gut an. Die Einherjer applaudierten. Einige brüllten beifällig. Sogar die anderen Walküren sahen Sam jetzt mit weniger feindseligen Mienen an.

»Sehr gut«, sagte Odin. »Du hast noch einmal deine Weisheit unter Beweis gestellt, Samirah. Wir werden später über deine Pflichten sprechen. Und nun ... Magnus Chase.«

Abermals wechselte das Bild. Nun war ich zu sehen, erstarrt mitten im Schrei, als ich von der Longfellow Bridge stürzte. »Sohn des Frey, du hast das Schwert des Sommers zurückgeholt. Du hast es Surts Zugriff entzogen. Du hast dich erwiesen als ... na ja, vielleicht nicht als großer Krieger ...«

»Danke«, murmelte ich.

»... aber zweifellos als großer Einherje. Ich glaube, wir sind uns darüber einig – ich meine, wir hier am Tisch der Thane –, dass auch du eine Belohnung verdient hast.«

Odin schaute sich nach beiden Seiten um. Die Thane rutschten hin und her und murmelten eilig: »Ja. Äh. Klar. Unbedingt.«

»Ich mache dieses Angebot nicht leichtfertig«, sagte Odin. »Aber wenn du noch immer das Gefühl hast, nicht nach Walhalla zu gehören, dann kann ich dich nach Folkwang an den Hof deiner Tante schicken. Als Kind der Wanen würde dir das vielleicht eher zusagen. Oder«, sein blaues Auge schien mich zu durchbohren, »wenn du willst, erlaube ich dir sogar die Rückkehr in die Welt der Sterblichen und entbinde dich von deinen Pflichten als Einherje.«

Gemurmel und Spannung füllten nun den Saal. Ich konnte den Gesichtern der Menge ansehen, dass das ein überaus ungewöhnliches Angebot war. Odin ging ein Risiko ein. Wenn er einen Präzedenzfall schuf und einen Einherje in die Welt zurückkehren ließ, würden andere das nicht ebenfalls wollen?

Ich sah Sam und Blitzen und Hearthstone an. Ich sah meine Flurgenossen aus dem 19. Stock an – T. J., Halbgeboren, Mallory. Zum ersten Mal seit Jahren kam ich mir nicht heimatlos vor.

Ich verneigte mich vor Odin. »Ich danke Euch, Allvater. Aber wo immer meine Freunde sind, bin ich zu Hause. Ich bin ein Einherje. Ich bin einer Eurer Krieger. Das ist Belohnung genug.«

Der ganze Saal jubelte lärmend los. Becher wurden auf Tische geknallt. Schwerter schlugen gegen Schilde. Meine Freunde umdrängten mich, umarmten mich und klopften mir auf die Schultern. Mallory küsste mich auf die Wange und sagte: »Du bist wirklich ein Vollidiot.« Dann flüsterte sie mir ins Ohr: »Danke.«

Halbgeboren zerzauste mir die Haare. »Wir werden aus dir schon noch einen Krieger machen, Frey-Sohn.«

Als sich der Jubel gelegt hatte, hob Odin die Hand. Seine Fernbedienung verlängerte sich zu einem leuchtenden weißen Speer.

»Bei Gungnir, der geheiligten Waffe des Allvaters, erkläre ich hiermit, dass diese sieben Helden das volle Zutrittsrecht zu den Neun Welten besitzen, auch nach Walhalla. Wohin immer sie auch gehen, sie gehen in meinem Namen und führen den Willen Asgards aus. Und bei Todesstrafe ist es allen untersagt, sie daran zu hindern.« Er ließ seinen Speer sinken. »Heute Abend werden wir zu ihren Ehren feiern. Morgen werden unsere gefallenen Kameradinnen dem Wasser und den Flammen übergeben werden.«

71 WIR VERBRENNEN EIN SCHWANENBOOT UND ICH BIN ZIEMLICH SICHER, DASS DAS VERBOTEN IST

Die Beisetzung fand am See im Park statt. Irgendwie hatten die Einherjer ein Schwanenboot an sich gebracht, eines von denen, die im Winter eigentlich nicht fahren. Sie hatten das Boot umgestaltet und in ein schwimmendes Begräbnisfeuer für die Walküren verwandelt. Die Toten waren in weiße Tücher gewickelt und auf ein Bett aus Holzscheiten gelegt worden, und um sie herum hatten wir Waffen und Rüstungen und Gold aufgehäuft.

Der See war zugefroren. Es war eigentlich unmöglich, das Boot zu Wasser zu lassen, aber die Einherjer hatten eine Freundin mitgebracht – eine fünf Meter große Riesin namens Hyrrokkin.

Trotz der Kälte trug Hyrrokkin abgeschnittene Shorts und ein T-Shirt Größe XXXXL vom Bostoner Ruderclub. Vor der Zeremonie lief sie barfuß über den ganzen See, zertrat das Eis und jagte den Enten Angst ein. Dann kam sie zurück, wartete ehrerbietig am Ufer und ihre Schienbeine überzogen sich mit Eis, während die Einherjer vortraten, um Abschied von den Gefallenen zu nehmen. Viele legten Waffen, Münzen und andere Andenken auf das Begräbnisfeuer. Einige berichteten, dass sie von Gunilla, Margaret oder Irene nach Walhalla geholt worden waren.

Endlich zündete Helgi das Feuer an. Hyrrokkin schob das Boot ins Wasser.

Im Park waren keine Spaziergänger unterwegs. Vielleicht wurden sie auf magische Weise ferngehalten. Wenn welche in der Nähe gewesen wären, wären sie vermutlich durch den Tarnzauber daran gehindert worden, die Menge aus untoten Kriegern zu sehen, die warteten, bis das Schiff verbrannt war.

Meine Augen wanderten zu der Stelle unter der Brücke, wo ich vor zwei Wochen noch heimatlos und elend am Leben gewesen war. Erst jetzt konnte ich mir eingestehen, welche Angst ich die ganze Zeit gehabt hatte.

Das Boot wurde zu einer tosenden Feuersäule und die Leichname der Walküren waren nicht mehr zu sehen. Dann erloschen die Flammen, als ob irgendwer das Gas abgedreht hätte, und es war keine Spur des Bootes mehr übrig – nur ein dampfender Kreis auf dem See.

Die Trauergäste drehten sich um und wanderten durch den Park zum Hotel Walhalla in der Beacon Street.

T. J. packte meine Schulter. »Kommst du, Magnus?«

»Gleich.«

Während meine Flurgenossen nach Hause gingen, sah ich zu meiner Freude, wie Halbgeboren Gunderson den Arm um Mallory Keens Taille legte. Und sie hackte ihm deshalb nicht einmal die Hand ab.

Blitzen, Hearth, Sam und ich blieben stehen und sahen zu, wie der Dampf sich über dem See kräuselte.

Endlich gebärdete Hearth: *Ich gehe nach Asgard. Danke, Magnus.*

Ich hatte die neidischen Blicke gesehen, mit denen einige Einherjer ihn bedacht hatten. Seit Jahrzehnten oder vielleicht seit Jahrhunderten hatte kein Sterblicher die Stadt der Götter besuchen dürfen. Jetzt hatte Odin sich bereit erklärt, einen Alben zu unterrichten.

»Das ist umwerfend, Mann«, sagte ich. »Aber hör mal, vergiss nicht, uns ab und zu zu besuchen. Du hast jetzt eine Familie.«

Hearthstone lächelte. *Habe ich gehört.*

»Natürlich wird er uns besuchen«, sagte Blitzen. »Er hat versprochen, mir beim Umzug in meinen neuen Laden zu helfen. Ohne magische Hilfe kann ich doch die vielen Kisten nicht schleppen.«

Ich freute mich sehr für Blitz, auch wenn es schwer war, dass gleich noch einer von meinen Freunden verschwinden würde. »Bestimmt wirst du den besten Laden von ganz Nidavellir haben.«

Blitzen schnaubte. »Nidavellir? Pah. Die Zwerge haben meine modische Brillanz überhaupt nicht verdient. Das Rotgold von Odin reicht für ein schickes Schaufenster in der Newbury Street. *Blitzen's Best* eröffnet im Frühling, und ihr habt überhaupt keine Entschuldigung, nicht vorbeizukommen und euch so eins anpassen zu lassen.« Er schob seinen Mantel zur Seite und präsentierte ein funkelndes, elegantes ärmelloses Kettenhemd.

Ich konnte mich nicht zurückhalten. Ich musste Blitzen einfach umarmen.

»Schon gut, Kleiner. Schon gut.« Er klopfte mir auf den Rücken. »Zerknitter mir nicht den Stoff.«

Sam grinste. »Vielleicht kannst du mir ein neues Kopftuch machen. Das alte besteht eigentlich nur noch aus Fetzen.«

»Ich mache dir eins zum Selbstkostenpreis, mit magischen Eigenschaften«, versprach Blitzen. »Und ich habe auch schon eine Idee, was die Farben angeht.«

»Du bist der Experte«, sagte Sam. »Ich muss jetzt jedenfalls nach Hause. Ich habe Hausarrest. Und ich muss ganz schön viel Schulstoff nachholen.«

»Und du musst deinem Freund sicher einiges erklären«, sagte ich.

Sie wurde rot, und das sah irgendwie niedlich aus. »Er ist nicht mein ... egal, von mir aus. Ja, ich sollte ihm wohl einiges erklären, was immer das bedeutet.« Sie bohrte mir den Finger in die Brust. »Dir habe ich zu verdanken, dass ich wieder fliegen kann. Das ist das Wichtigste. Versuch, nicht zu oft zu sterben, bis wir uns wiedersehen.«

»Wann wird das sein?«

»Bald«, versprach Sam. »Odin hat das mit den Hochrisiko-Aufträgen durchaus ernst gemeint. Und die gute Nachricht ist«, sie legte sich einen Finger an die Lippen, »ich kann mir meine eigene Einsatztruppe zusammenstellen. Also ... betrachtet euch alle als vorgewarnt.«

Ich hätte sie gern umarmt, ihr gesagt, wie sehr ich zu schätzen wusste, was sie alles getan hatte, aber ich wusste, dass Sam das unangenehm sein würde. Ich entschied mich für ein Lächeln. »Jederzeit, al-Abbas. Jetzt, wo wir Odins Erlaubnis haben, durch alle Welten zu reisen, kann ich dich vielleicht in Dorchester besuchen.«

»Das«, sagte sie, »ist eine absolut tödliche Idee. Meine Großeltern würden mich umbringen. Amir würde ...«

»Ja, ja, meine Güte«, sagte ich. »Denk einfach immer daran: Du bist nicht allein.«

»Ist notiert.« Sie stupste mich mit dem Ellbogen an. »Und was ist mit dir, Magnus? Zurück nach Walhalla zum Festgelage? Deine Flurgenossen singen schon die ganze Zeit dein Loblied. Ich habe sogar einige Walküren spekulieren hören, dass du schon in wenigen Jahrhunderten zum Than erhoben werden könntest.«

Ich lächelte, aber ich war noch nicht so weit, dass ich in Dimensionen wie »in wenigen Jahrhunderten« denken konnte. Ich ließ den Blick durch den Park schweifen. Vor der Cheers Bar an der Ecke Beacon und Brimmer Street fuhr gerade ein Taxi vor. Das Tongefäß zog schwer an meiner Winterjacke.

»Zuerst habe ich noch eine Verabredung«, sagte ich zu meinen Freunden. »Ich muss ein Versprechen einlösen.«

Ich verabschiedete mich von meinen Freunden. Dann ging ich zum Treffen mit meiner Cousine.

72 ICH VERLIERE EINE WETTE

»Das ist viel besser als die letzte Trauerfeier, auf der ich war«, sagte Annabeth. »Deine nämlich.«

Wir standen an einer Felskante in den Blue Hills und sahen zu, wie die Asche meiner Mutter sich über den verschneiten Bäumen verteilte. Tief unter uns glitzerte der See in der Sonne. Es war ein kalter Tag, aber mir war warm und ich fühlte mich ganz ruhig – alles kam mir so *richtig* vor wie seit Jahren nicht mehr.

Ich klemmte mir das leere Tongefäß unter den Arm.

»Danke, dass du mitgekommen bist«, sagte ich.

Annabeths graue Augen musterten mich, so, wie sie alles zu mustern schien – sie nahm nicht nur mein Aussehen wahr, sondern auch meine Haltung, meine Schwachpunkte, meine Möglichkeiten zur Erneuerung. Immerhin hatte sie schon mit sechs Jahren aus Runensteinen den Parthenon nachgebaut.

»War mir ein Vergnügen«, sagte sie. »Deine Mom ... soweit ich mich erinnern kann, war sie großartig.«

»Sie hätte sich darüber gefreut, dass du hier bist.«

Annabeth ließ ihren Blick über die Baumwipfel wandern. Ihr Gesicht sah im Wind sonnenverbrannt aus. »Du bist ebenfalls eingeäschert worden, weißt du? Ich meine, dieser andere Leichnam ... was immer das gewesen sein mag. Deine Asche ist ins Familienmausoleum gebracht worden. Ich wusste nicht einmal, dass wir ein Familienmausoleum haben.«

Mir schauderte, als ich mir die Asche in einer Porzellanurne unten in einem feuchten Steinverlies vorstellte. Es war viel besser, hier zu sein, an der frischen Luft und im kalten Sonnenschein.

»So zu tun, als ob ich tot wäre, war bestimmt nicht leicht für dich«, sagte ich.

Sie strich sich eine Haarsträhne aus dem Gesicht. »Für Onkel Randolph war die Trauerfeier viel schlimmer, glaube ich. Er wirkte ziemlich erschüttert, wenn man bedenkt, du weißt schon …«

»Dass er sich eigentlich nie für mich interessiert hat?«

»Oder für irgendwen von uns. Mein Dad dagegen … Magnus, das war hart. Er und ich haben ein sehr durchwachsenes Verhältnis, aber ich versuche, ihm gegenüber ehrlich zu sein. Ich mag keine Heimlichtuerei.«

»Tut mir leid«, ich hob die Hände. »Ich dachte, es wäre besser, dich nicht in meine Probleme hineinzuziehen. Die letzten Tage war ich nicht einmal sicher, ob ich durchkommen würde. Es sind einige … gefährliche Dinge passiert. Das hing mit, äh, mit dem väterlichen Teil meiner Familie zusammen.«

»Magnus, vielleicht verstehe ich das besser, als du glaubst.«

Ich dachte darüber nach. Annabeth kam mir offener, bodenständiger vor als die meisten anderen – sogar als die meisten anderen in Walhalla. Ich wollte sie aber auch nicht in Gefahr bringen oder die zaghafte Beziehung gefährden, die wir langsam wieder aufzubauen versuchten.

»Bei mir ist jetzt alles wieder in Ordnung«, beteuerte ich. »Ich wohne bei Freunden. Es ist richtig gut da, aber nicht die Art von Lebenssituation, die normale Leute verstehen würden. Onkel Randolph darf auf keinen Fall davon erfahren. Bitte, sag niemandem etwas davon, auch nicht deinem Dad.«

»Hmmm«, sagte sie. »Ich nehme an, Details werden nicht verraten?«

Ich dachte daran, was Frey mir gesagt hatte: *Ihr müsst miteinander reden. Bis all das hinter uns liegt, wirst du ihre Hilfe brauchen.* Ich dachte daran, was Sam über ihre eigene Familie erzählt hatte – dass sie seit Generationen die Aufmerksamkeit der Götter auf sich zogen. Randolph hatte angedeutet, dass es bei unserer Familie genauso war.

»Ich will dich eben nicht in Gefahr bringen«, sagte ich. »Ich hatte irgendwie gehofft, du könntest meine Verbindung zur normalen Welt sein.«

Annabeth starrte mich an. Sie schnaubte und fing an zu lachen. »Du hast ja keine Ahnung, wie komisch das ist.« Sie holte tief Luft. »Magnus, wenn du auch nur eine Ahnung davon hättest, wie seltsam mein Leben ist …«

»Na gut, aber mit dir hier zu sein …«, sagte ich. »So *normal* habe ich mich seit Jahren nicht mehr gefühlt. Nach all den verrückten Streitereien zwischen unseren Eltern, den blödsinnigen Vorwürfen und den Jahren, in denen niemand mehr miteinander gesprochen hat, hatte ich gehofft, wir könnten dafür sorgen, dass unsere Generation der Familie nicht so verkorkst wird.«

Annabeths Gesicht wurde ernst. »Diese Art von normal finde ich gut.« Sie streckte die Hand aus. »Auf die nächste Chase-Generation. Mögen wir weniger verkorkst sein.«

Darauf gaben wir uns die Hand.

»Und jetzt spuck's aus«, sagte sie. »Erzähl mir, was passiert ist. Ich verspreche, dass ich es nicht weitersage. Ich verspreche außerdem, dass, egal, was dir auch passiert sein mag, mein Leben bizarrer ist. Deins wird im Vergleich aussehen wie eine U-Bahn-Fahrt in die Vororte.«

Ich dachte an alles, was ich durchgemacht hatte – Tod und Auferstehung, das Angeln nach der Midgardschlange, den Kampf mit den Riesen, die Flucht vor dem Monstereichhörnchen, um schließlich einen Wolf auf einer verschwindenden Insel zu fesseln.

»Was wettest du?«, fragte ich.

»Mach schon, Magnus.«

»Beim Essen?«, schlug ich vor. »Ich kenne da einen fantastischen Falafelladen.«

»Die Wette gilt«, sagte sie. »Also lass hören, was du erlebt hast.«

»Nichts da«, sagte ich. »Deine Geschichte ist doch angeblich so viel umwerfender. Du zuerst.«

EPILOG

Seit der Trauerfeier für seinen Neffen hatte Randolph nicht mehr geschlafen.

Jeden Tag ging er ins Mausoleum und hoffte auf irgendein Zeichen, ein Wunder. Er vergoss echte Tränen, aber nicht um den jungen Magnus. Er weinte um alles, was er verloren hatte – alles, was er jetzt vielleicht nie wieder zurückholen konnte.

Er betrat sein Haus durch die Hintertür, und seine Hände zitterten so heftig, dass er kaum das Schloss aufbekam. Er zog seine Winterstiefel und seinen schweren Mantel aus, dann stapfte er nach oben und ging zum millionsten Mal durch, was er auf der Brücke zu Magnus gesagt hatte und was er anders hätte machen können.

In der Tür zu seinem Arbeitszimmer erstarrte er. Ein wie ein Pastor gekleideter Mann saß auf dem Schreibtisch und ließ die Beine baumeln.

»Mal wieder das Grab besucht?« Loki grinste. »Ehrlich, ich dachte, die Trauerfeier wäre ein wunderbarer Abschluss gewesen.«

»Du warst der Pastor?« Randolph seufzte. »Natürlich warst du der Pastor.«

Loki kicherte. *»Ein in der Blüte gebrochenes junges Leben, aber wir wollen uns über seine Begabungen freuen, und über alles, was er uns gegeben hat …* Das war natürlich alles improvisiert. Aber das kann ich am besten.«

Randolph war dem Gott der Lügen schon ein Dutzend Mal begegnet, wann immer Loki beschlossen hatte, einen Teil seines Wesens nach Midgard zu senden, aber immer war es ein Schock – die leuchtenden Augen, die flammenden Haare, die aufgesprungenen Lippen und die Narben über seiner Nase. Er war unnatürlich gut aussehend und unnatürlich erschreckend gleichermaßen.

»Du bist gekommen, um mich zu töten, nehme ich an.« Randolph versuchte, ruhig zu bleiben, aber sein Herz schlug ihm bis zum Hals. »Warum hast du so lange gewartet?«

Loki hob großzügig die Hände. »Ich wollte nichts überstürzen. Ich wollte sehen, wie sich die Lage entwickelt. Es stimmt, du hast versagt. Ich könnte dich töten, aber vielleicht bist du auch immer noch nützlich. Schließlich habe ich noch immer etwas, das du haben willst.«

Der Gott ließ sich vom Schreibtisch gleiten und öffnete die Hand. Über seiner Handfläche züngelten Flammen und verdichteten sich zu den winzigen Gestalten einer Frau und zweier Mädchen. Sie wanden sich im Feuer, streckten die Hände nach Randolph aus, flehten stumm um Hilfe.

Nur Randolphs Gehstock bewahrte ihn vor einem Zusammenbruch. »Bitte. Ich habe es versucht – ich hatte nicht mit dem Zwerg und dem Alben gerechnet. Oder mit dieser verfluchten Walküre. Du hast mir nicht gesagt ...«

»Randolph, mein lieber Freund ...« Loki schloss die Hand und ließ das Feuer erlöschen. »Ich hoffe, du willst hier keine Ausflüchte vorbringen?«

»Nein, aber ...«

»Ich bin der *Meister* der Ausflüchte. Du müsstest dir schon große Mühe geben, um mich zu beeindrucken. Sag mir nur, möchtest du deine Familie noch immer zurückhaben?«

»Na ... natürlich.«

»Oh, gut. Wie schön. Ich bin nämlich noch nicht fertig mit dir. Und mit diesem kleinen Magnus auch nicht.«

»Aber er hat das Schwert. Er hat deinen Plan zunichtegemacht.«

»Er hat *einen Aspekt* meines Plans zunichtegemacht. Ja, das war sehr lehrreich.« Loki trat vor. Er legte Randolph die Hand an die Wange – eine fast zärtliche Geste. »Ich muss schon sagen, dein Neffe hat mich beeindruckt. Ich sehe da gar keine Familienähnlichkeit.«

Randolph roch das Gift, ehe er es spürte. Ätzender Dampf stieg in seine Nasenlöcher. Seine Wange explodierte in weiß glühendem Schmerz. Er fiel auf die Knie und seine Kehle verkrampfte sich im Schock. Er versuchte zurückzuweichen, aber Lokis Hand blieb auf seiner Wange liegen.

»Aber, aber«, sagte Loki tröstend. »Das ist nur eine kleine Kostprobe meines Lebens – das Schlangengift, das jeden Tag in mein Gesicht spritzt. Vielleicht kannst du jetzt verstehen, dass mir das ein kleines bisschen die gute Laune ruiniert.«

Randolph schrie, bis seine Kehle schmerzte.

»Ich bringe dich nicht um, alter Freund«, sagte Loki. »Aber Versagen bestrafe ich immer. Unbedingt.«

Er nahm die Hand weg. Randolph brach weinend zusammen, mit dem Geruch verbrannten Fleisches in der Nase.

»Warum ...«, krächzte er. »Warum ...?«

Loki hob in gespielter Überraschung die Augenbrauen. »Warum was ... dich quälen? Dich weiter benutzen? Gegen die Götter kämpfen? Ich bin eben so, Randolph. Und jetzt nerv hier nicht rum. Ich bin sicher, du wirst eine Erklärung für die schreckliche handförmige Narbe auf deiner Wange finden. Ich finde, sie verleiht dir eine gewisse ... Würde. Die Wikinger werden zutiefst beeindruckt sein.«

Loki schlenderte zu Randolphs Vitrinen hinüber. Er ließ seine Finger über Randolphs Sammlung von Schmuckstücken und Glücksbringern wandern. »Es gibt so viele Möglichkeiten, die Götterdämmerung auszulösen, mein Freund. Das Schwert des Sommers ist nicht die einzige Waffe, die da im Spiel ist.«

Er zog ein Halsband mit Anhänger aus einer Vitrine. Seine Augen musterten funkelnd den kleinen Silberhammer, der zwischen seinen Fingern schwang.

»Ach, Randolph«, Loki grinste. »Du und ich werden noch so viel Spaß miteinander haben.«

GLOSSAR

Ägir: Meeresgott

Ahmed ibn Fadlan ibn al-Abbas: arabischer Reisender, der im 10. Jahrhundert einen Besuch bei einem aus Skandinavien stammenden Volk namens Rus beschrieb

Albe: auch Alb oder Elf, mythologisches Fabelwesen, verwandt mit den Asen

Albenheim: eine der Neun Welten, Wohnsitz der Alben

Albenseid: Magie der Alben, Seid ist ein altes Wort für Magie, das im Deutschen noch bis ins 16. Jahrhundert existiert hat

Allvater: Beiname Odins, des höchsten Gottes

Alwis: der »Allweise«, weiser Zwerg und Widersacher Thors

Amsvartnir: schwarzes Meer, in dem die Insel Lyngwi liegt

Andskoti: Teufel, Gegenspieler

Asen: nordisches Göttergeschlecht

Asgard: Wohnsitz der Asen

Baldur: Sohn von Odin und Frigg, Gott des Lichtes

Beli: Riese, der von Frey mit einem Hirschgeweih getötet wurde, Bruder der Gerd

Berserker: wilder Wüterich, der im Rausch kämpft und keine Schmerzen verspürt

Bifröst: die Regenbogenbrücke zwischen Midgard und Asgard

Bilskirnir: Thors Palast in Asgard

Brisingamen: das magische Halsband der Göttin Freya

Davy Crockett: 1786–1836 n. Chr., amerikanischer Politiker und Kriegsheld

Draug: gespenstisches Wesen, das den Menschen böse Streiche spielt. Kommt auch in einzelnen Texten des Mittelhochdeutschen vor; der Name Draug wurde dann zu dem Wort »Trug« und die magische Bedeutung ging verloren.

Duneyr: einer der vier Hirsche, die an den Trieben des Weltenbaumes nagen

Dunkelalben: Albengeschlecht; es gibt die bösartigen Dunkelalben und die guten Lichtalben, die untereinander heftig verfeindet sind

Dwalin: einer der vier Hirsche, die an den Trieben des Weltenbaumes nagen

Eikthyrnir: Hirsch, der im Baum Lärad lebt und aus dessen Geweih Wasser in alle Flüsse aller Welten strömt

Einherje: ehrenhaft im Kampf gefallener Krieger

Eitri: Zwerg und berühmter Schmied

Erik Blutaxt: um 885–951 n. Chr., König von Norwegen

Erik der Rote: um 950 bis um 1003 n. Chr., nordischer Seefahrer, gründete die erste nordische Siedlung auf Grönland

Fenriswolf: Sohn des Loki und der Riesin Angrboda, wird auf einer Insel gefangen gehalten, da selbst die Götter ihn fürchten, soll zu Beginn der Götterdämmerung aber freikommen

Feuerriese: Riesengeschlecht, Feinde der Asen, leben in Muspellsheim

Fjalar: Zwerg, Bruder des Galar

Folkwang: das Reich der Göttin Freya, Aufenthaltsort derer, die nicht im Kampf gefallen sind

Frey: Wane, Gott des Frühlings und des Sommers, des Wachstums und der Fruchtbarkeit, Bruder der Freya, galt als besonders schöner Mann, Herr über Alfheim

Freya: Göttin der Liebe und der Schönheit, Schwester Freys, Herrin über Folkwang

Frigg: Göttin der Ehe und der Mutterschaft, Gattin des Odin, Herrscherin über Asgard

Galar: Zwerg, Bruder des Fjalar

Geirröd: Riese, der Sage nach von Thor erschlagen

Gerd: Riesin, Schwester des Beli, Frey verliebt sich in sie, aber sie will ihn nicht heiraten, da er ihren Bruder getötet hat

Ginnungagap: der Urnebel zwischen den Welten

Gjalp: Riesin, eine der Töchter des Geirröd

Glasir: Wald in Asgard, wunderschön und mit goldenen Blättern

Gleipnir: der von Zwergen hergestellte Strick, mit dem der Fenriswolf gefesselt ist

Greip: Riesin, Tochter des Geirröd, Schwester der Gjalp

Grid: Frostriesin, hat zusammen mit Odin einen Sohn

Gungnir: Name von Odins Speer

Götterdämmerung: das Ende der Welt, wie wir sie kennen

Heidrun: Ziege, die im Baum Lärad lebt und aus deren Milch der magische Met von Walhalla gebraut wird

Heimdall: Ase, Gott der Wachsamkeit, bewacht die Brücke Bifröst

Hel: Herrscherin des Totenreiches, Tochter des Loki und der Angrboda, von ihrem Namen ist das Wort Hölle abgeleitet

Helgi: heldenhafter Krieger, Urenkel Odins, deshalb von diesem zum Herrscher über Walhalla gemacht

Helheim: das Reich der Hel, Aufenthaltsort derer, die keines ehrenhaften Todes gestorben sind

Hlidskjalf: der Thron des Odin, auf dem nur er und Frigg sitzen dürfen

Höd: der blinde Sohn von Odin und Frigg

Hönir: Ase, am Ende des Krieges zwischen Asen und Wanen zusammen mit Mimir als Geisel zu den Wanen geschickt

Eben Horsford: 1818–1889 n. Chr., amerikanischer Chemiker, Erfinder des Backpulvers, in seiner Freizeit forschte er über die amerikanischen Siedlungen der Wikinger

Hrym: Riese und Kapitän des Totenschiffes Naglfari

Hunding: berühmter Krieger, von Helgi erschlagen

Hyrrokkin: Riesin mit enormen Kräften; als Reittier dient ihr ein Wolf. Sie stößt das Schiff mit dem Leichnam Baldurs ins Wasser

Idun: Göttin der Jugend, die die anderen Götter mit den Äpfeln versorgt, die sie unsterblich machen

Ivar der Knochenlose: Wikingerführer, für einige Zeit König von Dublin

Jörmungand: die Midgardschlange, Sohn des Loki und der Angrboda, sein Schlangenleib ist so lang, dass er ihn einmal um die Erde wickeln kann

Jorvik: altnordischer Name der Stadt York in England

Jotun: Riese

Jotunheim: eine der Neun Welten, Reich der Riesen

Lärad: Baum in Walhalla, in dessen Ästen viele Tiere leben, die die Welten mit allerlei Gaben beschenken, z. B. die Ziege Heidrun

Leif Eriksson: um 970–1020 n. Chr., Seefahrer, erster Wikinger, der nachweislich Amerika erreichte

Loki: Ase, obwohl er der Sohn eines Riesenpaares war, er ist kein Gott mit klaren Befugnissen und immer damit beschäftigt, die anderen Götter gegeneinander aufzustacheln, ohne dass jemals klar wird, was er eigentlich davon hat

Longfellow, Henry Wadsworth: 1807–1882 n. Chr., amerikanischer Dichter, bekannt durch patriotische Gedichte, in denen er den Unabhängigkeitskrieg verherrlichte

Lord Nelson: 1758–1805 n. Chr., englischer Admiral und Kriegsheld, fiel 1805 in der Schlacht von Trafalgar

Lyngwi: die Heideinsel, auf der der Fenriswolf gefangen gehalten wird

Magni: Sohn des Thor und der Sif

Midgard: die Welt, in der die Menschen wohnen

Midgardschlange: Sohn des Loki und der Angrboda, genannt auch Weltenschlange oder Jörmungand

Mimir: Ase, der zusammen mit Hönir als Geisel zu den Wanen geschickt wurde. Gott der Weisheit und des Wissens

Mjöllnir: magischer Hammer des Thor, geschmiedet vom Zwerg Brokkr, dem Bruder des Eitri

Modi: Sohn des Thor und der Sif, Bruder des Magni

Muspellsheim: Feuerwelt, Wohnsitz der Feuerriesen

Naglfari: aus den Finger- und Fußnägeln der Gefallenen zusammengesetztes Schiff

Narwi: Sohn des Loki und der Sigyn

Nidavellir: eine der Neun Welten, Wohnort der Zwerge

Nidhögg: Drache, der unter dem Weltenbaum lebt und an dessen Wurzeln nagt

Niflheim: die Welt von Eis und Nebel

Njörd: Vater von Frey und Freya, Gott der Seeleute und Fischer

Norne: eine der drei Schwestern, die über das Schicksal von Göttern und Menschen entscheiden

Norumbega: sagenhafte Siedlung der Wikinger in Nordamerika, wo genau Norumbega gelegen hat, ist umstritten

Odin: Ase, der oberste Gott, Gott des Krieges und des Todes, aber auch der Weisheit und der Dichtkunst. Gatte der Frigg. Auch Wotan genannt.

Odur: nicht besonders wichtiger Gott, wird in den alten Texten nur als verschollener Gatte Freyas erwähnt

Ottar: Krieger, Schützling der Freya

Edgar Allan Poe: 1809–1840 n. Chr., amerikanischer Schriftsteller, Autor von Schauergeschichten

Ran: Meeresgöttin

Ratatosk: Eichhörnchen, das am Weltenbaum hoch- und runterrennt und Nachrichten und Klatsch übermittelt

Paul Revere: 1734–1818 n. Chr., Silberschmied aus Boston, berühmt für seinen Einsatz im Amerikanischen Unabhängigkeitskrieg

Rotgold: Währung von Asgard und Walhalla

Rune: altnordische Schriftzeichen

Sährimnir: Tier, das in Walhalla jeden Tag aufs Neue geschlachtet wird, sein Fleisch schmeckt ganz nach Wunsch wie jede beliebige Fleischsorte

António Lopez de Santa Ana: 1794–1876 n. Chr., mexikanischer General, trat der texanischen Armee 1836 in der Schlacht von Alamo gegenüber, wurde später Präsident von Mexiko

Seid: altes Wort für Zauber, im Deutschen bis ins 16. Jahrhundert noch vorhanden, in den modernen skandinavischen Sprachen weiterhin benutzt. Die altnordische Form war Seiðr.

Sessrumnir: »Halle der Sitze«, Bezeichnung für Freyas Halle in Folkwang, in der sich die Hälfte der im Kampf gefallenen Krieger versammelt. Die andere Hälfte trifft sich um Odin in Walhalla.

Sif: Asin, Gattin des Thor, hatte keine göttlichen Ämter

Skirnir: Wane, Diener und Bote Freys

Skrälinger: altnordisches Wort für die Ureinwohner von Neufundland und Grönland (Inuit, Eskimos)

Sleipnir: achtfüßiges Pferd des Odin, Sohn des Loki

Snorri Sturluson: 1179–1241 n. Chr., isländischer Historiker und Politiker, schrieb die altnordischen Sagen in der Form auf, in der wir sie heute noch kennen

Sumarbrander: Schwert des Sommers

Surt: Feuerriese

Tanngnjostr: einer der beiden Ziegenböcke, die Thors Wagen ziehen

Tanngrisnir: der andere der beiden Ziegenböcke, die Thors Wagen ziehen

Than: im Mittelalter angelsächsischer Grundbesitzer und Gefolgsmann der angelsächsischen Könige in England

Thjalfi: Diener und ständiger Begleiter Thors

Thor: auch Donar, Gott des Donners, Sohn des Odin und der Frigg

Tyr: Gott des Mutes und der Mutproben, ihm wird vom Fenriswolf eine Hand abgebissen

Ull: Ase, Gott des Winters und des Bogenschießens

Utgardloki: König der Bergriesen, mächtiger Zauberer in Jotunheim

Völva: Seherin

Walhalla: Wohnort der Krieger, die ehrenhaft im Kampf gefallen sind

Wali: Lokis Sohn, der in einen Wolf verwandelt wurde

Walküre: Dienerin Odins, die entscheidet, welche Gefallenen tapfer genug waren, um nach Walhalla gebracht zu werden

Wanen: Göttergeschlecht, verwandt mit den Alben

George Washington: 1732–1799 n. Chr., erster Präsident der USA

Wertiere: Wesen, die ihre Gestalt verändern konnten. Es gab allerlei Methoden: Manchen war die Fähigkeit angeboren, andere wurden verzaubert, noch andere konnten es durch bestimmte Vorkehrungen erreichen, indem sie z. B. durch einen magischen Gürtel krochen. Das ganze Mittelalter hindurch gab es Berichte über Werbären, Werhirsche, Werhunde, Werpferde, am bekanntesten aber wurden die Werwölfe.

Wicht: Wesen aus den nordischen Sagen, klein und mit den Wichteln verwandt, aber boshaft und nicht hilfsbereit

Wikinger: Seefahrer und Entdecker aus nordischen Ländern, zogen auch auf Raubzüge aus, später vor allem als Kaufleute in der gesamten damals bekannten Welt aktiv

John Winthrop: 1588–1649 n. Chr., Puritaner, erster Gouverneur der englischen Kolonie in der Massachusetts Bay

Yggdrasil: der Weltenbaum, dessen Äste alle Neun Welten erreichen und miteinander verbinden

Ymir: größter Riese, Vater von Riesen und Göttern, wurde von Odin und dessen Brüdern erschlagen, aus seinem Fleisch wurde Midgard erschaffen

DIE NEUN WELTEN

Asgard: Heimat der Asen

Wanenheim: Heimat der Wanen

Alfheim: Heimat der Lichtalben

Midgard: Heimat der Menschen

Jotunheim: Heimat der Riesen

Nidavellir: Heimat der Zwerge

Niflheim: Heimat von Eis, Nebel und Kälte

Muspellsheim: Heimat der Feuerriesen und der Dämonen

Helheim: das Haus der Hel und der unehrenhaft Gestorbenen

RUNEN
(IN DER REIHENFOLGE IHRES AUFTRETENS)

Dagaz: Neuanfang, Veränderung ᛞ

Thurisaz: die Rune Thors ᚦ

Fehu: die Rune Freys ᚠ

Raidho: das Rad, die Reise ᚱ

Perthro: der leere Becher ᛈ

Ehwaz: Pferd, Transport ᛖ

Algiz: Schutz ᛉ

Tiwaz: die Rune Tyrs ᛏ